WohnWissen:

100 Begriffe des Wohnens

jovis

vhw Forschung

Carolin Genz / Olaf Schnur / Jürgen Aring (Hg.)

Inhaltsverzeichnis

Glossar

Bildserien

Anhang

WohnWissen: Die Vielschichtigkeit des Wohnens erkunden

Carolin Genz, Olaf Schnur, Jürgen Aring

1
0

Eine der vielschichtigsten und lang andauerndsten nationalen und internationalen Debatten dreht sich um die Wohnungs- und Bodenfrage. Auf allen Ebenen – von der Zivilgesellschaft über die Politik bis hin zu Wirtschaft und Wissenschaft – wurde und wird immer wieder neu diskutiert, wie und unter welchen Voraussetzungen angesichts sich wandelnder gesellschaftlicher Rahmenbedingungen ausreichender und bezahlbarer Wohnraum bereitgestellt werden kann und wie sowohl Wohnungsmärkte als auch Wohnungspolitik eine adäquate architektonische oder ökologische Qualität generieren können. Gerade mit Blick auf die anhaltenden multiplen Krisen wird umso deutlicher, wie wichtig die soziale und ökologische Dimension von Wohnen in der Stadtentwicklung ist.

Angespannte Wohnungsmärkte, wachsende Obdachlosenzahlen, klimatische Veränderungen, ein steigendes Armutsrisiko aufgrund von Inflation, demografischer Wandel und veränderte Wohnbedürfnisse stehen für dynamische Herausforderungen. Verschiedene Akteursgruppen aus Städtebau, Stadtentwicklung und Wohnungspolitik, vor allem im kommunalen Bereich, beschäftigen sich mit möglichen Lösungen. Gleichzeitig sind diese Themen in wissenschaftlichen und zivilgesellschaftlichen Diskursen präsent.
So lässt sich klar konstatieren: Die Frage, wie soziale Ungleichheiten durch den Zugang zu bezahlbarem Wohnraum, eine gesunde Wohnumgebung und geeignete Infrastrukturen wirksam abgebaut werden können, zählt zu einem der drängendsten Handlungsfelder in Politik und Gesellschaft.

Im Unterschied zu vielen anderen Fachdiskursen werden Fragen rund um das Wohnen stets in einer breiten Öffentlichkeit und vielfach medial thematisiert und diskutiert. *WohnWissen* fußt auf einem facettenreichen Spektrum vielschichtiger Dimensionen des Wissens. Denn Wohnen geht *alle* etwas an – es ist Lebensgrundlage für jede und jeden einzelnen von uns. Die Art und Weise, wie Menschen *Wohnen* leben und erleben, ist ein inhärenter Bestandteil unseres Zusammenlebens. Wohnen prägt den Alltag, prägt gesellschaftliches Denken und Handeln. Somit ist die persönliche Erfahrung des Wohnens und was daraus an Wünschen und Vorstellungen folgt, auch Teil jeder Fachdiskussion. Der Diskurs um das Wohnen wird zudem interdisziplinär geführt – politische, soziale, ökonomische, ökologische und architektonische Fachdiskurse sind dabei nicht trennscharf. Die damit verbundenen Aushandlungsprozesse haben gleichzeitig eine fachliche wie auch persönliche Dimension. Daher können diese nur über die Grenzen verschiedener Disziplinen hinweg angegangen werden.

Da mag es kaum überraschen, dass die Debatten vielstimmig sind, nicht selten aufgeheizt und teilweise selektiv unter Ausblendung konträrer Argumente geführt werden. Dabei mangelt es dem Diskurs weder an einem umfangreichen Korpus spezifischer Fachliteratur noch an vielfältigen politischen Meinungen und individuellen Sichtweisen. Hier offenbaren sich zwei Seiten einer Medaille: Einerseits ist diese Vielfalt eine wichtige und reichhaltige Ressource für den Diskurs. Andererseits lässt sich diese Vielfalt kaum sinnvoll zugunsten einer integrierten Sichtweise bündeln. Das wäre aber nötig, um angesichts der großen Herausforderungen Kompromisse und Lösungsansätze zu finden. Einen solchen pragmatischen Ansatz lassen die bisherigen Debatten oft vermissen. Das vorliegende Glossar bietet den dafür notwendigen Überblick über die weite Landschaft an Positionen und Perspektiven – auch über den eigenen disziplinären und fachspezifischen Tellerrand hinaus. Ziel von *WohnWissen: 100 Begriffe des Wohnens* ist es deshalb, die Komplexität des Wohnens und der sich darum rankenden Debatten – bezogen auf den deutschsprachigen Raum – durch ein inter- und transdisziplinäres Glossar auszuleuchten. Genauso heterogen wie das Glossar sind diejenigen, die wir mit der Publikation ansprechen möchten: Praxis, Politik, Wissenschaft und eine informierte Öffentlichkeit stehen im Fokus von *WohnWissen*.

Die vorliegende Publikation bringt kurze Fachtexte mit künstlerischen Arbeiten und fotografischen Interpretationen der Wohnungsfrage in kreative Resonanz. Das Glossar soll es ermöglichen, den Wandel des Wohnens und die Herausforderungen von Wohnungspolitik in einem breiten Kontext aus Wissenszugängen wahrzunehmen und gelegentlich auch gewohnte Denkmuster zu verlassen. Dabei sollen die Herausforderungen vielfältiger Akteursgruppen, Handlungsoptionen etwa im kommunalen Bereich und entsprechende Instrumentarien ebenso sichtbar werden wie die Perspektivenvielfalt, die durch die zahlreichen und sich oftmals überlagernden disziplinären Herangehensweisen entsteht: Das Spektrum der Beiträge reicht von Stadtplanung, Wohnforschung, Regionalentwicklung, Rechtswissenschaft, Soziologie, Geografie, Anthropologie, Architektur über Kommunalpolitik, Wohnungswirtschaft bis hin zum Aktivismus. So ergibt sich ein vielstimmiges Bild, das es ermöglicht, die Komplexität des Themas zu erkunden und im Sehen und Verstehen anderer Positionen auch neue Lösungsansätze zu entwickeln. Beim Lesen der Beiträge mag an der ein oder anderen Stelle – je nachdem, aus welcher Perspektive das Thema Wohnen betrachtet wird – Unverständnis oder sogar Widerspruch entstehen. Das ist auch gewollt, denn das Glossar will nicht Zustimmung erheischen, sondern zum Nachdenken anregen.

Der vhw – Bundesverband für Wohnen und Stadtentwicklung e. V. mit Sitz in Berlin versteht sich in seiner Funktion als Fortbildungs- und Forschungsinstitution als Impulsgeber, der ein gesamtgesellschaftliches Forum für aktuelle Debatten bietet, Fachthemen kuratiert und Diskursräume schafft. Daher ist es auch das Ziel der Herausgeber*innen, mit diesem Buch die Handlungsfähigkeit kommunaler, wohnungswirtschaftlicher und zivilgesellschaftlicher Akteur*innen zu stärken, einen transformativen Beitrag zur nachhaltigen Stadt- und Quartiersentwicklung und damit zur Wohnungsfrage zu leisten. Um auf die komplexen Herausforderungen und Krisen der heutigen Zeit reagieren zu können, sind vielfältige Wissensquellen wichtiger denn je. Nur durch einen offenen Zugang können wir disziplinübergreifend und in enger Kollaboration mit Personen aus der kommunalen Praxis über die gemeinwohlorientierte, klimagerechte, sozial verträgliche und nachhaltige Gestaltung des Zusammenlebens und Wohnens nachdenken, wie sie exemplarisch in der *Neuen Leipzig-Charta* im Sinne vielfältiger Lebensbedingungen und Wohnbedürfnisse skizziert ist.

Die Auswahl von 100 Begriffen ist dabei ein höchst bedeutsamer und machtvoller Prozess. Für die Herausgeber*innen stand eine möglichst große Vielfalt der Beiträge an oberster Stelle, denn: Durch die Ambiguität und den Facettenreichtum der thematischen Zugänge wird eine einseitige Perspektive vermieden, unter der viele wohnungspolitische Debatten leiden. Diskurse dürfen nicht in exklusiven Zirkeln stattfinden, wenn sie fruchtbar sein sollen. Wenn wir ein Forum anbieten wollen, in dem grundverschiedene Positionen ihren Platz finden, dann müssen wir Mehrdeutigkeiten abbilden und respektieren. Allerdings gleicht diese Aufgabe – selbst bei einer so großen Zahl von Themen und Beitragenden – der Quadratur des Kreises. Keine noch so große Auswahl an Begriffen, weder die hier vorgenommene noch alternative, kann das Diskursfeld vollständig abbilden. Gestartet sind wir mit 300 Schlagwörtern, die die komplexen Dimensionen, Diskurse und politischen Handlungsfelder der Wohnungs- und Bodenfrage adressieren. Die Arbeit Kapillargeflecht des Wohnens ●330 gibt einen Einblick in diesen Aushandlungsprozess.

Mindestens ebenso bedeutsam wie die Auswahl der Begriffe ist die der Autor*innen mit ihren individuellen Positionen und institutionellen Anbindungen, die maßgeblich die inhaltliche und fachliche Differenziertheit mitbestimmen. Wie erwartet stellte uns auch dieser Auswahlprozess vor große Herausforderungen, denn die verschiedenen Positionen zu einzelnen Begriffen sind teilweise konträr. Viele Themen hätten von mehreren Seiten beleuchtet werden können, was jedoch dem Glossar-Prinzip widersprochen und stattdessen eine Art „Debattenbuch" hervorgebracht hätte. Selbstverständlich sind auch wir als Herausgeber*innen nicht frei von eigenen Positionen und Haltungen. Obwohl die Auswahl systematisch und unter Einbindung weiterer Expert*innen erfolgte sowie von einer interaktiven, strukturierenden Mock-up-Ausstellung ●331 in der Open Factory des Eiermannbaus der Internationalen Bauausstellung (IBA) Thüringen in Apolda begleitet wurde, bleibt auch hier ein gewisser Bias zurück. Bestimmte Themen waren schwerer zu besetzen als andere, und einige Beiträge wurden aus strategischen Erwägungen zurückgezogen, was wir sehr bedauern. Dahinter stehen (sicherlich begründete) Vorbehalte und Sorgen vor Widrigkeiten in der teilweise mit harten Bandagen geführten Debatte, die sich aus der Beteiligung an einem derartigen Publikationsprojekt ergeben könnten. Umso motivierender war die insgesamt enorm große Resonanz auf das Projekt und die Tatsache, dass wir wesentlich mehr Beiträge und Beitragende hätten einbinden können, als es mit dem gegebenen Format letztlich möglich war.

Zusammenfassend: Es kann selbst mit einem sorgfältig kuratierten Glossar nie gelingen, alle Positionen vollständig abzudecken. Mehr noch: Man sollte es gar nicht erst versuchen. Zum einen machen die Komplexität des Themenfelds und die Vielzahl an möglichen Ansätzen dies nahezu unmöglich. Zum anderen hat jede, auch ausschnitthaft abgebildete Pluralität bereits einen hohen diskursiven Wert. Wir verstehen dieses Glossar als einen wichtigen Schritt auf einem fortlaufenden Pfad, der zu einer noch vielfältigeren Diskussion und einem breiteren Verständnis führt. Wir verstehen es als einen Beitrag zu einer guten Debattenkultur und als Einladung, die Sprachlosigkeit, die teilweise vorherrscht, zu überwinden. *WohnWissen: 100 Begriffe des Wohnens* zeichnet das Bild einer differenzierten Diskurslandschaft und bildet dabei auch Positionen ab, die nur selten gemeinsam zwischen zwei Buchdeckeln zu finden sind. Insgesamt ist der Band deshalb eine wertvolle Ressource für alle, die ein umfassendes Verständnis für die Wohnungs- und Bodenfrage, zentrale Einblicke und Wissen zum Wohnen als grundlegendes menschliches Bedürfnis und die Vielfalt der Akteursperspektiven im deutschsprachigen Raum gewinnen möchten.

Glossar

Alltag

16

Die Tür öffnet sich mit einem vertrauten Klicken, der Schlüssel dreht sich im Schloss. Die Schuhe werden ausgezogen und ins Regal gestellt, die Jacke an ihren Platz gehängt. Ein kurzer Gang zum Waschbecken für ein erfrischendes Händewaschen, vielleicht ein Blick auf die Post oder ein Moment des Innehaltens, um die Gedanken des Tages loszulassen. Jeder Handgriff fühlt sich vertraut an.

So oder so ähnlich läuft das Nachhausekommen bei vielen von uns ab, Tag für Tag, über Jahre hinweg. Denn unser Leben ist geprägt von eingeübten Routinen, Interaktionen und Ritualen – eine stetige Wiederkehr, die uns manchmal den Wunsch nach Veränderung verspüren lässt, zugleich aber die zeitlichen und geistigen Kapazitäten zur Bewältigung neuer, komplexer Herausforderungen schafft. Diese Wiederkehr nennen wir *Alltag*.

Die Alltagspraxis besteht aus sich wiederholenden Handlungsabläufen. Im Falle des Wohnens gestalten wir diese möglichst so, dass wir uns in unserem Zuhause ●240 wohlfühlen. Dabei geht es zum Beispiel um unsere täglichen Kochgewohnheiten oder darum, mit wem wir zusammenleben, ob in Gemeinschaft oder allein, und wie wir uns organisieren. Alles, was das Leben tagtäglich strukturiert und formt, ist Teil unserer alltäglichen Praxis. Unsere Routinen und sozialen Interaktionen werden wesentlich davon beeinflusst, auf welche Art und Weise wir wohnen – sei es in Einfamilienhäusern ●52, in Eigentumswohnungen oder zur Miete ●132, in der Stadt oder in einer ländlichen Gemeinde. Gleichzeitig manifestieren sich unsere Alltagspraktiken genau in diesen Wohnräumen.

Das Zuhause ist damit nicht nur ein physischer Raum. Es gibt Aufschluss über unsere kulturellen und sozialen Konventionen ebenso wie über die individuellen Abweichungen davon. Es ist ein identitätsbildender und zugleich von der Identität seiner Bewohner*innen geprägter Ort. Dabei endet die Betrachtung von „Wohnalltagen" nicht an der Schwelle der eigenen Haustür. Auch die umliegende Nachbarschaft, das Quartier ●154, der Weg zur nächsten Bäckerei, zur Kita, Schule, Arbeit oder zur Eckkneipe sind Teil einer sozialen Wohninfrastruktur und prägend für unsere täglichen Routinen. Alltag zu verstehen bedeutet also auch zu verstehen, wie bestimmte Räume genutzt werden, ob, für wen und unter welchen Umständen sie überhaupt nutzbar sind. Die Art und Weise, wie Menschen wohnen und ihren Alltag gestalten, gibt Aufschluss über ihre Bedürfnisse und Vorstellungen vom Leben. Gleiches gilt für die Planung und Verwaltung von Wohnräumen, die uns Hinweise auf normative Lebensvorstellungen einer Gesellschaft geben.

Im Wohnalltag spiegeln sich demnach soziale, ökonomische und politische Strukturen. Somit eröffnet der Begriff Alltag die Möglichkeit, eine kritische Perspektive einzunehmen. Insbesondere Ungleichheiten hinsichtlich der Verfügbarkeit und der Qualität von Wohnraum, die unter anderem auf Einkommensunterschiede, Diskriminierung ●48 oder das Ausmaß (beziehungsweise einen Mangel an) staatlicher Unterstützung zurückzuführen sind, werden über Wohnalltage sichtbar (Bezahlbarkeit ●24). Mit Blick auf Wohnalltage wird erkennbar, wie soziale Normen und (wohnungs-)politische Entscheidungen ihre Wirkung entfalten (Marktmechanismen ●128). Bestehende Machtverhältnisse und die damit verknüpfte Organisation unserer Gesellschaft wirken also auf die Wohnraumgestaltung und -nutzung und beeinflussen den Alltag auf einer existenziellen und alltäglichen Ebene (Obdach- und Wohnungslosigkeit ●146).

Das Politische und das „gemeine Leben" werden beim Wohnen unmittelbar miteinander verknüpft, und ak-

tuelle Wohnungspolitik wird zum alltagsbestimmenden Faktor – und zum zentralen Gegenstand einer sozialkritischen Wohnungsforschung.

Dr. Carolin Genz,
Seniorwissenschaftlerin und
Koordinatorin des Forschungsclusters „Wohnen in der Stadtentwicklung", vhw-Forschung,
vhw – Bundesverband für Wohnen
und Stadtentwicklung e. V.

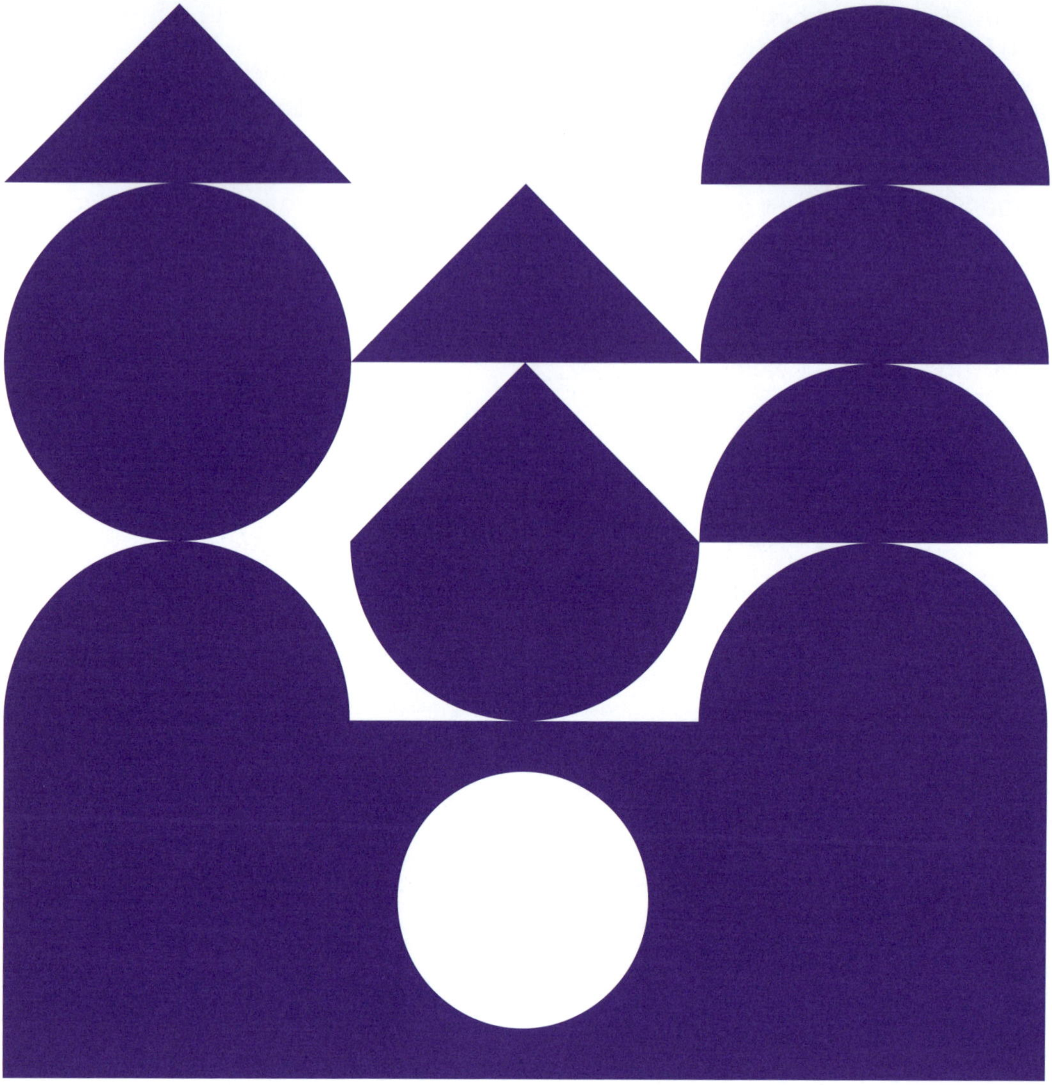

Bauen, Bauen, Bauen

Ob der eingängige Slogan tatsächlich von Olaf Scholz erfunden wurde, der 2011 als Hamburgs Erster Bürgermeister den Wohnungsbau zur Chefsache machte (Knödler 2022), lässt sich nicht belegen. Fest steht: Seither gilt *Bauen, bauen, bauen* als Königsweg zur Lösung der Wohnungsfrage ●222. So verspricht auch der Koalitionsvertrag 2021 der Ampel-Regierung 400.000 neue Wohnungen pro Jahr, davon ein Viertel Sozialwohnungen. Argumentiert wird streng marktwirtschaftlich mit der *Sickertheorie*, die besagt, dass (auch teurer) Wohnungsneubau im großen Stil durch Umzugsketten das Angebot für weniger zahlungskräftige Haushalte erhöht. Das hat sich zumindest für angespannte Wohnungsmärkte nicht bestätigt (BBSR 2020). Dort wurde im Gegenteil für immer mehr Haushalte die Aussicht auf eine bedarfsgerechte und bezahlbare Wohnung kleiner. Denn trotz des deutlichen Anstiegs an Wohnungsfertigstellungen reicht der Neubau von Sozialwohnungen nicht aus, um den Wegfall der meist auf 20 bis 30 Jahre befristeten Miet- und Belegungsbindungen im Bestand auszugleichen. Nicht zuletzt wird noch immer zu viel Wohnraum – zumeist in Form von Eigenheimen – am falschen Ort gebaut, nämlich dort, wo der Boden billig und der Bedarf gering ist (Henger/Voigtländer 2021).

Die Wohnungsfrage ist aber vor allem auch eine Klimafrage. Über ihren gesamten Lebenszyklus (Kreislaufwirtschaft ●114) hinweg verursachen Gebäude (Baustoffherstellung – Errichtung – Nutzung – Betrieb – Modernisierung – Abriss) rund 40 Prozent der Treibhausgasemissionen in Deutschland. Dafür ist vor allem die *graue Energie* verantwortlich, die im Baumaterial und in dessen Transport steckt. Neubau auf Äckern und Wiesen erzeugt nicht nur Treibhausgasemissionen, sondern gefährdet durch Bodenversiegelung Biodiversität und Wasserhaushalt. Auch ökologisch gesehen ist „Bauen, bauen, bauen!“ also alles andere als ein Königsweg. „Umbauen, bezahlbar bauen, klimagerecht bauen!“ könnte dagegen ein zukunftsfähiger Slogan lauten (Umbaukultur ●204). Das bedeutet zum Beispiel, bestehende Gebäude länger zu nutzen, umzubauen oder aufzustocken, Bauteile und Baustoffe wiederzuverwenden und mehr mit erneuerbaren Materialien wie Holz oder Lehm zu arbeiten.

Stephan Reiß-Schmidt,
Deutsche Akademie für Städtebau und Landesplanung, Stadtdirektor a. D., München

Literatur

Knödler, Gernot (15.03.2022): „Bündnis für Wohnen in Hamburg: Bauen, bauen, bauen“. https://taz.de/Buendnis-fuer-Wohnen-in-Hamburg/!5838225/ (letzter Zugriff: 14.12.2023)

Bundesinstitut für Bau-, Stadt- und Raumforschung (BBSR) im Bundesamt für Bauwesen und Raumordnung (BBR) (Hrsg.): *Umzugsmobilität und ihre Wirkung auf lokale Wohnungsmärkte*. BBSR-Online-Publikation 11/2020. Bonn 2020

Henger, Ralph/Voigtländer, Michael: *IW-Wohnungsbedarfsmodell. Weiterhin hohe Wohnungsbedarfe – vor allem in den Großstädten. Gutachten im Auftrag der Deutsche Reihenhaus AG*. Köln 2021

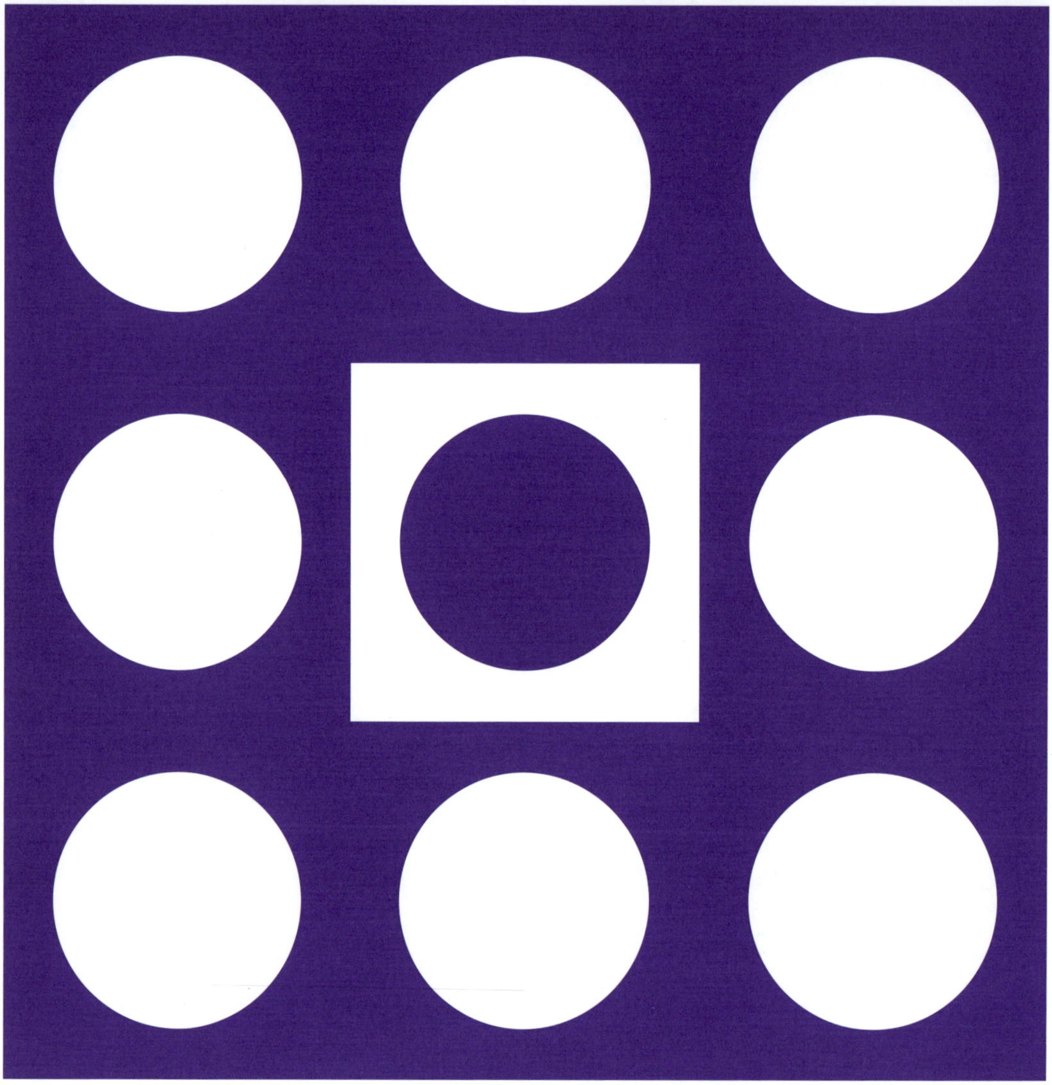

Beteiligung

22

Der Begriff *Beteiligung* hat im Kontext von Wohnen verschiedene Bedeutungen. Zunächst können Kommunen ihre Bewohner*innen an der Stadtentwicklungsplanung oder beispielsweise einem „Masterplan Wohnen" beteiligen. Wie dies geschieht, liegt jedoch ganz im Ermessen der Kommunalpolitik. Es gibt hier keine gesetzlichen Vorgaben, auch nicht, was die Berücksichtigung der Ergebnisse einer solchen Beteiligung bei der Umsetzung der Pläne angeht.

Für die Beteiligung an konkreten Planungsvorhaben gibt es hingegen genaue Vorgaben zu Prozessen, Fristen und Arbeitsschritten. Beteiligt werden sollen die Bürger*innen sowohl am vorbereitenden Flächennutzungsplan als auch am verbindlichen Bebauungsplan. Zentral hierbei sind zum Beispiel die frühzeitige Beteiligung, die öffentliche Auslegung der Pläne, die Abwägung der Belange gegeneinander sowie die öffentliche Begründung der rechtlich überprüfbaren Abwägungsergebnisse. Die Festsetzungen in einem Bebauungsplan sind dann für Unternehmen und Einzelpersonen rechtsverbindlich, die Vorgaben aus dem Flächennutzungsplan sind verbindlich für die kommunale Verwaltung.

Hinzu kommen rechtlich nicht unbedingt vorgesehene, aber durchaus machbare Beteiligungsformate im Zuge städtebaulicher oder architektonischer Wettbewerbe und Entwurfsprozesse sowie nicht zuletzt die Prozesse im Rahmen der rechtsverbindlichen Nachbarschaftsbeteiligung im Baugenehmigungsverfahren.

Das Thema Wohnen lässt sich jedoch nicht allein auf die bautechnische Bereitstellung von Wohnraum oder Gebäuden reduzieren. So werden beispielsweise auf Quartiersebene ●154 viele weitere Themen relevant, wie soziale Infrastruktur, Bildung, Sport und Gesundheit, Erholung und Freizeit, Versorgung oder Mobilität.

Im Gegensatz zu den hoheitlichen Planungen „von oben" aus der Vergangenheit hat sich heute die Auffassung durchgesetzt, dass es das Wohnen integriert zu denken gilt, das heißt von der Planung bis zur Nutzung auch „von unten", unter Einbezug der Bewohner*innen (Integrierte Stadtentwicklung ●98). In erster Linie sind sie es, die Kenntnis über ihre eigenen Bedürfnisse und Interessen, ihre Lebenswelten und die lokalen Entwicklungsnotwendigkeiten besitzen. Über geeignete Formen der Beteiligung bekommen sie die Möglichkeit, diese Expertise zu artikulieren und von Planungsobjekten zu Planenden zu werden, die aktiv an der Gestaltung ihrer Wohnsituation mitwirken.

Dr. Thomas Kuder,
Seniorwissenschaftler,
vhw-Forschung, vhw – Bundesverband für Wohnen und Stadtentwicklung e. V.

Dr. Kristina Seidelsohn,
Seniorwissenschaftlerin und Koordinatorin des Forschungsclusters „Lokale Demokratie", vhw-Forschung, vhw – Bundesverband für Wohnen und Stadtentwicklung e. V.

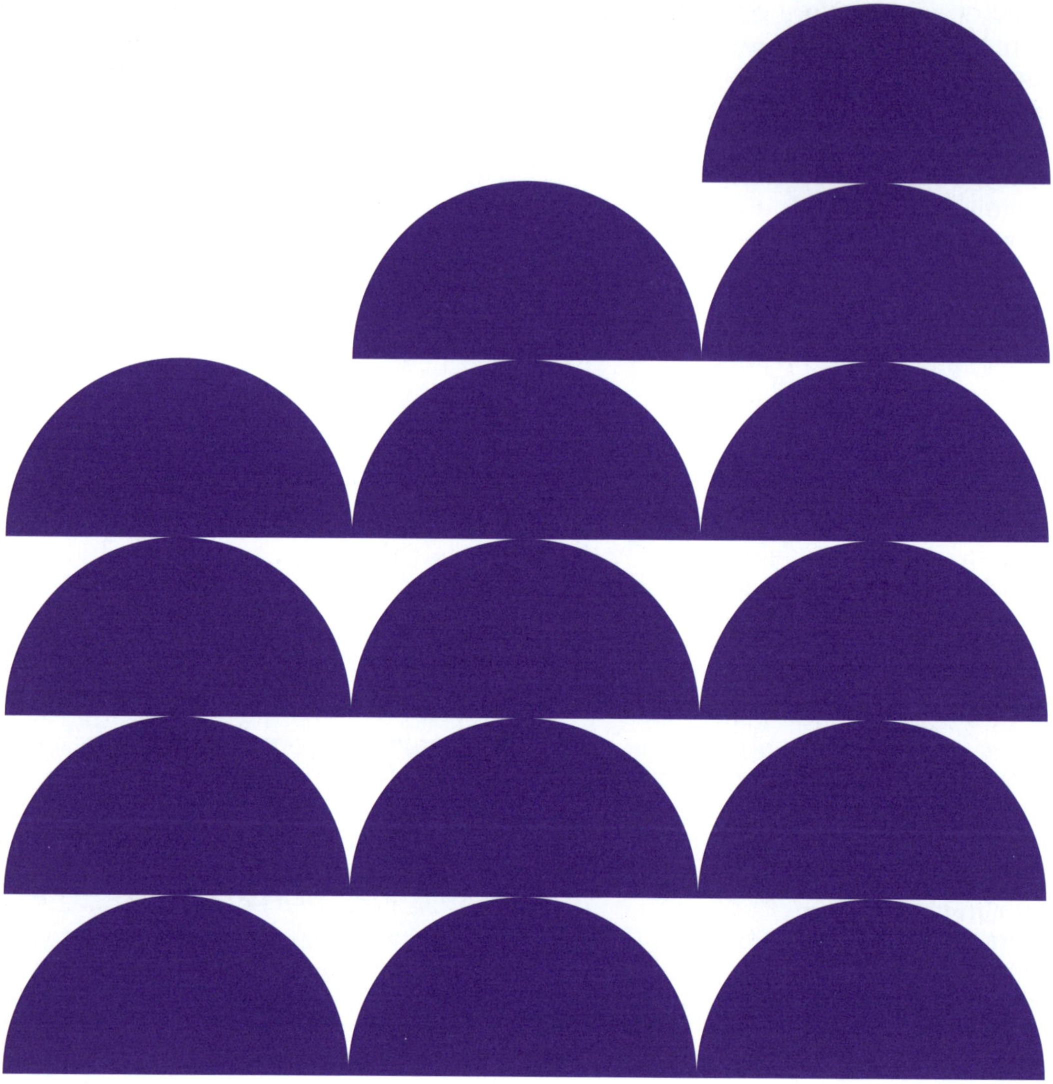

Bezahlbarkeit

24

Bezahlbarkeit von Wohnraum ist ein zentraler Indikator für die sozialen Versorgungsleistungen eines Wohnungssystems und beschreibt das Verhältnis der Wohnkosten zu den verfügbaren Einkommen der Haushalte. In internationalen Debatten wird der Begriff *affordable housing* benutzt, der sich korrekter als „leistbares Wohnen" übersetzen ließe. Die Bestimmung von Leistbarkeitsgrenzen des Wohnens erfolgt dabei über die finanzielle Situation der Haushalte und nicht über fest fixierte Grenzwerte von Mieten oder Wohnkosten.

Kann ich mir mein Zuhause ●240 leisten? Ob der Preis einer Wohnung als bezahlbar gilt, ist vom Haushaltseinkommen abhängig. Es gibt in Deutschland keine verbindliche Definition für „Leistbarkeit", aber in sozialpolitischen Debatten hat sich in den letzten Jahren eine 30-Prozent-Orientierung durchgesetzt. Kein Haushalt sollte demnach mehr als 30 Prozent seines monatlich verfügbaren Einkommens für die Miete ●132 ausgeben. In der EU-Statistik (Eurostat) hingegen wird die sogenannte Leistbarkeitsgrenze auf 40 Prozent des Einkommens festgesetzt. Umstritten ist dabei, welche Mietanteile (nettokalt, bruttokalt, bruttowarm) in eine solche Leistbarkeitsbestimmung einbezogen werden sollten, sodass die meisten Leistbarkeitsgrenzen eher Faustregeln folgen und nur selten wissenschaftlich begründet werden (Praum 2016).

Obwohl bezahlbare Mieten ein breit geteiltes Ziel der Wohnungspolitik sind, werden Mietkosten in den Förderprogrammen des sozialen Wohnungsbaus unter wirtschaftlichen Gesichtspunkten der kommerziellen Auskömmlichkeit für die Wohnbauträger definiert. Auch die Ansätze der Wohngemeinnützigkeit ●144 gingen mit den Kostenmieten (die Miete richtet sich nach der Höhe der Kosten für Erstellung und Bewirtschaftung der Wohnung) immer von den Bedingungen der Anbieterseite aus. „Das Grundproblem der Wohnungsversorgung ist immer noch, dass der Wohnungsmarkt menschenwürdige Wohnungen nur zu Preisen bereitstellt, die die Zahlungsfähigkeit eines Teils der Haushalte übersteigen." (Siebel/Kronauer 2022: 178)

Wohnungspolitische Ansätze, die die Bezahlbarkeit des Wohnens priorisieren, fordern die aktuellen Strukturen des Wohnversorgungssystems sehr grundsätzlich heraus und zielen in der Konsequenz darauf, das Wohnen als *soziale Infrastruktur* zu organisieren. An der Stelle lohnt sich ein Blick auf Wien, wo der steuerfinanzierte Gemeindewohnbau der 1920er Jahre einem solchen Ansatz folgte. Hier wurde ein Leistbarkeitsziel von maximal vier Prozent des durchschnittlichen Arbeitslohns definiert. Somit wurde sichergestellt, dass die Bewirtschaftungskosten gedeckt waren, jedoch ohne die Erwartung, auch die Kosten für den Bau der Wohnungen über die Mieter*innen zu refinanzieren. Damit wurden soziale Grundsätze konsequent vor kommerzielle Belange gestellt und Bezahlbarkeit anhand der Bedingungen auf Nachfrageseite definiert.

Dr. Andrej Holm,
wissenschaftlicher Mitarbeiter,
Institut für Soziologie, Humboldt-Universität zu Berlin

Literatur

Praum, Carsten: „Der Mythos der Bezahlbarkeit. Zur wohnungspolitischen Relevanz von Faustregeln". In: *dérive. Zeitschrift für Stadtforschung*. Nr. 65/2016, S. 37–41

Siebel, Walter/Kronauer, Martin: „Die neue Wohnungsfrage". In: *WSI-Mitteilungen*. Nr. 3/2022, Jg. 75, S. 178

Bodenfrage

26

Boden ist Lebensgrundlage. Er erfüllt zahlreiche Funktionen. Die Bandbreite reicht von ökologischen und ökonomischen Nutzungen bis hin zu sozialen Aspekten. Mit ihnen sind Flächenansprüche verbunden, denen das Faktum der Nichtvermehrbarkeit gegenübersteht. Boden ist also ein knappes Gut, mit der Folge von Nutzungs- und Zielkonflikten ●236. Gleichzeitig ist er Wirtschaftsgut, das am Bodenmarkt gehandelt wird. Das Merkmal „Knappheit" macht den Boden unter Bedingungen der Marktwirtschaft zum Anlage- und teilweise auch zum Spekulationsobjekt. Das ist nach der Finanzkrise 2008 und durch die seitdem für dieses Gut zu verzeichnenden partiell spekulationsbedingten erheblichen Preiszuwächse besonders deutlich geworden. Die Frage der Verfügungsrechte über Grund und Boden, die *Bodenfrage*, begleitet die menschliche Gesellschaft von Beginn an.

Die zentrale Bedeutung des Umgangs mit „Grund und Boden" lässt sich an der Funktion Wohnen verdeutlichen. Sie beansprucht Boden und ist daher den Preisbildungsmechanismen des Bodenmarktes ausgesetzt. Es sei denn, der Staat greift steuernd ein. Kosten des Bodens sind, vor allem in wachsenden Städten und Regionen, maßgeblicher Bestandteil der Baukosten.

Ein ausreichendes Angebot von bezahlbarem und den Bedürfnissen entsprechendem Wohnraum für alle Einkommensschichten ist von zentraler Bedeutung für den gesellschaftlichen Zusammenhalt. Angesichts der skizzierten Wirkungszusammenhänge von Wohnungsfrage ●222 und Bodenfrage gilt dies demzufolge auch für die Bodennutzung. Schon 1967 hat das Bundesverfassungsgericht ausgeführt: „Das Gebot sozialgerechter Nutzung [von Grund und Boden, Erg. d. Verfasser] ist aber nicht nur eine Anweisung für das konkrete Verhalten des Eigentümers, sondern in erster Linie eine Richtschnur für den Gesetzgeber, bei der Regelung des Eigentumsinhalts das Wohl der Allgemeinheit zu beachten." (BVerfG 1967) Der „Staat" ist demzufolge gefordert, entsprechende (normative) Rahmenbedingungen zu schaffen. Die historische Erfahrung zeigt ferner, dass eine aktive Rolle der öffentlichen Hand am Bodenmarkt die Durchsetzung dieses Ziels wirksam unterstützt.

Die Schaffung von Rahmenbedingungen, die das Gemeinwohl ●70 gewährleisten, und eine aktive Rolle am Bodenmarkt sind Kernelemente einer gemeinwohlorientierten Bodenpolitik, der demzufolge auch eine Steuerungsfunktion am Bodenmarkt zukommt. Steuerung erfordert bei aller Konsensorientierung auch Konfliktbereitschaft, verbunden mit dem Willen und der Fähigkeit, entsprechende Instrumente ●96 anzuwenden. Das Spektrum dieser Instrumente ist breit. Entwicklung (und Umsetzung) wohnungspolitischer Leitlinien, langfristig orientierte Grunderwerbsstrategien, Vergabe von Flächen im Konzeptverfahren (also nicht nach Höchstpreis) und in Erbpacht (statt im Verkauf) sowie die Ausübung des Vorkaufsrechts sind nur einige Beispiele. Ungeachtet dessen ließe sich mit weiteren Instrumenten die Berücksichtigung von Gemeinwohlinteressen auf dem Bodenmarkt stärken: Die „Innenentwicklungsmaßnahme" zur Mobilisierung innerstädtischer bebaubarer Flächen, der „Planungswertausgleich" zur Abschöpfung von grundstücksbezogenen Wertsteigerungen, die ohne Zutun der Eigentümer*innen entstanden sind, sowie Maßnahmen zur Erhöhung der Transparenz des Immobilienmarktes seien beispielhaft genannt.

Angesichts der Erfahrungen der letzten Jahrzehnte mit vergleichsweise geringen Aktivitäten des öffentlichen Sektors am Bodenmarkt und der aktuellen Herausforderungen – der Klimawandel und die Anpassung an dessen Folgen sowie eine sozial-ökologische

Wohnraumversorgung sind nur einige Beispiele – kann von der Notwendigkeit einer „Zeitenwende" auch in der Bodenfrage gesprochen werden, bei der die Gemeinwohlbelange eine zentrale Rolle einnehmen müssen.

In diesem Zusammenhang ist vor dem Hintergrund der Marktmechanismen ●128 die Auseinandersetzung mit der Eigentumsfrage und damit der Aspekt des Verfügungsrechts über Grund und Boden von zentraler Bedeutung. Der Gesetzgeber ist aufgefordert, der in dem oben genannten Zitat enthaltenen Aufforderung des Bundesverfassungsgerichtes Rechnung zu tragen.

Prof. Martin zur Nedden,
Beigeordneter für Stadtentwicklung und Bau der Stadt Leipzig a. D.,
HTWK Leipzig, u. a. Deutsche Akademie für Städtebau und Landesplanung

Literatur

Bundesverfassungsgericht (BVerfG): Beschluss vom 12.01.1967 - 1 BvR 169/63 - Rn. 31

Bodenpolitische Agenda

3
0

Die Verfügbarkeit von bezahlbarem (Bau-)Land gilt vielfach als wesentlicher Faktor für eine nachhaltige und sozial gerechte Stadtentwicklungs- und Wohnungspolitik. Durch die hohen Preissteigerungen auf den Bodenmärkten seit der Finanz- und Wirtschaftskrise Ende der 2000er Jahre und die einsetzende Finanzialisierung ●64 dieser nicht vermehrbaren und nicht substituierbaren Ressource sind Entwicklungsflächen insbesondere in den nachgefragten Städten und Gemeinden zu einem knappen Gut geworden. Dabei sind die Herausforderungen im Umgang mit Grund und Boden vielfältig: Zu wenige Flächen werden als Bauland ausgewiesen, bestehendes Baurecht wird teilweise nicht umgesetzt, Belange des Gemeinwohls ●70 kommen in der Innenentwicklung häufig zu kurz und die Spekulation mit Boden nimmt zu (Innenentwicklungsdilemma ●94). All das erschwert eine gemeinwohlorientierte Stadtentwicklung und die Schaffung und Sicherung bezahlbaren Wohnraums.

Das Deutsche Institut für Urbanistik gGmbH und der vhw – Bundesverband für Wohnen und Stadtentwicklung e. V. haben gemeinsam mit einem interdisziplinären Expert*innenkreis 2017 eine *Bodenpolitische Agenda* erarbeitet, die Lösungsansätze für die immer stärker hervortretenden boden- und wohnungspolitischen Herausforderungen skizziert (vhw/Difu 2017). Sie stellt im Kern neun Forderungen auf, die sich in drei Grundrichtungen gliedern lassen:
(1) verantwortungsvoller Umgang mit öffentlichem Grund und Boden,
(2) Stärkung der Handlungsfähigkeit der Kommunen und (3) Rückgewinnung der Steuerungsfähigkeit der Flächenentwicklung durch Änderungen in der Besteuerung der Bodenentwicklung. Gefordert wird unter anderem, das öffentliche Eigentum an Grund und Boden als Schlüssel für eine gemeinwohlorientierte Zukunftsgestaltung zu begreifen und die dafür erforderlichen bauplanungsrechtlichen Instrumente ●96 zu schärfen. Mit Blick auf eine Stärkung von Gemeinwohlinteressen bei der Mobilisierung, Verteilung und Nutzung von Bauflächen werden sowohl neue Instrumente aufgezeigt als auch entsprechende Gesetzesänderungen angeregt. Zugleich macht die Bodenpolitische Agenda deutlich, dass es auch eine vermehrte und gezielte Anwendung des bereits vorhandenen baurechtlichen Instrumentariums erfordere, um dem Grundgedanken, dass das Gut Boden ein wichtiger Bestandteil kommunaler Daseinsvorsorge darstelle, Ausdruck zu verleihen.

Ansätze der inhaltlichen Ausrichtung der Bodenpolitischen Agenda, wie eine Stärkung der Steuerungskraft der Städte und Gemeinden, finden sich nicht nur in der Gesetzgebung der vergangenen Jahre (Stichwort: Baulandmobilisierungsgesetz), sondern waren auch inhaltlicher Ausgangspunkt für Initiativen, die sich für einen am Gemeinwohl ausgerichteten Umgang mit der Ressource Boden einsetzen (Bündnis Bodenwende ●32).

Fabian Rohland, Wissenschaftler, vhw-Forschung, vhw – Bundesverband für Wohnen und Stadtentwicklung e. V.

Literatur

vhw – Bundesverband für Wohnen und Stadtentwicklung e. V./Deutsches Institut für Urbanistik gGmbH (vhw/Difu) (2017): „Bodenpolitische Agenda 2020 – 2030". https://www.vhw.de/fileadmin/user_upload/06_forschung/Wohnungspolitik_und_Wohnungsmarkt/PDF/2017_Roadmap_Bodenpolitik.pdf (letzter Zugriff: 07.12.2023)

Bündnis
Bodenwende

3
2

Das *Bündnis Bodenwende* ist ein Zusammenschluss von heute rund 30 Akademien, Kammern, Verbänden und Stiftungen aus Architektur, Raumplanung, Mieterschutz sowie Umwelt- und Naturschutz. Seine Mitglieder eint die Auffassung, dass ein gemeinwohlorientierter Umgang mit der unvermehrbaren Ressource Boden einen Schlüssel nicht nur für bezahlbares Wohnen (Bezahlbarkeit •24), sondern auch für Klimaschutz, Biodiversität und andere Gemeingüter darstellt. Boden wurde infolge der Weltfinanzkrise 2007 immer mehr zur lukrativen Finanzanlage. Seitdem stiegen vor allem in Großstädten die Bodenpreise um ein Mehrfaches und trieben auch Wohnungspreise sowie Mieten in schwindelerregende Höhen. Nicht zuletzt vor diesem Hintergrund veröffentlichte das Bündnis vor der Bundestagswahl 2021 bodenpolitische Wahlprüfsteine und forderte unter anderem vom Bundestag die Einrichtung einer Enquete-Kommission „Gemeinwohlorientierte und nachhaltige Bodenpolitik", um eine grundlegende Debatte über eine Neuausrichtung von Bodenpolitik und Bodenrecht im Sinne des Gemeinwohls und der Nachhaltigkeit anzustoßen (Bündnis Bodenwende 2021).

Die Wohnungsfrage •222 war schon immer auch eine Bodenfrage •26: Denn ohne bezahlbares Bauland ist kein bezahlbares Wohnen möglich. Die Spekulation •178 mit Grund und Boden und die damit verbundenen Erwartungen an Bodenwertsteigerungen gefährden den Bestand bezahlbarer Mietwohnungen ebenso wie Luxusmodernisierung und die Umwandlung von Miet- in Eigentumswohnungen. Sozialstaatliche Daseinsvorsorge wie das Recht auf eine angemessene Wohnung basiert auf einer sozialgerechten Bodennutzung. Dazu fordert das Bündnis etwa eine bodenpreisdämpfende Regulierung des Bodenmarktes, die Abschöpfung nicht leistungsbasierter Bodenwertgewinne sowie ein generelles, stärker preislimitiertes kommunales Vorkaufsrecht (Bodenpolitische Agenda •30). Wie das Beispiel Wien zeigt, schafft ein kommunaler Bodenfonds gute Voraussetzungen für eine soziale Wohnraumversorgung. Insbesondere eine aktive kommunale Bodenpolitik und die Vergabe von Erbbaurechten an gemeinwohlorientierte Wohnungsunternehmen oder Genossenschaften (Instrumente •96) ermöglichen dauerhaft sozial gebundene, bezahlbare Mietwohnungen.

Wird die Bereitstellung von angemessenem und bezahlbarem Wohnraum als öffentliche Daseinsvorsorge verstanden, ist eine grundlegende Neujustierung der Sozialbindung des Bodens, wie sie das Bündnis anstrebt, Voraussetzung für eine soziale Wohnungspolitik. Das Bundesverfassungsgericht betonte schon 1967 die Besonderheit des Bodeneigentums, die es „verbietet [...], seine Nutzung dem unübersehbaren Spiel der freien Kräfte und dem Belieben des Einzelnen vollständig zu überlassen" (BVerfG 1967).

Stephan Reiß-Schmidt,
Deutsche Akademie für Städtebau und Landesplanung, Stadtdirektor a. D., München

Literatur

Bündnis Bodenwende (2021): „Bodenwende jetzt! Bodenpolitische Forderungen zur Bundestagswahl 2021". https://dasl.de/wp-content/uploads/2018/11/Bodenwende-jetzt_Forderungen.pdf (letzter Zugriff: 05.02.2024)

Bundesverfassungsgericht (BVerfG): Beschluss vom 12.01.1967 - 1 BvR 169/63 - Rn. 30

Care

Care (aus dem Englischen: Fürsorge, Pflege, Sorge) umfasst das bezahlte und unbezahlte Sorgetragen ●186 für sich selbst und andere in allen Lebensbereichen: sich um Kinder oder Ältere, Pflegebedürftige oder Menschen mit körperlicher Beeinträchtigung kümmern, Hausarbeit verrichten oder Beziehungen pflegen und emotionale Arbeit für andere leisten. Sowohl Wohnen als auch Care umfassen Tätigkeiten, die für die Aufrechterhaltung des alltäglichen menschlichen Zusammenlebens notwendig sind. Wohnräume können dabei als zentrale Orte der Care-Arbeit verstanden werden.

Modernes Wohnen ist eng mit der Herausbildung spezifischer Sorgekonstellationen verknüpft. Die räumliche Trennung von Wohn- und Arbeitsort im Zuge der Industrialisierung und der Herausbildung der bürgerlichen Moderne ging einher mit der gesellschaftlichen Orientierung an spezifischen Bildern von Familie ●62. Die heteronormative Kleinfamilie ist bis heute ein zentraler Ort der Aushandlung und Ausübung von Care-Arbeit und die meisten Wohnungsgrundrisse sind auf sie ausgerichtet.

Vor dem Hintergrund zunehmender Privatisierung von sozialer Infrastruktur, Pflege und Gesundheit sowie fehlender staatlicher Investitionen in soziale Bereiche verschärft sich die gesellschaftliche Abwertung und Ungleichverteilung von Care-Arbeit. Gleichzeitig verschlechtert sich im Zuge der Wohnungskrise der Zugang zu einer sozialen Wohninfrastruktur für einkommensschwache Menschen. An der Stelle verschränken sich Care- und Wohnungskrisen (Krise ●116), da Frauen*, insbesondere Migrant*innen, den Großteil der Sorgearbeit leisten und gleichzeitig überdurchschnittlich von hohen Mietbelastungen und prekären Arbeitsverhältnissen betroffen sind (Prekarität ●150).

Neben der Frage, wer im Wohnraum sorgt, adressiert der Blick auf Care auch das *Wie* und damit die Bedingungen des Sorgetragens. Debatten um die Gestaltung des Wohnungsmarktes und der gebauten Umwelt des Wohnens sind mit Care eng verbunden: Wie können Wohnungen so gestaltet werden, dass eine gute Fürsorge darin möglich ist? Wo müssen (bauliche, technische und bürokratische) Barrieren abgebaut werden? Darüber hinaus kann im Hinblick auf Eigentumsverhältnisse und Bauprozesse die Frage gestellt werden, wer Sorge für die Wohnsubstanz trägt. Weiterhin können solidarische Care-Praktiken Kämpfe um bessere Wohnbedingungen, beispielsweise Mietenproteste ●134, unterstützen. In prekären Wohnverhältnissen kann gegenseitiges Sorgetragen regenerierend und stärkend wirken.

Care adressiert damit vor allem die alltäglichen Aushandlungen um und im Wohnen und ist eng verknüpft mit Fragen von Geschlecht ●76 und Intersektionalität ●100.

Marlene Hobbs, wissenschaftliche Mitarbeiterin, Geographisches Institut der Universität Bonn

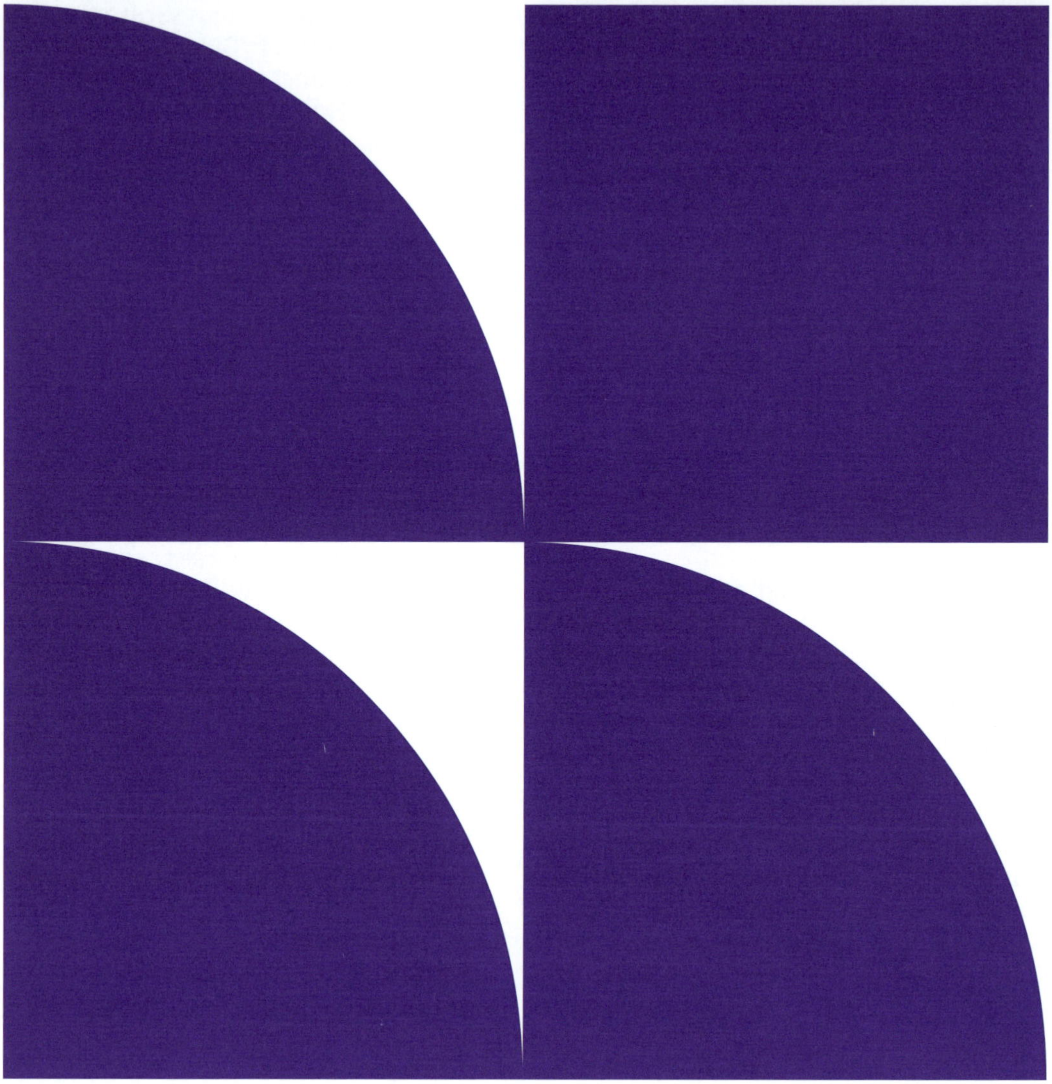

C W 3
luster- ohnen 6

Mit *Cluster-Wohnen* und Cluster-Wohnungen wird eine neue Form gemeinschaftlichen Wohnens bezeichnet, die seit circa 2010 vor allem in der Schweiz und in Deutschland zunehmend realisiert wird.

Cluster-Wohnen beschreibt eine Wohnpraxis, die sowohl Raum für gemeinschaftliche Aktivitäten als auch für die Privatsphäre bietet. Die Bewohner*innen stehen zumeist in einer nicht-familiären Beziehung zueinander, wollen aber ihren Alltag, Aufenthaltsräume und Haushaltsgüter miteinander teilen. Das Zusammenleben dieser Menschen ist durch selbstorganisierte Prozesse mit einem hohen Grad an Mitbestimmung bei der Entwicklung, Planung, Verwaltung und beim Unterhalt der Räumlichkeiten charakterisiert. Häufig sind sie bereits bei der Projektentwicklung und -realisierung beteiligt (Prytula et al. 2020a: 22 f.).

Cluster-Wohnungen (in der Schweiz auch „Satellitenwohnungen") sind die räumliche Umsetzung einer gemeinsamen Wohnintention und verbinden die Vorteile einer Kleinstwohnung mit der Funktionsweise einer Wohngemeinschaft. In einer Cluster-Wohnung sind mehrere teilautonome Wohneinheiten mit gemeinschaftlich genutzten Aufenthaltsbereichen kombiniert. Die Wohneinheiten bestehen aus einem oder mehreren individuell genutzten Räumen, einer Sanitäreinheit und optional einer (Tee-)Küche. Diese Einheiten sind um die Gemeinschaftsflächen gruppiert („geclustert"), die häufig durch gemeinschaftlich genutzte Sanitär- und Hausarbeitsräume oder flexibel nutzbare Arbeits- oder Gästezimmer ergänzt werden (Prytula et al. 2020b: 9).

Diese Raumstruktur bietet den Bewohner*innen eine große räumliche Vielfalt und Flexibilität, ihre individuellen und gemeinschaftlichen Bedürfnisse zu steuern. Die Nutzung von Gemeinschaftsflächen ist ein integraler Bestandteil der funktionalen Organisation, unter anderem, weil die Wohneinheiten über gemeinschaftliche Räume wie Flure oder Wohnräume erschlossen werden und so ein Mindestmaß an sozialer Interaktion gegeben ist.

Das Besondere am Cluster-Wohnen und an Cluster-Wohnungen liegt darin, dass sie verschiedenen, teilweise divergierenden Ansprüchen an Selbstbestimmung (Privatheit, Rückzug) und Gemeinschaft sowie an Lebensqualität und nachhaltige Wohnstile (Flächeneffizienz, Suffizienz ●190 und Sharing ●170) gerecht werden und damit eine Antwort auf aktuelle gesellschaftliche Fragen bieten (Lutz 2023). Aufgrund der infrastrukturellen Ausstattung und Größe lassen sich Cluster-Wohnungen auch für zukünftige Wohnbedürfnisse oder Nutzungen, wie betreutes Wohnen oder Co-Working, verhältnismäßig leicht anpassen und sind so ein Baustein urbaner Resilienz (Prytula et al. 2020a: 205 f.).

Prof. Dr. Michael Prytula,
Institut für angewandte Forschung – Urbane Zukunft, Fachhochschule Potsdam

Literatur

Lutz, Manuel: „Cluster Apartments: Living with Less as Model for Lived Solidarity?". In: Harris, Ella/Nowicki, Mel/White, Tim (Hg.): *The Growing Trend of Living Small: A Critical Approach to Shrinking Domesticities*. London, New York 2023, S. 236–253

Prytula, Michael/Rexroth, Susanne/Lutz, Manuel/May, Friedrich: *Cluster-Wohnungen für baulich und sozial anpassungsfähige Wohnkonzepte einer resilienten Stadtentwicklung*. Stuttgart 2020a

Prytula, Michael/Lutz, Manuel/Rexroth, Susanne/May, Friedrich: „Cluster-Wohnungen. Eine neue Wohnungstypologie für eine anpassungsfähige Stadtentwicklung". In: Bundesinstitut für Bau-, Stadt- und Raumforschung (BBSR) im Bundesamt für Bauwesen und Raumordnung (BBR) (Hg.): Forschung für die Praxis. Bd. 22. Bonn 2020b

Commons

Wenn diejenigen, die Güter, Ressourcen oder Räume gebrauchen, auch diejenigen sind, die mittels (bewusster oder unbewusster) Aushandlung die Regelwerke für diesen Gebrauch bestimmen, dann lässt sich dieser Vorgang als *Commoning* bezeichnen. Die Politikwissenschaftlerin Elinor Ostrom beschreibt in ihrer Forschung eine Reihe von Grundbedingungen zur Bewirtschaftung agrarischer *Commons* (im deutschsprachigen: Allmenden). Eine davon ist die Schaffung von „Arrangements für kollektive Entscheidungen". (Ostrom 1999: 121)

Aber erst, wenn potenziell „alle" sowohl einen Zugang zu einer räumlichen, materiellen oder immateriellen Ressource als auch einen Zugang zu der Aushandlung der Regelwerke ihres Gebrauchs haben, öffnet sich ein Common Space im Sinne einer emanzipatorischen Aneignung – ganz im Sinne der historischen Analysen der Philosophin Silvia Federici: „Die ‚Allmende' stellt sich als Vorschein einer Welt dar, in der Güter geteilt werden und gesellschaftliche Beziehungen von der Solidarität zehren, nicht von dem Wunsch nach selbstsüchtiger Erweiterung." (Federici 2012: 29)

Commons sind demnach nicht nur eine gemeinsam verwaltete Ressource, sondern bezeichnen auch eine kollektive soziale Praxis. Der Philosoph Lieven De Cauter (2014) unterscheidet dabei zwei Typen von *Spatial Commons*: einerseits universelle Gemeingüter, die niemandem oder allen gehören und damit unabhängig von einer bestimmten Gemeinschaft existieren, und andererseits spezifische Gemeingüter, die nur durch die Praxis einer bestimmten Gruppe von Commonern erhalten werden und sich verschließen, sobald die Praxis des Commonings endet.

Mit Blick auf urbane Räume bedeutet das: Solange die Zugänglichkeit einer Wiese im Park, einer Straßenecke in Quartier und Nachbarschaft ●154 oder einer Wohnung im Hochhaus als spezifisches Gemeingut durch die Stadtbewohnenden gemeinsam hergestellt und erhalten wird, wird auch das universelle Gemeingut Freiraum, Nachbarschaft oder Wohnen in jedem Moment des vergemeinschaftenden Gebrauchs erhalten und reproduziert. So ist eine Wohnung dann Teil des universellen Gemeinguts, wenn sie gemeinwohlorientiert potenziell allen zugänglich gemacht und nicht gewinnorientiert im Wettbewerb vergeben wird (Gemeinwohl ●70).

Entsprechend verschließt sich der Common Space bei Einschränkung der Zugänglichkeit wieder und die Gebrauchenden verlieren im Fall von exklusiv strukturierter Regelgebung ihren Status als an der Raumproduktion beteiligte Commoner. Die räumlichen, materiellen und immateriellen Erträge des Commonings werden dann nicht mehr unter allen geteilt, sondern von wenigen extrahiert, akkumuliert und abgeschöpft.

Prof. Dr. Dagmar Pelger,
Architektin bei der Architekt*-innen- und Planer*innenkooperative *coopdisco* und Gastprofessorin, Fachbereich „Architektur – Stadtplanung – Landschaftsplanung" der Universität Kassel

Literatur

Ostrom, Elinor: *Governing the Commons. The evolution of institutions for collective actions*. Cambridge, New York, Melbourne 1990. Dt.: *Die Verfassung der Allmende: Jenseits von Staat und Markt*. Tübingen 1999

Federici, Silvia: *Caliban and the Witch: Women, the Body and Primitive Accumulation*. New York 2004. Dt.: *Caliban und die Hexe. Frauen, der Körper und die ursprüngliche Akkumulation*. Wien 2012

De Cauter, Livien (03.04.2014): „Common Places: Theses on the Commons". https://depressionera.gr/lieven-de-cauter-i (letzter Zugriff: 22.05.2020)

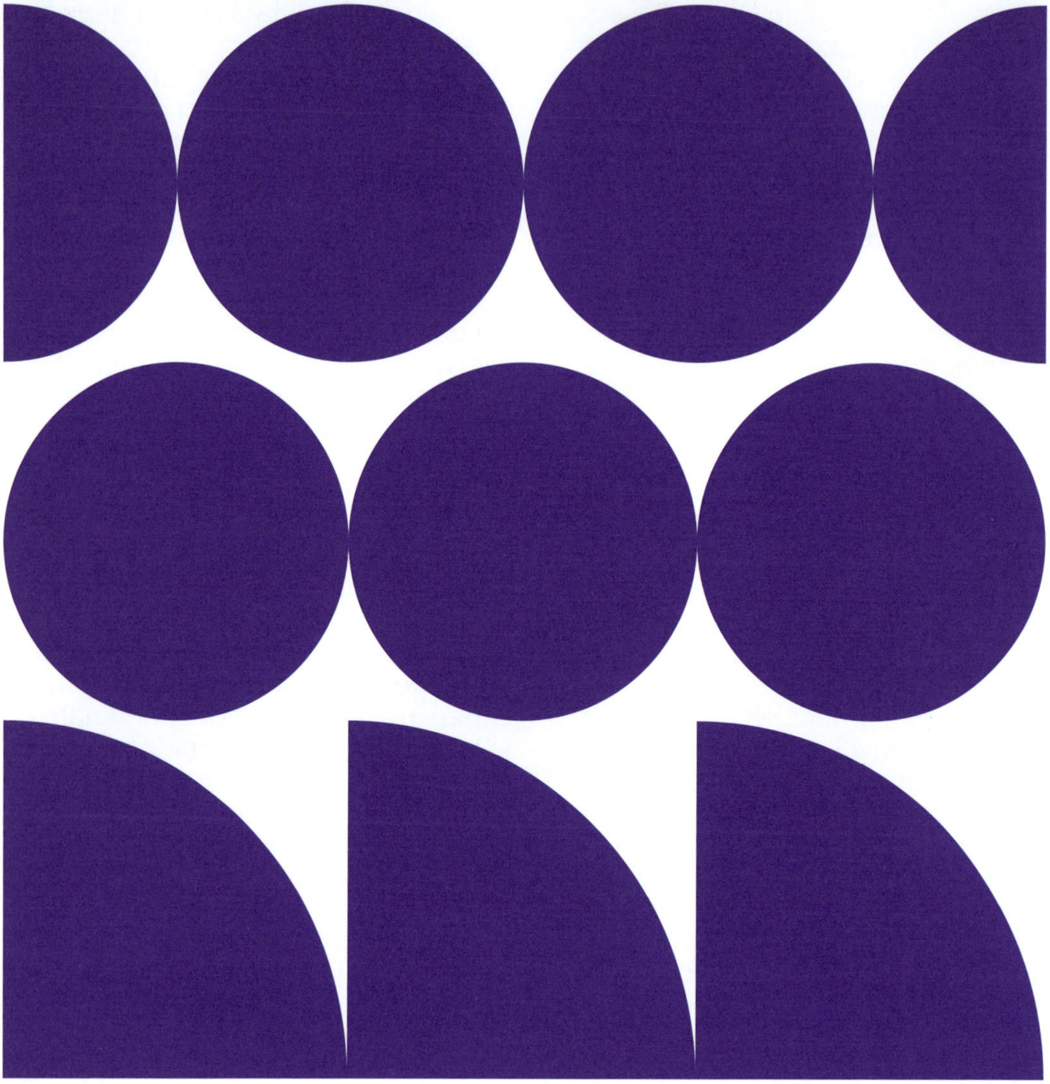

Demografie

40

Die Veränderung der Altersstruktur der letzten Jahrzehnte führt zu Verwerfungen im sozial-räumlichen Gefüge. Nach Angaben des Statistischen Bundesamtes ist heute jede zweite Person in Deutschland älter als 45 Jahre und jede fünfte älter als 66 Jahre (2024). Der Rückgang der jüngeren und die gleichzeitige Zunahme der älteren Bevölkerung stellen die deutsche Gesellschaft vor bisher nicht gekannte Herausforderungen. Diese werden auch beim Thema Wohnen spürbar, denn Wohnen ist auch eine *Generationenfrage* – das wird klar, wenn wir uns die massiven Veränderungen des *demografischen Wandels* im Wohnsektor vor Augen führen.

Eine Folge der Verschiebung der Altersstruktur ist die sogenannte „graue Wohnungsnot". Der Begriff verweist zum einen auf das Fehlen altersgerechter Wohnungen, zum anderen auf eine steigende Wohnungsnot im Alter (Bezahlbarkeit ●24). Das Sinken des Rentenniveaus ist mit den steigenden Miet- und Wohnnebenkosten nicht mehr kompatibel. Auch die PESTEL-Studie zum „Wohnen im Alter" (2023) fordert dringend Lösungsansätze für die Zukunft – und appelliert, die Antwort auf diese Wohnungsfrage ●222 nicht den Marktmechanismen ●128 zu überlassen; vielmehr seien politische Entscheidungsträger*innen gefragt. Denn die Verteilung von bezahlbarem Wohnraum muss intergenerational gedacht und für alle Generationen gleichermaßen gerechter werden.

Dabei sollte die Versorgung mit ausreichend und angemessenem Wohnraum für eine wachsende alternde Bevölkerung nicht allein auf physische Aspekte wie Barrierefreiheit fokussiert sein. Sie sollte auch auf die Förderung von sozialer Infrastruktur, Integration und Gemeinschaft setzen. Ein integratives Wohnumfeld, der Aufbau von nachbarschaftlichen Netzwerken und die Förderung der zwischenmenschlichen Interaktion können dazu beitragen, soziale Isolation und Einsamkeit ●56 im Alter(n) zu reduzieren und das soziale Wohnumfeld zu stärken. Zu einem integrativen Wohnumfeld gehören zum Beispiel Gemeinschaftsbereiche und Freizeitmöglichkeiten, aber auch die Gesundheitsversorgung. Smart-Home ●172-Technologien oder Telemedizin könnten helfen, länger selbstständig zu wohnen. Aber auch gemeinschaftliche Wohnmodelle wie Mehrgenerationenhäuser können Lösungsansätze bieten, aktiv das eigene Wohnumfeld mitzugestalten (Mehrgenerationenwohnen ●130). Das bedeutet auch, die Diversität sozialer Identitäten im Alter(n) mitzudenken und die Partizipation (Beteiligung ●22) an Entscheidungsprozessen, die das Wohnumfeld betreffen, zu stärken.

Forschung und Praxis könnten bei der Frage nach der Gestaltung zukünftiger Wohnraumversorgung partizipative Ansätze entwickeln, die die Stimmen und Bedürfnisse aller Generationen berücksichtigen. Es sollte allen die Möglichkeit gegeben werden, eine aktive Rolle bei der Gestaltung des eigenen Wohnraums beziehungsweise der eigenen Lebensumgebung einzunehmen.

Dr. Carolin Genz,
Seniorwissenschaftlerin und
Koordinatorin des Forschungsclusters
„Wohnen in der Stadtentwicklung",
vhw-Forschung, vhw – Bundesverband für Wohnen- und
Stadtentwicklung e. V.

Literatur

Pestel-Institut Hannover (2023): „Wohnen im Alter – Prognose zum Wohnungsmarkt und zur Renten-Situation der Baby-Boomer. Kurzstudie im Auftrag des Bundesverbandes Deutscher Baustoff-Fachhandel". https://www.bdb-bfh.de/meldungsdetails/jahrespressekonferenz-des-bdb-auf-der-bau-2023-in-muenchen.html (letzter Zugriff: 20.02.24)

Statisches Bundesamt (Destatis) (2024): „Demografischer Wandel". https://www.destatis.de/DE/Themen/Querschnitt/Demografischer-Wandel/_inhalt.html (letzter Zugriff: 20.02.2024)

hoheit 4
Deutungs 2

Laut Duden meint *Deutungshoheit* die „alleinige Befugnis, etwas zu deuten; alleiniges Recht zu interpretieren, wie sich etwas verhält" (1988: 427). In einschlägigen Lexika scheint der Begriff jedoch kaum etabliert. In der Brockhaus-Enzyklopädie findet sich allein für den Wortstamm *Deutung*, dass es dabei um die „Erschließung des zunächst Verborgenen durch Einsichten in den Zusammenhang von Ereignissen, Handlungen, Worten, Formeln und Kunstwerken" gehe. In der wissenschaftlichen Literatur findet sich der Begriff bei Foucault im Kontext von Subjekt, Macht und Gesellschaft und davon ausgehend in Literatur zu Diskurs und Feldanalyse.

Der Begriff wird aktuell in den Medien angewandt und dabei wirkt es, als ob die „Wahrheit" gesucht werde. Menschen werden „im Alltag von Medien überrollt", so der Medienwissenschaftler Sebastian Callies in seinem Buch *Deutungshoheit* (2020). Diese Informationsflut macht eine Sortierung nach Wichtigkeit erforderlich, ebenso wie eine Prüfung hinsichtlich der Kriterien Authentizität und Wahrheit. Dahingehend hebt Callies unter Bezugnahme auf Niklas Luhmann sowie Shun Lu und Gary Fine hervor, dass der Eindruck von Authentizität vor allem im Auge der Betrachter*innen entstehe, nicht als objektives Kriterium, sondern sozial konstruiert und an Erwartungen geknüpft.

In hochkomplexen Themenfeldern wie der Stadtentwicklung gibt es daher vermutlich nicht bloß eine Wahrheit. „Ein Schnäppchen", sagt der Projektentwickler zur Kaufinteressentin. „Wucher", sagt die Wohnungssuchende zum Projektentwickler. Das verweist auf die hochkomplexe Struktur und die Akteursvielfalt im Handlungsfeld. Die Deutungshoheit kann da nur eine Verständigung auf Fakten sein. Aber was ein Faktum ist, ist ebenso umstritten, und in Zeiten der KI lassen sich „Fakten" produzieren, die zwar falsch sind, aber gängigen Faktenchecks standhalten.

Deutungshoheit ist also nur mittels Kommunikation ●110 herstellbar, dank der Verständigung darauf, in welchem Zusammenhang die Dinge betrachtet werden sollen. Schließlich geht es nicht darum, wer Recht hat, sondern darum, möglichst nah an die Wahrheiten heranzukommen, damit auf dieser Grundlage Lösungsstrategien entworfen werden können.

Prof. Dipl.-Ing. Elke Pahl-Weber,
Institut für Stadt- und Regionalplanung, Bestandsentwicklung und Erneuerung von Siedlungseinheiten,
Technische Universität Berlin

Literatur

Brockhaus-Enzyklopädie in 24 Bänden. Bd. 5. Mannheim 1988

Callies, Sebastian: *Deutungshoheit: die Muster der Meinungsmacher*. Göttingen 2020

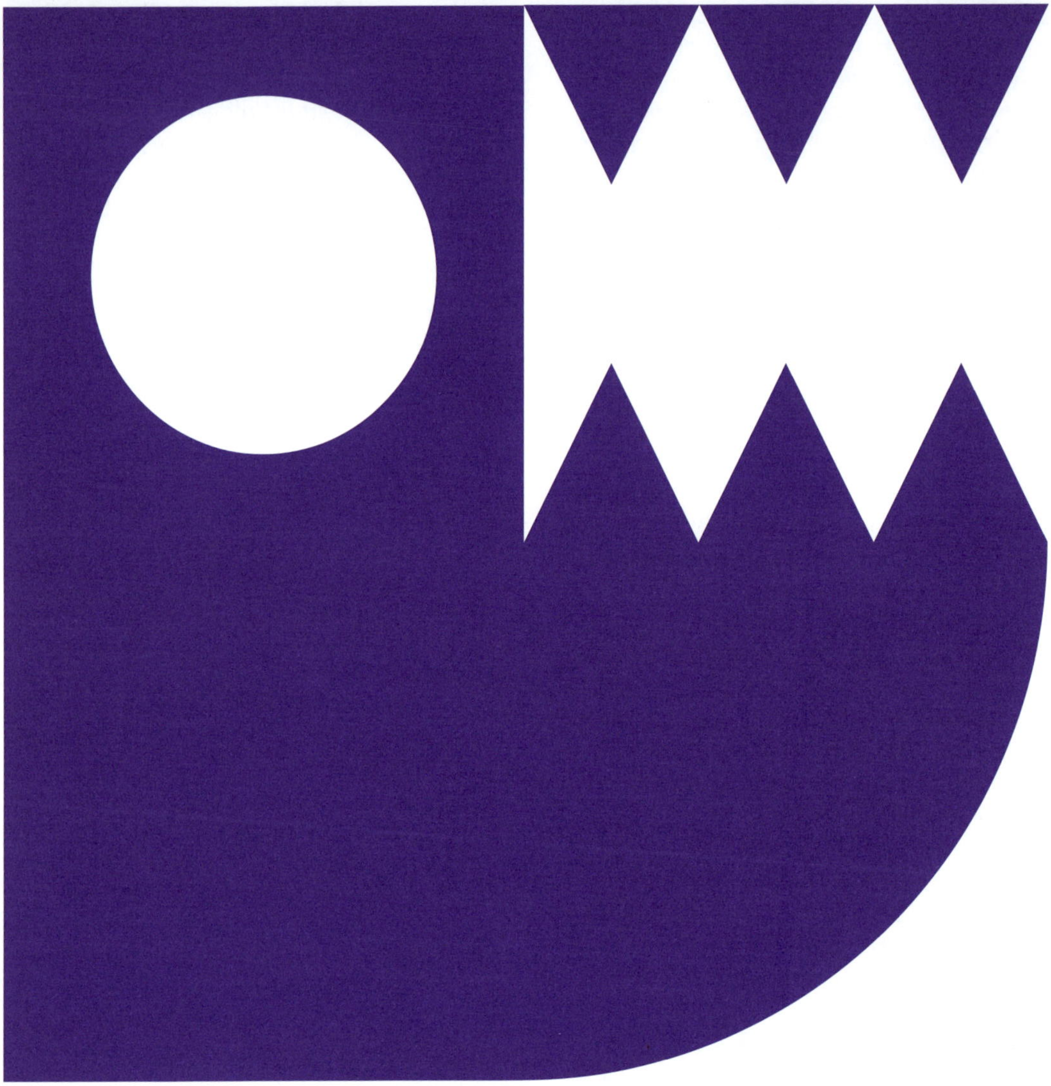

Dialog (un) fähigkeit

4
4

Wenn ein Dialog im wahrsten Sinne ein Gespräch zwischen zwei oder mehreren Interessengruppen ist, das dem Kennenlernen der gegenseitigen Standpunkte dient, dann scheinen wir in der aktuellen wohnungspolitischen Debatte zur Aushandlung der Wohnungsfrage ●222 annähernd dialogunfähig. In dieser Debatte stehen verschiedene, vielschichtige politische Positionen mehr im Konflikt als im Dialog.

Die Wohnungspolitik sieht sich derzeit mit multiplen Problemlagen konfrontiert: steigende Mieten, hoher Energieverbrauch, demografischer Wandel ●40 – um nur einige zu nennen. Welche Umstände ursächlich für diese Herausforderungen sind, ist in der öffentlichen als auch fachlichen Debatte genauso umstritten wie die Frage nach geeigneten wohnungspolitischen Lösungen. Dabei geht es nicht nur darum, wie bestimmte Instrumente ●96 im Detail zu konzipieren und umzusetzen sind. Die Uneinigkeit lässt sich in der Regel darauf zurückführen, dass grundlegend unterschiedliche Verständnisse davon existieren, wie eine flächendeckende und sozial ausgerichtete Wohnraumversorgung organisiert werden sollte.

Sehr vereinfacht ausgedrückt stehen sich zwei Pole gegenüber: auf der einen Seite die marktliberale Perspektive, die davon ausgeht, dass eine bedarfsgerechte Verteilung von Wohnraum am effektivsten über Marktmechanismen ●128 gesteuert werden könne. Dem gegenüber steht die marktkritische Perspektive, die darauf hinweist, dass Wohnen damit zur Ware ●218 werde und dass ebendiese Marktkräfte aufgrund der darin verankerten Profitorientierung unweigerlich zu Ungleichheiten führen. Die Wohnraumversorgung müsse daher in erster Linie staatlich organisiert werden. Zwischen diesen Positionen einen Dialog herzustellen, der produktive Lösungsangebote für die wohnungspolitischen Herausforderungen erzeugt, ist – zugegeben – schwer vorstellbar, aber gleichzeitig unabdingbar.

Die wohnungspolitische Debatte bringt zwar durchaus Strategien hervor, die zunächst als Kompromisse zwischen diesen Polen in Erscheinung treten. Beispielhaft dafür sind die staatlichen Eingriffe, um Leistbarkeit in angespannten Märkten herzustellen, wie die *Wohnraumförderung* oder das *Wohngeld* (Bezahlbarkeit ●24). Deren zentrale Prämisse bleibt jedoch die Wirtschaftlichkeit von Wohnungsunternehmen: Die ausfallenden Gewinne werden vom Staat kompensiert. Der Verzicht auf Gewinne wird auch angesichts steigender Wohnungsnot selten als akzeptable Option für die (private) Wohnungswirtschaft betrachtet. Die Ausrichtung der Wohnungspolitik deutet also insgesamt – spätestens seit der Wiedervereinigung – auf eine Dominanz markt- und gewinnorientierter Logiken. Vor diesem Hintergrund appellieren weite Teile der internationalen Wohnforschung, Wohnungspolitik konsequenter zu überdenken und Normvorstellungen der Gewinnorientierung deutlicher zu hinterfragen. Auch wird hier die Frage aufgeworfen, wer innerhalb der wohnungspolitischen Debatten überhaupt Einfluss auf Entscheidungsfindungen nehmen kann und wer nicht.

Ein veränderter Dialog darüber, wie eine kohärente Wohnungspolitik der kommenden Jahrzehnte gestaltet werden kann, ist angebracht. Um diesen Dialog richtungsoffener zu gestalten, als es in der Vergangenheit der Fall war, spielt die Wohnungsforschung eine wichtige Rolle. Sie kann die Debatten durch Theorie und Empirie informieren und somit nachvollziehbar machen, welche Argumente sich wie begründen oder auch entkräften lassen. Letztlich liegt es auch in der Verantwortung politischer Entscheidungsträger*innen, gemeinsame Ziele einer sozial tragbaren

Wohnraumversorgung zu vereinbaren und den Weg dorthin ohne Polarisierung oder das Verharren in eigenen Echokammern zu bestreiten. Der Blick auf vergangene wohnungspolitische Zäsuren, wie zum Beispiel die Abschaffung der Wohngemeinnützigkeit 1989 (Neue Wohngemeinnützigkeit ●144), zeigt, dass Wohnungspolitik als Produkt des jeweiligen historischen Kontextes wandel- und veränderbar ist. Während eine stärkere Marktorientierung zu gegebenem Zeitpunkt sinnvoll erschien, steht sie heute auf dem Prüfstand. Das Wohnen und unsere Gesellschaft im Gesamten unterliegen einem dynamischen Wandel, der sich im konstruktiven Dialog um unsere Wohnzukünfte ●232 widerspiegeln sollte.

Duncan Barahona,
Wissenschaftler, vhw-Forschung,
vhw – Bundesverband für Wohnen
und Stadtentwicklung e. V.

Dr. Carolin Genz,
Seniorwissenschaftlerin und
Koordinatorin des Forschungsclusters
„Wohnen in der Stadtentwicklung“,
vhw-Forschung, vhw – Bundesverband für Wohnen und Stadtentwicklung e. V.

Diskriminierung

Der weitverbreitete Mangel an bezahlbarem Wohnraum sowie benachteiligende Vergabepraktiken verschärfen die Wohnraumversorgung insbesondere von Haushalten, die von *Diskriminierung* betroffen sind. Das Allgemeine Gleichbehandlungsgesetz (AGG, 2006) schafft den juristischen Referenzrahmen gegen Diskriminierung und kennt folgende Diskriminierungsmerkmale: „Rasse“,[1] ethnische Herkunft, Geschlecht ●76, Religion/Weltanschauung, Behinderung, Alter und sexuelle Identität.

Ein (zugeschriebener) Migrationshintergrund erschwert die Wohnraumsuche in Deutschland deutlich: Rund 43 Prozent aller Personen mit Migrationshintergrund haben Diskriminierung bei der Wohnungssuche erlebt, rund 10 Prozent wurden beleidigt oder beschimpft (ADB 2020: 7 f.). Schwarze Menschen muslimischen Glaubens berichten zu fast 90 Prozent von Diskriminierungserfahrungen bei der Wohnungssuche (Aikins et al. 2021: 107). Die Preisstrukturen unterschiedlicher Wohnungsmarktsegmente verstärken darüber hinaus die Benachteiligung wohnungsuchender Haushalte mit geringem Einkommen. Materiell schlechte Wohnverhältnisse haben negative Auswirkungen über das reine Wohnen hinaus, beispielsweise auf die psychische und physische Gesundheit.

Es werden verschiedene Formen von Diskriminierung unterschieden: Die *unmittelbare* Diskriminierung ist eine Folge von benachteiligenden Handlungen, die einen direkten Bezug zu Diskriminierungsmerkmalen haben. Die *mittelbare* Diskriminierung, die deutlich schwerer zu erfassen ist, beruht hingegen auf scheinbar unvoreingenommenen Vorgaben, die dennoch die Benachteiligung bestimmter Personengruppen zur Folge haben. Dies trifft beispielsweise auf die gezielte Belegungssteuerung institutioneller Wohnungsanbieter*innen im Sinne einer „guten Mischung“ oder „stabilen Nachbarschaft“ zu, sofern sie auf Kulturalisierungen oder Vorurteilen gegenüber bestimmten Gruppen basiert (Soziale Mischung ●174). Denn das AGG räumt in § 19 Abs. 3 eine Ausnahme zur Ungleichbehandlung bei der Vermietung von Wohnraum auf Grundlage der ethnischen Herkunft ein, wenn dabei „sozial stabile Bewohnerstrukturen“ geschaffen oder erhalten werden. Ziel dieser Ausnahme ist eigentlich, durch positive Maßnahmen (zum Beispiel Förderquoten) Nachteile für von Diskriminierung betroffene Menschen auf dem Wohnungsmarkt auszugleichen. Studien verweisen jedoch auf eine annähernd durchgängige Fehlinterpretation durch Wohnungsanbieter*innen, die das Ziel einer „guten Mischung“ eher als Rechtfertigung für den gezielten Ausschluss von migrantisch gelesenen Haushalten heranziehen (Hanhörster et al. 2020).

Jun. Prof. Dr. Heike Hanhörster,
Leiterin des Fachgebiets „Soziale Kohäsion, Diversität und Migration in der räumlichen Planung“, Technische Universität Berlin

1 Da diese rassistische Terminologie im AGG und im Grundgesetz trotz aller Kritik verwendet wird, wird sie auch hier entsprechend aufgegriffen.

Literatur

ADB – Antidiskriminierungsstelle des Bundes (Hg.) (2020): „Rassistische Diskriminierung auf dem Wohnungsmarkt – Ergebnisse einer repräsentativen Umfrage“. https://www.antidiskriminierungsstelle.de/SharedDocs/downloads/DE/publikationen/Umfragen/umfrage_rass_diskr_auf_dem_wohnungsmarkt.pdf?__blob=publicationFile&v=4 (letzter Zugriff: 07.02.2024)

Aikins, Muna AnNisa/Bremberger, Teresa/Aikins, Joshua Kwesi/Gyamerah, Daniel/Yıldırım-Caliman, Deniz (2021): „Afrozensus 2020: Perspektiven, Anti-Schwarze Rassismuserfahrungen und Engagement Schwarzer, afrikanischer und afrodiasporischer Menschen in Deutschland“. https://afrozensus.de/reports/2020/Afrozensus-2020.pdf (letzter Zugriff: 07.12.2023)

Hanhörster, Heike/Ramos Lobato, Isabel/Droste, Christiane/Diesenreiter, Carina/Becker, Anna: „Faire Wohnraumversorgung und ‚gesunde Mischung‘? Belegungspolitiken institutioneller Wohnungsanbietender auf dem Prüfstand“. In: *Forum Wohnen und Stadtentwicklung*. Nr. 2/2020, S. 97–102

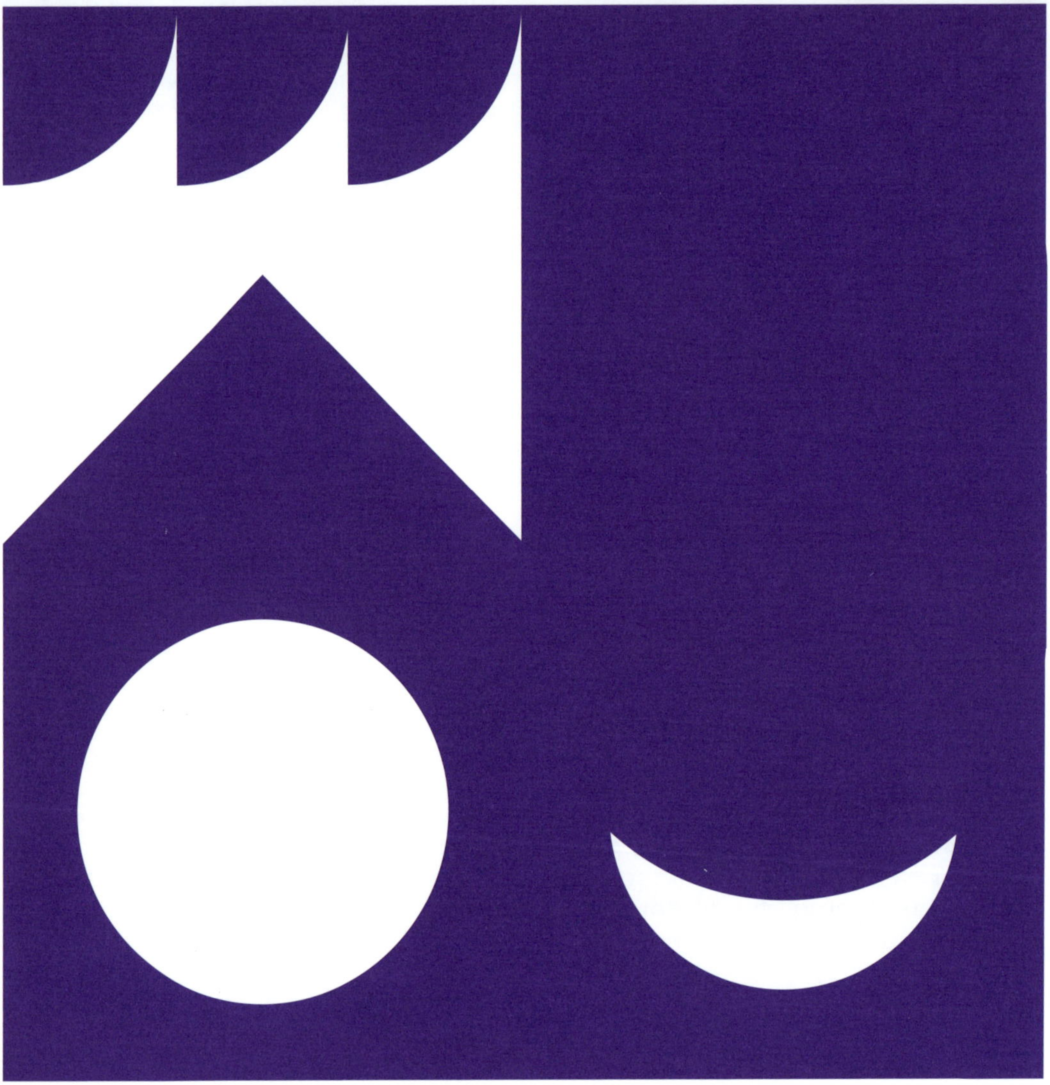

Eigen tum

Die Bedeutung von (Wohn-)*Eigentum* – also Wohnimmobilien, die von den Eigentümer*innen selbst bewohnt werden – wird in den wohnungs- und gesellschaftspolitischen Debatten vielschichtig, teils kontrovers diskutiert. Einerseits repräsentiert es auf individueller Ebene nach wie vor für viele, insbesondere für Jüngere, den Traum der eigenen, selbstbestimmt gestaltbaren vier Wände, ist Ausdruck von Eigenverantwortung – auch für die eigene Nachbarschaft – sowie Eigenvorsorge für das Alter. Zudem stellt es auch für Normalverdiener*innen eine effektive Möglichkeit dar, nennenswertes Vermögen aufzubauen. Angesichts langjähriger starker Preiszuwächse im Wohneigentumssegment sowie sprunghaft gestiegener Zinssätze für Wohnungsbaukredite in der jüngeren Vergangenheit fällt der Erwerb von Wohneigentum Haushalten mit mittleren Einkommen jedoch zumindest in den nachgefragten Städten und Regionen zunehmend schwer. Vor diesem Hintergrund sowie aufgrund ihrer hohen Bedeutung für eine gerechtere Vermögensverteilung sind Zugangsmöglichkeiten zu Wohneigentum für breite Bevölkerungsschichten regelmäßig fester Bestandteil wohnungspolitischer Agenden. Kritiker*innen hingegen sehen in einer oftmals ideologisch aufgeladenen Diskussion im Wohneigentum einen zu starken Ausdruck einer freiheitlich-bürgerlichen, Ungleichheiten verstärkenden und nicht nachhaltigen Lebensweise. Ein oft gezeichnetes Schreckensbild sind seelenlose und flächenfressende Neubau-Eigenheimsiedlungen mit hohem Energieverbrauch für Wärme und Mobilität.

Abseits derart kontroverser Einschätzungen offenbart sich das Wohneigentum allerdings als durchaus vielseitig und vielschichtig in seiner Erscheinung. So differenzieren sich die Organisationsformen von Wohneigentum immer weiter aus: vom klassisch-individuellen Eigenheim über Wohneigentümergemeinschaften bis hin zu Formen gemeinschaftlichen oder solidarischen Eigentums, wie etwa bei Baugruppen und Wohnungsbaugenossenschaften als Hybrid zwischen Eigentum und Mieten.

Außerdem stellt der Neubau eines Einfamilienhauses ●52 auf der grünen Wiese mittlerweile eher die Ausnahme der Wohneigentumsbildung dar. Zum einen werden gerade auch in den stärker verdichteten Räumen flächen- und ressourcensparende Reihen- und Townhouse-Siedlungen oder Eigentumswohnungen mit hohen Energie- und Nachhaltigkeitsstandards errichtet. Zum anderen gab es hierzulande in den letzten zwanzig Jahren eine eindeutige Tendenz hin zum Bestandserwerb, sodass nunmehr mit knapp 80 Prozent der Bestand den Erwerb von Wohneigentum klar dominiert. Dies bietet aus der Perspektive von Ökologie, Klimaschutz und Ressourcenschonung, aber auch für Städtebau und Baukultur sowie im Hinblick auf gleichwertige Lebensverhältnisse erhebliche Mehrwerte. Insofern bieten Ansätze zum gezielten Generationenwechsel von Eigenheimsiedlungen wichtige Strategien, um die Nachhaltigkeit ●140 von Wohneigentumsbildung zu stärken.

Christian Huttenloher,
Generalsekretär/Vorstandsmitglied, Deutscher Verband für Wohnungswesen, Städtebau und Raumordnung e. V.

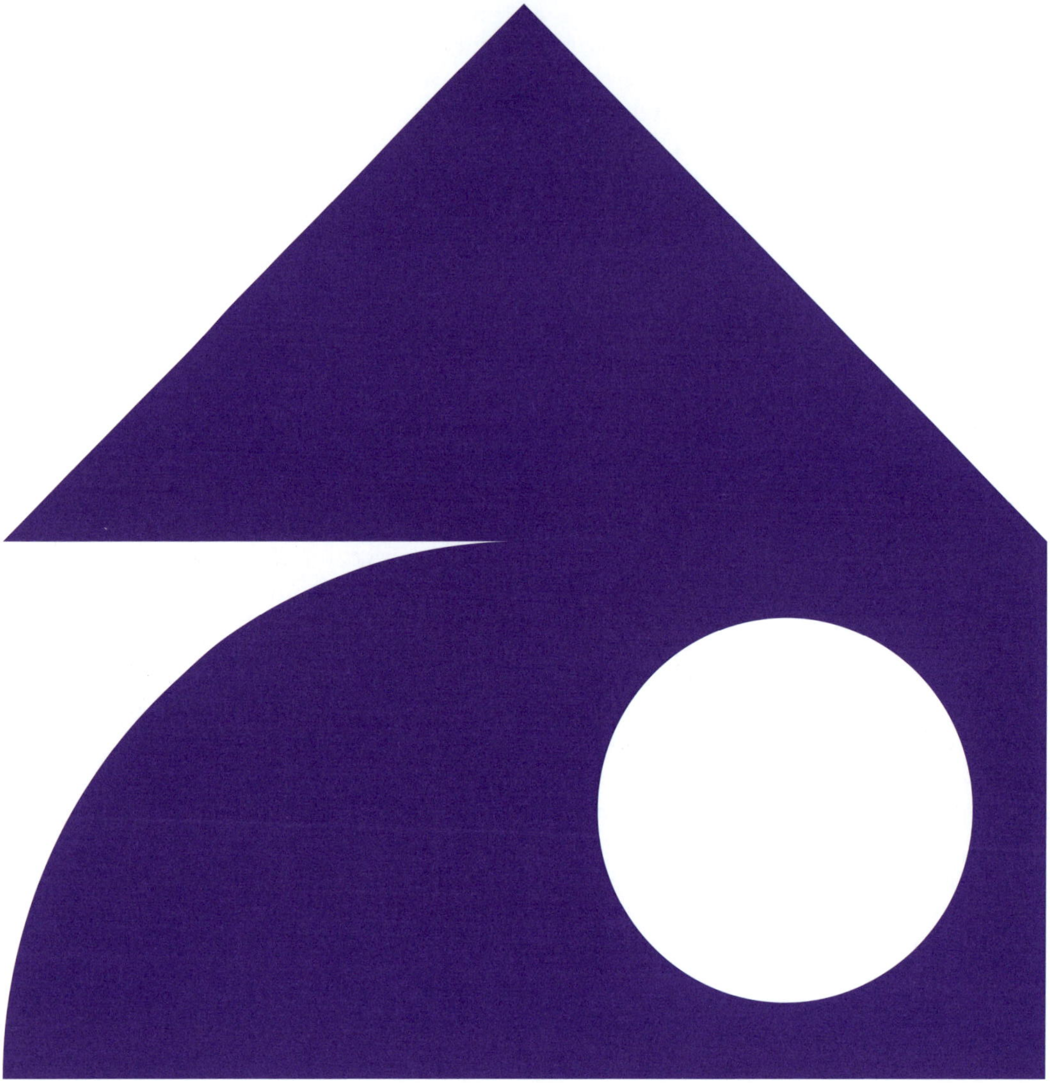

Ein haus 5
familien 2

Landauf, landab prägen *Einfamilienhäuser* (EFH ●307) unterschiedlichster Art das Bild von Dörfern und Städten in Deutschland: Von den 19 Millionen Wohngebäuden waren im Jahr 2022 nach Angaben der Bundesstiftung Baukultur etwa 16 Millionen Einfamilienhäuser. Dieses Verhältnis wird auch im aktuellen und prognostizierten Neubaugeschehen bestehen bleiben. Das Einfamilienhaus ist hierzulande Inbegriff des Wohneigentums: Während Eigentumswohnungen etwa 20 Prozent des Wohneigentums ausmachen, entfällt der weitaus größere Anteil auf selbstgenutzte Einfamilienhäuser.

Wesentliches Merkmal des freistehenden Einfamilienhauses, aber auch der Doppelhaushälfte oder des Reihenhauses, ist die Einheit von Gebäude und zugehörigem Grund und Boden. Genau das macht diese Wohnformen, so zeigen Umfragen und Studien regelmäßig, auch so attraktiv: Man zahlt nicht für die Miete ●132, sondern bildet Eigentum ●50, schafft materielle, sichtbare Werte, die an nachfolgende Generationen weitergegeben werden können (Smigla-Zywocki 2019). Etwa ein Viertel der Bevölkerung Deutschlands lebt in einem Einfamilienhaus. Komplementär dazu verhalten sich die Wohnwünsche: Drei Viertel würden gerne in einem eigenen Haus wohnen.

Historisch betrachtet ist das Einfamilienhaus ein relativ junges Phänomen. Es steht in Zusammenhang mit dem Übergang von der agrarisch geprägten zur Industriegesellschaft und spiegelt als Wohnform die damit einhergehende Auflösung größerer Familienverbände unter einem Dach zugunsten der bürgerlichen Kleinfamilie. Die Hochphase des Einfamilienhauses nach heutigem Verständnis fällt in die Boomphase der Nachkriegsjahrzehnte: Neben Siedlungen mit Kleinhäusern in der unmittelbaren Nachkriegszeit, die sich an Bautypen der 1930er und 1940er Jahre orientierten und noch für die Selbstversorgung geplant wurden, entstanden auch die typischen Neubaugebiete am Rande bestehender Ortschaften. Diese Entwicklung geht zunächst auf den Bevölkerungszuwachs und die Wohnraumknappheit nach dem Zweiten Weltkrieg zurück, entfaltete zu Zeiten des Wirtschaftswunders und in den Jahren des anhalten Wohlstandswachstums jedoch eine zunehmende Eigendynamik. Das „Häuschen im Grünen" wurde für viele zum festen Bestandteil eines erstrebenswerten Lebensstils – bis heute (Simon-Philipp 2017: 152). Das Einfamilienhaus steht daher auch für die Errungenschaften der freiheitlich-demokratischen Grundordnung: Die freie Entfaltung der Persönlichkeit soll sich eben auch auf das Idealbild selbstbestimmten Wohnens erstrecken. Bis heute wird die Bildung von Wohneigentum von den meisten politischen Parteien als wichtiger Hebel der sozialen und wirtschaftlichen Integration betrachtet und dementsprechend staatlich gefördert.

Allerdings hat sich das Einfamilienhaus überwiegend in suburbanen (Suburbia ●188) und teils peripheren, ländlichen Räumen (Ländliches Wohnen ●118) entwickelt und diese Raumtypen der Nachkriegsmoderne wesentlich mitgeprägt – zu einer Zeit, als Sekundäreffekte wie erhöhtes Pendelaufkommen oder die ungünstige Energie- und Ressourcenbilanz weitläufiger Siedlungen aus freistehenden Einzelhäusern noch keine Rolle spielten. Auch die negativen Auswirkungen solcher suburbanen Agglomerationen auf die Ortszentren sind inzwischen sichtbar geworden und erforscht. So beschreibt der sogenannte Donut-Effekt das Phänomen, dass bei Leerstand ●120 und Wegzug in den Zentren die Ortsränder dennoch weiterwachsen, zum Beispiel um weitere Einfamilienhausgebiete und Gewerbeflächen. Die Wohnungsfrage ●222 in Bezug auf das Einfamilienhaus ist eine vielschichtige, soziale und ressourcenökonomische:

Durch den demografischen Wandel ●40 stehen bereits heute viele Einfamilienhäuser leer oder werden nur noch von einer Person bewohnt (Blum et al. 2022). Dennoch nimmt der Flächenverbrauch durch Neubau weiter zu – trotz baugesetzlicher Maßgaben zur nachhaltigen Flächenentwicklung und aktueller Diskurse zum Flächensparen (Suffizienz ●190). Es wird also künftig darum gehen müssen, bestehende Einfamilienhausgebiete als Potenzial zu erkennen und klug zu transformieren, um sowohl den klassischen Wohnwünschen als auch dem Bedarf an anderen, flexibleren und gemischten Wohnformen ●220 in den alten „EFHs" nachhaltig gerecht zu werden.

Dr.-Ing. Johannes Warda,
Institut für Archäologische Wissenschaften, Denkmalwissenschaften und Kunstgeschichte,
Lehrstuhl für Denkmalpflege,
Universität Bamberg

Literatur

Blum, Andreas/Deilmann, Clemens/Gutting, Robin/Gruhler, Karin/Krauß, Norbert/Martinsen, Milena: *Auswirkungen des demographischen Wandels auf die Nutzung von natürlichen Ressourcen. Szenarien und Handlungsansätze*. Texte | 144/2022. Dessau-Roßlau 2022

Smigla-Zywocki, Jakob: „Renting is wasting: On the popular economy of homeownership in Germany". In: Cantauw, Christine/Caplan, Anne/Timm, Elisabeth (Hg.): *Housing the family. Locating the single-family home in Germany*. Berlin 2019, S. 162–182

Simon-Philipp, Christina: „Das Einfamilienhaus – (un) auffällige Hauslandschaften". In: Hnilica, Sonja/Timm, Elisabeth (Hg.): *Das Einfamilienhaus. Zeitschrift für Kulturwissenschaft*. Nr. 1/2017, S. 152–156

E
insamkeit

Studien belegen, dass Leiden wie Depressionen, Demenz, Herzinfarkte, Schlaganfälle und Krebs durch *Einsamkeit* begünstigt werden (Spitzer 2018). Zugleich häufen sich die Hinweise, dass Einsamkeit in unserer Gesellschaft weit verbreitet ist. Es liegt nahe, dass dies unter anderem damit zusammenhängt, wie wir wohnen und leben. Vor diesem Hintergrund ist es sinnvoll, jene Wohnformen ●220 zu überdenken, die zur Individualisierung tendieren und in weiterer Folge zu Einsamkeit führen können.

Denn obwohl der Mensch ein *Zoon politikon* ist, ein auf Gesellschaft ausgerichtetes Wesen, entwickeln wir uns immer mehr zu Individualist*innen, je besser es uns wirtschaftlich geht. Das beabsichtigte Alleinsein, das mit Selbstbestimmung und Freiheit assoziiert wird, kann in ungewollte Einsamkeit münden. Dabei wird oft nicht bedacht, dass man schnell in eine vulnerable Situation geraten und das Angewiesen-Sein auf andere zum manifesten Thema werden kann. Das hat uns insbesondere die Corona-Pandemie vor Augen geführt: Alleinlebende Menschen zählten zu jenen, die besonders unter den Ausgangssperren und der Isolationspflicht litten (Schiestl 2022).

In der Rückschau scheint das Zusammenleben von mehreren Generationen in einem Haus, wie es auch in Deutschland einst weit verbreitet war, die Einsamkeit verhindert zu haben – auch im Alter. Doch diese Wohnform ist aufgrund der veränderten Lebens- und Arbeitsrealitäten kaum noch vorstellbar.

Aktuell wird vermehrt die Idee des Mehrgenerationenhauses wieder aufgegriffen, die der zunehmenden Individualisierung etwas entgegensetzen soll (Mehrgenerationenwohnen ●130). Das Zusammenleben wird hier bewusst gestaltet und beruht auf „Wahlverwandtschaften": Menschen mit ähnlichen Lebenskonzepten suchen und finden einander, um gemeinsam zu wohnen, einander zu unterstützen, Wohnbereiche zu teilen und gemeinschaftlich zu nutzen (Schmidhuber 2020). Jede Person verfügt über ihren eigenen Bereich, hat aber stets die Möglichkeit, sich in Gemeinschaft zu begeben (Cluster-Wohnen ●36). Solche Formen des Zusammenlebens scheinen zukunftsorientiert, insbesondere, weil sie krankmachender Einsamkeit entgegenwirken können.

Prof. Dr. Martina Schmidhuber,
Professur Health-Care-Ethics,
Karl-Franzens-Universität Graz

Literatur

Schiestl, David W. (18.11.2022): „Einsamkeit in der Corona-Krise: Ein Update". https://viecer.univie.ac.at/fileadmin/user_upload/z_viecer/Corona-Dynamik_38_-_Einsamkeit_in_der_Corona-Krise_Ein_Update.pdf (letzter Zugriff: 21.08.2023)

Schmidhuber, Martina: „Mehr-Generationen-Wohnen als Zukunftsmodell. Gemeinschaft und Fürsorge in vulnerablen Situationen – wider einsam-machende Lebensformen". In: *Limina. Grazer theologische Perspektiven*. Nr. 1/2020, Jg. 3, S. 145–165

Spitzer, Manfred: *Einsamkeit. Die unerkannte Krankheit*. München 2018

Energetische Sanierung

Die *energetische Sanierung* ist eine Praxis, bei der (Wohn-)Gebäude so modernisiert werden, dass der Heizenergiebedarf gesenkt wird, etwa durch den Tausch der Heizungssysteme, Dach- und Fassadendämmung oder den Einbau von stärker wärmeisolierenden Fenstern. In der ingenieurswissenschaftlichen Debatte wird eine energetische Sanierung, bei der Energiebedarf radikal gesenkt wird, um so die politischen Klimaschutzziele zu erreichen, als *deep retrofit* bezeichnet. Was aus der Sicht des Klimaschutzes dringend geboten erscheint, hat aus sozialer Sicht jedoch ambivalente Auswirkungen.

Einerseits führt ein hoher Energiebedarf von Wohngebäuden zu hohen Energiekosten, die neben geringen Einkommen einer der Haupttreiber von „Energiearmut" sind. Hierunter wird eine soziale Lage verstanden, in der sich Menschen nicht angemessen mit Energie versorgen können oder die hohen Kosten zu empfindlichen Einsparungen in anderen Lebensbereichen führen, prominent geworden unter der Bezeichnung *heat or eat* – „heizen oder essen". Energetische Sanierung gilt daher als wichtige Maßnahme zur Bekämpfung von Energiearmut.

Doch energetische Sanierung verursacht auch Kosten, denn letztlich ist sie wie jede andere Sanierung eine Investition. Eigenheimbesitzer*innen benötigen dafür trotz vorhandener staatlicher Förderprogramme Eigenkapital, was Niedrigeinkommensgruppen häufig nicht leisten können. Doch gerade diese bewohnen überdurchschnittlich oft Einfamilienhäuser ●52 mit sehr hohem Energiebedarf, der aus eigener Kraft nicht gesenkt werden kann.

Im Mehrfamilienhausbereich sind soziale Konsequenzen abhängig von den Strategien der Eigentümer*innen und der Art der Finanzierung. Ohne generöse staatliche Förderung müssen die Kosten entweder von den Vermieter*innen getragen werden – oder sie werden auf die Miete ●132 umgelegt. Die Modernisierungsumlage in Deutschland macht es rechtlich möglich, die Kosten innerhalb von ungefähr 12–17 Jahren komplett auf die Miete umzulegen. In innerstädtischen Premiumlagen erlaubt dies starke Mieterhöhungen, Verdrängungseffekte ●210 können die Konsequenz sein. Denn letztlich ist eine energetische Sanierung immer eine Wertsteigerung und damit kurz- oder mittelfristig ein Anlass zur Steigerung der Wohnkosten (Bezahlbarkeit ●24). Wenn Haushalte mit geringem Einkommen meist in preiswerten, aber energetisch schlechten Wohnungen leben – warum sollten energetische Sanierungen langfristig prinzipiell etwas an diesem Muster ändern?

Prof. Dr. Katrin Großmann,
Professorin für Stadt- und Raumsoziologie, Forschungskollektiv Peripherie und Zentrum – FPZ,
Fachhochschule Erfurt

Erhaltungssatzung

Die *Erhaltungssatzung* – alltagssprachlich oft „Milieuschutz“ genannt – zielt auf den Erhalt entweder einer städtebaulichen Struktur oder einer spezifischen sozialen Zusammensetzung (*Milieu*) eines bestimmten Wohngebiets. Der zweite, soziale Zweck hat dazu geführt, dass das „Soziale Erhaltungssatzung“ genannte Gesetz oftmals als Anti-Gentrifizierungsinstrument wahrgenommen wird (dazu Schmidt 2021); tatsächlich wird es mit Blick auf die Eindämmung von Mietpreissteigerungen seit etwa 2012 vermehrt angewandt. Die Erhaltungssatzung – in Stadtstaaten Erhaltungs*verordnung* – ist allerdings im Baugesetzbuch verankert. Damit steuert das Gesetz Entwicklungsprozesse ausschließlich über Vorgaben zu Bauvorhaben. Im Wortlaut geht es um die „Erhaltung baulicher Anlagen und der Eigenart von Gebieten […] zur Erhaltung der Zusammensetzung der Wohnbevölkerung aus besonderen städtebaulichen Gründen“ (§ 172 Abs. 1 Satz 1 Nr. 2 BauGB).

Die Erhaltungssatzung koppelt also soziale und bauliche Strukturen: Ziehen beispielsweise Familien aus einem Quartier weg, hat ein Stadtgebiet zu viele Spielplätze oder Kitas, das andere zu wenige. Da dies teure Infrastrukturmaßnahmen nach sich ziehen würde, ist das Ziel der Erhaltungssatzung, ein bestimmtes Milieu in einem bestimmten Gebiet zu erhalten – um den Städtebau nicht zu überfordern. Im Unterschied zum Mietrecht kann sich daher kein Individuum und keine Gruppe auf das Gesetz berufen, um im Einzelfall geschützt zu werden. Bezogen auf das Beispiel Familie ginge es etwa darum, familientaugliche Wohnungen zu erhalten und teure Modernisierungen oder Raumzusammenlegungen zu verhindern.

Insofern zielt die Erhaltungssatzung tatsächlich indirekt auf die Verhinderung von Gentrifizierung ●74, die im Kern die Verdrängung ●210 von armen oder einkommensschwachen Haushalten benennt. Auch wenn Gentrifizierung ein vielschichtiger Prozess auf Basis von Eigentums ●50-, Spekulations ●178-, Einkommens-, Geschlechter ●76- oder Mietrechtsverhältnissen ist, kann der § 172 des Baugesetzbuches Einfluss nehmen auf Modernisierungsaktivitäten und damit zusammenhängende Mieterhöhungen (Vogelpohl 2023). Im Zusammenspiel mit dem § 250 BauGB, der die Umwandlung von Miet- in Eigentumswohnungen erschwert, sowie mit einem starken Mietrecht, sozialem Wohnungsbau, weitergehender Sozialpolitik und so weiter stellt die Erhaltungssatzung einen Baustein für eine soziale Wohnraumversorgung ●176 dar.

Dr. Anne Vogelpohl,
Sozialraummanagement,
Bezirksamt Hamburg-Altona

Literatur

Schmidt, Florian: „Gentrifizierung vermeiden? Von Milieuschutz und Vorkaufsrecht zur Communalisierung!“. In: Glatter, Jan/Mießner, Michael (Hg.): *Gentrifizierung und Verdrängung. Aktuelle theoretische, methodische und politische Herausforderungen*. Bielefeld 2021, S. 275–294

Vogelpohl, Anne: „Soziale Erhaltungsverordnungen und Wohnraumschutz vs. touristische Aufwertung – Widersprüchliche Quartiersentwicklung im Hamburger Schanzenviertel“. In: Kirschner, Ursula/Saretzki, Anja (Hg.): *Gentrifizierung und Touristifizierung in der Hamburger Sternschanze – Ein Stadtviertel zwischen Protest und neoliberaler Verwertungslogik*. Bielefeld 2023, S. 117–137

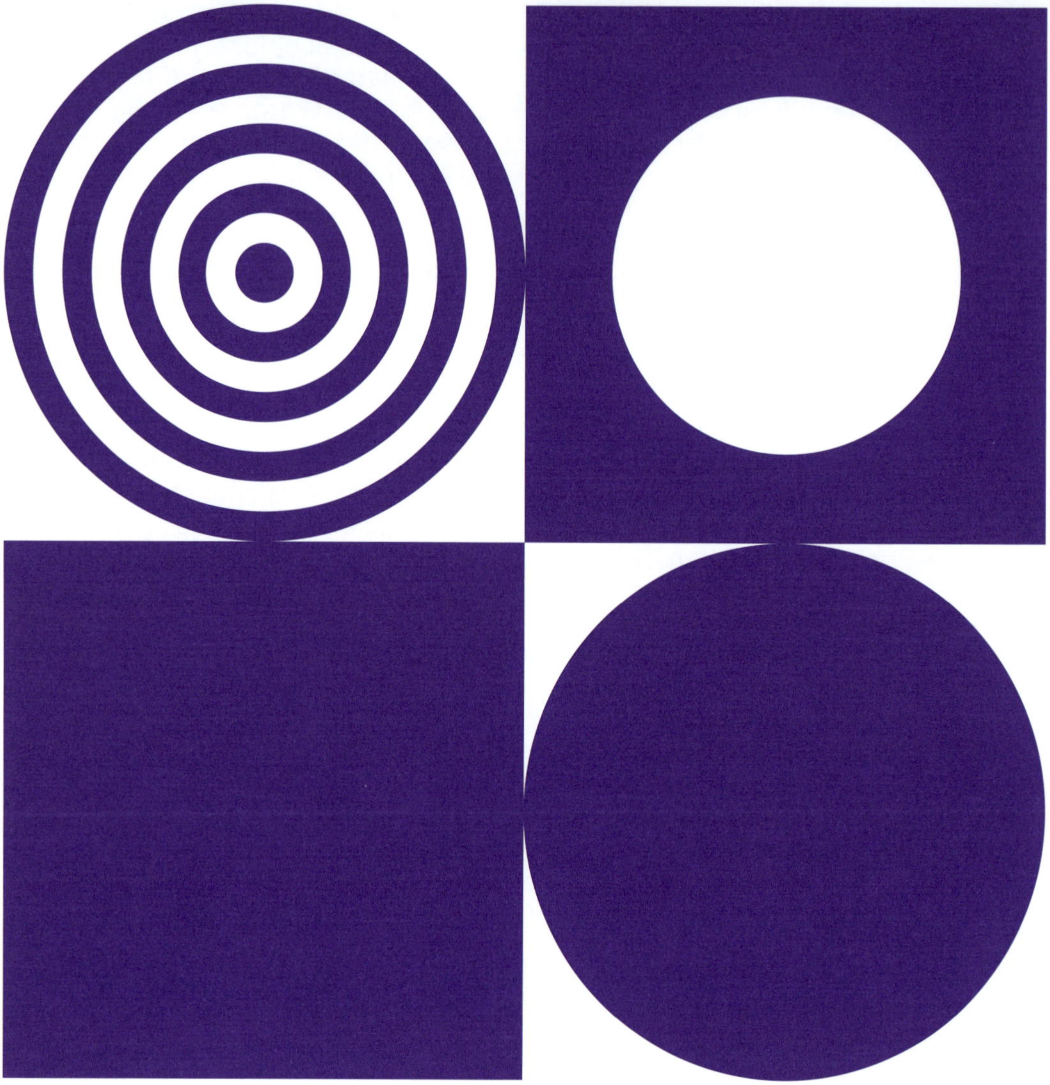

Familie

Familie wird hier verstanden als (in der Regel) generationenübergreifende Sorge- und Verantwortungsgemeinschaft (Care●34, Sorgetragen●186). Sie ist eine durch Formenvielfalt und Anpassungsfähigkeit gekennzeichnete soziale Institution (Schneider 2015). Seit Jahrzehnten ist vom „Wandel der Familie“ und von der „Pluralisierung familialer Wohnformen“ die Rede. Bezugspunkt ist hier stets das die westliche Nachkriegsmoderne prägende Modell der bürgerlichen Kernfamilie. Laut diesem leben die heterosexuellen, verheirateten, die Arbeit geschlechtsspezifisch teilenden Eltern und ihre gemeinsamen biologischen Kinder in einem Haushalt, vorzugsweise im selbstgenutzten Wohneigentum, oft im Einfamilienhaus●52. Die kulturell tief eingewurzelte Vorstellung der „Normalfamilie“ im Familienheim rührt also aus einer sehr kurzen, historisch exzeptionellen Phase, in der sich eine Familien-, Wohn- und Lebensform als dominant durchsetzen konnte.

Heute wachsen knapp siebzig Prozent der derzeit in Deutschland lebenden Kinder in (gemischt- oder gleichgeschlechtlichen) Familienhaushalten mit verheirateten (leiblichen oder sozialen) Eltern auf; Tendenz kontinuierlich abnehmend (Statista 2024). Daneben gibt es mittlerweile vielfältige und komplexe Formen des *Doing Family*: Eineltern-, Co-Eltern-, Mehreltern-, Patchwork-, Wahl-, multilokale Familien und viele andere mehr. Solche Familien haben oftmals Schwierigkeiten, die für sie passenden Wohnungen und Wohnformen●220 zu finden.

Dies hat verschiedene Ursachen. So sind Stadtentwicklung, Wohnungspolitik und Wohnungsbau in weiten Teilen immer noch stark auf kleinfamiliale Eltern-Kind(er)-Konstellationen ausgerichtet. Zudem adressieren diese bevorzugt Menschen aus den (oberen) Mittelschichten (Frank 2014). Überdies sorgen vielerorts angespannte Wohnungsmärkte für explodierende Mieten und Kaufpreise, was viele Familien vor Probleme des Wohnungsmarktzugangs und der Bezahlbarkeit●24 stellt. Vor allem Geringverdienende, Alleinerziehende und kinderreiche Familien sind zunehmend häufiger von Wohnungsnot betroffen oder geraten in Wohnungslosigkeit●146. Hier gibt es allerdings erhebliche regionale und Stadt-Land-Unterschiede.

Die sich zuspitzende soziale Ungleichheit am Wohnungsmarkt wird durch familiäre Erbschaften und Schenkungen absehbar noch verschärft werden. Im Rahmen der anstehenden Erbschaftswelle wird maßgeblich auch (Wohn-)Eigentum●50 weitergegeben. Überhaupt wird der Zugang jüngerer Menschen zum Wohnungsmarkt (zum Kaufmarkt, aber immer mehr auch zum Mietmarkt) zunehmend von der Finanzkraft ihrer (Groß-)Eltern abhängig.

Prof. Dr. Susanne Frank,
Stadt- und Regionalsoziologie, Fakultät Raumplanung,
Technische Universität Dortmund

Literatur

Frank, Susanne: „Mittelschichtfamilien als Adressaten und Motoren der Stadt- und Quartiersentwicklung“. In: *Informationen zur Raumentwicklung*. Nr. 4/2014, S. 361–371

Schneider, Norbert (28.05.2015): „Vielfalt der Familie“. https://www.bpb.de/themen/familie/familienpolitik/207447/vielfalt-der-familie/ (letzter Zugriff: 23.02.2024)

Statista (2024): „Anteil von Kindern unter 18 Jahren nach Lebensform der Eltern in Deutschland in den Jahren 2013 bis 2022“. https://de.statista.com/statistik/daten/studie/485381/umfrage/anteil-von-minderjaehrigen-kindern-nach-lebensform-der-eltern-in-deutschland/ (letzter Zugriff: 23.02.2024)

Finanzialisierung

6
4

Der Begriff *Finanzialisierung* beschreibt den zunehmenden Einfluss des Finanzsektors und dessen Logiken auf heutige Gesellschaften. Im Kontext von Wohnen ist damit gemeint, dass beispielsweise Finanzinstitutionen und Investor*innen vermehrt versuchen, mit Immobilien Gewinne zu erzielen und dadurch das Geschehen auf den Wohnungsmärkten zu beeinflussen.

Es wird davon ausgegangen, dass die Motive und Vorgehensweisen von Akteur*innen des Finanzsektors in Ökonomien, aber auch in Sozialsystemen und im Alltagsleben an Bedeutung gewinnen (Alltag ●16). Finanzakteur*innen, die in Immobilienmärkte eingreifen, sind zum Beispiel Immobilien AGs, Pensions-, Staats-, Private-Equity- und Hedgefonds sowie Versicherungen. Von Finanzialisierung wird gesprochen, wenn diese Akteur*innen etwa Wohnungsbestände, Arztpraxen oder Grund und Boden in sogenannte *Assets*, das heißt in Finanzprodukte umwandeln. Damit geht einher, dass Gegenstände wie Wohnungen oder Wohngebäude, die vorher überwiegend auf lokalen Märkten gehandelt wurden, nun auf (internationalen und globalen) Finanzmärkten gehandelt und in globale Finanzkreisläufe eingebunden werden. Dort werden sie als Ware ●218 angeboten.

Möglich wurde dies unter anderem durch die Finanzmarktliberalisierungen Ende der 1990er Jahre. Seitdem lässt sich diese deutliche Veränderung beobachten. Das bedeutet auch, dass das Wohnen einer neuen Kalkulationslogik unterworfen wird: Die aus Immobilien erwirtschaftete Rendite muss sich mit anderen *Assets* vergleichen lassen. Wenn also andere Anlageformen (Wertpapiere, Güter und so weiter) mehr Rendite einbringen, investieren Finanzmarktakteur*innen an anderer Stelle und entziehen ihr Kapital der Immobilienbranche, was zu Instabilitäten bei Immobilienunternehmen führen kann. Um das zu vermeiden, sind Organisationen also dazu angehalten, hohe Renditen zu gewährleisten, was wiederum häufig über Verwaltungsoptimierung, algorithmische Steuerung der Mietverhältnisse, Mietpreissteigerungen oder andere (oft kurzfristige) Wertsteigerungen, etwa durch Modernisierungen, energetische Sanierungen ●58 oder Verkauf, realisiert wird.

Der ursprüngliche „Gebrauchswert" einer Wohnung, ihr sozialer und alltäglicher Bezug als Ort des Zuhauses ●240, wird dadurch nachrangig. Stattdessen steht die Spekulation ●178 auf zukünftige Gewinne und eine Orientierung am für die Finanzmarktlogik relevanten „Tauschwert" im Vordergrund. Die Finanzialisierung des Wohnens kann über die damit zusammenhängende Profit- und Effizienzlogik somit zur Prekarisierung von Mietverhältnissen und zu Unsicherheiten für Mieter*innen führen (Prekarität ●150).

Prof. Dr. Susanne Heeg,
Geographische Stadtforschung,
Institut für Humangeographie,
Goethe-Universität Frankfurt am Main

Weiterführende Literatur

Aalbers, Manuel B.: „The potential for financialization". In: *Dialogues in Human Geography*. Nr. 2/2015, Jg. 5, S. 214–219

Epstein, Gerald A.: *Financialization and the world economy*. Cheltenham 2005

Heeg, Susanne: „Wohnungen als Finanzanlage. Auswirkungen von Responsibilisierung und Finanzialisierung im Bereich des Wohnens". In: *s u b \ u r b a n. zeitschrift für kritische stadtforschung*. Nr. 1/2013, S. 75–99

Fluch t

Flucht bedeutet, dass Menschen gezwungen sind, ihre gewohnte Umgebung, ihre Heimat, ihre sozialen Bindungen und ihre Unterkunft zu verlassen und sich eine neue Existenz aufzubauen, sei es vorübergehend oder dauerhaft. Die Wohnungsfrage ●222 nimmt daher eine zentrale Position im Kontext des Themas Flucht ein, da sie unmittelbar die Lebensbedingungen und Integration von Geflüchteten in der neuen Gesellschaft beeinflusst.

Geflüchtete Menschen stellen aufgrund ihres rechtlichen Status eine spezielle und vulnerable Personengruppe dar, für die der Zugang zu Wohnraum mit besonderen Herausforderungen verbunden ist. In der Praxis ist die Wohnsituation von Geflüchteten in Deutschland stark reguliert. Zunächst erfolgt die Unterbringung in einer *Erstaufnahmeeinrichtung*, im Anschluss werden Personen nach dem sogenannten *Königsteiner Schlüssel* auf die Bundesländer und Kommunen verteilt. Die öffentlich-rechtlichen Formen der Unterbringung umfassen unter anderem Sammeleinrichtungen, provisorische Lösungen wie Containerdörfer, aber auch dezentrale Unterbringungen in bestehenden Wohnungen. Oft jedoch leben geflüchtete Menschen in Gemeinschaftsunterkünften, haben wenig Privatsphäre und müssen sich Räume teilen. Die Unterbringungsdauer ist begrenzt, aber viele Geflüchtete verbleiben aufgrund von Wohnungsnot und Diskriminierung ●48 länger in Gemeinschaftsunterkünften oder Wohnverhältnissen, die durch Prekarität ●150 gekennzeichnet sind.

Mindeststandards für Gemeinschaftsunterkünfte sind bundesweit nicht verbindlich geregelt. In einigen Bundesländern wurden Schutzkonzepte entwickelt, um Gewalt ●78 gegen Kinder, Jugendliche und Frauen* in Flüchtlingsunterkünften vorzubeugen. Dennoch kommt es aufgrund der hohen Anzahl von Schutzsuchenden oft zu Überlastungen. Eine Flexibilisierung des Bauplanungsrechts soll eine schnellere Unterbringung von Geflüchteten ermöglichen, indem der Bedarf an Unterkünften und Wohnraum gedeckt wird. Die Kommunen stehen andererseits vor einem umstrittenen Baubedarf, der in einigen Stadtgesellschaften mitunter kontrovers diskutiert wird.

Die Wohnsituation kann sich auf Gesundheit, Bildung, Erwerbstätigkeit und gesellschaftliche Teilhabe geflüchteter Menschen auswirken. Das Recht auf eine eigene Wohnung wird Geflüchteten erst mit der Asyl- und Aufenthaltsberechtigung zuerkannt. Die Integration in den regulären Wohnungsmarkt gestaltet sich oft schwierig, da es an bezahlbarem Wohnraum mangelt (Bezahlbarkeit ●24).

Es braucht jetzt und in Zukunft integrierte Ansätze und Zusammenarbeit zwischen kommunaler Wohnungswirtschaft, Kommunen, Wohlfahrtsverbänden und Zivilgesellschaft, um die Teilhabe der Geflüchteten in ihren Quartieren ●154 zu stärken und zu fördern. Es sind zudem förderliche Rahmenbedingungen auf allen politischen Ebenen notwendig, um den Zugang für Geflüchtete zum Wohnungsmarkt zu erleichtern. Denn die Wohnsituation geflüchteter Menschen hat bedeutende Auswirkungen auf die subjektive Lebensqualität. Es ist daher unabdingbar, angemessenen und sicheren Wohnraum zur Verfügung zu stellen, um das Ankommen in der Gesellschaft zu erleichtern.

Dr. Kristina Seidelsohn,
Seniorwissenschaftlerin und
Koordinatorin des Forschungsclusters
„Lokale Demokratie", vhw-Forschung,
vhw – Bundesverband für Wohnen
und Stadtentwicklung e. V.

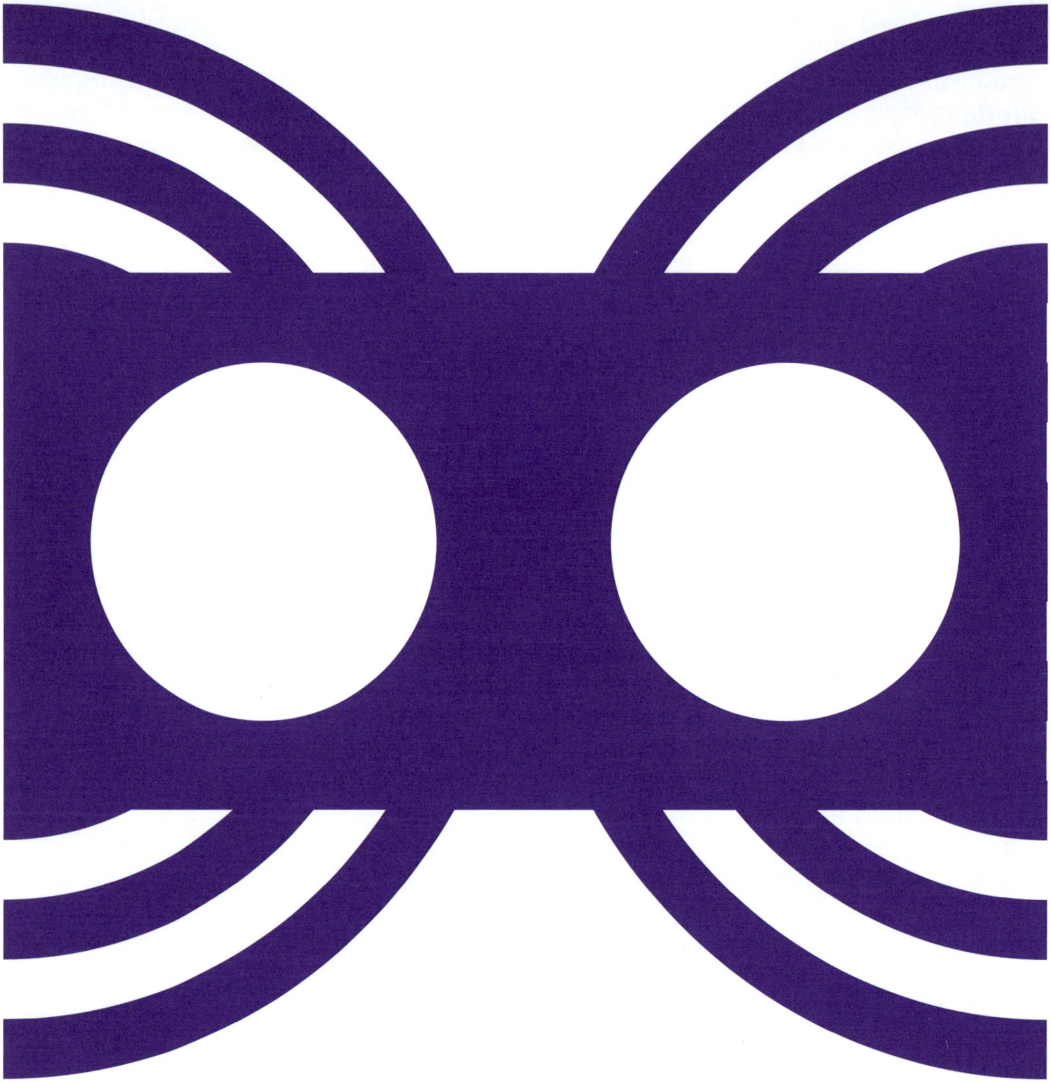

Geldwäsche

Als *Geldwäsche* bezeichnet man die Einschleusung von illegal erwirtschafteten Geldern, etwa durch Drogenhandel oder Korruption, in den Finanz- und Wirtschaftskreislauf. § 261 Abs. 1 Strafgesetzbuch stellt Geldwäsche mit einer Freiheitsstrafe von bis zu fünf Jahren unter Strafe. Bei der Geldwäsche handelt es sich um ein Dunkelfeld-Delikt. Angaben zum Umfang, zu den Einsatzbereichen sowie der Art der Einspeisung in den deutschen Wirtschaftskreislauf beruhen daher weitgehend auf Schätzungen. In fachkundigen Kreisen wird Deutschland wegen ungenügenden Problembewusstseins sowie unzureichender Kontrollen als Geldwäscheparadies für die Organisierte Kriminalität bezeichnet. Hinweise zur Größenordnung des Problems sowie zur Relevanz für den Immobilienbereich enthält eine Studie des Netzwerks Steuergerechtigkeit aus dem Jahr 2021 (Transparency International Deutschland e. V. 2021). Verwiesen wird auf die Zahl von 100 Milliarden Euro: So viel Geld wird vermutlich jährlich in Deutschland gewaschen. Die Experten nehmen an, dass davon etwa 15 bis 30 Prozent in den Immobiliensektor fließen. Für Berlin schätzt man, dass jede zehnte Wohnung in anonymen Händen liegt – wer das Eigentum ●50 an der Wohnung hat, ist also weder den Mietparteien noch den kommunalen Behörden bekannt.

Bargeld spielt beim Kauf von Immobilien eher eine untergeordnete Rolle. In großem Stil wird Geld illegaler Herkunft im Immobilienbereich vielmehr mit Hilfe professioneller Dienstleister von anonymen Briefkastenfirmen gewaschen. Diese operieren meist aus außereuropäischen Schattenfinanzplätzen. Eingebunden sind dabei auch Banken aus europäischen Ländern. In einer Untersuchung vom Oktober 2022 kam das Netzwerk Steuergerechtigkeit zu dem Ergebnis, dass es 15.000 bis 20.000 anonyme Briefkastengesellschaften mit Immobilienbesitz in Deutschland gibt (Miethe/Trautvetter 2022). Bei Projekten vor Ort treten diese zumeist unter der Adresse von Anwaltskanzleien oder sonstigen Geschäftsführern in Erscheinung.

Seit Beginn der 1990er Jahre versucht die Europäische Union einen wirksamen Rechtsrahmen zur Geldwäscheprävention zu schaffen. Mit der Einführung von Transparenzregistern in den EU-Mitgliedstaaten soll vor allem mehr Transparenz bezüglich der wirtschaftlich Berechtigten geschaffen werden. Aktuell werden in Deutschland Grundbuchdaten und Transparenzregister zentral zusammengeführt. Das könnte bei den bisher anonymen Gesellschaften mit Immobilienbesitz für mehr Klarheit sorgen. Trotz mehrfacher Nachbesserungen sind diese Transparenzregister wegen zahlreicher Mängel jedoch sehr lückenhaft und unzuverlässig. Geplant ist eine bessere Verknüpfung mit den Handels- und Bankkontenregistern sowie die Schaffung eines zentralen Immobilienregisters.

Wohnforschung und Wohnpolitik müssen sich verstärkt mit der Gefahr auseinandersetzen, dass Personen aus dem Bereich der Organisierten Kriminalität über Wohnungen sowie wichtige Parameter der Stadtentwicklung verfügen. Sie sollten wissen, woher das Geld kommt, das für eine sozial und ökologisch nachhaltige Wohnpolitik gebraucht wird. Ein Immobilienmarkttransparenzgesetz wäre dafür hilfreich.

Prof. Dr. Edda Müller, Min., MinDirig. a. D., ehem. Vorsitzende von Transparency International Deutschland e. V.

Literatur

Transparency International Deutschland e. V. (2021): „Geldwäschebekämpfung in Deutschland. Probleme, Lösungsvorschläge und Beispielfälle". https://www.transparency.de/fileadmin/Redaktion/Publikationen/2021/Studie_Geldwa__sche-in-Deutschland_210826.pdf (letzter Zugriff: 07.12.2023)

Miethe, Jakob/Trautvetter, Christoph (2022): „Anonymes Immobilienvermögen und internationale Besitzketten. Eine Analyse von Eigentümerstrukturen am deutschen Immobilienmarkt anhand von administrativen Daten aus fünf Bundesländern und Städten". https://www.jakobmiethe.net/paper/MietheTrautvetter_Eigentumsanalyse.pdf (letzter Zugriff: 07.12.2023)

Gemeinwohl

Der Begriff des *Gemeinwohls* hat sich zu einer zentralen Zielgröße aktueller Politiken entwickelt (*New Urban Agenda, Neue Leipzig-Charta, Memorandum Urbane Resilienz* etc.). Er bezeichnet das Wohlergehen aller im Sinne eines öffentlichen Interesses, das sich gegen Einzel-, Partikularinteressen und das Privatwohl abgrenzt und einen Gemeinwohl-Mehrwert (*Public Value*) erzeugt. Doch auch wenn Grundgesetz, Baugesetzbuch oder Verwaltungsverfahrensgesetz explizit auf das Gemeinwohl verweisen, bleibt es bis heute ein unbestimmter Rechtsbegriff. Damit obliegt es den unterschiedlichen gesellschaftlichen Akteur*innen, gemeinsam zu verhandeln, wie es im Einzelnen zwischen politischem Prozeduralismus einerseits und konkreten Gemeinwohl-Kriterien andererseits ausgestaltet werden kann (BBSR 2018).

Eine „gemeinwohlorientierte Wohnungspolitik" wird in der Regel als Gegensatz zu profitorientierten Entwicklungen verstanden (coop.disco+ 2018). Mit Bezügen zur Gemeinwohl-Ökonomie sowie zum Konzept der Stadtrendite bezeichnet sie das Handlungsfeld des Non-Profit-Sektors, in dem gemeinschaftliche, nutzungsgemischte oder bezahlbare Wohnformen vorangetrieben werden. Einzelne Immobilienakteur*innen weisen den gesellschaftlichen Mehrwert ihres Engagements bereits heute entsprechend als Gemeinwohl-Bilanz aus (Neue Wohngemeinnützigkeit ●144).

Eine „gemeinwohlorientierte Stadtentwicklung" geht konzeptionell über den Handlungsrahmen der Wohnungspolitik hinaus und bezieht sich auf die Leitbilder der gerechten, grünen und produktiven Stadt. Ihr zentraler Modus ist die sogenannte Koproduktion ●112 – die verlässliche partnerschaftliche Kooperation von Kommunen, Unternehmen und Zivilgesellschaft (BBSR 2020). Impulse für mehr Gemeinwohl werden dabei insbesondere von innovativen zivilgesellschaftlichen Initiativen erwartet, die über Debatten und lokale Projekte lösungsorientierte Herangehensweisen für die transformative Gestaltung lebenswerter Städte und Regionen aufzeigen.

Gemeinwohlorientierte Koproduktionen von Kommunen, Unternehmen und Zivilgesellschaft benötigen in der Praxis vielfältige Rahmenbedingungen. Zentral dabei sind: Vertrauen in zivilgesellschaftlich getragene Stadtentwicklungsprojekte, Zugeständnisse langfristiger wirtschaftlicher Autonomie gegenüber gemeinwohlorientierten Projekten, die Möglichkeit und der Wille zur Selbstverwaltung, eine befähigende Anwendung des Haushalts-, Vergabe- und Wettbewerbsrechts sowie eine konsequente Einbindung aller Kooperierenden in die politischen Entscheidungsprozesse über die Verwendung von öffentlichen Ressourcen wie Grundstücken, Gebäuden, Investitionszuschüssen, Daten, Informationen und vielem mehr (Beteiligung ●22). Festzuhalten bleibt: Gemeinwohl wird gemacht. Es ist ein aktiver Aushandlungsprozess, an dessen Ende Gemeingüter und ihre rechtliche Verfasstheit, ihre Nutzungsmöglichkeiten und ihre Erhaltung festgelegt werden. Das Gemeinwohl besitzt damit viele offene Enden zur Debatte um Commons ●38 und das Commoning.

Sebastian Beck,
Seniorwissenschaftler, vhw-Forschung, vhw – Bundesverband für Wohnen und Stadtentwicklung

Konrad Braun, Projektentwickler und Vorstandsmitglied bei ZKB eG Genossenschaft für Stadtentwicklung

Literatur

Bundesinstitut für Bau-, Stadt- und Raumforschung (BBSR): „Gemeinwohl. Konsequenzen für die Planung?". In: *Informationen zur Raumentwicklung*. Nr. 5/2018

Bundesinstitut für Bau-, Stadt- und Raumforschung (BBSR) (Hg.): *Glossar zur gemeinwohlorientierten Stadtentwicklung*. Bonn 2020

coop.disco+: „Gemeinwohl entwickeln: kooperativ und langfristig!", Studie für eine Beauftragtenstelle für gemeinwohlorientierte Immobilienentwicklung in Friedrichshain-Kreuzberg. Heft 1, Kurzfassung. Berlin 2018

Genossenschaft

Eine *Genossenschaft* ist ein Zusammenschluss mehrerer Menschen zum gemeinsamen Wirtschaften. Das Besondere an diesen Unternehmen ist, dass ihr oberstes Ziel *nicht* die Erwirtschaftung von Profit, sondern die Förderung ihrer Mitglieder ist. Im Fall von Wohnungsgenossenschaften ist der Hauptzweck die Versorgung mit günstigem, sicherem und sozial verantwortbarem Wohnraum.

Seit über 150 Jahren leisten Genossenschaften mit diesem Modell erfolgreich die Wohnraumversorgung vieler Menschen. Ihre rund zwei Millionen Wohnungen in Deutschland werden in der Regel gut instandgehalten und zu günstigen Mieten vermietet (Bezahlbarkeit ●24). Das gelingt, weil Wohnungsgenossenschaften auf Dauer angelegt sind und so wirtschaften, dass das gemeinschaftliche Vermögen langfristig gesichert ist. Ihre Nutzer*innen müssen keine Kündigungen fürchten, denn sie sind als Mitglieder zugleich Miteigentümer*innen ihrer Genossenschaft und bestimmen demokratisch über deren Entwicklung mit (Solidarität ●184).

Aus diesen leicht verständlichen, aber auf dem renditeorientierten Markt keineswegs *selbst*verständlichen Prinzipien ziehen nicht nur die Genossenschaftsmitglieder, sondern die gesamte Gesellschaft Vorteile, indem zum Beispiel die günstigen Genossenschaftsmieten preisdämpfend auf den Gesamtmarkt wirken. Die Genossenschaft bietet eine gemeinschaftliche Basis und kann damit das Engagement der Menschen wecken, selbst aktiv zu werden und die eigene Nachbarschaft oder Stadt mitzugestalten – zum Nutzen aller.

Genossenschaften füllen nicht jede Lücke und sie sind nicht für alle attraktiv. Aber für viele sind sie die passende Möglichkeit, mit vereinter Kraft und geteiltem Risiko die eigene – und gemeinsame – Situation zu verbessern. Allerdings tun sich Politik und Verwaltung mit der Verortung von Genossenschaften in der dominanten Dichotomie von „privat" und „staatlich" oft schwer. Da sie auf ihre Selbstbestimmung und Selbstverantwortung bestehen, sind Genossenschaften gegenüber kommunalen Unternehmen bei der Vergabe von Fördermitteln und Bauland oft im Nachteil (Instrumente ●96). Zugleich können und wollen sie nicht im von Spekulation ●178 geprägten Geschäft konkurrieren. Dennoch eignet sich das Modell Genossenschaft, wie die Zahl der Neugründungen beweist, auch heute noch für Initiativen und ermöglicht Projekte mit großem Innovationspotenzial: Immer häufiger bauen Wohnungsgenossenschaften gemeinsam mit einer Quartiersgenossenschaft ihre Angebote aus, erzeugen mithilfe von Energiegenossenschaften vor Ort Strom oder kooperieren mit Sozialgenossenschaften.

Dr. Barbara König, Caroline Rosenthal,
Genossenschaftsforum e. V.

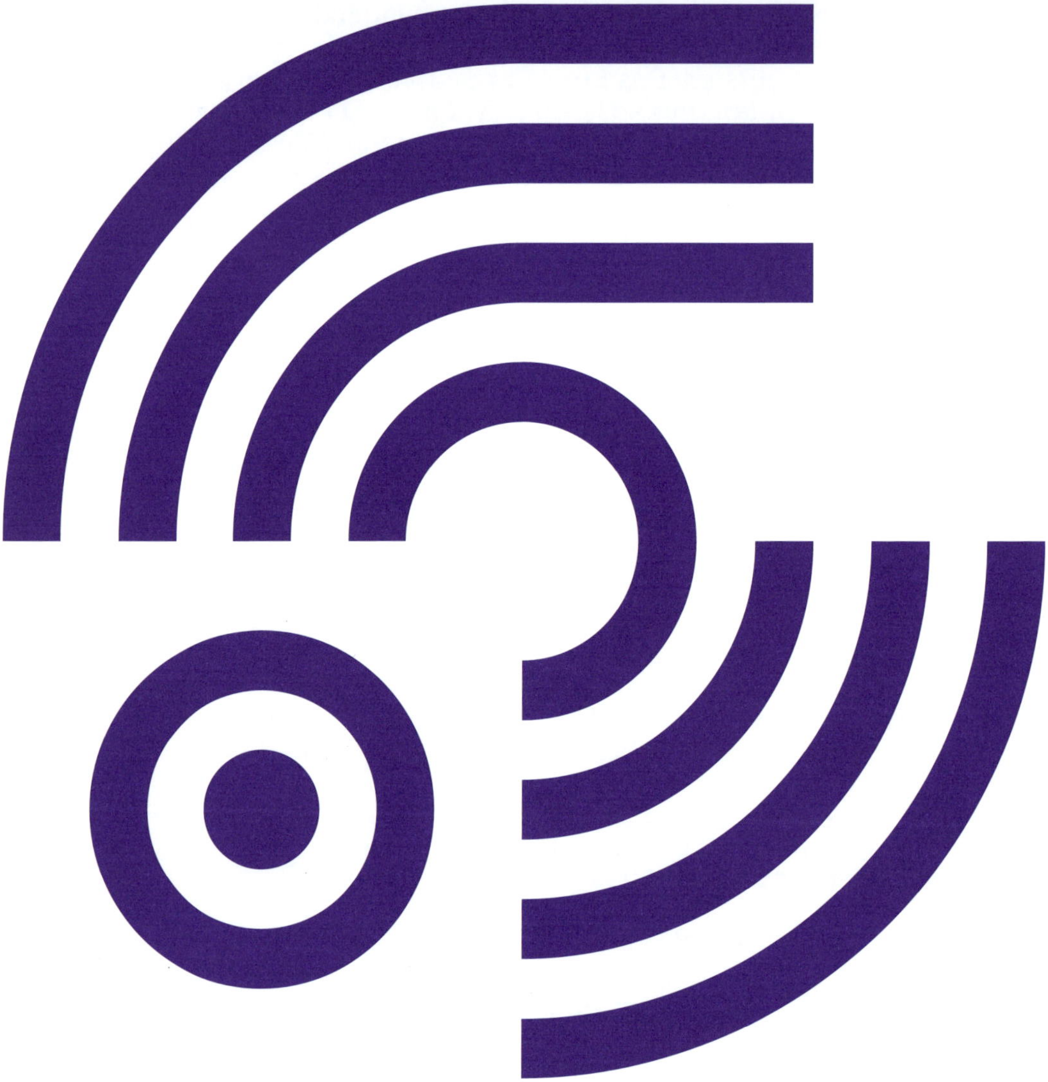

trifizie 7
Gen rung 4

Der Begriff *Gentrifizierung* (engl. *gentrification*, von *gentry*, „niederer Adel") bezeichnet einen Prozess der „Aufwertung" von Wohnquartieren. Charakteristisch dabei ist, dass es neben der Erneuerung und Modernisierung von Wohnimmobilien zugleich zu einem Austausch der dort lebenden Bevölkerung kommt. Die immobilienwirtschaftliche Aufwertung erfolgt durch Wohnungsmodernisierungen, die Umwandlung von Miet- in Eigentumswohnungen, den Ausbau von Dachgeschossen, aber auch durch den Neubau von hochpreisigen Wohnungen in Baulücken (Pieces of Berlin ●279). Das Wohnquartier wird so zum Zielgebiet für Investitionen der Immobilienbranche, in deren Folge es zu deutlichen Preis- und Wertsteigerungen kommt. Der Austausch der ortsansässigen Bevölkerung vollzieht sich durch den Wegzug und die *Verdrängung* der angestammten Bevölkerung, sodass statushöhere Gruppen, das heißt Einwohner*innen mit höherem Einkommensniveau, zuziehen können (Holm 2012).

Der Prozess der Gentrifizierung weist auf ein Dilemma der Quartiers- und Stadtentwicklung hin: Unter marktwirtschaftlichen Bedingungen (Marktmechanismen ●128) besteht die Gefahr, dass Verbesserungen der Wohnungsbestände und des Wohnumfeldes zur Verdrängung einkommensschwacher Bewohner*innen führen. Wohnungsmodernisierungen, energetische Sanierungen ●58, Verkehrsberuhigung, die Gestaltung des Wohnumfeldes oder der Ausbau der sozialen und kulturellen Infrastruktur führen zu einer materiellen Verbesserung der lokalen Lebenswelt. Diese baulichen und infrastrukturellen Umwandlungen sind mit symbolischen Aufwertungen verbunden, die wiederum zu immobilienwirtschaftlichen Wertsteigerung führen. Das Wohnquartier wird attraktiver, beliebter und hat einen besseren Ruf – und so können Mietsteigerungen und Immobilienverkäufe mit Preisaufschlag realisiert werden.

Die Aufwertung von Wohnquartieren ist vor allem für Wohnungs- und Immobilieneigentümer*innen, die den Wohnungsmarkt an erster Stelle als Anlagemarkt für die Erwirtschaftung möglichst hoher Rendite sehen (Spekulation ●178), ein lukratives Geschäftsmodell. Weil unter den Bedingungen der Liberalisierung und Privatisierung (Finanzialisierung ●64) die Bedeutung dieser Investor*innen deutlich gestiegen ist, hat sich auch der Prozess der Gentrifizierung stark ausgeweitet (Glatter/Mießner 2021). Die Folge sind eine Zunahme von Verdrängungsprozessen und wachsende soziale Konflikte. Das lange Zeit nur wissenschaftlich genutzte Konzept der Gentrifizierung hat damit Eingang in mediale und politische Debatten gefunden und der Begriff entwickelte sich zu einer Sammelbezeichnung für Ungleichheiten und Ungerechtigkeiten des Wohnungsmarktes (Frank 2018).

Dr. Jan Glatter,
Wohnungsmarktbeobachtung,
Amt für Stadtplanung und Mobilität,
Landeshauptstadt Dresden

Literatur

Frank, Susanne: „Gentrifizierung / Gentrification". In: Akademie für Raumforschung und Landesplanung (Hg.): *Handwörterbuch der Stadt- und Raumentwicklung*. Hannover 2018, S. 779–787

Glatter, Jan/Mießner, Michael: „Gentrifizierung und ihre Erforschung im deutschsprachigen Raum. Historische Entwicklungen". In: dies. (Hg.): *Gentrifizierung und Verdrängung. Aktuelle theoretische, methodische und politische Herausforderungen*. Bielefeld 2021, S. 33–54

Holm, Andrej: „Gentrification". In: Frank Eckardt (Hg.): *Handbuch Stadtsoziologie*. Wiesbaden 2012, S. 661–687

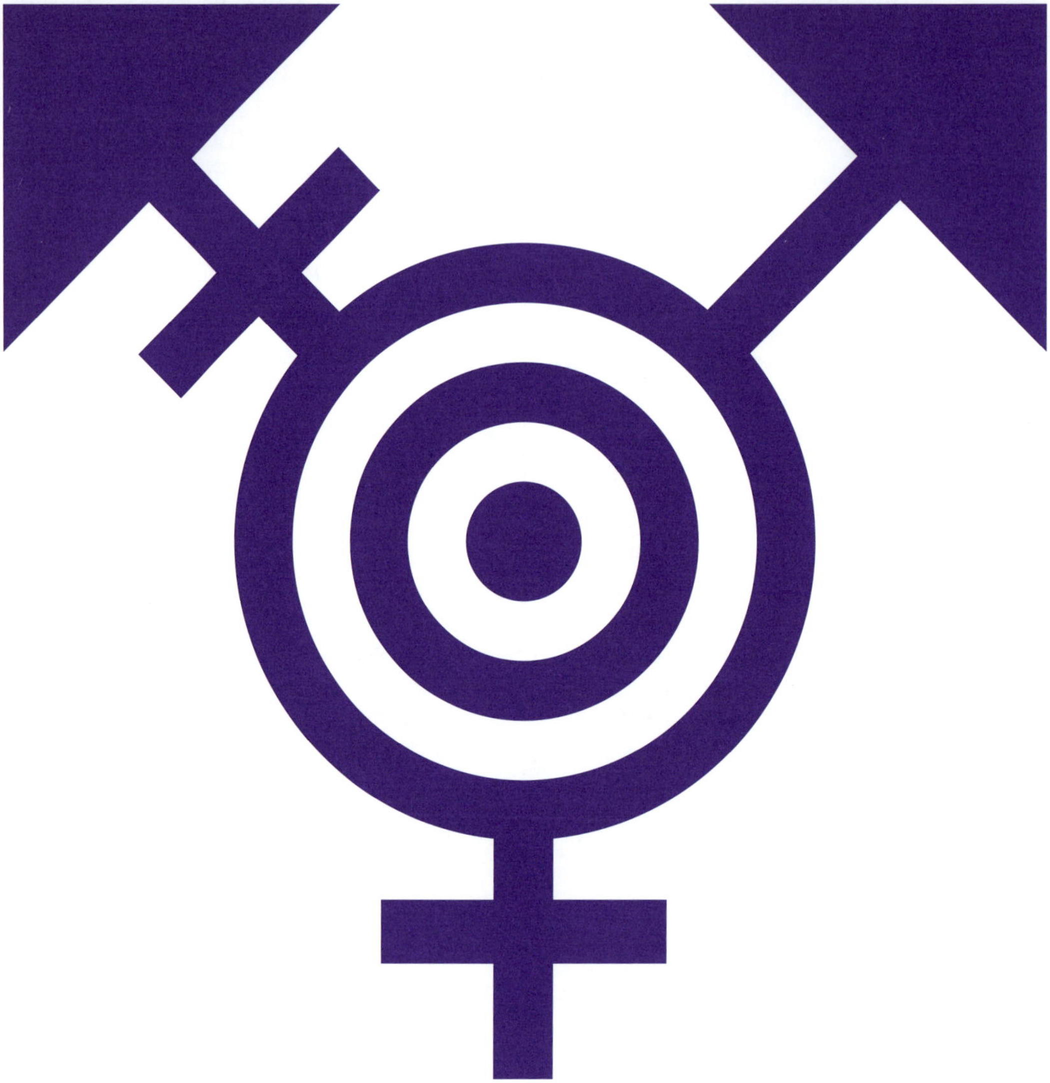

Geschlecht

Wohnen ist – wie jede andere gesellschaftliche Praxis auch – nicht geschlechtsneutral: Sozioökonomische Strukturen, aber auch kulturelle Normen und die individuelle Alltagsgestaltung beeinflussen, wer wo und wie wohnt. Eine feministische Wohnbauforschung stellt Forderungen nach Geschlechtergerechtigkeit und geht davon aus, dass Geschlecht eine durch soziale, ökonomische und kulturelle Strukturen produzierte Kategorie ist, auch im Kontext von Wohnen. Diese Forderungen gehen einher mit einer Kritik an der Entstehung bestimmter baulicher Strukturen, die aktuelle (Geschlechter-)Verhältnisse und die darin verankerten Machtstrukturen zementieren. Überdies ist es zentral, beim Bauen die Alltagstauglichkeit und die Bedürfnisse aller Menschen zu berücksichtigen. Dies gilt für die Wohnungsgrundrisse wie für die Stadt- und Raumplanung.

Seit gut fünfzig Jahren wird die Alltagstauglichkeit von Wohnräumen und -lagen als Teil einer geschlechtergerechten Stadt diskutiert. Insbesondere die Entwicklung von Wohnungsgrundrissen und die Mikroebene der Alltagspraxis des Wohnens werden dabei thematisiert (Alltag ●16). Diese sind eng an die hierarchische Trennung von unbezahlter Hausarbeit und außerhäuslicher Lohnarbeit gebunden, die gleichzeitig eine Hierarchisierung der Geschlechterrollen bedeutet: Wohnen orientierte sich eher an männlichen Alltagsabläufen und galt daher seit den Wirtschaftswunderjahren als Erholungs- und Freizeitaktivität. Dementsprechend groß wurden die Wohn- und Schlafzimmer angelegt. Die Küchen – weiblich konnotiert und in der Regel der Arbeitsort von Frauen* – waren hingegen geschrumpft, insbesondere in den massentauglichen Wohnungstypen von Reihenhaus- und Großwohnsiedlungen (Care ●34).

Auch die Stadt- und Raumentwicklungspolitik hat mit ihrem über lange Zeit etablierten Modell der Funktionstrennung diese Hierarchien verstärkt. Eng gebunden an Suburbanisierungsprozesse wurden die Stadtränder und Vororte zu „Schlafstädten" (Suburbia ●188). Orte des Wohnens wurden räumlich getrennt von jenen des Versorgens und Begegnens, der Bildung, der Freizeit und auch der Erwerbsarbeit. Sowohl das *Wie* als auch das *Wo* des Wohnens verweisen somit auf das sozial und räumlich ungleiche Verhältnis der Geschlechter innerhalb kapitalistisch organisierter Gesellschaften.

Der Ansatz des *Gender Planning* rückt mittlerweile die Bedeutung des Wohnens als Alltags- und Arbeitsort in den Mittelpunkt. Hier werden zur Förderung geschlechtergerechten Wohnens zum Beispiel Küchen als Arbeits- und Aufenthaltsorte für alle Haushaltsmitglieder definiert, was sich in Größe und Lage innerhalb der Wohnung ausdrückt – idealerweise mit angrenzenden Außenflächen wie Terrasse oder Balkon. Ein starker Fokus geschlechtergerechten Wohnens liegt außerdem auf flexiblen Grundrissen, die eine Anpassung der Raumaufteilung innerhalb der Wohnung für unterschiedliche Haushaltskonstellationen und Lebensphasen ermöglichen (Familie ●62). Schließlich stellen kurze (Fuß-)Wege in der Stadt Alltagstauglichkeit für alle Haushaltsmitglieder her und erweisen sich als sozial und auch ökologisch nachhaltig. Zudem wird verstärkt Wert auf halböffentliche Gemeinschaftsräume inner- und außerhalb von Mehrparteienhäusern und Wohnanlagen gelegt, welche die Bedürfnis- und Alltagstauglichkeit für alle Bewohner*innen, egal welchen Geschlechts, erhöhen.

Prof. Dr. Anke Strüver,
Professorin für Humangeographie,
Institut für Geographie und
Raumforschung, Universität Graz

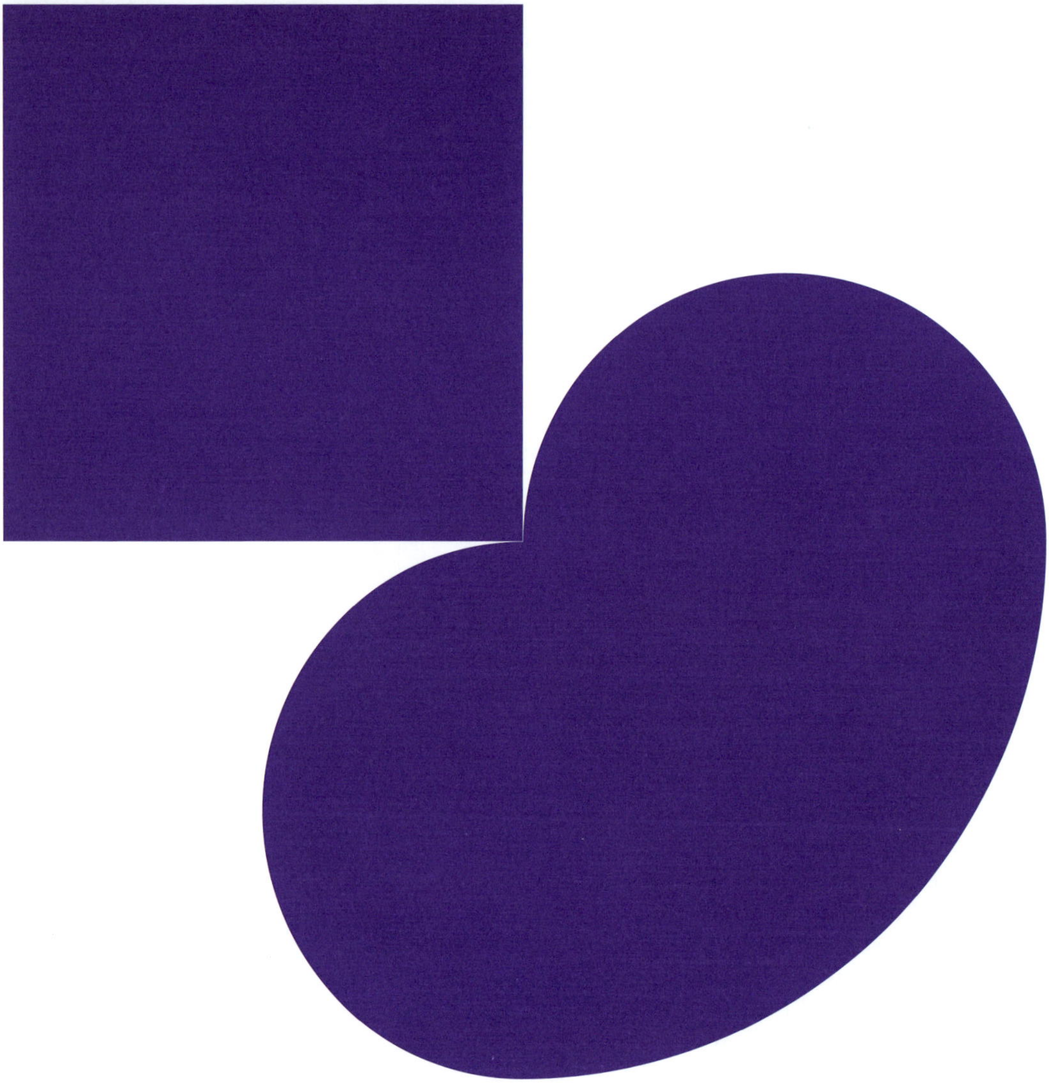

Gewalt

Die Wohnung wird, nach der physischen Haut und der Kleidung, auch als „dritte Haut“ des Menschen bezeichnet. Sie bietet Geborgenheit, Schutz und Abgrenzung. Das Wohnen ist konstitutiv für das Menschsein, für die kreative Selbstbildung des Individuums. Umso gravierender ist es, wenn diese „dritte Haut“ dysfunktional oder verletzt wird, beispielsweise, wenn Gewalt in der eigenen Wohnung erlebt werden muss.

Häusliche Gewalt ist dadurch gekennzeichnet, dass sie zwischen nahestehenden Personen und im Wohnumfeld, insbesondere in der eigenen Wohnung, stattfindet. Sie kann physische, sexualisierte oder psychische Gewaltakte sowie Kontrollverhalten umfassen. Neu ist der Blick auf digitale Gewalt, die mittels des Missbrauchs von Smart-Home-Applikationen verübt wird. Ökonomische Gewalt, die durch finanzielle Abhängigkeit oder die Unterbindung eigener Erwerbstätigkeit durch Partner*innen verübt wird, verwehrt betroffenen Personen eine rechtliche oder vertragliche Absicherung ihres Wohnraums. Die Opfer sind überwiegend Frauen* sowie Menschen in Abhängigkeitsverhältnissen, zum Beispiel Kinder, Jugendliche sowie alte oder pflegebedürftige Menschen.

Der Gewaltbegriff ist mit Diskursen um Geschlechtergerechtigkeit verknüpft (Geschlecht ●76). Gegenstand von Kritik sind dabei patriarchale Strukturen, die sogenannte „toxische männliche“ Verhaltensweisen wie Partnerschaftsgewalt legitimieren können. Darüber hinaus lässt sich das Gewaltpotenzial auch deshalb als strukturell verankert betrachten, weil die Wohnung ein privater Ort ist, der Schutz vor Zugriffen Dritter und damit auch des Staates auf die Privatsphäre bieten soll. Dadurch wird die soziale Kontrolle von außen erschwert, wodurch häusliche Gewalt gedeckt wird und oft unerkannt bleibt.

Eine weitere Facette der Verletzung der „dritten Haut“ des Wohnens zeigt sich in eigentumsrechtlichen Konflikten um Wohnraum, die in Räumungsklagen oder Zwangsräumungen münden können. Im Rahmen von Gentrifizierungsprozessen ●74 werden Mieter*innen manchmal mit Druck und Drohungen genötigt, die Wohnung für Sanierungsmaßnahmen teilweise oder ganz zu verlassen. Neben häuslicher Gewalt können auch diese Praktiken als eine Form der Gewalt benannt werden. Diese Perspektive lenkt den Fokus auf die Grundrechte von Menschen in finanziellen, sozialen und existenziellen Notlagen (Housing First ●88). Sie hält in jüngster Zeit Einzug in die Debatte um soziale Sicherheit.

Zugang zu sicherem und gewaltfreiem Wohnraum zu gewährleisten, insbesondere im Kontext von Flucht ●66 und Asyl oder von temporärer Unterbringung in Schutzhäusern, ist daher eine gesellschaftlich zu lösende Aufgabe.

Dr. Friederike Frieler,
wissenschaftliche Mitarbeiterin,
Interdisziplinäre Forschungsstelle
HOME, Hochschule für Technik,
Wirtschaft und Kultur Leipzig

Gold

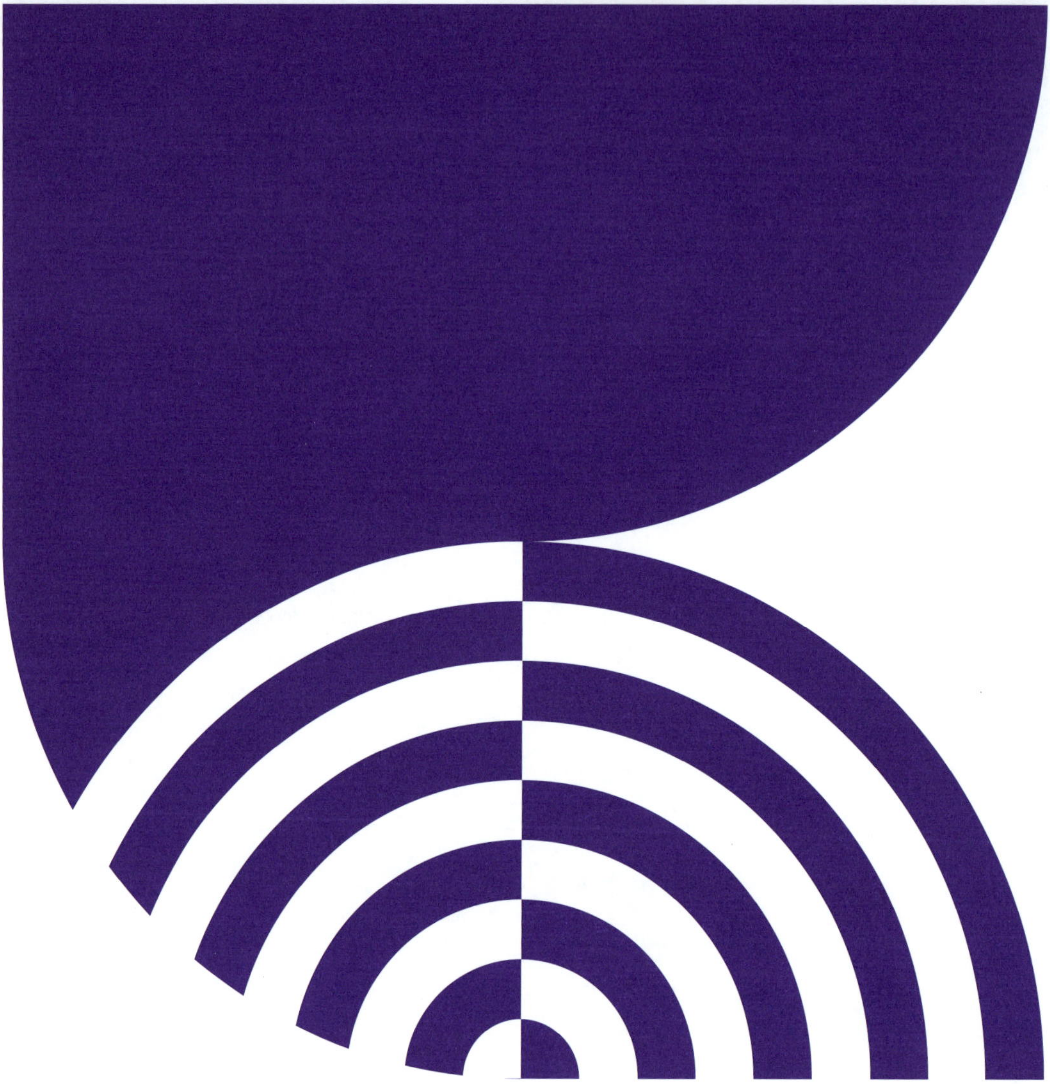

Graben

Vor dem Einzug in eine neue Wohnung steht häufig die Renovierung. Was liegt hinter den Schichten von Tapeten verborgen? Je älter die Geschichte des Hauses, desto größer die Wahrscheinlichkeit, auf Spuren voriger Nutzer*innen zu stoßen. Oftmals werden diese Spuren übersehen oder als gegeben hingenommen, und dennoch sind sie inhärenter Teil der Architektur und des Bodens, auf dem gebaut wurde. Diese Erbschaften der Alltagsnutzung werden bei Einzug oft an die eigenen Bedürfnisse angepasst. In jenen Momenten des Transfers zeigen sich für einen kurzen Augenblick sämtliche Schichten auf einmal, werden dann entweder abgetragen und überschrieben oder aber in ihrem aktuellen Zustand weiter genutzt. Durch das eigene Bewohnen der Räume wird die Geschichte weitererzählt und auf die ein oder andere Art fortgesetzt.

Das Freilegen von Wänden, ausgetretenen Stufen, Schriftzügen ehemaliger Geschäfte oder Wanddekors ist Teil der interdisziplinären Methode des *Grabens*. In den Themenfeldern der Architektur und Stadtforschung kann auf diese Weise den Spuren der Vergangenheit analytisch und in einem mehrstufigen Kontext nachgegangen werden. Es geht darum, die Geschichte der gebauten Umwelt nachzuzeichnen, aufzubrechen und damit sichtbar zu machen – und zwar nicht unbedingt so, wie sie ursprünglich geplant war, sondern vielmehr so, wie sie von den Menschen bewohnt wurde. Die beim Graben aufgedeckten baulichen Merkmale sind stille Zeugen der eigentlichen Nutzbarmachung und Individualisierung dessen, was zu diesem Zeitpunkt als praktisch oder modern empfunden wurde. Sie sind das Ergebnis und Beiwerk von Alltagspraktiken und der individuellen Aneignung des eigenen Wohn- beziehungsweise des kollektiven Stadtraums (Abbruchstellen der Erinnerung ●267). In dieser Aneignung erweitern sich Schicht um Schicht die Spuren der Geschichte, von einer Person zur nächsten, die in diesen Räumen wohnt oder sie nutzt. Die neuen Bewohner*innen reihen sich ein in eine meist lange Kette von Mieter*innen, Hausbesitzer*innen und Nutzer*innen. Und obwohl diese Personen nur in den seltensten Fällen persönlich bekannt sind, ist der Einzug in den neuen Wohnraum ein Schritt in ihre privaten Räume und das Antreten ihres Erbes.

Das Graben ist ein architektonisch-künstlerisches Konzept. Als Teil der *Research Architecture* beziehungsweise der *Forensischen Architektur* werden mittels interdisziplinärer Methoden und Rekonstruktionen räumlich-historische Zusammenhänge aufgearbeitet und analysiert. Oftmals handelt es sich hierbei um Tatorte, um ungeklärte oder nur schwer nachvollziehbare räumliche Konstellationen. Aber auch die Frage, wie der Alltag ●16 im privaten Kontext des Wohnens abgelaufen ist, kann dabei bearbeitet werden. In diesem Fall wird der eigene Wohnraum zum Ort der Grabung.

Die Art und Weise der Auseinandersetzung mit dem eigenen Wohnraum und dem Boden, der uns umgibt, wirft Fragen nach Besitz und Eigentum ●50 auf, nach dem, was vor uns war und nach uns kommen wird. Diese raumzeitliche Dimension stellt die eigene aktive Rolle und deren Anteil an der Gestaltung unseres direkten Lebensumfelds in den Mittelpunkt.

Stella Flatten,
Künstlerin und wissenschaftliche Mitarbeiterin am Institut für Architekturbezogene Kunst, Technische Universität Braunschweig

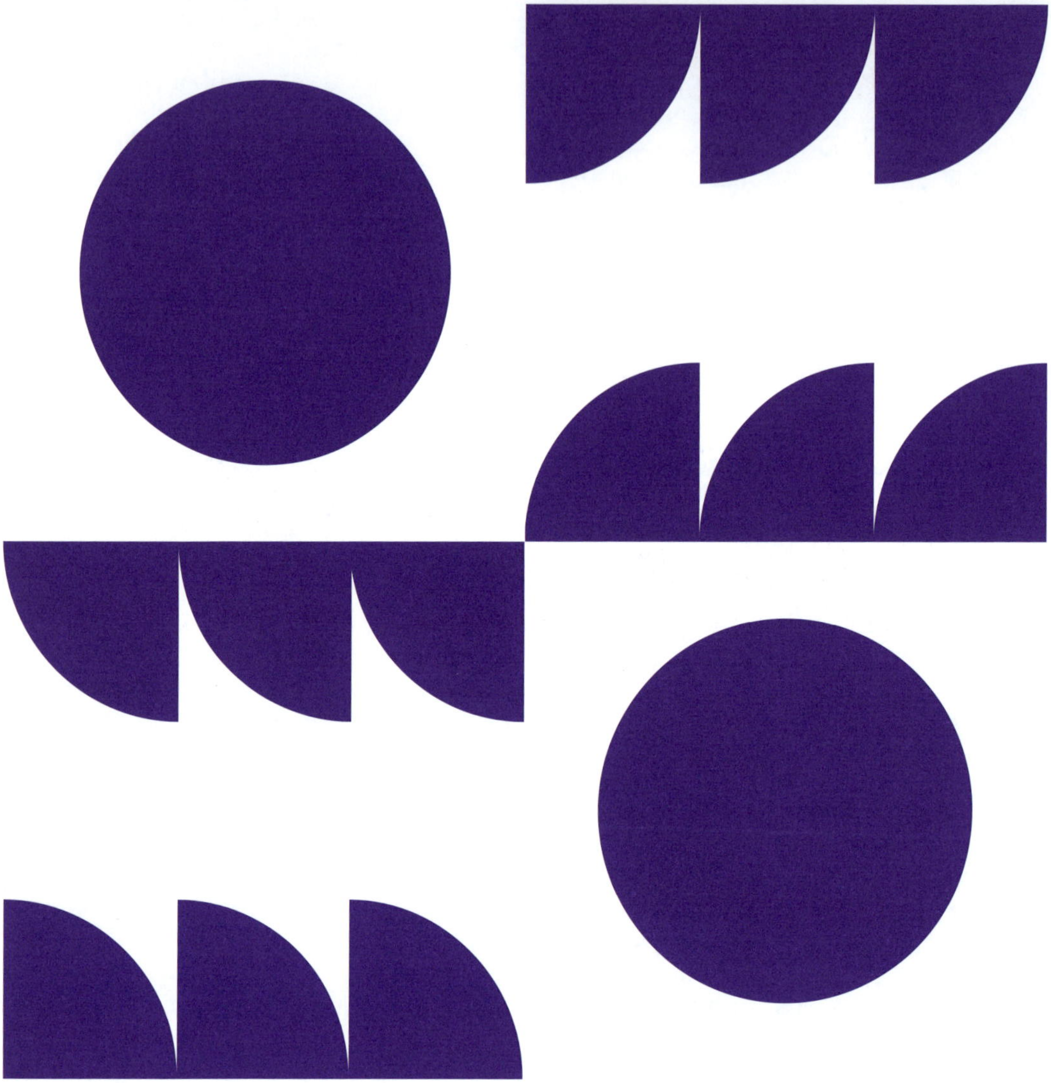

Grenzen

Im Zusammenleben von Menschen spielen *Grenzen* eine entscheidende Rolle. Grenzen markieren Trennungen, gleichwohl sind sie es, an denen Berührung und Austausch möglich werden. Bezogen auf das Wohnen vollzieht die Grenze eine räumliche Abtrennung des Eigenen gegenüber dem Leben der anderen. Der private Wohnraum ist dem Individuum wünschenswerterweise ein Rückzugsort. Ein wohl geregeltes Zusammenspiel von Nähe und Distanz ist deshalb grundlegend für das Gelingen einer guten Nachbarschaft (Quartier ●154).

Umso mehr Menschen an einem Ort zusammenleben, desto wichtiger wird die Wahrung von Grenzen – zwischenmenschlich als auch räumlich. Da wir in der Welt selten in völliger Abgeschiedenheit wohnen, ist es bei der Betrachtung von Wohnformen ●220 geboten, den Grenzen des Miteinanders besondere Beachtung zu schenken.

Nachbarschaft bezeichnet zunächst nicht mehr als ein menschliches Miteinander, dessen Grundlage der gemeinsame Wohnort ist (Siebel 2009: 8). Doch aus räumlicher Nähe ergibt sich nicht zwangsläufig auch soziale Nähe. Damit in Nachbarschaft lebende Menschen einander nahbar werden, bedarf es gemeinsamer Interessen. Sie sind es, die uns verbinden – und an denen wir uns scheiden. Wer in welchem Maße ein Interesse an nachbarschaftlichen Beziehungen hat oder gar auf sie angewiesen ist, das hängt in großem Maße von den Lebensumständen und -ansichten des Individuums ab.

Beim alltäglichen Austausch in der Nachbarschaft geht es um nicht weniger als um die Entscheidungsfreiheit darüber, wie viel Privates wir preisgeben möchten. Werden die individuellen Grenzen übertreten, wird der nachbarschaftliche Kontakt zur Zumutung. Die Grenzlinien zu erhellen erlaubt es, Distanznormen zu kultivieren. Nicht umsonst heißt es: „gute Nachbarschaft pflegen" – oder wie man in England dank Robert Frost weiß: *„Good fences make good neighbours."*

Dr. Sebastian Bührig,
Vorstand der JOANES Stiftung

Literatur

Siebel, Walter: „Ist Nachbarschaft heute noch möglich?". In: Arnold, Daniel (Hg.): *Nachbarschaft*. München 2009, S. 7–13

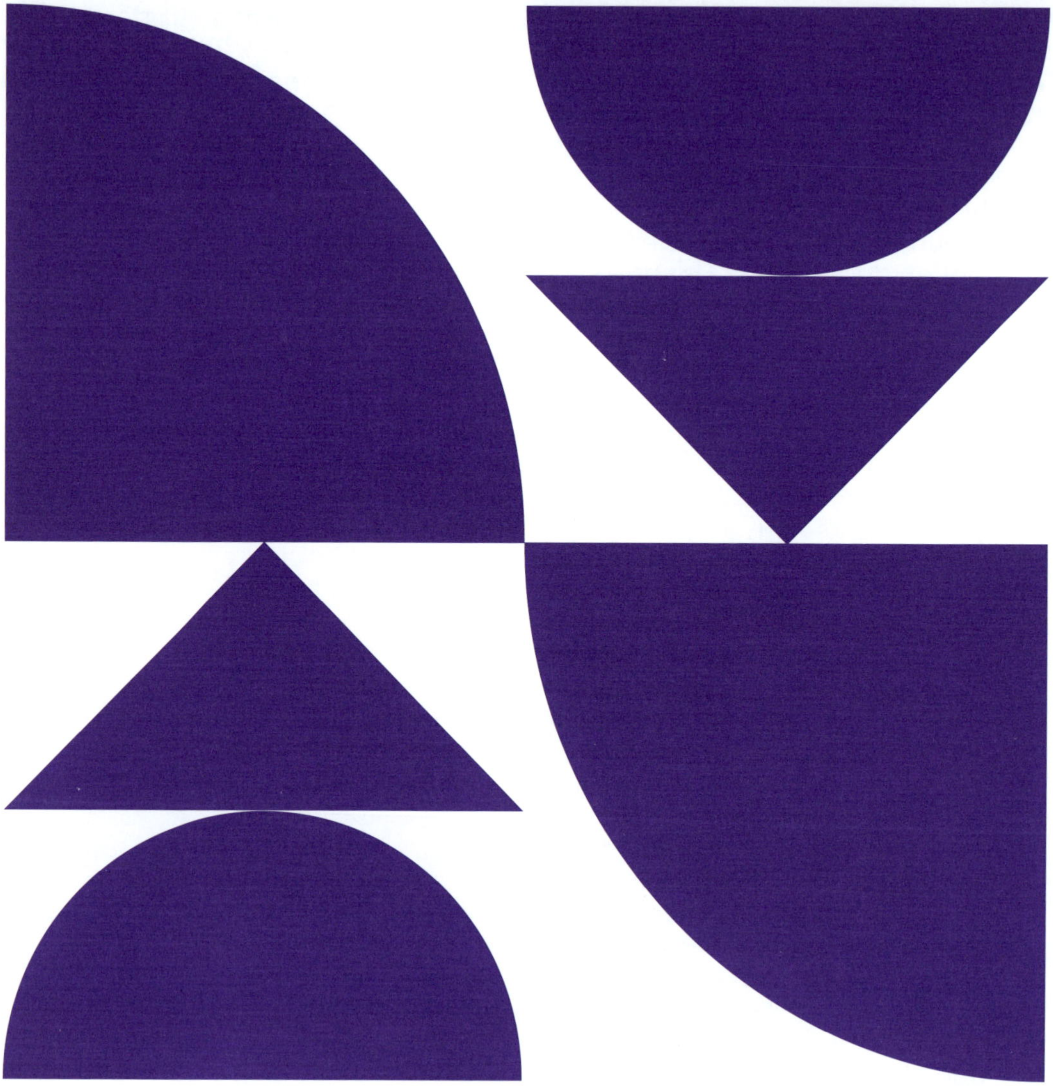

Großwohnsiedlung

86

Als *Großwohnsiedlung* wird ein hochverdichtetes Wohngebiet mit mindestens 2.500 Wohnungen bezeichnet, das mit Mitteln des industriellen Wohnungsbaus errichtet wurde. Großwohnsiedlungen befinden sich überwiegend am Rand größerer Städte. Rund acht Millionen Menschen leben in Großwohnsiedlungen. Mit circa vier Millionen Wohneinheiten umfassen sie 20 Prozent des Mietwohnungsbestandes der Bundesrepublik.

Der Bau von Großwohnsiedlungen, beginnend ab den 1920er Jahren und verstärkt ab den 1950ern bis in die 1980er Jahre, zielte auf die Beseitigung des immensen Wohnungsdefizits, insbesondere als Folge des Zweiten Weltkriegs. In der DDR wurden mehr und größere Großwohnsiedlungen errichtet, zum Beispiel in Berlin-Marzahn mit circa 40.000 Wohnungen. Als größte Großwohnsiedlung in Westdeutschland gilt München-Neuperlach mit circa 20.000 Wohnungen.

Großwohnsiedlungen bieten bezahlbaren Wohnraum, der in großzügige Grünflächen eingebettet ist (Kabisch 2021). In der jüngeren Vergangenheit haben sie gravierende Veränderungen erfahren. Neben dem Abriss leerstehender Wohnblöcke sind umfangreiche Investitionen in die Sanierung ●58 von Wohnungen und Infrastruktur geflossen. Diese haben zu einer Aufwertung und internen, qualitativen Ausdifferenzierung vieler Großwohnsiedlungen geführt. Somit kann die noch immer weitverbreitete Meinung von Homogenität und Uniformität nicht aufrechterhalten werden. Vielmehr ist ein diverses Wohnangebot entstanden. Sowohl baulich, sozial, demografisch (Demografie ●40), infrastrukturell als auch hinsichtlich der Eigentümerstruktur sind Großwohnsiedlungen quer durch die Bundesrepublik unterschiedlich charakterisiert. Jedoch bleiben sie für Bezieher*innen niedriger Einkommen weiterhin von besonderer Bedeutung. Hieraus erwachsen Integrationsherausforderungen, die durch den starken Zuzug migrantischer Bevölkerung verstärkt werden. In sehr großen Siedlungen fallen Teilräume mit Armutskonzentration und sozialen Spannungen auf (Segregation ●168).

Die unterschiedlichen Typen von Großwohnsiedlungen und die damit verbundene Vielfalt von Entwicklungsoptionen zeigen, dass breite sozialstrukturelle und demografische Bevölkerungsgruppen angesprochen werden können. Wiederholte Studien zur Wohnzufriedenheit unter der ansässigen Bewohnerschaft belegen eine recht hohe Zufriedenheit ohne vorhandene Probleme im Zusammenleben und mit der Infrastrukturausstattung zu ignorieren. Die mediale Berichterstattung steht oft im Widerspruch dazu, da sie ihr Augenmerk vorrangig auf die Problembeschreibung richtet. Die Bewohner*innen vermissen häufig einen fairen Umgang mit ihrer Großwohnsiedlung. Um jedoch die vorhandenen Potenziale gut zu nutzen, ist ein öffentlicher und politischer Diskurs notwendig, der frei von Tabus ist und in der Beurteilung der Großwohnsiedlungen sachlich bleibt (Altrock/Grunze/Kabisch 2018).

Prof. Dr. Sigrun Kabisch,
Department Stadt- und Umweltsoziologie, Helmholtz-Zentrum für Umweltforschung-UFZ Leipzig

Literatur

Altrock, Uwe/Grunze, Nico/Kabisch, Sigrun (Hg.): Großwohnsiedlungen im Haltbarkeitscheck. Differenzierte Perspektiven ostdeutscher Großwohnsiedlungen. Wiesbaden 2018

Kabisch, Sigrun: „Wohnen in der Großwohnsiedlung“. In: Eckardt, Frank/Meier, Sabine (Hg.): Handbuch Wohnsoziologie. Wiesbaden 2021, S. 295–312

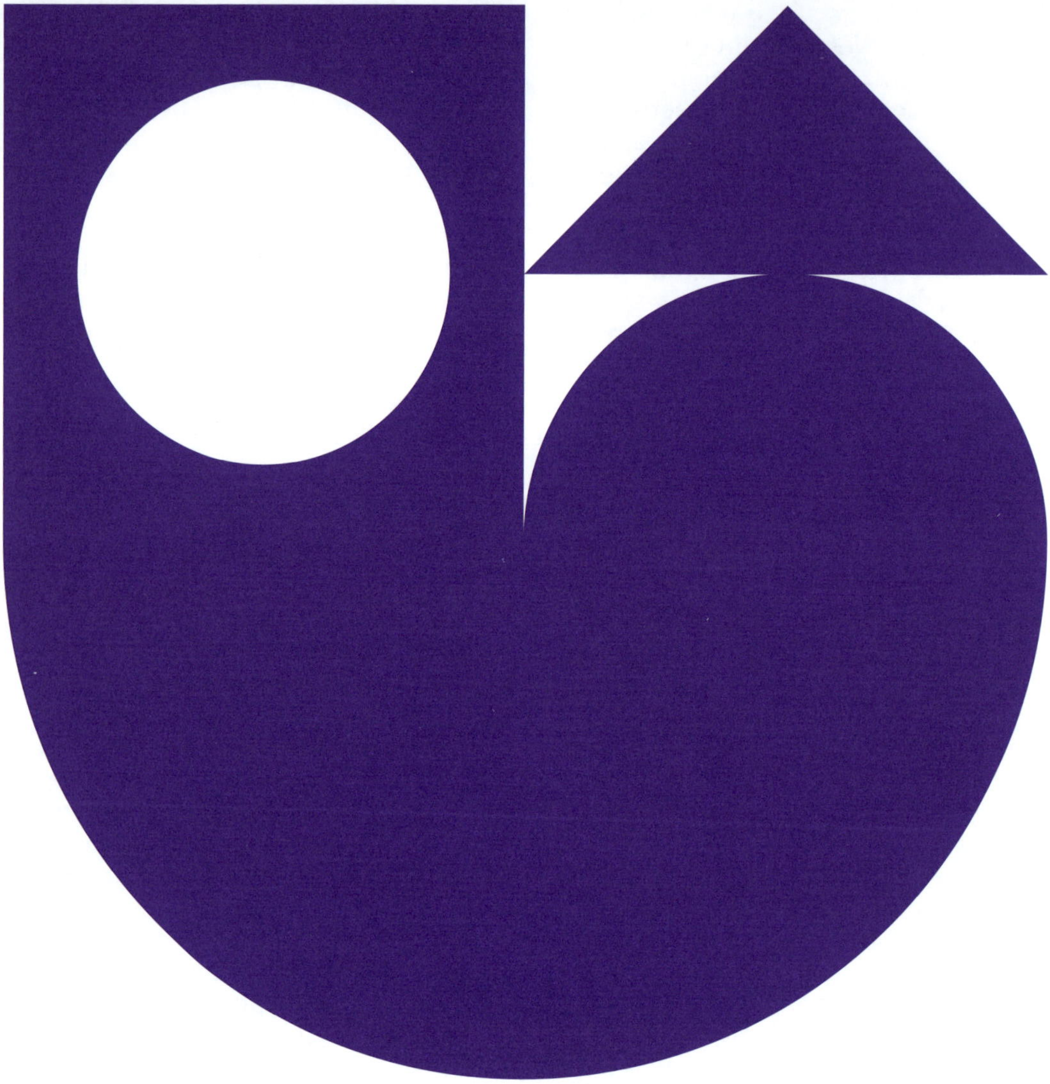

Housing
First

Housing First ist ein Ansatz zur Bekämpfung von Obdachlosigkeit, der darauf abzielt, Menschen ohne festen Wohnsitz sofort und bedingungslos eine dauerhafte Wohnung zur Verfügung zu stellen. Darüber hinaus bietet das Konzept Betroffenen die Unterstützung, die sie bei der Alltagsbewältigung und der Verbesserung ihrer physischen und psychischen Gesundheit benötigen und sich wünschen. Das Angebot richtet sich vor allem an Menschen in multiplen Problemlagen, die schon sehr lange ohne eine gesicherte Bleibe leben. Der Fokus liegt deshalb auf einer selbstbestimmten, flexiblen und unbefristeten Hilfe.

Bei Housing Frist handelt es sich um ein ambulantes Hilfeangebot für obdach- und wohnungslose Menschen, bei dem die Vermittlung in eigenen, unbefristeten Wohnraum immer an erster Stelle steht. Ausgehend von der Überzeugung, dass Wohnen ein Menschenrecht ist, soll ein Dach über dem Kopf nicht erst verdient werden, sondern selbstverständlich sein. Der Ansatz basiert auf der Überzeugung, dass eine sichere und stabile Unterkunft die Grundlage für die Bewältigung anderer Probleme und Herausforderungen ist, mit denen obdachlose Menschen sehr häufig konfrontiert sind. Housing First hat sich als effektive Methode zur Verringerung von Obdach- und Wohnungslosigkeit ●146 erwiesen, da es den Menschen ermöglicht, ihre Lebensumstände zu stabilisieren und ihre Lebensqualität zu verbessern. Durch ein festes Zuhause und einen sicheren Wohnort können Sie sich anderen Herausforderungen stellen, wie der Suche nach einer neuen Arbeit, der Bewältigung gesundheitlicher Probleme oder der Pflege des Sozial- und Familienlebens.

Der Housing-First-Ansatz wurde in verschiedenen Ländern auf der ganzen Welt implementiert und hat, trotz kontroverser Diskussionen in Politik, Verwaltung und Fachwelt, positive Ergebnisse gezeigt. Das Konzept entstand als Ansatz der US-amerikanischen Sozialpolitik Ende der 1990er Jahre. In Finnland wird Housing First bereits konsequent umgesetzt; in Deutschland, Großbritannien, Dänemark, Frankreich, Portugal und Österreich wird der Ansatz derzeitig erprobt. Housing First wird als vielversprechende Strategie angesehen, um Obdachlosigkeit zu reduzieren und Menschen dabei zu helfen, ein stabiles, unabhängiges und würdiges Leben zu führen. Hinzu kommt, dass die Unterbringung von Obdachlosen in Notunterkünften oder anderen kurzfristigen Hilfen oft teurer ist als die Bereitstellung von dauerhaftem Wohnraum. Die flächendeckende Implementierung des Housing-First-Ansatzes in Deutschland bedeutet für Wohnungspolitik, -verwaltung und Stadtentwicklung, dass obdach- und wohnungslose Menschen bei der Planung mit einbezogen (Beteiligung ●22) und ausreichende Angebote geschaffen werden müssen. Auf der gesellschaftlichen Ebene leistet Housing First einen Beitrag zur sozialen Gerechtigkeit und Inklusion und steigert somit den sozialen Frieden.

Corinna Müncho, Vorständin,
Bundesverband Housing First e. V.,
Berlin

Sebastian Böwe,
Wohnungskoordinator,
Housing First, Berlin

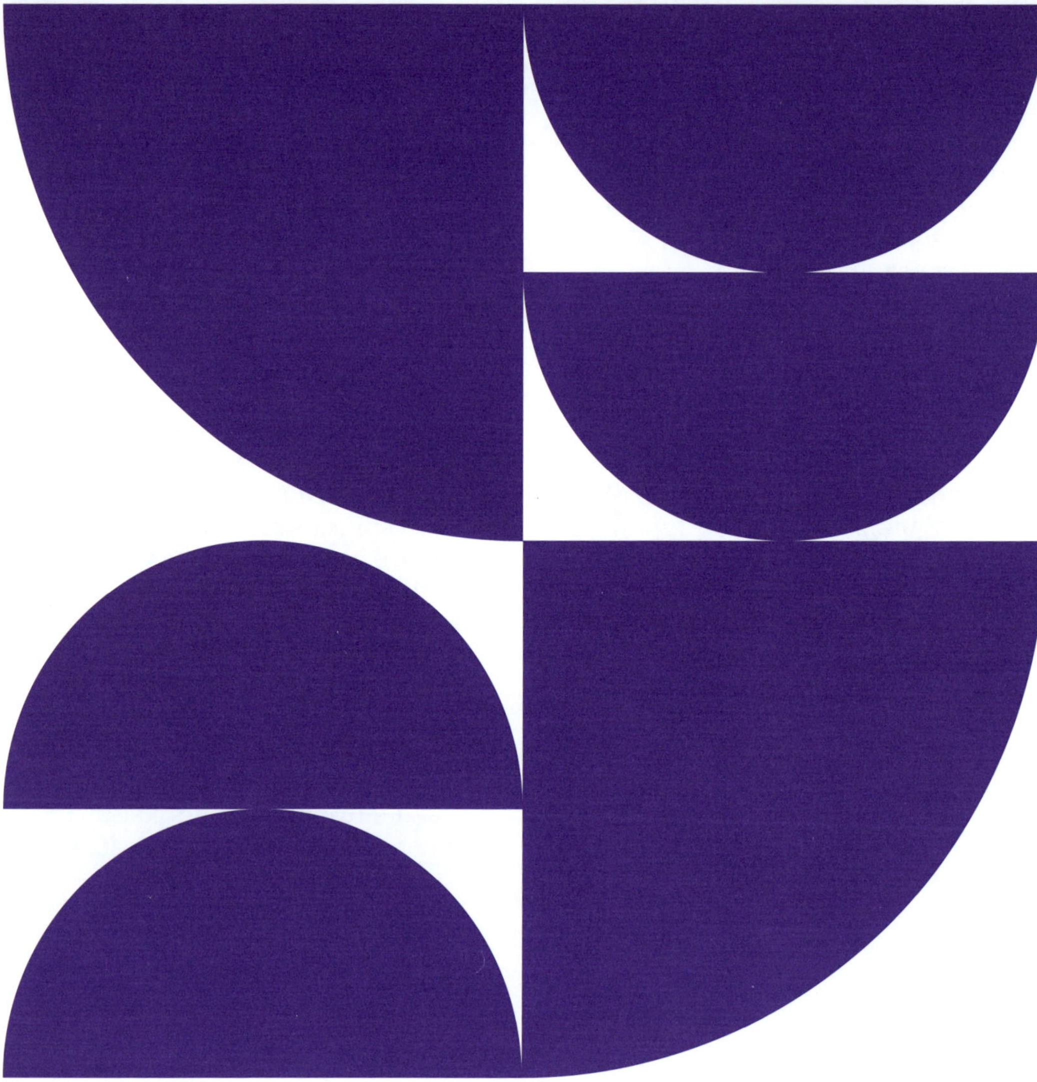

Ikone

Eine *Ikone* (Leben im Denkmal ●297) wird als ein Kultbild definiert. Heute sind die sozialen Medien entscheidend für den Kultstatus, den Diven, Sportlerstars und Influencer*innen genießen. Auch Wohnungen, Häuser und Räume können auf diesen Plattformen zu Ikonen werden. Präsentiert werden zum Beispiel Mid-Century-Möbel und Vintage-Design. Unter dem Hashtag #InteriorDesign finden sich knapp 180 Millionen Beiträge mit Villen, großen Sofalandschaften und sterilen Innenräumen. Die perfekte Inszenierung von Behaglichkeit, Belanglosem und Besitztümern. Für die sozialen und komplexen Aspekte der Architektur und des Wohnungsbaus ist wenig Platz.

Dass Komplexität aufs Wesentliche reduziert werden kann, ohne von ihrer Vielschichtigkeit zu verlieren, zeigen Beispiele der Architekturmoderne. Der deutsch-amerikanische Architekt Ludwig Mies van der Rohe (1886–1969) setzte mit seinem puristischen Ansatz internationale Maßstäbe im Wohnungsbau, die weitreichende Auswirkungen hatten – zusammen mit anderen Meistern wie Le Corbusier und Bruno Taut. Mit Naturstein, Stahl und Glas schuf Mies van der Rohe klare Linien und offene Grundrisse. Höhepunkte seines Schaffens sind die Villa Tugendhat im tschechischen Brno und das Farnsworth House in Illinois, USA. Letzteres gilt als eines der reinsten Beispiele moderner Architektur, eine Ikone durch und durch.

Im deutschsprachigen, modernen Wohnungsbau spielten Margarete Schütte-Lihotzky und Bruno Taut eine Schlüsselrolle. Die österreichische Architektin und Pionierin entwarf die Frankfurter Küche, die sie international bekannt machte – eine moderne Einbauküche als Ikone. Taut wiederum, bekannt für seine kontrastreiche Farbgebung, die geschickte Materialwahl und seinen experimentellen Stil, schuf Ensembles wie die Hufeisensiedlung in Berlin-Britz. Seine innovativen Ideen für einen bezahlbaren, sozialen Wohnungsbau und ein ästhetisches Design wirken bis heute nach. Die *Taut'sche Losung* hört sich an wie ein Aufruf an zeitgenössische Gestalter*innen, die vor über 100 Jahren entwickelten Grundsätze auf heutige Bedürfnisse, Anforderungen und Wünsche zu übertragen.

Die Schaffung von Wohnraum ist ein großer, gesellschaftspolitischer Auftrag. Die Nachfrage nach verschiedenartigen Wohnformen ●220 ist ebenso real wie die Anliegen der Jüngeren und der Älteren in einer sich fundamental verändernden Lebens- und Arbeitswelt. Das wiederum klingt nach der anderen Definition des Wortes Ikone laut Duden: eine „Sache als Verkörperung bestimmter Werte und Vorstellungen".

Hendrik Bohle und Jan Dimog,
THE LINK – Architektur vermitteln,
Digital-Plattform aus Berlin,
thelink.berlin

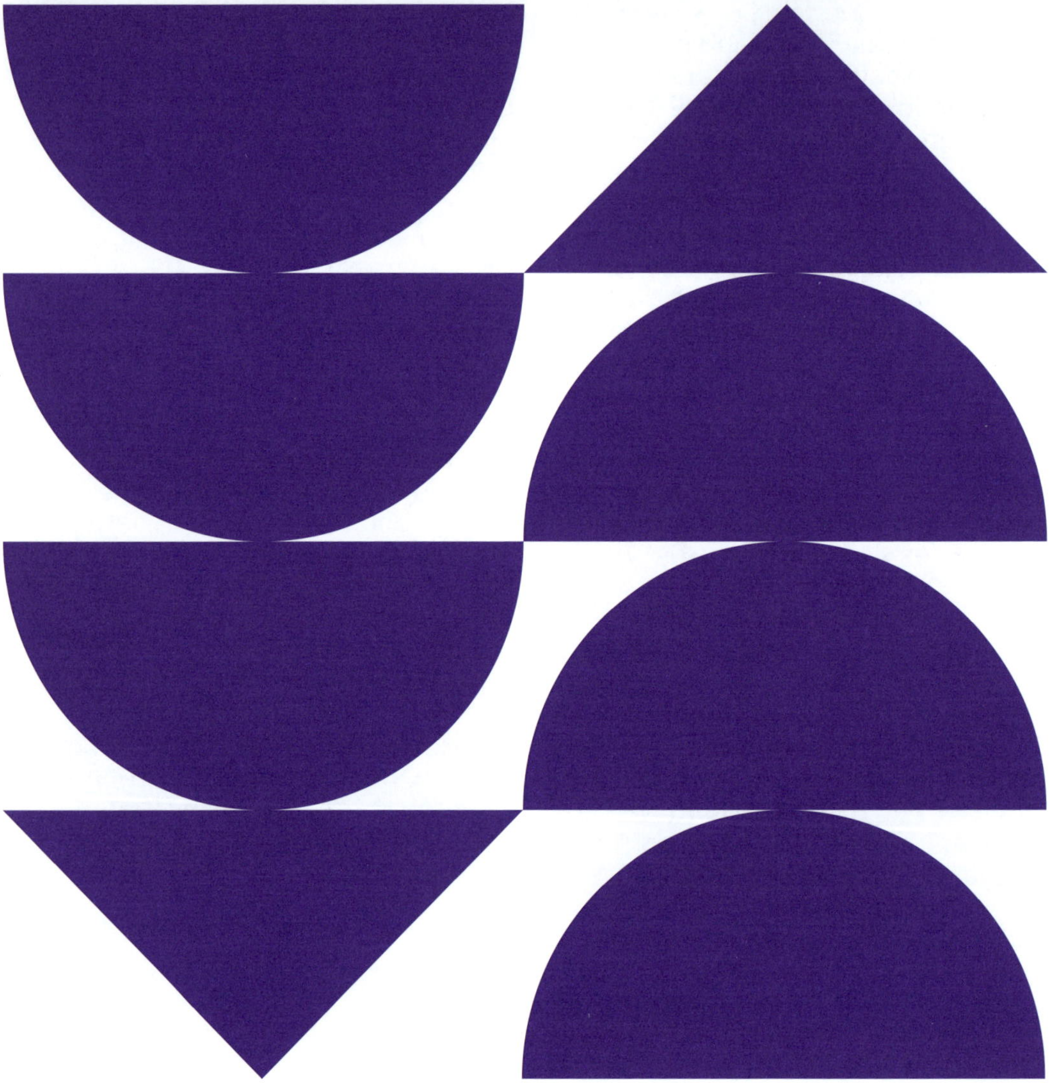

v

Immo ielien

Immovielien sind Immobilien, die von vielen für viele entwickelt und gestaltet werden. „Von vielen" steht dabei für gemeinschaftliche und demokratische Entscheidungs- und Planungsprozesse, „für viele" steht für eine gemeinwohlorientierte Haltung. Das Konzept der Immovielien versteht Gebäude und Boden nicht als Spekulationsobjekte (Spekulation ●178) auf dem globalen Immobilienmarkt, sondern als wertvolles Gemeingut im lokalen Kontext. Durch eine gemeinwohlorientierte Haltung, soziale Innovation, maßgeschneiderte bauliche Lösungen und kleinteilige Nutzungsmischungen hebt sich die Immovielien-Entwicklung von der spekulativen Immobilienentwicklung deutlich ab (Netzwerk Immovielien e. V. 2023: 6 f.).

Der Begriff Immovielien stört das weit verbreitete Verständnis der Immobilie als marktkonformes, unbewegliches Investitionsobjekt: Auch Immovielien benötigen eine funktionierende Wirtschaftlichkeit, unter Gewinn verstehen sie aber die Mehrwerte für das Gemeinwohl ●70. In der Umsetzung greifen Immovielien nicht auf die Dienste von Makler*innen und Investor*innen zurück, sondern beruhen auf Methoden des koproduktiven Stadtmachens (Koproduktion ●112), gemeinschaftlichen Eigentumsformen und solidarischen Finanzierungsstrukturen. Durch offene Planungs- und Nutzungsansätze dienen Immovielien als Orte des Miteinanders für vielfältige Stadtmacher*innen und Nutzer*innen. Durch flexible Raumnutzungen und Verwaltungsstrukturen bleiben Immovielien dauerhaft anpassungsfähig. Damit führen sie uns vor Augen, dass die Immobilienentwicklung sich nicht den Marktgesetzten (Marktmechanismen ●128) unterwerfen muss, sondern stattdessen auf einer gemeinwohlorientierten Logik aufbauen kann.

Selbstorganisierte Wohnprojekte können als Immovielien verstanden werden, wenn sie in einer gemeinschaftlichen, nicht spekulativen Rechtsform organisiert sind und nachbarschaftliche Angebote schaffen. Solche (Wohn-)Immovilien behandeln das Wohnen nicht als ein privatwirtschaftliches Anliegen oder individuelle Rentenvorsorge, sondern vielmehr als eine Gemeinschaftsaufgabe. Wohn-Immovielien definieren sich weniger durch die Ausstattung der „eigenen vier Wände" als durch die Gemeinschaftlichkeit und die Gemeinwohlorientierung. Die Wohn-Immovielien in ihrer Vielzahl und Vielfalt bieten eine Reihe an konkreten Lösungsansätzen für aktuelle Wohnungsfragen ●222: Sie realisieren langfristig bezahlbares, sozial gerechtes und ökologisch verträgliches Wohnen, das sich an neue Krisen- und Lebenssituationen anpassen kann. Außerdem dienen (Wohn-) Immovielien als Ideenstuben und informelle Ausbildungsstätten im Bereich der gemeinwohlorientierten Projektsteuerung, Planung, Finanzierung, Baubetreuung und Verwaltung und prägen dadurch die wohnungspolitischen Diskurse und Berufsfelder.

Larisa Tsvetkova,
Vorstandsmitglied,
Netzwerk Immovielien

Literatur

Netzwerk Immovielien e. V. (Hg.) (2023): „Forderungen 2.0". https://www.netzwerk-immovielien.de/wp-content/uploads/2023/07/Netzwerk-Immovielien_Forderungen_2-0_2023_web.pdf (letzter Zugriff: 15.02.2024)

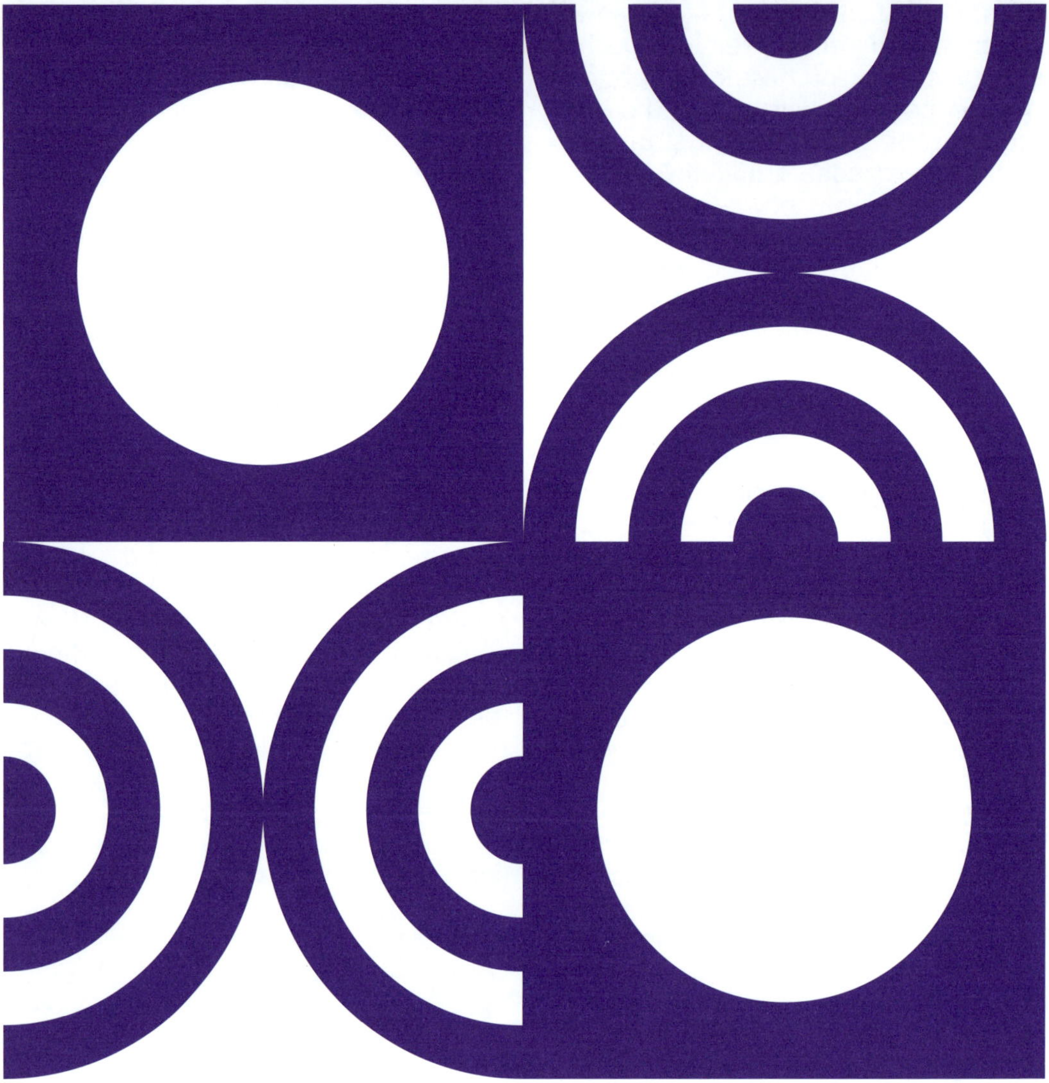

Innenentwicklungs-dilemma

Seitdem der durch Stadtentwicklung verursachte Natur- und Landschaftsverbrauch kritisch betrachtet wird, hat die städtebauliche Innenentwicklung Priorität. Das bedeutet, dass sich der Wohnungsbau auf die bereits bestehenden Siedlungsumrisse konzentriert oder konzentrieren sollte. Dementsprechend ist die Stadterweiterung oder Außenentwicklung politisch und planerisch weitgehend unerwünscht. Dieser Vorrang der Innenentwicklung ist auch in zentralen Planungsgesetzen, wie dem Baugesetzbuch und dem Raumordnungsgesetz, verankert.

Das *Innentwicklungsdilemma* beschreibt den Umstand, dass die Innenentwicklung angesichts der ökologischen Herausforderungen und der Flächensparziele (30-Hektar-Ziel, Flächenkreislaufwirtschaft) an Bedeutung und Dringlichkeit gewinnt, aber auch zunehmend von Restriktionen umstellt ist. Dies macht sich insbesondere in wachsenden Städten durch eine hohe Nachfrage nach Büros, Wohnungen oder Gewerbeimmobilien bemerkbar (Wachstumsschmerzen ●216). Hier gelingt es in Folge des Innenentwicklungsdilemmas immer weniger, der steigenden Wohnungsnachfrage mit entsprechenden Grundstücksangeboten und Wohnungsbauleistungen zu begegnen. Dies hat seit Beginn des letzten Jahrzehnts zu kräftigen Grundstückspreissteigerungen und sozial problematischen Wohnungsmarktengpässen geführt.

Die Ursachen für das Innenentwicklungsdilemma sind vielfältig. Erstens können die Städte immer weniger auf leicht zu mobilisierende und großflächige Innenentwicklungsreserven zurückgreifen. Zweitens haben die kontinuierlichen Bodenpreissteigerungen einen Selbstverstärkungseffekt, weil sie den Eigentümer*innen von untergenutzten Grundstücken schon beim Liegenlassen Vermögensgewinne mit einem sehr günstigen Verhältnis von Rendite zu Risiko ermöglichen. Drittens entspinnen sich zwischen den immer komplexeren Anforderungen an eine Nachverdichtung der Städte kontroverse politische Debatten, die letztlich Zeichen einer abnehmenden gesellschaftlichen Grundakzeptanz gegenüber der städtebaulichen Innenentwicklung sind. Und viertens hat die öffentliche Hand bislang nicht systematisch auf die mit einer forcierten Innenentwicklung verbundenen Herausforderungen reagiert. Dies betrifft das planerische Handeln in den Kommunen (zum Beispiel Personalkapazitäten, Digitalisierung), die Weiterentwicklung des Bau- und Planungsrechts von einem Stadterweiterungs- zu einem Innenentwicklungsrecht und nicht zuletzt eine Bodenpolitik mit umfassender Mobilisierungswirkung für untergenutzte Grundstücke (Instrumente ●96).

Die Frage, ob das Innenentwicklungsdilemma überwunden werden kann, wird zwar in der wohnungspolitischen Debatte kaum explizit thematisiert, spielt aber dennoch implizit eine große Rolle. Denn hier entscheidet sich, welchen Stellenwert der Wohnungsneubau zum Abbau von Wohnungsmarktengpässen zukünftig haben kann und welchen Stellenwert bislang unterentwickelte Politikansätze für eine effizientere Wohnflächennutzung mit Umverteilungswirkung einnehmen müssen (Paradigmenwechsel ●148).

Bernhard Faller,
Bereichsleiter Forum und Öffentlichkeitsarbeit, vhw – Bundesverband für Wohnen und Stadtentwicklung e. V.

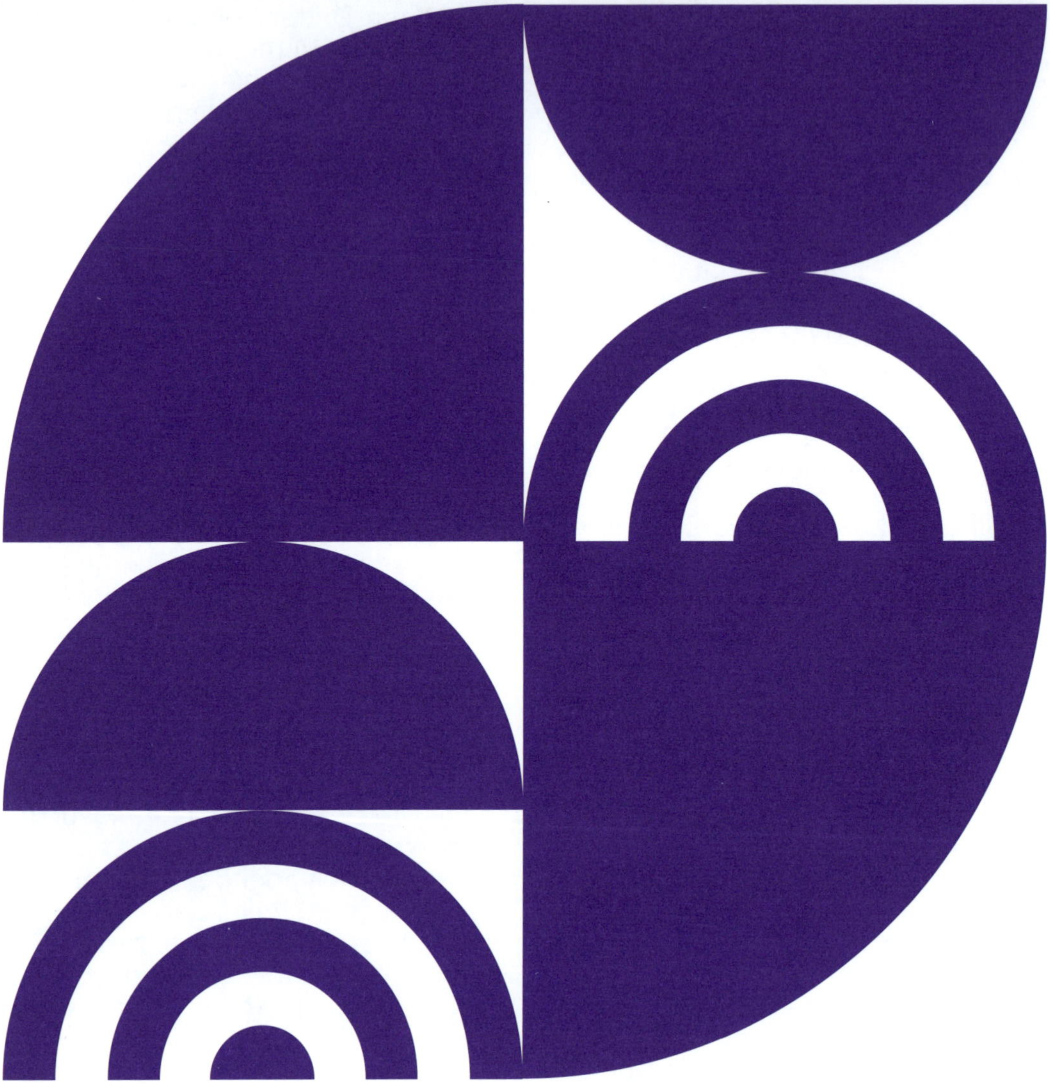

Instrumente

Bei einem *Instrument* handelt es sich unter anderem um ein Mittel, dessen man sich zur Ausführung von etwas bedient, ähnlich wie bei einem Werkzeug. Im Handlungsfeld Wohnen sind damit beispielsweise alle Mittel gemeint, die im konkreten Fall für die Erreichung von wohnungspolitischen oder städtebaulichen Zielen in Betracht kommen können. Grundsätzlich gibt es ein ganzes Bündel an unterschiedlichen Instrumenten, die für die Umsetzung dieser Ziele genutzt werden können. Unterscheiden lassen sich hoheitliche, fiskalische, kooperative und informative Instrumente. Zum Teil wird auch zwischen weichen, das heißt informellen, und harten, das heißt rechtförmlichen Instrumenten unterschieden. Wie bei einem Werkzeugkasten ist die Auswahl vielfältig, je nachdem, was gerade gebraucht wird. Wichtig dabei ist das Zusammenwirken der unterschiedlichen Instrumente bezogen auf das ins Auge gefasste Ziel.

Rechtlich kann zwischen städtebaulichen, wohnungspolitischen und mietrechtlichen Instrumenten unterschieden werden. Bei städtebaurechtlichen Instrumenten können wohnungspolitische Ziele neben städtebauliche Ziele treten. Das können beispielswiese Bebauungspläne für Wohnungsbauvorhaben sein, wobei weitergehende Bindungen etwa für öffentlich geförderten Wohnungsbau durch Festsetzungen und ergänzend durch einen städtebaulichen Vertrag erfolgen können. Für Wohnbaulandbereitstellung und -aktivierung können zudem das gesetzliche Vorkaufsrecht, die Anordnung eines Baugebotes und die Neuordnung von Grundstücken durch Umlegung genutzt werden (Kommunale Wohnungsbauunternehmen ●108). Zum Erhalt der Sozialstruktur in einem Wohngebiet können schließlich städtebauliche Erhaltungssatzungen ●60 (häufig auch „Milieuschutzsatzungen" genannt) erlassen werden. Im Bestand kann die Durchführung städtebaulicher Sanierungsmaßnahmen und die Anordnung von Modernisierungs- und Instandsetzungsgeboten zur Verbesserung von Wohnverhältnissen beitragen.

Diese Vielzahl an städtebaurechtlichen Instrumenten ergänzt wohnungspolitische Instrumente, wie die Wohnungsbauförderung, den Ankauf von Bindungen, Zweckentfremdungsverbote und Kooperationsverträge (§ 14 WoFG). Mietrechtliche Instrumente sind beispielsweise der Mietspiegel und die Kappungsgrenzenverordnung (§ 556d Abs. 2 BGB). Daneben sind informelle Instrumente wie lokale Bündnisse zwischen Stadtverwaltungen und Wohnungsunternehmen, Quartiersmanagements oder Mieterbeiräte von Bedeutung.

Die Wirkung dieser Instrumente auch in ihrem Zusammenspiel ist ein wichtiger Aspekt in der wohnungspolitischen Diskussion. Geboten ist dabei ein differenzierter Blick, der unterschiedliche Ziele und Herausforderungen benennt und auch die Wechselwirkungen beispielsweise zwischen dem baulichen Umfeld und den sozialen, kulturellen sowie ökonomischen Aspekten des Wohnens in den Blick nimmt.

Prof. Dr. Arno Bunzel,
Technische Universität Berlin,
Institut für Stadt- und Regionalplanung, Fachgebiet für Bau-, Planungs- und Umweltrecht

Integrierte Stadtentwicklung

Integrierte Stadtentwicklung bedeutet, alle für die Entwicklung von Städten relevanten Belange und Interessen gleichzeitig und gerecht zu berücksichtigen. Inhaltliche Basis sind die drei Säulen der Nachhaltigkeit: Soziales, Wirtschaft und Umwelt.

Integrierte Stadtentwicklung ist ein Prozess, in dem alle kommunalen Themenfelder in räumlicher, zeitlicher und sachlicher Hinsicht koordiniert werden. Auch die Wohnungs- ●222 und Bodenfrage ●26 wird in diesem Kontext mit besonderem Gewicht bearbeitet. Das bedeutet, wohnungspolitische Diskurse und Aushandlungen erfolgen immer auch unter Abwägung, Abstimmung und Vernetzung mit anderen politischen Themenfeldern und Fachplanungen.

Dabei ist es unabdingbar, die lokale Bevölkerung, insbesondere die wirtschaftlichen Akteur*innen und verschiedenen Interessensgruppen, die Politik und die Verwaltung einzubeziehen (Beteiligung ●22). So wird im Prozess der integrierten Stadtentwicklung gewährleistet, dass die Wohnungsbaustrategie einer Kommune mit den oft widerstreitenden Interessen anderer kommunaler Themenfelder und Fachplanungen (zum Beispiel Verkehrs- und Schulentwicklungspläne, Schutz der Freiflächen etc.) verzahnt oder gegebenenfalls abgewogen weitergedacht wird.

Durch diesen Ansatz wird eine nicht integrierte, solitäre, rein fachlich ausgerichtete Wohnungsbaustrategie vermieden. Diese würde nicht nur im Alltag ●16 zu kurz greifen. Sie müsste in der Folge mit hohem Ressourcenaufwand mit den anderen Fachplanungen harmonisiert werden; erst dann wäre sie umsetzungsreif. Daher ist es zielführender, von Anfang an integriert zu denken. Auch die Frage, nach welchen Prämissen wir zukünftig unser gesellschaftliches Leben gestalten und welchen Stellenwert das Wohnen dabei einnimmt, ist nur integriert – also in Abwägung und Abstimmung vieler Interessen und Notwendigkeiten – zu beantworten. Ein solcher Zugang ermöglicht es, kollektiv und unter Einbezug verschiedener Disziplinen und Perspektiven ein gemeinwohlorientiertes, klimafreundliches, sozialverträgliches und nachhaltiges Zusammenleben zu entwickeln.

Die integriert und partizipativ entwickelte Wohnbaustrategie einer Kommune bildet idealerweise eine verlässliche Basis zur Bündelung öffentlicher Maßnahmen und privater Initiativen. Insbesondere ein koordinierter Mitteleinsatz schafft Planungs- und Investitionssicherheit und reduziert die Kosten sowohl für die Öffentlichkeit als auch für Private. Damit ist ein optimierter Ressourceneinsatz gewährleistet und es tun sich Lösungen zur Schaffung dringend benötigten Wohnraumes auf.

Albert Geiger,
Leitender Stadtverwaltungsdirektor
a. D., Ludwigsburg

Intersektionalität

100

Intersektionalität beschreibt die Überschneidung, Wechsel- und Mehrfachwirkung mehrerer Unterdrückungs- und Differenzierungsmechanismen – etwa das Zusammenspiel von Sexismus, Klassismus, Ableismus und Rassismus. Eine intersektionale Perspektive ermöglicht somit, multiple Wechselbeziehungen sozialer Ungleichheiten und bestehender Machtverhältnisse kritisch zu untersuchen.

Die Ursprünge des Konzepts der Intersektionalität liegen im Schwarzen Feminismus, der afroamerikanischen Arbeiter*innenbewegung und der *Critical Race Theory*. Neben der Analyse ermöglicht die Intersektionalität nach Kimberlé Crenshaw (1989), die Positionierung von marginalisierten und mehrfach diskriminierten Gruppen an den jeweiligen Kreuzungspunkten (*intersections*) zu betrachten. Das bedeutet, dass eine Positionierung an einer Kreuzung dieser Strukturmerkmale das Risiko für eine Person erhöht, diskriminiert und ausgeschlossen zu werden. Eine intersektionale Perspektive adressiert damit auch die besondere Schutzbedürftigkeit marginalisierter Gruppen.

Auf das Feld Wohnen angewandt bedeutet Intersektionalität, dass Wohnen, als städtische Infrastruktur wie auch als soziale Praxis, von strukturellen Unterdrückungssystemen und Diskriminierungsprozessen geprägt ist, wobei unter anderem Marginalisierungsindikatoren wie sozio-ökonomischer Status, Race, Gender und Religion sich kreuzend und verstärkend auf Zugang und Ausschluss, auf Wohnmöglichkeiten, -nutzung und auf die Aushandlung von Wohnraum sowie auf die Wohnpraxis generell auswirken.

Wenn man beispielsweise den Zugang zu und die Schaffung von städtischem Wohnraum intersektional unter die Lupe nimmt, werden die Mehrfachmarginalisierungen und -diskriminierungen bestimmter sozialer Gruppen deutlich, so etwa bei der Ausstattung und der Standortwahl von sozialem Wohnungsbau, bei Notunterkünften für geflüchtete Menschen (Flucht ●66), der Unterversorgung mit Unterkünften für wohnungslose Menschen (Obdach- und Wohnungslosigkeit ●146), insbesondere für wohnungslose Frauen*, bei der Vernachlässigung von barrierefreier Planung oder von Raumbedürfnissen einer demografisch vielfältigen Gesellschaft, bei der rassistischen sowie queer- und transphoben Diskriminierung am Mietwohnungsmarkt.

Auch in der Architektur und der Gestaltung des Wohnungsbaus herrschen immer noch (hetero-)normative Ansätze vor, die der gesellschaftlichen Diversifizierung wenig gerecht werden, was sich zum Beispiel in der Grundrissentwicklung widerspiegelt (Geschlecht ●76). Insbesondere im sozialen Wohnungsbau ist diese zudem auch geleitet von der Ökonomisierung der Immobilienentwicklung und greift auf Standardgrundrisse zurück, die oft normativ die westliche Klein-/Kernfamilie spiegeln (Familie ●62). Ähnliches kann man auch in der Persistenz tradierter heteronormativer Terminologien wie „Einfamilienhaus" (EFH ●307) oder „Herrenhaus" feststellen oder in Grundrissbeschreibungen, in denen das dritte Zimmer als „Kinderzimmer" bezeichnet wird. Auch im wissenschaftlichen Diskurs wird die Wohnfrage meist als reine Klassenfrage betrachtet, während andere Formen der (zusätzlichen) Diskriminierung ●48 ausgeblendet werden, was sich teils in einer sektional getrennten und wenig integrierten oder diskriminierenden Planungspraxis spiegelt.

Prof. Dr. Anna Steigemann, Professorin für die Soziologischen Dimensionen des Raumes, Universität Regensburg

Dr. Christian Haid, POLIGONAL, Büro für Stadtvermittlung

Literatur

Crenshaw, Kimberlé: „Demarginalizing the Intersection of Race and Sex: A Black Feminist Critique of Antdiscrimination Doctrine, Feminist Theory and Antiracist Politics". In: *University of Chicago Legal Forum*. Jg. 1989, Beitrag 8

Kapital

Der Begriff *Kapital* bezeichnet das Vermögen an etwas, das eingesetzt werden kann, um bestimmte Ziele zu erreichen. Dies kann sich auf materielle Dinge und Geld beziehen, auf soziale Beziehungen, Bildung oder auch auf Reputation und Prestige. Mit dem französischen Soziologen Pierre Bourdieu lassen sich diese Formen als ökonomisches, soziales, kulturelles und symbolisches Kapital benennen (Bourdieu 1983). Diese Kapitalformen prägen die Lebensweise, Einstellungen und Präferenzen einer Person und beeinflussen somit ihren Habitus. Der Habitus bezeichnet bei Bourdieu den sozial geprägten, internalisierten Sinn für die Welt, der durch Klassenzugehörigkeit, Werte und soziale Strukturen einer Person geformt wird.

Die Kapitalformen spielen für den Zugang zu Wohnraum ebenso wie für dessen Gestaltung und das Wohnerleben eine wesentliche Rolle. So gibt es beispielsweise bei der Wohnungssuche Präferenzen bezüglich der Nachbarschaft, in der Menschen leben wollen, die durch das kulturelle Kapital, aber auch durch das verfügbare Einkommen, also das ökonomische Kapital, beeinflusst werden. Ob eine Wohnung oder ein Haus erworben oder gemietet werden kann, hängt wiederum mit der Anerkennung des eingesetzten Kapitals auf dem Markt sowie von den Auswahlkriterien und Belegungspolitiken der Immobilien- und Wohnungsunternehmen ab. Alle Kapitalformen sind auch für die Aneignung und Einrichtung des Wohnraums relevant: Die moderne, funktional differenzierte Wohnung ist zum Beispiel bürgerlichen Lebensstilen durchaus förderlich, kann Menschen mit anderen Lebensentwürfen (etwa Wohngemeinschaften oder zuhause Arbeitenden) hingegen den Alltag ●16 erschweren.

Im Wohnen kommen nicht nur verschiedene Kapitalformen zusammen, Wohnraum ist auch eine als Immobilie gehandelte Ware ●218 und ein Spekulationsobjekt (Spekulation ●178). In unsicheren Zeiten verspricht die Investition in Wohnimmobilien langfristige Sicherheit und ökonomische Rendite, oftmals steuerlich vergünstigt und staatlich gefördert. Im Vordergrund der Wohnraumproduktion steht daher oft weniger der gegenwärtige Nutzwert als der erzielbare Profit. Diese Orientierung schlägt nicht nur auf den Preis durch, sondern auch auf Grundrisse und Ausstattung von Wohnungen.

Ein sozialwissenschaftlicher, kapitaltheoretischer Blick auf das Wohnen ermöglicht es herauszuarbeiten, wie sich Wohnraum und Wohnform zueinander verhalten. Beide Seiten (in Bourdieus Terminologie: das *Habitat* und der *Habitus*) sind von der Verfügbarkeit und dem Einsatz von Kapital in seinen verschiedenen Dimensionen geprägt und treffen im Wohnalltag aufeinander.

Prof. Dr. Simon Güntner,
Professor für Raumsoziologie,
Technische Universität Wien,
Österreich

Literatur

Bourdieu, Pierre: „Ökonomisches Kapital – Kulturelles Kapital – Soziales Kapital". In: Kreckel, Reinhard (Hg.): *Soziale Ungleichheiten*. Soziale Welt, Sonderband 2. Göttingen 1983, S. 183–198

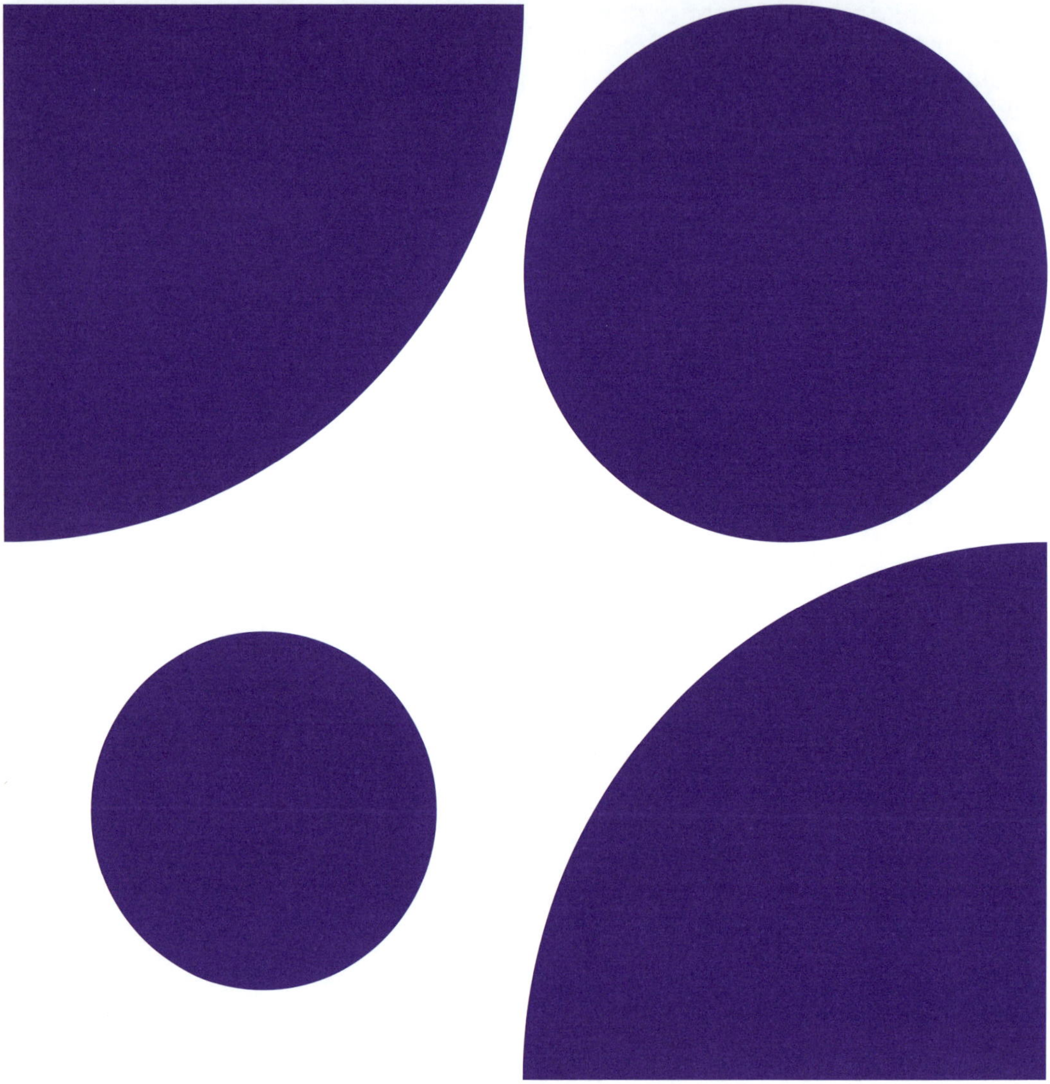

Knapp 30 Prozent der Bevölkerung Deutschlands wohnt in Kleinstädten. Zu diesem Siedlungstyp gehören etwa 2100 Kommunen mit 5000 bis 20.000 Einwohner*innen (Milbert/Porsche 2021). Die Entwicklungsdynamik dieser Städte, ihr siedlungsstruktureller Charakter, ihre funktionale Bedeutung sowie die Sozialräume innerhalb und zwischen den Kommunen können dabei große Unterschiede aufweisen. So gibt es flächenkleine Kleinstädte mit einer kompakten Siedlungsstruktur und urbanen Qualitäten ebenso wie solche, die sehr ländlich geprägt sind, sich aus einer hohen Zahl dörflicher Ortsteile zusammensetzen und mehrere hundert Quadratkilometer umfassen (Ländliches Wohnen ●118). Der Siedlungskörper mit seiner Wohnfunktion setzt sich insbesondere aus Ein- und Zweifamilienhäusern, historischen Altstadtkernen, aber auch Mehrfamilienhäusern unterschiedlichster Bau- und Eigentumsstrukturen zusammen.

Der Preis- und Nachfragedruck auf die Wohnungsmärkte in den Ballungsräumen der vergangenen Jahre ist auch an den Kleinstädten nicht spurlos vorübergegangen. Im Zusammenhang mit Debatten zu einer Wiederentdeckung ländlicher Lebensqualität haben viele Kleinstädte durch den Ausbau mobiler Arbeitswelten, eine verstärkte Suburbanisierung ●188, den ungebrochenen Wunsch vieler nach einem Einfamilienhaus ●52 und finanzielle Preisvorteile vermehrt Zuzug generiert. Die wachsende Attraktivität dieser Kommunen geht dabei jedoch einher mit einer Veränderung der Sozialstrukturen und einem partiellen Anstieg des Flächenverbrauchs sowie der Wohn- und Immobilienpreise (Steinführer/Großmann/Schenkel 2018).

Gleichzeitig gibt es weiterhin Kleinstädte, überwiegend in peripheren Lagen, die vor allem durch Sterbeüberschüsse im Rahmen der natürlichen Bevölkerungsentwicklung, aber auch durch anhaltende Abwanderung jüngerer Menschen kontinuierlich Einwohner*innen verlieren (Leibert 2021). Leerstände ●120 von Wohnungen, Anpassungsbedarfe der Bestände, zum Beispiel für altersgerechtes Wohnen, sowie sich verändernde Anforderungen zum Erhalt und Umbau von Daseinsvorsorge gehören zu den markantesten Folgen. Hier setzen eine Vielzahl von Aktivitäten zur Trendumkehr und Stärkung der Kommunen an, beispielsweise die Anwerbung von Rückkehrenden, Ansätze zur Förderung temporärer Wohnformen (Temporalität ●194, zum Beispiel Probewohnen ●152), neue gemeinschaftliche Wohnformate oder Forschungsprogramme des Bundes wie die „Pilotphase Kleinstadtakademie".

Die Kleinstadt steht somit für vielfältige Entwicklungspfade und Perspektiven im Umgang mit dem Handlungsfeld Wohnen, die in den politischen und öffentlichen Debatten deutlich mehr Aufmerksamkeit verdienen.

Christian Höcke,
Wissenschaftler, vhw-Forschung,
vhw – Bundesverband für Wohnen und Stadtentwicklung e. V.

Literatur

Milbert, Antonia/Porsche, Lars: „Kleinstädte in Deutschland". In: Bundesinstitut für Bau-, Stadt- und Raumforschung (BBSR) im Bundesamt für Bauwesen und Raumordnung (BBR) (Hg.): *Einzelpublikation*. Bonn 2021

Leibert, Tim: „Demographische Strukturen und Entwicklungen in Kleinstädten". In: Steinführer, Annett/Porsche, Lars/Sondermann, Martin (Hg.): *Kompendium Kleinstadtforschung*. Hannover 2021, S. 189–208

Steinführer, Annett/Großmann, Katrin/Schenkel, Kerstin: „Wohnen in Kleinstädten. Plädoyer für eine sozialräumliche Perspektive". In: *IzR Informationen zur Raumentwicklung*. Nr. 6/2018, S. 68 –79

Klimagerechtigkeit

Die Verhandlung von *Klimagerechtigkeit* findet auf verschiedenen Ebenen statt: *Cause* (Ursache), *Impact* (Auswirkung), *Responsibility* (Verantwortung) und *Participation* (Teilhabe). Diese vier Dimensionen beziehen sich auf verschiedene Aspekte, die bei der Bewältigung des Klimawandels berücksichtigt werden sollten, um fair und ausgewogen zu handeln. Im Handlungsfeld Wohnen verlangt Klimagerechtigkeit unter anderem die ganzheitliche, sozialverträgliche Dekarbonisierung des Gebäudesektors. Dieser ist nämlich maßgeblich für die globalen Treibhausgasemissionen verantwortlich. Allein in Deutschland beträgt sein Anteil 40 Prozent.

Emissionsminderungen im Gebäudesektor führen aktuell teils zu höheren Kosten für alle Beteiligten. Über die Modernisierungsumlage bei Maßnahmen im Zuge der energetischen und klimagerechten Sanierung ●58 wird derzeitig ein oft unverhältnismäßig hoher Anteil auf die Mieter*innen umgelegt. Dies dient bisher als einziger ernstzunehmender Anreiz, Klimaanpassungsmaßnahmen vorzunehmen. Auch der Einsatz ökologischer Baumaterialien/-weisen ist teuer und führt zu Attraktivitätssteigerungen von Wohnraum, wodurch höhere Mieten ●132 zusätzlich legitimiert werden.

Unter Betrachtung des Klimagerechtigkeitsbegriffs müssen entstehende Mehrkosten beim Klimaschutz im Gebäudebereich unter Staat, Eigentümer*innen sowie Mieter*innen fair aufgeteilt werden. Sozialverträgliche (staatliche) Anreize für Eigentümer*innen zu Klimaanpassungen könnten niedrigschwelligere Zugänge zu Finanzierungspaketen sein. Die Refinanzierung entstandener Mehrkosten sollte zum Schutz der Mieter*innen über Energieeinsparungen erfolgen, nicht über Kaltmietsteigerungen (Warmmietneutralität). Möglichkeiten zur Beteiligung ●22 von Mieter*innen an Entscheidungsprozessen könnten zudem zu mehr Bewusstsein und Akzeptanz für nötige Maßnahmen zum Klimaschutz innerhalb der Bevölkerung führen. In Zeiten multipler Krisen kann das Zusammenspiel all dieser Maßnahmen zu einer klimaangepassten und gleichzeitig sozialgerechten Transformation ●200 des Gebäudesektors führen.

Firdes Firat,
wissenschaftliche Mitarbeiterin,
Entwerfen und Energieeffizientes Bauen, Brandenburgische Technische Universität Cottbus-Senftenberg

Weiterführende Literatur

Lützkendorf, Thomas: „Klimaschutz im Gebäudebereich". In: Bundesinstitut für Bau-, Stadt- und Raumforschung (BBSR) im Bundesamt für Bauwesen und Raumordnung (BBR) (Hg.): *BBSR-Online-Publikation*. Nr. 33/2021

Kommunale Wohnungs-bauunternehmen

Kommunale Wohnungsbauunternehmen (KW) sind Wohnungsbaugesellschaften, die sich mehrheitlich oder vollständig im öffentlichen Eigentum befinden. Hauptgesellschafter können neben Kreisen oder Kommunen auch Bundesländer (landeseigene Wohnungsunternehmen) oder der Bund sein. KW sind in der Regel als Gesellschaften mit beschränkter Haftung (GmbH) oder als Aktiengesellschaften (AG) organisiert. In diesen Fällen agieren sie als formal eigenständige Körperschaften und nach betriebswirtschaftlichen Grundsätzen. Vereinzelt gibt es KW, die als Anstalten öffentlichen Rechts (AöR) oder kommunale Eigenbetriebe organisiert sind.

Zu den zentralen Aufgaben von KW gehören die Vermietung und Bewirtschaftung von Wohnraum im Bestand sowie der Wohnungsneubau. Ein besonderer Fokus liegt auf der sozialen Wohnraumversorgung ●176. KW stellen Wohnraum insbesondere für Haushalte, die sich nicht selbstständig am Wohnungsmarkt versorgen können, zur Verfügung. Dazu gehören Personen mit geringen Einkommen oder Wohnberechtigungsschein (WBS), Transferleistungsbeziehende, Wohnungs- und Obdachlose sowie Geflüchtete und Studierende.

Nachdem viele Kommunen, Länder und der Bund in den 1990er und 2000er Jahren öffentliche Wohnungsbestände privatisierten und erwirtschaftete Überschüsse an die öffentlichen Haushalte abführten, setzte seit Beginn der 2010er Jahre ein Paradigmenwechsel ●148 im Umgang mit den kommunalen Wohnungsbeständen ein. In verschiedenen Kommunen und Ländern ist die Ausrichtung der KW zudem Gegenstand von Volksentscheiden (Berlin, Frankfurt am Main, Potsdam) und Protesten von organisierten Mieter*innen.

In Zeiten angespannter Wohnungsmärkte, anhaltendem Zuzug und Migration sowie steigenden Angebots- und Bestandsmieten erlebten die KW eine Bedeutungssteigerung als wohnungspolitisches Instrument. So steht die Ausweitung kommunaler Wohnungsbestände mittlerweile in vielen Kommunen und Ländern auf der politischen Agenda. Um die soziale Wohnraumversorgung zu sichern, investieren KW in den kommunalen Neubau und kaufen private Wohnungsbestände an. Im Land Berlin wurden beispielsweise in den letzten 10 Jahren (seit 2014) circa 50.000 Wohneinheiten, darunter viele ehemals privatisierte, angekauft beziehungsweise rekommunalisiert ((Re-)Kommunalisierung ●160). Kommunen ohne eigene Wohnungsunternehmen, beispielsweise Kiel oder Dresden, haben in jüngerer Vergangenheit neue Wohnungsbaugesellschaften gegründet. KW sind im wohnungspolitischen Diskurs entscheidend, da sie dazu beitragen, bezahlbaren Wohnraum bereitzustellen und soziale Gerechtigkeit zu fördern, indem sie das Wohnen nicht nur als Ware ●218, sondern als grundlegendes soziales Bedürfnis betrachten. Deshalb werden KW in der Debatte um die Neue Wohngemeinnützigkeit ●144 als wesentliche Träger betrachtet.

Niklas Schenker,
Mitglied des Berliner Abgeordnetenhauses, Fraktion DIE LINKE

Philipp Möller,
Redakteur beim MieterEcho,
Zeitschrift der
Berliner MieterGemeinschaft e. V.

Zusammen betreiben sie den Podcast „SCHÖNER WOHNEN – Der Podcast zur Wohnungsfrage".

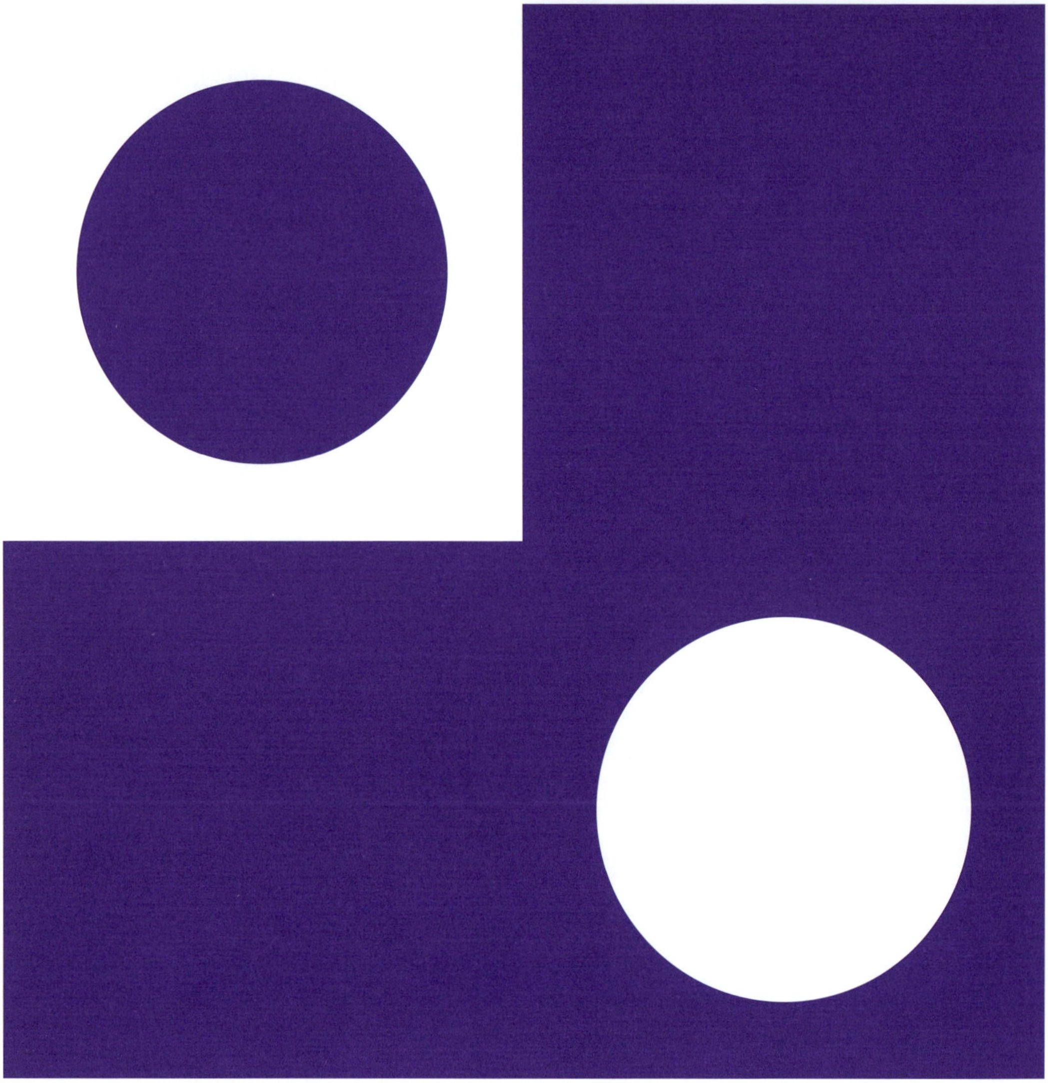

"   "

Kommunikation

Kommunikation – verstanden als Austausch von Informationen aller Art – ermöglicht es Menschen miteinander zu interagieren, Beziehungen aufzubauen, Wissen zu teilen, Probleme zu lösen und gemeinsame Ziele zu erreichen. Das ist in allen Lebensbereichen grundlegend und hat selbstverständlich auch für das Wohnen auf vielerlei Weise Bedeutung.

Beim Prozess des Wohnens spielt zum Beispiel die Verständigung der Wohnenden untereinander über Gestaltung und Nutzung des Wohnraums oder wohnungsbezogene Freiräume eine wichtige Rolle. Nicht nur in diesem Zusammenhang sind auch Bezüge zu Nachbarschaft beziehungsweise zum Quartier wesentlich. Dabei kann es um die Herausbildung gemeinschaftlicher Wohnformen (etwa Mehrgenerationenwohnen ●130) oder gemeinsame Aktionen gehen. Auch die Bearbeitung von Nachbarschaftskonflikten gehört zu den kommunikativen Herausforderungen im Wohnprozess. Insbesondere in Stadtteilen mit soziokulturell sehr heterogener Bevölkerung (Soziale Mischung ●174) haben intermediäre Akteur*innen (zum Beispiel das Quartiersmanagement) wichtige kommunikative Funktionen.

Bei Miet- oder Genossenschaftswohnungen ist zudem die Frage nach der Kommunikation zwischen Unternehmen und Bewohnerschaft relevant. Deren Qualität stellt im Kontext von Beteiligung ●22 und Mitgestaltung einen wichtigen Faktor der Wohnzufriedenheit dar.

Produktion und Bewirtschaftung von Wohnraum sind ebenfalls durch vielfältige Schnittstellen geprägt, die kommunikativ bewältigt werden müssen. Beim Neubau spielt insbesondere das Verhältnis zwischen öffentlichen und privaten Akteuren – etwa Wohnungsbauförderung, Stadtplanung, Wohnungsbauunternehmen, Finanzierungsinstitute, gegebenenfalls Mietervereine etc. – eine wichtige Rolle. Dabei ist es für eine erfolgreiche kommunale Wohnungspolitik oft bedeutsam, ob es gelingt, lokale Bündnisse zu institutionalisieren, die verlässliche Abstimmungen und gegebenenfalls Kooperationen ermöglichen.

In dem Maße, wie Wohnungsbautätigkeit nicht mehr am Rande der Städte, sondern in bereits bebauten und bewohnten Umfeldern stattfindet, müssen zudem Konflikte mit der Anwohnerschaft kommunikativ bearbeitet werden.

Resümierend ist festzustellen: An der Gestaltung des Wohnens wirken viele Akteur*innen mit, die sehr unterschiedliche Interessen verfolgen. Das macht Zielkonflikte ●236 unvermeidlich, für deren konstruktive Bewältigung transparente und verlässliche Kommunikation von zentraler Bedeutung ist.

Prof. Dr. Klaus Selle,
Deutsche Akademie für Städtebau und Landesplanung,
NetzwerkStadt GmbH

Koproduktion

Koproduktion im Wohnen bedeutet, die gebaute Umwelt, das soziale Miteinander und gesellschaftliche Fragestellungen in einem koproduktiven Prozess zu gestalten. In der Annäherung an die Bedeutung des Begriffs Koproduktion im *WohnWissen*, wird das Wohnen selbst zum Gegenstand von Koproduktion (WohnWissen Übersetzen ●228). Koproduktive Verfahren erkennen die sozialen Dimensionen und Verhältnisse im Wohnen an, indem sie die Wohnenden nicht als Konsument*innen der Ware ●218 Wohnen sehen, sondern auf den Raumgebrauch und das Wissen über Wohnen setzen.

Um herauszufinden, was Koproduktion in Bezug auf Wohnen ist oder vielmehr bedeutet, hilft es, zunächst zu benennen, was sie nicht ist. Koproduktion ist nicht Beteiligung ●22 von Bürger*innen. Diese kann, so der Architekt und Stadtplaner Thomas Sieverts, die gesteckten Hoffnungen nicht erfüllen, „denn es setzen sich […] die starken, ohnehin privilegierten Interessen durch" (Sieverts 1999: 183). Um die „Leiter der Partizipation" (Arnstein 1969) in Richtung Koproduktion hinaufzusteigen, müssen Verfahren entsprechend gestaltet werden. Wem oder was müssen sie dabei entsprechen? Dem Urbanen. Denn die Organisation von Koproduktion im Wohnen ist unmittelbar mit der Gestaltung des Urbanen verknüpft. Menschen wohnen nicht nur in ihren Wohnungen, sondern bewohnen städtische Räume. Allein 77,7 Prozent der Menschen in Deutschland leben in Städten, in denen sie ihre Alltage ●16 gestalten.

Eine Chance, über die Gestaltung von Koproduktion tatsächlich an das Wohnen, respektive das Urbane, heranzukommen, ist die Anerkennung des Wohnens als situativer Gebrauch. Ausgangspunkte dafür sind beispielsweise: Orte, Akteur*innen, Handlungen (Kniess et al. 2022). Diese erschließen sich ausgehend vom Bestehenden über dessen Gewordenheit, das heißt, etwas Neues oder Unbekanntes kann besser verstanden oder erklärt werden, wenn man das bereits Existierende als Ausgangspunkt nimmt und dessen Entwicklung betrachtet. Interventionen in die Gestaltung von Wohnen benötigen daher eine umfangreiche kollektive Reflexion. So können notwendige und vielschichtige Wissensbedarfe im laufenden Prozess der Gestaltung kooperativ expliziert werden und zur weiteren Bearbeitung in die Praxis (des Wohnens) einfließen. Die Verwendung verschiedener Methoden bei dieser Praxis des Explizierens und bei der Erarbeitung von Repräsentationsformen für die Ergebnisse ist nicht dazu gedacht, die Dinge zu vereinfachen. Stattdessen wird kontinuierlich danach gestrebt, Repräsentationen für die komplexe Realität des Wohnens zu finden und diese in der Situation zu vermitteln.

PROJEKTBÜRO:
Renée Tribble (Professur für Städtebau, Bauleitplanung und Stadtgestaltungsprozesse, TU Dortmund),
Marieke Behne, Dominique Peck, Marius Töpfer und Lisa Marie Zander

Literatur

Arnstein, Sherry: „A Ladder of Citizen Participation". In: *Journal of the American Planning Association*. Nr. 4/1969, Jg. 35, S. 216–224

Kniess, Bernd/Dell, Christopher/Peck, Dominique: *Tom Paints the Fence. Re-negotiating Urban Design*. Leipzig 2022

Sieverts, Thomas: „Vom Umgang mit Unbestimmtheit im Städtebau. Nachwort zur dritten Auflage." In: *Zwischenstadt. Zwischen Ort und Welt, Raum und Zeit, Stadt und Land* (Bauwelt Fundamente). 3. Aufl., 1999, S. 183–192

Kreislaufwirtschaft

Im Unterschied zur linearen Wirtschaft, in der Ressourcen nach ihrer Nutzung größtenteils verloren gehen, zielt der Ansatz der *Kreislaufwirtschaft* auf die mehrzyklische Nutzung von Abfallstoffen als Ressource. Der Bausektor gewinnt zum Beispiel aus Abrissbauten (Abbruchstellen der Erinnerung ●267) Sekundärrohstoffe wie Bauschutt zur Herstellung von Recycling-Beton oder Metalle (*Urban Mining*). Produktpässe mit Angaben zu Herkunft und Zusammensetzung von verbautem Material unterstützen diese Nachnutzung von Ressourcen (Heinrich/Lang 2019). Zentraler Maßstab der Kreislaufwirtschaft in Bezug auf Bauen und Wohnen ist zum einen die Zirkularität, zum anderen CO_2-armes oder (als Zukunftsvision) CO_2-neutrales Bauen und Wohnen. Kosten und Mengenverfügbarkeit begrenzen bisher jedoch den Einsatz von Sekundärmaterialien.

Voraussetzung für eine Kreislaufwirtschaft ist, dass Materialien und Komponenten so gestaltet sind, dass sie in neuen Gebäuden wiederverwendet werden können (*Reuse*), eventuell nach einer Instandsetzung (*Refurbishment, Repair*) oder durch Recycling. Ziel ist eine gleich- oder höherwertige Wiederverwendung von Material (Klimagerechtigkeit ●106). Für die erstmals in Taiwan errichteten Polli-Brick-Gebäude wurden rezyklierte PET-Flaschen in einer Wabenstruktur verbaut, wodurch Stabilität und gute Dämmeigenschaften erreicht und aufgrund des geringen Gewichts schon bei der Gebäudeerstellung CO_2 reduziert wurde. Durch die Wiederverwendung von PET-Flaschen lässt sich das Gebäude zudem leicht zurückbauen und die genutzten Baustoffe lassen sich wiederum recyceln (Granitza 2011).

Kreislaufwirtschaft bedeutet auch, ausreichenden, bedarfsgerechten und nachhaltigen Wohnraum zu schaffen. Das *Circular House* im dänischen Lisbjerg nahe Aarhus umfasst zum Beispiel 60 Sozialwohnungen, deren Materialien zu 90 Prozent wiederverwendet werden können. Hierdurch wird ökologische mit sozialer Nachhaltigkeit verbunden (Creative Denmark 2023).

Das erneuerte Bewusstsein für nachhaltiges Wohnen trägt dazu bei, dass durch die vermehrte Umsetzung von Maßnahmen zur Energieeffizienz und durch lokale Beschaffung von Baustoffen sowohl Kosten als auch der CO_2-Fußabdruck gesenkt werden. Wie auch das Umweltbundesamt hervorhebt, ist es neben der Recyclingfreundlichkeit von Gebäuden wichtig, eine – ebenfalls dem Kreislaufgedanken folgende – engere Verknüpfung von Energiesektor, multimodaler Mobilität und nachhaltigem Bauen/Wohnen zu erreichen, mit dem Ziel, neben der Nachhaltigkeit auch die Wohnqualität zu steigern.

PD Dr. rer. pol. Inéz Labucay,
Martin-Luther-Universität
Halle-Wittenberg und TU Dresden

Literatur

Creative Denmark (Hg.) (2023): „Circular House: Denmark's first circular social housing units". https://www.creative-denmark.com/cases/circle-house-denmarks-first-circular-social-housing-units (letzter Zugriff: 11.09.2023)

Granitza, Eckart (13.07.2011): „Recycelte Plastikflaschen sind Baustoff der Zukunft". In: *Die Welt* (online). https://www.welt.de/wissenschaft/article13474015/Recycelte-Plastikflaschen-sind-Baustoff-der-Zukunft.html (letzter Zugriff: 11.09.2023)

Heinrich, Matthias/Lang, Werner: *Materials Passports – Best Practice. Innovative Solutions for a Transition to a Circular Economy in the Built Environment.* München 2019

Krise

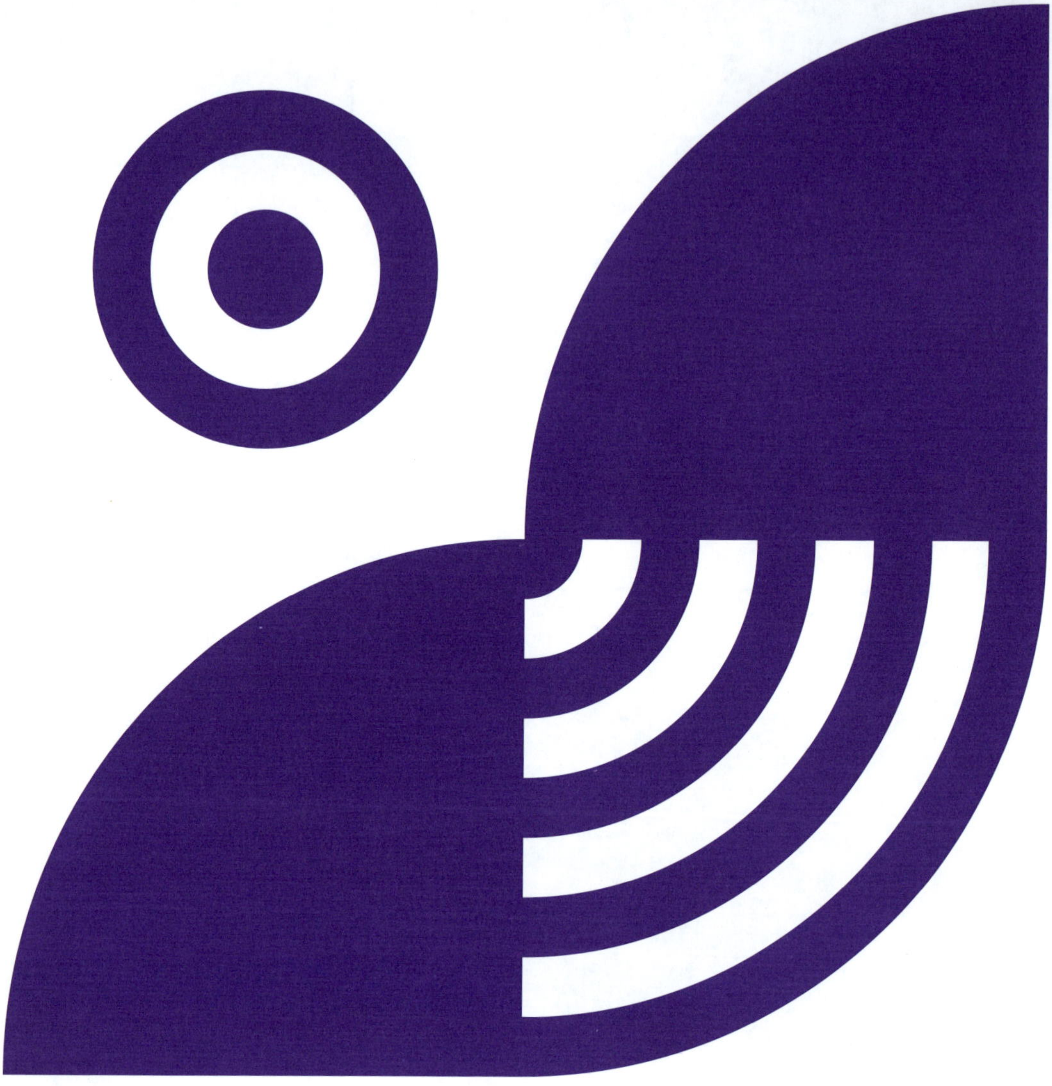

Ländliches Wohnen

Aufgelockert, niedrig bebaut, mit viel Grün und hohem Flächenkonsum – das sind erste Assoziationen, denkt man an das *Wohnen auf dem Land*. Tatsächlich sind laut Thünen-Landatlas fast 90 Prozent aller Wohngebäude in ländlichen Räumen Deutschlands Ein- und Zweifamilienhäuser (Einfamilienhaus ●52), und auch in Ostdeutschland, wo mehrgeschossige Mietwohngebäude stärker ins Auge fallen, ist die Zahl nur geringfügig niedriger.

Dabei ist ländliches Wohnen, ob im Weiler, im Dorf oder in der Kleinstadt ●104, so vielfältig wie die Siedlungen selbst (Steinführer/Kordel 2024: 132–137). Auch am Rande größerer Städte, wo Eingemeindungen teils Jahrzehnte zurückliegen, wird ländlich gewohnt. Materielle Hüllen reichen vom jahrhundertealten Einzelgehöft mit Zugang zu landwirtschaftlichen Flächen bis zum nüchtern-pragmatischen Zeilenbau, präsentieren sich unverputzt, eternitverkleidet oder denkmalgeschützt (Carlow 2016). Die aus Großstädten bekannten Zeitschichten finden sich auch hier: Neben älterer Wohn- und Wirtschaftsbebauung im Ortskern gibt es am Rand vieler Dörfer den berühmten Speckgürtel (oder „Hypothekenhügel"). Die Nachkriegsjahrzehnte prägen das Erscheinungsbild: Im Westen Deutschlands sind die ersten Neubausiedlungen jene der 1950er Jahre für die durch Vertreibung und Flucht ●66 Zugewanderten. Ihnen folgten im Zuge des wachsenden gesellschaftlichen Wohlstands und der Automobilisierung seit den 1960ern immer neue Baugebiete. In beiden deutschen Staaten, weitaus stärker in der DDR als in der Bundesrepublik, entstanden neben Eigenheimen auch Mietwohngebäude. Bis heute wachsen viele Dörfer in die Fläche, selbst wenn sie demografisch schrumpfen.

Die Dominanz selbstgenutzten Eigentums darf nicht über gleichfalls anzutreffende Wohnarmut und ebenso existentes prekäres Wohnen (Prekarität ●150) hinwegtäuschen (Gkartzios/Ziebarth 2016), auch wenn sozialräumliche Differenzierung und Ausgrenzung im Dorf und in der Kleinstadt weniger offensichtlich sind als in großen Städten. Das Mietwohnen ist eine kaum beachtete Facette ländlichen Wohnens. Begriffe wie *amenity* und *lifestyle migration* stehen für die Zuwanderung Älterer und höherer sozialer Schichten in landschaftlich attraktive Regionen, oft verbunden mit Multilokalität (mehrere Wohnorte) und nur temporärer Inanspruchnahme lokaler Infrastrukturen. Gemeinschaftliche Wohn- und Lebensprojekte (Wohnformen ●220) in alten Bauernhöfen oder gar neu gegründeten Dörfern, auch das über Jahrhunderte nötige wie übliche Mehrgenerationenwohnen ●130 in neuer Gestalt bleiben vielerorts Einzelbeispiele und können dennoch positiv auf ihr Umfeld zurückwirken.

Ländliches Wohnen reicht somit baulich und als lebensweltliche Praxis über selbstgenutztes Eigentum hinaus, doch orientieren sich Image- und Wohnungspolitik ländlicher Räume bislang zu einseitig auf das Eigenheim und die Kernfamilie.

Prof. Dr. Annett Steinführer, Wissenschaftlerin, Thünen-Institut für Lebensverhältnisse in ländlichen Räumen, Braunschweig, und Universität Rostock

Literatur

Carlow, Vanessa Miriam (Hg.): *Ruralism. The Future of Villages and Small Towns in an Urbanizing World*. Berlin 2016

Gkartzios, Menelaos/Ziebarth, Ann C.: „Housing. A Lens to Rural Inequalities". In: Shucksmith, Mark/Brown, David L. (Hg.): *Routledge International Handbook of Rural Studies*. London/New York 2016, S. 495–508

Steinführer, Annett/Kordel, Stefan: „Ländliche Räume als Sozialräume". In: Grabski-Kieron, Ulrike/Kordel, Stefan/Krajewski, Christian/Mose, Ingo/Steinführer, Annett (Hg.): *Geographie ländlicher Räume*. Paderborn 2024, S. 87–147

(   )

Leerstand

Menschen brauchen Häuser – Häuser brauchen Menschen. *Leerstand* ist gebauter, nicht genutzter Raum. Zwischen Aus- und Wiedereinzug im Rahmen von Sanierung oder Umbau stehen Räume kurzfristig leer. Doch es gibt auch eine Form von Leerstand, die nicht technisch bedingt ist. Täglich sehen wir viele Gebäude, in denen seit langem kein Leben ist. Als besonders bedenklich offenbart sich diese Situation dort, wo neben den leerstehenden, nicht genutzten Räumen Menschen in Obdachlosigkeit ●146 auf der Straße leben müssen.

Warum gibt es Leerstand? Die Gründe sind, ebenso wie die Formen von Leerstand, vielfältig. Gebäudespezifischer Leerstand wird durch ungünstige Lage oder fehlende Infrastruktur erklärt. Andere Gründe können fehlende Sanierung oder nicht mehr benötigte Funktionen der Räume sein. An leerstehenden Bürobauten wird eine strukturelle Dimension von Leerstand deutlich. Monofunktionale Bauten können nicht auf Konjunktur-Dynamiken reagieren. Eine Möglichkeit für die Zukunft wäre, Häuser so (um)zubauen, dass sie zum Wohnen und/oder Arbeiten genutzt werden können (Umbaukultur ●204).

Nicht zuletzt aber wird wegen der Spekulation ●178 mit „Betongold" (Gold ●80), also mit Raum als Geldanlage, über Maßnahmen wie Leerstandssteuer oder (Wieder-) Einführung eines Zweckentfremdungsgebots nachgedacht. Denn: Spekulativer Leerstand heißt Leere *trotz* der Möglichkeit einer Nutzung – indem das Vermieten der Anlage als „zu aufwändig" erklärt wird, weil auf einen höheren Erlös beim Verkauf in der Zukunft oder auf Wegfall des Bestandsschutzes spekuliert wird oder weil eine *renoviction* eingeleitet wurde – eine Entmietung, immer wieder auch mit dem Zweck, durch Sanierung höhere Miet- oder Kaufpreise zu erzielen.

Leerstand erinnert uns also immer auch daran, dass es Nutzer*innen gab und geben könnte. Ohne diese sind leerstehende Gebäude auch in ihrer Substanz gefährdet, denn: Nutzung ist die wichtigste Form von Wartung. Leerstehende Häuser verfallen. Ein weiterer Aspekt ist die von den Nichteigentümer*innen mitgetragene Pflege der Infrastruktur rund um den Leerstand: Öffentlicher Raum muss gereinigt werden, öffentlicher Verkehr soll weiterfahren und so weiter. Während an der einen Stelle niemand wohnen oder arbeiten kann, müssen an anderer Stelle neue Strukturen aufgebaut werden.

Prof. Dr. Gabu Heindl, Fachgebiet ARCHITEKTUR STADT ÖKONOMIE Bauwirtschaft I Projektentwicklung, Universität Kassel

Eine längere Version dieses Textes wurde erstmals publiziert im Programmheft zu *Leere Stadt*, Staatstheater Kassel, 2023.

Leerstandsmelder

Leerstandsmelder.de macht Leerstand●120 auf einer interaktiven Karte sichtbar. Die Plattform schafft eine öffentlich zugängliche Übersicht über lokale Potenziale und geht damit über die Leerstandserfassung durch Stadtplanungsämter hinaus.

Leerstandsmelder.de ist ein kollektiver Datenpool: Via Crowdmapping werden insbesondere Flächen, die nicht auf dem Markt angeboten werden und länger als drei Monate leerstehen, von Menschen aus der Zivilgesellschaft eingetragen. Die Organisation des Informationstools ist dezentral, hinter den mittlerweile vierzig auf der Plattform freigeschalteten Städten und Regionen stehen lokale Initiativen, welche die Einträge der örtlichen Nutzer*innen im Blick behalten.

Das Konzept eines kollektiven Datenpools wurde 2010 vom Gängeviertel e. V. in Hamburg entwickelt. Ziel war, auf die Verschwendung von Ressourcen aufmerksam zu machen und die Diskussion über das *Recht auf Stadt* anzustoßen. Leerstand ist problematisch, da er Menschen den Zugang insbesondere zu günstigen Flächen verwehrt, die Lebensqualität in der Umgebung durch Verödung beeinträchtigt und bestehende Potenziale ungenutzt lässt.

Leerstandsmelder.de regt einen sozial gerechten und nachhaltigen Umgang mit lokal sehr unterschiedlichen, strukturell oder spekulativ bedingten leerstehenden Flächen an. Die Website wirkt auf unterschiedliche Weisen: Sie informiert und übt gleichzeitig Druck auf die Stadtentwicklungspolitik sowie Eigentümer*innen aus. Die Datenbank zeigt zudem in der Historie einzelne Objekte, die exemplarisch die komplexe Systematik der Kapitalisierung von Lebensräumen durch Spekulation●178 aufzeigen, die meist auf die Verdrängung einkommensschwacher Menschen zielt. Leerstandsmelder.de verdeutlicht den dringenden Handlungsbedarf beim Umgang mit Flächen und mit der Bodenfrage●26 – ganz im Sinne des Grundgesetzes: „Eigentum verpflichtet. Sein Gebrauch soll zugleich dem Wohle der Allgemeinheit dienen." (Art. 14 Abs. 2 GG)

Sarah Oßwald,
AG Leerstandsmelder.de

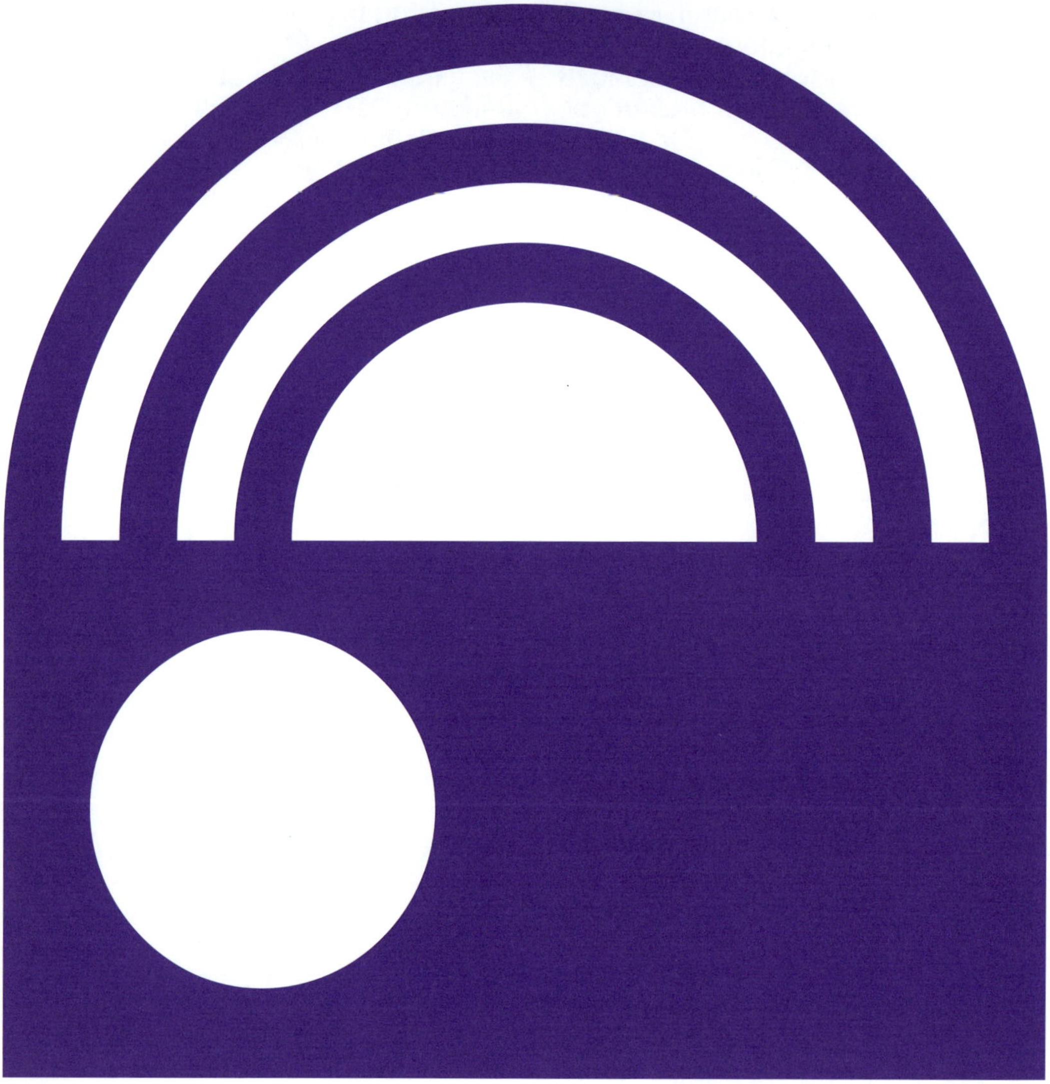

Lock-in-Effekt

Wenn Haushalte nur deshalb in ihrer Wohnung verbleiben, weil sie keine für sie erschwingliche oder angemessene Alternative finden – sie also in ihren aktuellen Wohnungen *feststecken* – wird dies als *Lock-in-Effekt* bezeichnet. Ursächlich hierfür ist in der Regel ein Mangel an geeigneten Wohnungsangeboten. Hierbei kann es sich um einen absoluten Mangel an freien Wohnungen handeln; Lock-in-Effekte treten aber auch dann auf, wenn zwar Wohnungen in ausreichender Zahl angeboten werden, die Angebotsmieten – ebenso wie die Kaufpreise für Wohnimmobilien – die finanziellen Ressourcen der wohnungssuchenden Haushalte jedoch übersteigen (Bezahlbarkeit ●24). Dies ist vor allem dort der Fall, wo sehr hohe Angebotspreise auf niedrige Bestandsmieten treffen. Eine weitere Ursache für Lock-in-Effekte besteht schließlich in der gruppenbezogenen Diskriminierung ●48 auf dem Wohnungsmarkt: So ist vielfach nachgewiesen, dass bestimmte Bevölkerungsgruppen, unabhängig von ihren finanziellen Möglichkeiten, schwerer Zugang zu einer neuen Wohnung finden (Intersektionalität ●100). Generell treten Lock-in-Effekte insbesondere auf angespannten Wohnungsmärkten auf (Beran/Nuissl 2019; Gohl 2019).

Aus der Perspektive des einzelnen Haushalts betrachtet, steht vor dem Lock-in-Effekt zunächst ein Umzugswunsch. Häufig hat dieser Wunsch mit einer Veränderung der Haushaltsgröße zu tun, etwa durch die Geburt oder den Auszug von Kindern oder die Beendigung einer Partnerschaft. Lock-in-Effekte sind damit maßgeblich für den Remanenzeffekt ●162 verantwortlich, der auftritt, wenn (vorwiegend ältere) Menschen nach einer Haushaltsverkleinerung in einer (zu) großen Wohnung verbleiben, die somit im Angebot für größere (Familien-) Haushalte fehlt. Zu den genannten treten in der heutigen diversen Gesellschaft weitere Umzugsmotive, zum Beispiel der Wunsch nach gemeinschaftlichem Wohnen, deren Umsetzung häufig an Lock-in-Effekten scheitert.

Lock-in-Effekte können auf individueller Ebene gravierende Folgen haben. Beispielsweise können sie bei Familien, die Nachwuchs bekommen haben, zu beengten Wohnverhältnissen und damit zu psychischem Stress führen. Sie können sogar Einfluss auf die persönliche Lebensplanung, etwa den Kinderwunsch, haben. Auf gesellschaftlicher und wohnungspolitischer Ebene verhindert der Lock-in-Effekt eine bedarfsgerechte beziehungsweise effiziente Nutzung des vorhandenen Wohnraums. Lock-in-Effekte sind somit nicht nur mit Blick auf eine soziale Wohnraumversorgung ●176, sondern auch im Kontext der Debatten über eine klimagerechte Siedlungsentwicklung hoch relevant (Nachhaltigkeit ●140).

Dr. Fabian Beran,
Referent im Referat Grundsatzfragen der Wohn-, Stadtentwicklungs- und Baupolitik, Bundesministerium für Wohnen, Stadtentwicklung und Bauwesen (BMWSB)

Prof. Dr. Henning Nuissl,
Professur Angewandte Geographie, Humboldt-Universität zu Berlin

Literatur

Beran, Fabian/Nuissl, Henning: *Verdrängung auf angespannten Wohnungsmärkten. Das Beispiel Berlin.* Herausgegeben von der Wüstenrot Stiftung. Ludwigsburg 2019

Gohl, Niklas: „House Prices and Spatial Mobility". In: *Beiträge zur Jahrestagung des Vereins für Socialpolitik 2019: 30 Jahre Mauerfall – Demokratie und Marktwirtschaft – Session: Applied Microeconomics – Housing*. Nr. F02-V2, ZBW – Leibniz-Informationszentrum Wirtschaft, Kiel/Hamburg 2019

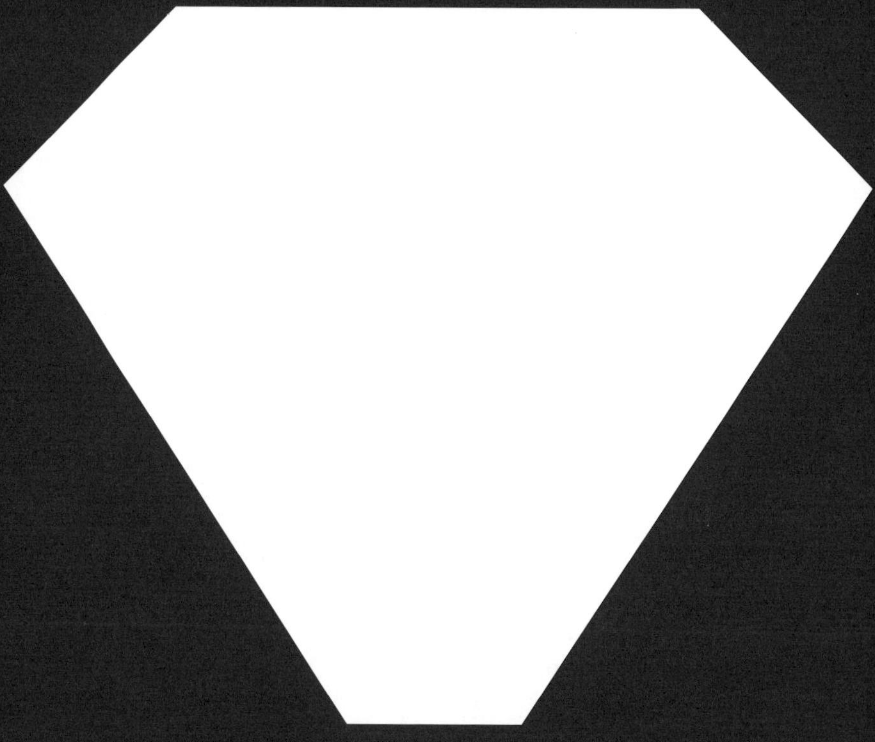

Luxus

Marktmechanismen

128

Der Wohnungsmarkt in Deutschland ist durch die soziale Marktwirtschaft geprägt. Im Kern wird er durch ein Zusammenspiel aus Angebot im Wohnungsbestand sowie Neubau und Nachfrage durch private Haushalte und Investor*innen bestimmt. Ein möglichst freies Spiel von Angebot und Nachfrage soll durch Selbstregulierung zu einer optimalen Angebotsmenge sowie zu einer gerechten Verteilung führen. Das Wohnen wird in diesem Zusammenhang im Wesentlichen als Wirtschaftsgut verstanden, welches aktuellen Rahmenbedingungen wie der Zinssituation und den Baupreisen unterliegt (Ware ●218). Der Wohnungsmarkt ist jedoch kein vollkommener Markt mit voll beweglichem Angebot und Nachfrage, hoher Transparenz und Homogenität des Gutes. Deswegen erfolgen staatliche Eingriffe, die zudem aus sozialer Perspektive notwendig sind. Zu nennen sind beispielsweise die soziale Wohnraumförderung oder das Mietrecht. Auch die Bereitstellung von Grund und Boden entzieht sich häufig reinen *Marktmechanismen* und verlangt planerische und baurechtliche Eingriffe (Bodenpolitische Agenda ●30). Für Miete und Wohneigentum gibt es zudem unterschiedliche Marktmechanismen.

Marktmechanismen sind jedoch die treibende Kraft, was sich auch in der Zyklenhaftigkeit des Wohnungsmarktes zeigt. Aufgrund langer Planungs- und Bauzeiten und der häufig unzureichenden Kenntnis der aktuellen Marktkonstellation erfolgen die Reaktionen auf sinkende oder steigende Nachfrage nur zeitverzögert. Daraus ergeben sich oftmals wechselnde Phasen von Wohnraummangel und -überproduktion (Schweinezyklus ●166).

Unterschiedliche Konjunkturphasen zeigen sich nicht nur in zeitlicher Abfolge, sondern auch in räumlicher Differenzierung. In vielen Ballungsgebieten ist die Nachfrage nach Wohnraum seit Jahrzehnten hoch, was sich in einer geringen Verfügbarkeit von Wohnungen und Bauland und daraus resultierenden hohen Immobilienpreisen und Mieten ausdrückt. Gleichzeitig befinden sich die Wohnungsmärkte in peripheren Räumen und strukturschwachen Gebieten durch Nachfragerückgänge in einem langanhaltenden Abschwung (Ländliches Wohnen ●118). Angebotsüberhänge mit hohem Wohnungsleerstand sind die Folge (Leerstand ●120).

Die Marktmechanismen unterliegen auch zukünftig den vielfältigen Angebots- und Nachfrageänderungen und den Eingriffen des Staates. Gesellschaftliche und demografische Trends einschließlich der Frage nach der zukünftigen Zuwanderung nach Deutschland bringen Veränderungen auf der Nachfrageseite mit sich. Modernisierungs- und Innovationspotenziale und -erfordernisse modifizieren das Angebot. So wird zum Beispiel versucht, die notwendigen energetischen Anpassungen möglichst marktkonform umzusetzen. Doch zeigt sich, dass staatliche Interventionen hierbei erforderlich sind, die wiederum auch zukünftig die Marktmechanismen beeinflussen werden.

Matthias Waltersbacher,
Referatsleiter im Referat Wohnungs- und Immobilienmärkte,
Bundesinstitut für Bau-, Stadt- und Raumforschung (BBSR)

Mehrgenerationenwohnen

Mehrgenerationenwohnen bezeichnet generationenübergreifend organisierte Gruppen, die gemeinschaftliches Wohnen realisieren und ein soziales Gefüge für familiäre Fürsorge und Absicherung bieten. Mehrgenerationenwohnprojekte lassen sich als solidarische Gemeinschaften verstehen, die darauf ausgerichtet sind, transgenerationale – das heißt über mehrere Generationen hinweg bestehende – und nachbarschaftliche Hilfestrukturen und Unterstützungsleistungen anzubieten sowie eine selbstbestimmte Lebensführung und verlässliche Beziehungen für alle Bewohner*innen zu gewährleisten.

Die Entscheidung für ein Mehrgenerationenwohnprojekt hängt von verschiedenen Ressourcen ab. Darunter fallen eine stabile, langfristig planbare Mietsicherheit, Mobilität, bedarfsorientierte und verteilungsgerechte Verantwortung unter den Bewohner*innen, Entlastung im Alltag ●16, aber auch Zeit für Gemeinschaft und Altern sowie Fragen der Anerkennung. In der Praxis und für ein resilientes Miteinander spielen das Vorhandensein gemeinschaftlicher Treffpunkte und (Gestaltungs-)Räume eine ebenso entscheidende Rolle wie Zeit für Aushandlung und Planung sowie Kapazitäten für Selbstorganisation (Thomas et al. 2020).

Es gibt diese Projekte in selbstorganisierter Form oder als mehrgenerationale Nachbarschaft in (kommunalen) Wohnungsunternehmen. Die Finanzierung und Verwaltung von Lebens- und Wohnraum für mehrere Generationen unter einem Dach geschieht häufig über eine Bauherrengemeinschaft, mit Unterstützung einer Genossenschaft ●72 und im Verbund des Mietshäuser Syndikats ●138 oder über ein Wohnungsbauunternehmen (Kommunale Wohnungsbauunternehmen ●108). Darüber hinaus gibt es die Möglichkeit, Zuwendungen von der Stiftung *trias* und/oder einen Kredit der *KfW Förderbank* zu beantragen. Zwischen 2010 und 2019 erhielten insgesamt 43 Mehrgenerationenwohnprojekte eine staatliche Förderung über Programme des Bundesfamilienministeriums (BMFSFJ 2012; FGW 2020). Aufmerksamkeit als Forschungsfeld erhielt Mehrgenerationenwohnen 2015 durch die Förderlinie des Bundesministeriums für Bildung und Forschung (BMBF) im Programm „Soziale Innovationen für Lebensqualität und Teilhabe im Alter".

Vor dem Hintergrund des demografischen Wandels ●40, der Veränderung familiärer Versorgungsstrukturen und der Ausdifferenzierung von Lebensformen können Mehrgenerationenwohnprojekte eine sozial innovative Entwicklungsperspektive des intergenerationalen Miteinanders in einer „guten Nachbarschaft" bieten, für die es sich lohnt Angebote und Zugänge zu schaffen.

Tanja Ehmann,
wissenschaftliche Mitarbeiterin
im Internationalen Kurs Soziale
Professionen (ApaLe) und Lehrkraft
im Bereich empirische Sozialforschung und kritische politische
Bildungsarbeit, KHSB Berlin

Literatur

Bundesministerium für Familie, Senioren, Frauen und Jugend (BMFSFJ) (Hg.) (13.12.2012): „Wohnen für (Mehr) Generationen: Gemeinschaft stärken – Quartier beleben. Praxisbeispiele zum gemeinschaftlichen und generationenübergreifenden Wohnen". https://www.bmfsfj.de/bmfsfj/service/publikationen/wohnen-fuer-mehr-generationen-gemeinschaft-staerken-quartier-beleben-77504 (letzter Zugriff: 07.12.2023)

FORUM Gemeinschaftliches Wohnen e. V. (Hg.) (2020): „Potenziale gemeinschaftlicher Wohnformen – eine Bilanz". http://wohnprogramm.fgw-ev.de/media/2020-02b_forum_broschuere_abschlussdoku_modellprogramm_pdf-ua.pdf (letzter Zugriff: 07.12.2023)

Thomas, Stefan/Scheller, David/Ehmann, Tanja/Schröder, Susan: *Mehrgenerationenwohnen. Ein Leitfaden für Gemeinschaft und solidarisches Zusammenleben*. Books on Demand 2020

Miete

132

Mieten ist die zeitlich beschränkte Nutzung fremden Eigentums ●50 gegen Zahlung eines Entgelts. In Deutschland wohnen über die Hälfte der Haushalte zur *Miete*. Bezahlbaren Wohnraum zu angemessenen Wohnbedingungen zu finden ist für immer mehr Menschen ein Problem. Die Mieten und die Nebenkosten steigen seit Jahren, über sieben Millionen Mieterhaushalte sind bereits mit ihren Wohnkosten überlastet (Bezahlbarkeit ●24).

Das Interesse der Vermieter*innen an einer gewinnorientierten Verwertung ihres Eigentums steht oft im Spannungsverhältnis zu dem Interesse der Mieter*innen an guten und zugleich preiswerten Wohnbedingungen. In nachgefragten Regionen mit angespannten Märkten bestimmen in der Regel die Vermieter*innen, wie hoch die Miete ausfällt. Den Wohnungssuchenden bleibt wenig Spielraum: Sie sind meistens durch Beruf oder Familie an ihren Wohnort gebunden. Das bedeutet, sie sind auf eine Wohnung innerhalb dieses angespannten Marktes angewiesen und können nicht – wie bei anderen marktwirtschaftlich gehandelten Gütern – durch *Nicht-Wohnen* die Nachfrage senken und damit Einfluss auf die Höhe der Marktpreise nehmen.

Aufgrund dieses Ungleichgewichts zwischen Angebots- und Nachfrageseite nimmt der Staat regulierend Einfluss auf das Mieten und die Mietpreise. Zum Beispiel über die sogenannte Mietpreisbremse können die Länder mittels Rechtsverordnung erwirken, dass Neuvermietungspreise in bestimmten angespannten Lagen die ortsübliche Miete um höchstens 10 Prozent überschreiten dürfen. Im laufenden Mietverhältnis müssen Vermietende die sogenannte Kappungsgrenze beachten: Innerhalb von drei Jahren darf die Miete nur um 20 Prozent und im angespannten Wohnungsmarkt nur um 15 Prozent steigen – bis auf das Niveau der Ortsmiete.

Vermieter*innen finden wiederum Wege, diesen Regularien auszuweichen, zum Beispiel durch Indexmietverträge (hier richten sich Mieterhöhungen nach der Inflationsentwicklung) oder die sogenannte Modernisierungsumlage, bei der Vermieter*innen nach einer Modernisierung jährlich bis zu 8 Prozent der angefallenen Kosten auf die Miete aufschlagen können (Energetische Sanierung ●58).

Der Deutsche Mieterbund setzt sich für die Rechte und Interessen von Mieter*innen ein, indem er zum Beispiel fordert, Instrumente ●96 des Mieterschutzes wie die Mietpreisbremse zu stärken und rechtliche Rahmenbedingungen, die eine Mieterhöhung erleichtern, etwa wie die Modernisierungsumlage, einzuhegen.

Lukas Siebenkotten,
Präsident des
Deutschen Mieterbundes

1
3
4

Mietenproteste

Da in der kapitalistischen Gesellschaft die Wohnungsfrage ●222 – der Widerspruch zwischen Wohnraum als Grundbedürfnis und Wohnraum als Ware ●218 – eine Reihe gesellschaftlicher Interessenkonflikte birgt (Vollmer 2022), ist es nicht verwunderlich, dass es immer wieder zu konflikthaften Aushandlungsprozessen um die Ausgestaltung der Wohnraumversorgung kommt.

Teil dieser Aushandlungsprozesse sind *Mietenproteste* (Vollmer 2020). Anlässe für solche Proteste von Mieter*innen waren und sind in erster Linie steigende Mieten und Verdrängung ●210 sowie mangelnde Instandhaltung von Wohngebäuden und schlechte Wohnverhältnisse. Mietenproteste richten sich teils direkt gegen Vermietende, teils an politische Akteur*innen, mit der Forderung, diese Missstände durch Regulierungen zu beheben oder selbst in der Wohnraumversorgung tätig zu werden, etwa durch die Etablierung und Unterstützung kommunaler Wohnungsbauunternehmen ●108.

Als institutionalisierte Interessenvertretung sind aus Mietenprotesten bereits im 19. Jahrhundert die sogenannten Mietervereine entstanden (damals durften nur Männer* Mitglied in Vereinen sein), oder als Form der Selbsthilfe die Wohnungsbaugenossenschaften. Aber auch unabhängig von den Vereinen und Genossenschaften regt sich immer wieder Protest in mietenpolitischen *sozialen Bewegungen*, insbesondere in Reaktion auf die stark steigenden Mieten ●132 in zahlreichen deutschen Groß- und Mittelstädten und den besonderen Verwertungsdruck durch die zunehmende Finanzialisierung ●64 des Wohnungsmarktes.

Zivilgesellschaftlicher Protest ist entscheidend, um das aktuelle System des Wohnens an einem bestimmten Ort und zu einem bestimmten Zeitpunkt zu begreifen, inklusive der politischen Regulierungen, der räumlichen Gestaltung und der sozialen Praktiken des Wohnens. Das jeweils aktuelle *Wohnungsregime* – und damit der aktuelle Zustand der sozialen Wohnraumversorgung ●176 – bildet sich in ständigen Aushandlungsprozessen, an denen neben Immobilienwirtschaft, Politik und Verwaltung auch zivilgesellschaftliche Mietenproteste und ihre Interessensvertretungen in Mietervereinen oder Gewerkschaften beteiligt sind (Schönig/Vollmer 2020). Mietenproteste sind von entscheidender Bedeutung, um die Wohnungsfrage ●222 zu verhandeln, da sie eine kraftvolle Möglichkeit bieten, die Stimmen der Zivilgesellschaft zu vereinen, um auf bestehende Herausforderungen und Problemlagen im Mietwesen aufmerksam zu machen und Veränderungen zu fordern.

Dr. Lisa Vollmer,
wissenschaftliche Mitarbeiterin
am Leibniz-Institut für
Raumbezogene Sozialforschung,
Erkner

Literatur

Vollmer, Lisa: „Wohnen und soziale Bewegungen". In: Eckardt, Frank/Meier, Sabine (Hg.): Bielefeld 2020, S. 175–191

Vollmer, Lisa: „Wohnungsfrage und Mieter:innenbewegung in der kapitalistischen Stadt". In: Ivanova, Mirela/Thaa, Helene/Nachtwey, Oliver (Hg.): *Kapitalismus und Kapitalismuskritik*. Frankfurt a. M. 2022

Schönig, Barbara/Vollmer, Lisa: „Wohnungsfrage(n) ohne Ende und überall?! Sechs Thesen für eine interdisziplinäre Wohnungsforschung". In: Schönig, Barbara/Vollmer, Lisa (Hg.): *Wohnungsfragen ohne Ende?! Ressourcen für eine soziale Wohnraumversorgung*. Bielefeld 2020, S. 7–33

Mieterrat

Ein *Mieterrat* ist ein von den Mieter*innen eines Wohnungsunternehmens direkt gewähltes Kollektivorgan zur Vertretung der Interessen der Mieterschaft gegenüber den Vermietenden. Der Mieterrat bündelt und systematisiert Anregungen und Kritik der Mieter*innen. Die daraus abgeleiteten Vorschläge und Forderungen vertritt der Mieterrat gegenüber dem Wohnungsunternehmen mit dem Ziel, zum Interessensausgleich beizutragen. Der Mieterrat fungiert als Bindeglied zwischen Mieter*innen und Unternehmensleitungen.

Während Möglichkeiten der Mitbestimmung in anderen Rechtsformen – insbesondere etwa bei Genossenschaften •72 – zu den Grundprinzipien zählen, etablieren sich vereinzelt auch in Kapitalgesellschaften Modelle der Mitwirkung von Mieter*innen. Auch wenn einige davon als Mieterrat bezeichnet werden, zeigt sich kein einheitliches Bild bezüglich des Formalisierungsgrads, der Wirkungsebene sowie der Aufgaben und Rechte.

Zu den bundesweit bekanntesten und hinsichtlich Umfang und Unmittelbarkeit der Mitwirkung weitreichendsten Modellen zählen der Mieterrat der Wohnbau Gießen GmbH, der bereits seit mehreren Jahrzehnten besteht, und die 2016 erstmals gewählten Mieterräte der sechs landeseigenen Wohnungsunternehmen in Berlin (Kommunale Wohnungsbauunternehmen •108). Letztere ergänzen die zuvor bereits auf Quartiersebene aktiven sogenannten Mieterbeiräte um einen auf Unternehmensebene agierenden Mieterrat. Beide Modelle zeichnen sich dadurch aus, dass der Mieterrat stimmberechtigte Mitglieder in den Aufsichtsrat entsendet, wodurch die Interessen der Mieter*innen bei Unternehmensentscheidungen mehr Berücksichtigung finden.

Dass Mieter*innen in den Aufsichtsräten der Wohnungsunternehmen sitzen und mit den Unternehmensleitungen diskutieren, stellt einen Kulturwandel dar. Die Einrichtung von Mieterräten schafft ein Instrument •96 zur Stärkung der Mietermitbestimmung und der Demokratisierung des Wohnens (Beteiligung •22). Mit dieser institutionalisierten Form der Einbindung von Mieter*innen werden diese befähigt, ihre Wohnsituation aktiv mitzugestalten. Sie lösen sich aus der Rolle reiner Konsument*innen von Wohnraum und werden damit nicht zuletzt zu relevanten wohnungspolitischen Akteur*innen.

Carina Hardel,
Wohnraumversorgung Berlin – Anstalt öffentlichen Rechts

Dr. Maximilian Vollmer,
IfS Institut für Stadtforschung und Strukturpolitik

Mietshäuser Syndikat

Das *Mietshäuser Syndikat* ist ein seit über 30 Jahren bestehender, stetig wachsender Zusammenschluss aus aktuell 190 selbstverwalteten, autonomen Hausprojekten. Zu den zentralen Prämissen des horizontal und weitgehend ehrenamtlich organisierten Hausprojekteverbunds zählen die Kollektivierung und Dekommodifizierung von Immobilien, leistbare Mieten ●132, Leben in Selbstverwaltung sowie Solidarität.

Die Basis dafür stellt zunächst eine geteilte Eigentumsstruktur zwischen Hausprojekt und Dachverband dar. Im Detail hat jede Hausbesitz-GmbH zwei Gesellschafter*innen: den rechtlich autonomen Hausverein und die Mietshäuser Syndikat GmbH. Dies garantiert dem Verbund ein Vetorecht gegen Satzungsänderungen sowie Verkauf und Ergebnisverwendung der Immobilien. Des Weiteren werden bestehende und neue Projekte anhand personalisierter Beratung und Solidarbeiträge unterstützt.

Das Modell lässt sich als Antwort auf das gewachsene Verwertungsinteresse an der Ressource Wohnen und den Wunsch nach Selbstverwaltung durch die Bewohner*innen verstehen. Im Zuge der fortschreitenden Finanzialisierung ●64 von Wohnen findet sich das Syndikatsmodell inzwischen unter anderem auch in Österreich, Tschechien, Frankreich und den Niederlanden. Konzepte wie nichtgewinnorientiertes *community-led housing* oder *Housing Commons* (Commons ●38) subsumieren dieses und weitere junge beziehungsweise wiedererwachende Modelle geteilter Eigentumsstruktur weltweit, allen voran neue (Mieter*innen-) Genossenschaften ●72, Bodenstiftungen und sogenannte *Community Land Trusts*. Angelehnt an die Debatte um *Urban Commons* verstehen sich *Housing Commons* als langfristig bezahlbare, partizipative und gemeinschaftliche Wohngüter. Boden und Immobilien werden dekommodifiziert und von einer (idealerweise) heterogenen, grenzoffenen Gemeinschaft solidarisch organisiert und verwaltet. Neben Wohnen werden regelmäßig auch sozialökologische, nicht gewinnorientierte gewerbliche Nutzungen integriert. Das Mietshäuser Syndikat sowie das dahinterliegende Konzept liefern mit Blick auf die soziale Wohnungsfrage ●222 zwar keine quantitative Antwort, und die Idee der Selbstverwaltung erschwert den Zugang gerade für besonders bedürftige Gruppen. Allerdings beschreibt das Modell in seiner alltäglichen Innovationspraxis einen Transformationspfad von unten: Es werden Fragen um Eigentum ●50 aufgeworfen, die langfristigen Potenziale von marktfernen Wohnmodellen illustriert, die Leistbarkeit durch Mischfinanzierungen in Kombination mit Direktkrediten, Eigenleistungen und – zunehmend – kommunalen Förderungen wird erreicht und mit solidarischer Mietgestaltung und vielem mehr experimentiert.

Dr. Corinna Hölzl,
Post-Doc, Lehrkraft und
wissenschaftliche Mitarbeiterin,
Angewandte Geographie,
Humboldt-Universität Berlin

Nachhaltigkeit

Nachhaltigkeit bedeutet, die derzeitigen Bedürfnisse so zu befriedigen, dass die Entwicklungsmöglichkeiten künftiger Generationen nicht eingeschränkt werden. Spätestens seit der *Agenda 21*, dem Abschlussdokument der UN-Konferenz für Umwelt und Entwicklung im Jahre 1992 in Rio de Janeiro, wird die nachhaltige Entwicklung als globales Leitbild akzeptiert und verfolgt. Der seither gebräuchliche dreidimensionale Nachhaltigkeitsbegriff geht von einem Zielbündel aus, in dem die ökologischen, sozialen und ökonomischen Dimensionen gleichermaßen zu betrachten sind. Den Themen des nachhaltigen Bauens und Wohnens kommt hier eine zentrale Rolle zu.

Nachhaltiges Bauen und Wohnen fängt beim Flächenverbrauch an. Die Bundesregierung hat sich in der deutschen Nachhaltigkeitsstrategie das Ziel gesetzt, den durchschnittlichen täglichen Anstieg bis zum Jahr 2030 auf unter 30 Hektar zu begrenzen und bis zum Jahr 2050 auf Nettonull zu senken (Suffizienz ●190).

Trotz eines enormen Entwicklungsdrucks auf unsere Städte und die sich verschärfende Wohnungsnachfrage gilt daher nach wie vor die Devise: Innenentwicklung vor Außenentwicklung. Die Aktivierung von brachgefallenen und untergenutzten Arealen stellt eine Form der Innenentwicklung dar, die idealerweise im Sinne einer mehrfachen Innenentwicklung verschiedene Inhalte und langfristige Qualitätsziele umfassen sollte. Innenentwicklung darf demnach nicht nur auf die Erhöhung der baulichen Dichte (und damit auf das Flächensparen) abzielen, sondern soll die Ansprüche an Nutzungsvielfalt, an ein breites Angebot an Wohnformen ●220, eine qualitative Aufwertung des Grüns sowie an die Berücksichtigung baukultureller und energetischer Aspekte einlösen.

Der zunehmende Flächenverbrauch hat auch mit dem stetig gestiegenen Bedarf an Wohnfläche zu tun. Der deutschlandweite Durchschnittswert betrug 2020 47,4 Quadratmeter pro Person. Im Durchschnitt kommen 0,2 Quadratmeter pro Jahr dazu (Empirica Regio 2021). Zugleich haben sich die Rahmenbedingungen unter anderem durch steigende Leerstandsquoten im Büroflächenmarkt und bei Handelsflächen einerseits und steigende Nachfrage nach Wohnraum andererseits verändert. Das spricht für eine (auch rechtliche) Flexibilisierung der Nutzungen, denn vom einen haben wir zu viel, vom anderen zu wenig.

Beim nachhaltigen Bauen, das den Neubau, den Umbau und den Betrieb von Gebäuden und Infrastruktureinrichtungen einschließt, besteht ein enormes Potenzial, den weiteren Ausstoß von Treibhausgasen zu reduzieren. Zielsetzung sollte hier insgesamt sein, ein ressourcenschonendes und kreislaufgerechtes Bauen umzusetzen (Kreislaufwirtschaft ●114). Hierzu erscheint es notwendig, dem Gebäudebestand Vorrang vor dem Neubau einzuräumen und die Weiterverwendung und -verwertung von Materialen zu fördern. Beim nachhaltigen Bauen müssen sogenannte „Abfalleigenschaften" vermieden und der Fokus auf die Wiederverwendung von Baumaterialen gelegt werden.

Ein nachhaltiges Bauen und Wohnen bedeutet demnach, mit einer integrierten Handlungsstrategie von der Flächenkonkurrenz zu einem Flächen- und Nutzungskonsens zu kommen – von Mehrfachnutzung bis zur Einsparung von Flächen (UBA 2023). Die soziale Frage, also die Schaffung von mehr bezahlbarem Wohnraum, ist mit der ökologischen und ökonomischen Frage in Einklang zu bringen: an der richtigen Stelle dichter, möglicherweise auch höher bauen, an klimatisch und ökologisch sensiblen Stellen den wertvollen Freiraum schützen. Nachhaltigkeit bedeutet zugleich,

die Kreislauffähigkeit von Gebäuden und Infrastrukturen zu erhöhen und den Beitrag, den der Bausektor für die Energieerzeugung erbringen kann, stärker zu berücksichtigen.

Damit der Wirkungsgrad bei den aufgezeigten Nachhaltigkeitshebeln erhöht werden kann, gilt mehr denn je, mit Hilfe von Partizipationsverfahren die Umsetzungshemmnisse abzubauen und Akzeptanz zu schaffen (Beteiligung ●22). Welches Verständnis von Nachhaltigkeit auch immer im Vordergrund des Handels stehen mag, letztlich geht es um den Menschen und die perspektivische Sicherung seiner Lebensqualität.

Prof. Dipl. Ing. Christa Reicher,
Professorin für Städtebau,
Entwerfen und Europäische
Urbanistik, RWTH Aachen

Literatur

Empirica Regio (2021): „Wohnungsmarktbeobachtung". https://www.empirica-regio.de (letzter Zugriff: 07.12.2023)

Umweltbundesamt (UBA): Positionspapier Umwelt und Klima schützen – Wohnraum schaffen – Lebensqualität verbessern. Berlin 2023

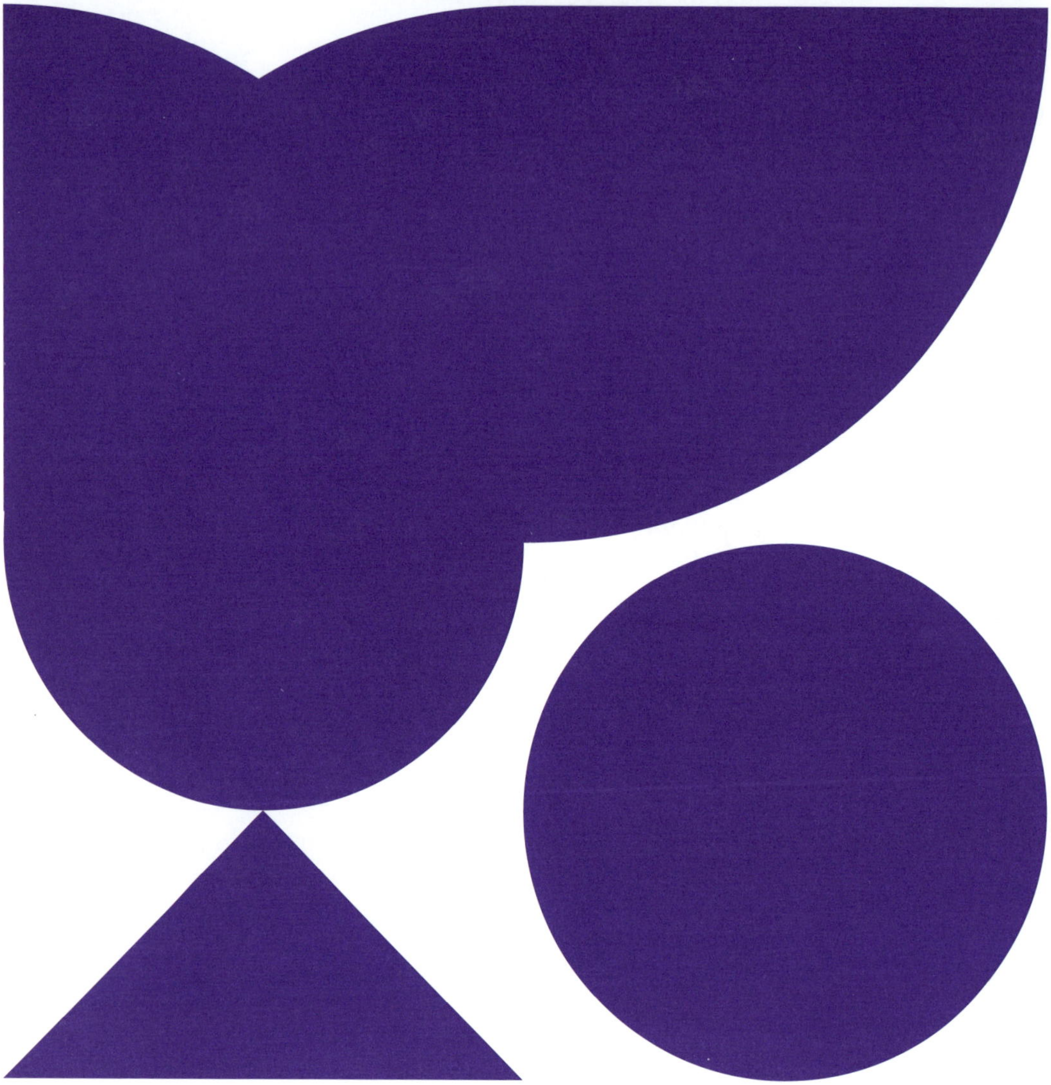

Neue Wohngemeinnützigkeit

Die *Neue Wohngemeinnützigkeit* (NWG) ist ein Vorschlag zur Reform des Wohnungswesens in Deutschland, der darauf abzielt, dauerhaft bezahlbaren Wohnraum zu schaffen. Sie wird als „neu" bezeichnet, da es das Instrument der Wohngemeinnützigkeit bereits gab: In der Bundesrepublik trug es maßgeblich zum Wohnungsbau der Nachkriegszeit bei. Über etwa 45 Jahre entstanden so 3,3 Millionen Wohnungen im gemeinnützigen Sektor. Unter den Vorzeichen eines vergleichsweise entspannten Wohnungsmarktes und einer neuen (eher marktliberalen) wohnungspolitischen Ausrichtung wurde dieses Förderinstrument im Jahr 1989 abgeschafft. Im Koalitionsvertrag von 2021 hält die Bundesregierung nun fest, die Wohngemeinnützigkeit wiedereinzuführen.

Die verschiedenen Vorschläge zur Konzeption der NWG (zum Beispiel Kuhnert/Leps 2017 oder Löhr 2021) ähneln zunächst den Grundprinzipien der alten: Wohnungsunternehmen, die sich verpflichten, ihre Wohnungen zu günstigen Mieten ●132 anzubieten, erhalten dafür Steuervorteile. Weitere Pflichten (wie eine Beschränkung möglicher Gewinne) und Vorzüge (zum Beispiel Zuschüsse oder Vorrang bei Förderprogrammen) können Teil des gemeinnützigen Wohnungssektors sein. Die konkrete Ausgestaltung bleibt zum aktuellen Zeitpunkt offen. Ein Konzept soll Ende 2024 vorgestellt werden.

Wie jedes wohnungspolitische Instrument ●96 ist die NWG schon vor ihrer Einführung umstritten. Befürwortende verweisen auf den Erfolg der ehemaligen Wohngemeinnützigkeit. Ein entscheidender Vorteil besteht darin, dass die Gemeinnützigkeit auf Dauer angelegt ist. Im sozialen Wohnungsbau – der derzeit wahrscheinlich wichtigsten Strategie für die Schaffung bezahlbarer Wohnungen – wird Wohnraum nur für eine begrenzte Zeit von etwa 20 bis 30 Jahren an ein bestimmtes Preisniveau gebunden. Das aktuell vielfach beobachtbare „Auslaufen der Sozialbindungen" würde mit einer NWG verhindert und ein kostengünstiger Mietwohnungsbestand langfristig gesichert. Kritiker*innen der NWG erinnern hingegen an zurückliegende Korruptionsfälle und Unwirtschaftlichkeiten im gemeinnützigen Wohnungssektor und warnen vor bürokratischem Aufwand und hohen Kosten für den Staat (Voigtländer 2016).

Wie wirkungsvoll eine NWG tatsächlich sein wird, hängt auch von der konkreten Ausgestaltung ab. Es ist jedoch zu beobachten, dass sich an diesem Reformvorschlag – neben berechtigten Detailfragen – erneut wohnungspolitische Grundsatzdebatten entfachen: Soll die Wohnraumversorgung in erster Linie über Marktmechanismen ●128 von frei wirtschaftenden Unternehmen organisiert werden, oder ist der Staat dafür verantwortlich, etwa mittels Ausweitung des gemeinnützigen Wohnungssektors bezahlbare Mieten herbeizuführen?

Duncan Barahona,
Wissenschaftler, vhw-Forschung,
vhw – Bundesverband für Wohnen
und Stadtentwicklung e. V.

Literatur

Kuhnert, Jan/Leps, Olof: *Neue Wohnungsgemeinnützigkeit. Wege zu langfristig preiswertem und zukunftsgerechtem Wohnraum*. Wiesbaden 2017

Löhr, Dirk: „Der Teufel im Detail. Zur neuen Wohnungsgemeinnützigkeit". In: Friedrich-Ebert-Stiftung (Hg.): FES diskurs. Bonn 2021

Voigtländer, Michael: *Sieben gute Gründe gegen eine neue Wohnungsgemeinnützigkeit (NWG). Eine Studie im Auftrag der LEG Immobilien AG und dem ZIA Deutschland*. Köln 2016

Obdach- und Wohnungslosigkeit

Obdachlosigkeit ist eine der extremen Formen gesellschaftlicher Exklusion: Wer keinen sicheren Ort zum Übernachten, für die Körperpflege und zur Aufbewahrung der persönlichen Habe hat, wer Witterung und Gewalt •78 ausgeliefert ist, dessen Grund- und Menschenrechte sind verletzt. Das sind insbesondere das Recht auf Leben, körperliche Unversehrtheit und freie Entfaltung der Persönlichkeit sowie die Unantastbarkeit der Menschenwürde und der Schutz von Ehe und Familie •62.

Das Grundgesetz garantiert (in seinem Geltungsbereich) allen Menschen diese universalen Grundrechte. Wenn sie bedroht sind, liegt eine Gefahr für die öffentliche Ordnung und Sicherheit vor. Grundlegende Maßnahmen gegen Obdachlosigkeit sind deshalb im Polizei- und Ordnungsrecht der Länder geregelt. Wer Hilfe braucht, hat Anspruch auf von Städten und Gemeinden bereitgestellte Unterkünfte – unabhängig von Meldeadresse, Staatsbürgerschaft und Sozialhilfebezug. Die meisten von Obdachlosigkeit betroffenen Menschen leben daher nicht auf der Straße, sondern sind ordnungsrechtlich untergebracht. Diese Art der Unterbringung ist grundsätzlich zeitlich begrenzt und geht einher mit Einschränkungen der Grundrechte, zum Beispiel durch Betretungsrechte für Träger und Behörden. Wer in einer öffentlichen Unterkunft lebt, gilt daher als *wohnungslos*.

Erst seit 2022 existiert eine amtliche Statistik zu Wohnungslosigkeit in Deutschland. Zuvor waren die Erhebungen der Bundesarbeitsgemeinschaft Wohnungslosenhilfe (BAG-W) die einzige Quelle für bundesweit einheitliche Daten. 2022 waren in Deutschland 178.000 Menschen als wohnungslos gemeldet, 2023 waren es 372.000. Nicht erfasst werden obdachlose Menschen (also Personen, die auf der Straße leben), verdeckt Wohnungslose und Menschen, die vorübergehend im Rahmen anderer Hilfesysteme, beispielsweise der Gesundheitsversorgung oder der Eingliederungshilfe, betreut wurden.

Unter der Bezeichnung „Wohnungsnotfall" rangieren Haushalte, deren Bewohner*innen von Wohnungslosigkeit betroffen oder akut davon bedroht sind. Dem Notfall kann eine Kündigung, eine Räumungsklage, ein vollziehbarer Räumungstitel oder ein angesetzter Räumungstermin zugrunde liegen. Auch Menschen, die von häuslicher Gewalt betroffen sind, fallen unter diesen Begriff, ebenso Personen, deren Wohnsituation wegen besonderer Lebenslagen gefährdet ist, zum Beispiel aufgrund eines Aufenthalts in einer geschlossenen Einrichtung oder wegen einer persönlichen Krise.

Hilfen zur Vermeidung, Begleitung und Überwindung von Wohnungslosigkeit sollte ein systemischer Ansatz zugrunde liegen, der ordnungs-, sozial- und mietrechtliche Aufgaben bündelt und die Zusammenarbeit zwischen Kommunen und Trägern der freien Wohlfahrtspflege koordiniert. Bewährt hat sich vielerorts zudem die Einrichtung von Fachstellen für soziale Wohnhilfen. Um die Wohnungslosigkeit zu überwinden, muss jedoch vor allem ausreichend Wohnraum zur Verfügung gestellt werden, und es muss darauf geachtet werden, dass *alle* Zugang dazu haben. Das kann unter anderem über die Vereinbarung von Benennungsrechten im geförderten Wohnungsbestand, die Einrichtung sozialer Wohnraumagenturen (Raumteiler •158) und die Durchführung von Housing-First •88-Projekten erreicht werden.

Gregor Jekel,
Fachbereichsleiter für Wohnen,
Arbeit und Integration,
Landeshauptstadt Potsdam

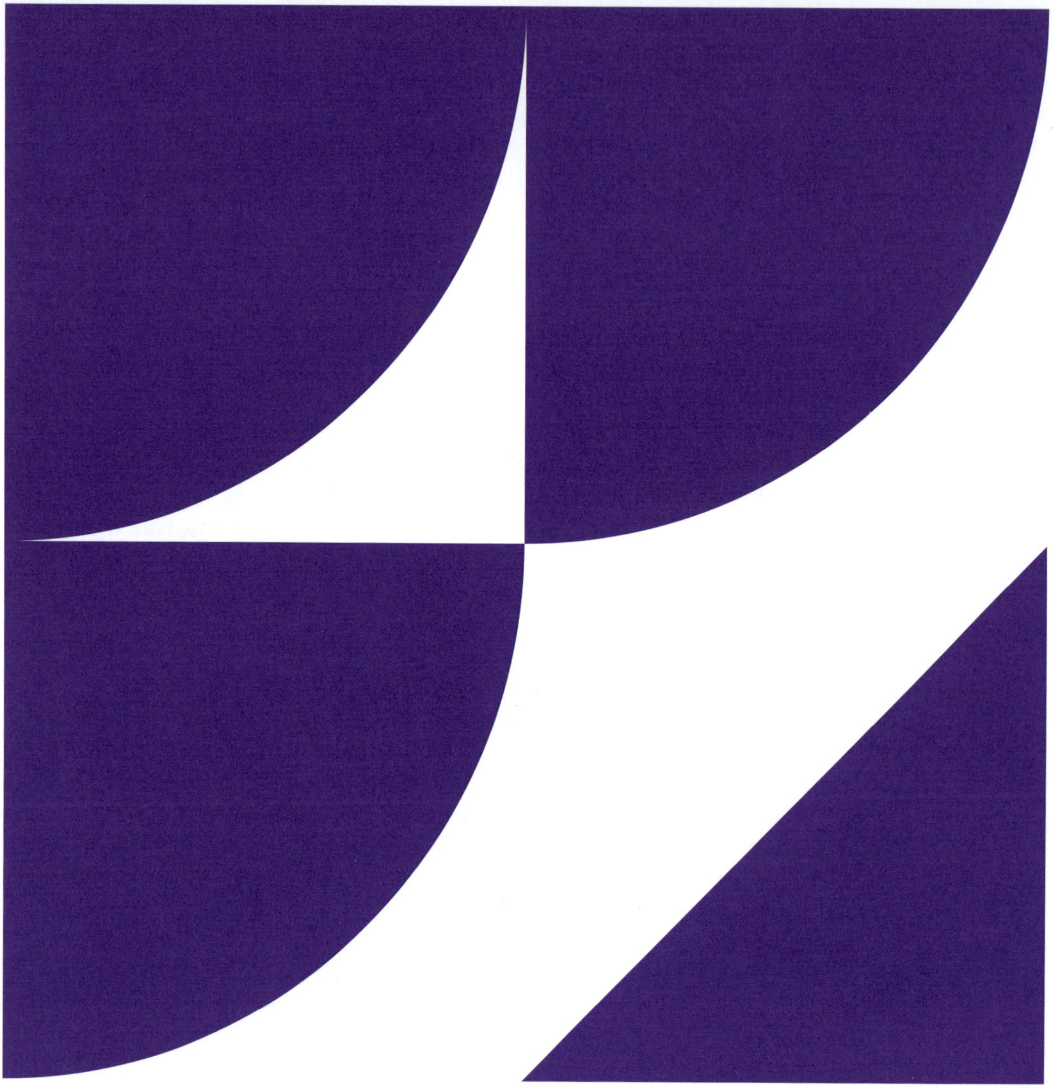

Paradigmenwechsel

148

In der aktuellen wohnungspolitischen Debatte wird die Forderung nach einem *Paradigmenwechsel* immer dann gestellt, wenn einerseits die Dringlichkeit des Problems betont und andererseits die Unzulänglichkeit der bestehenden Ansätze und Instrumente zur Lösung desselbigen beschrieben werden soll. Der Kern der aktuell diskutierten Reformansätze zur Wohnraumförderung und Neuen Wohngemeinnützigkeit ●144, zur gemeinwohlorientierten Bodenpolitik oder zum Umgang mit Obdach- und Wohnungslosigkeit ●146 ist die Bewertung des „guten Wohnens" als Ware ●218 oder als Menschenrecht. In enger Verbindung dazu steht die Aufgabe der ökologischen Transformation der Siedlungsräume, darunter die Anpassungen des Gebäudebestands und dessen Nutzung.

Einem Paradigmenwechsel immanent ist die radikale Veränderung etablierter Denk- und Handlungsmuster, was zu ebenso radikalen Verteidigungsbemühungen führen kann. In der aktuellen Debatte besteht ein gewisser Konsens über die Herausforderung – die Wohnungsfrage ●222 wird allenthalben als wichtige oder gar als die wichtigste soziale Frage bezeichnet. Paradoxerweise scheint die Anerkennung der Dimension der Aufgabe eine Neuorientierung zu erschweren – und das obwohl zentrale wohnungspolitische Glaubenssätze der zurückliegenden Dekaden keine überzeugende Wirksamkeit gezeigt haben (Bauen, Bauen, Bauen ●20). Nach wie vor sind hohe Mieten und Preise in den nachgefragten Städten und Regionen virulent. Allein die ungewissen Auswirkungen von Veränderungen und der Hinweis auf die Möglichkeit einer weiteren Verschärfung der Situation reichen aus, um eine Fortschreibung des Handlungsprogramms mit kleinen Nachjustierungen als alternativlos darzustellen.

Die Wohnungspolitik setzt sich aus einer gewachsenen Vielzahl von Ansätzen zusammen. Diese reichen von den vielzitierten Vorschriften für das Bauen über Anreize für Bauherren, Unterstützungen für Mieter*innen und Eigentümer*innen, mietrechtliche Regelungen bis zum Bodenrecht. Mit Blick auf die Instrumentenfamilien, die ressourcenintensive Erstellung und Langlebigkeit von Wohnungen sowie die Vielfalt der Wohn- und Lebenssituationen kann die inkrementelle Anpassung einzelner Instrumente ●96 – oder auch deren Neuerfindung – kaum durchgreifende Wirkungen entfalten.

Um den Weg zu einer erstrebenswerten Wohnzukunft ●232 neu zu schreiben, braucht es neben dem fachpolitischen auch den gesellschaftlichen Diskurs. Ein wohnungspolitischer Paradigmenwechsel erfordert, die Ziele, die Rollen einzelner Akteur*innen neu zu definieren, das systemische Zusammenwirken von Instrumenten zu betrachten und passende Maßnahmen mit besonders großer Hebelwirkung zu identifizieren.

Ricarda Pätzold,
Leiterin Forschungsbereich
Stadtentwicklung, Recht und Soziales,
Deutsches Institut für Urbanistik
gGmbH

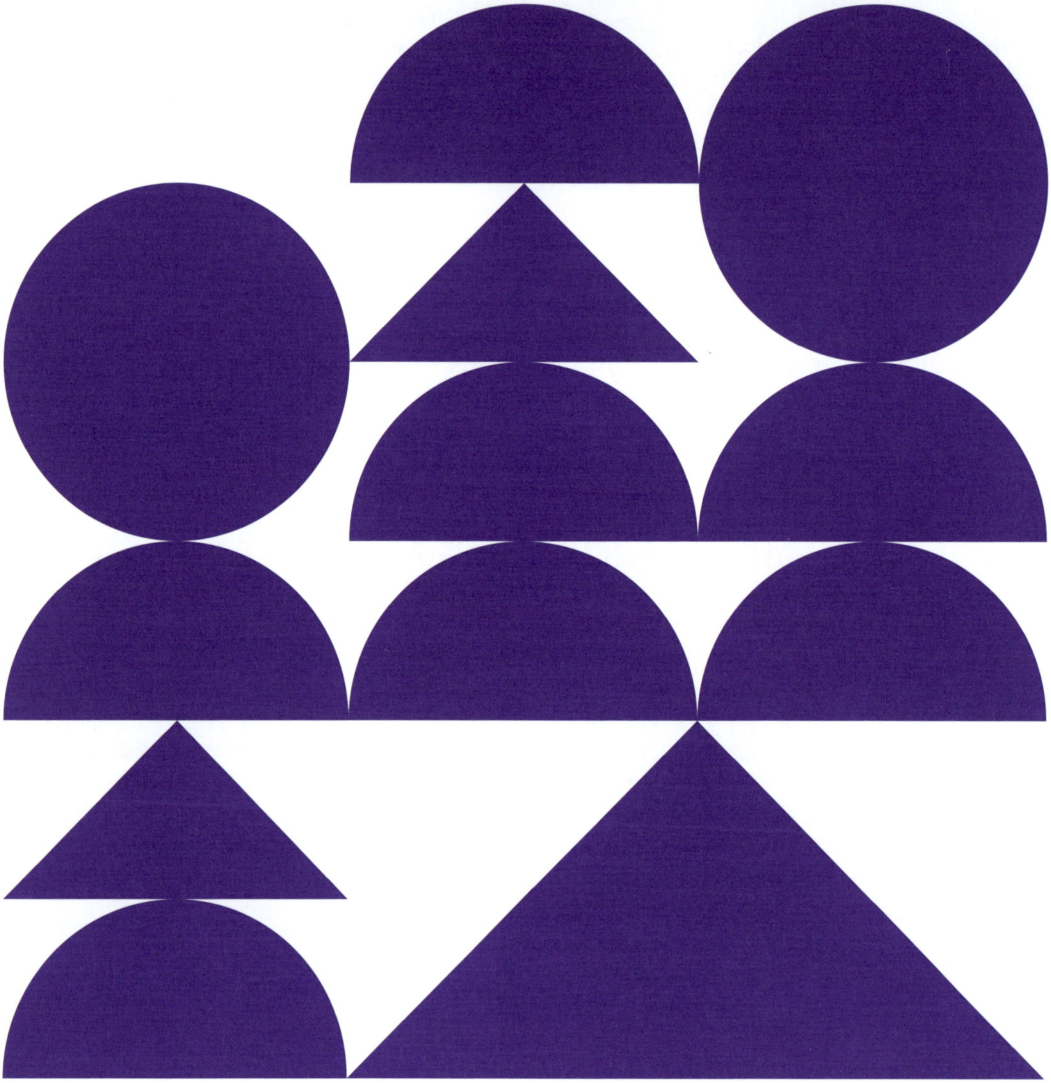

1
5
0

Prekarität

Prekarität bedeutet Unsicherheit und Instabilität. Im Kontext des Wohnens beschreibt der Begriff unsichere oder unzureichende Wohnverhältnisse. Die Ausbreitung prekärer Wohnverhältnisse resultiert aus Veränderungen in der Art und Weise, wie und durch wen Wohnraum produziert und bereitgestellt wird. Prekarität betrifft Aspekte wie Bezahlbarkeit ●24, Ausstattung und Größe von Wohnungen. Sie umfasst aber auch Probleme wie Gentrifizierung ●74 und damit Verdrängung ●210 aus Wohngebieten und die profitorientierte Bewirtschaftung von Immobilien durch große Unternehmen.

Der Begriff Prekarität wird sonst vor allem in Bezug auf unsichere und schlecht bezahlte Arbeitsverhältnisse verwendet. Ein Rückgriff auf diesen Begriff fokussiert die soziale Wirklichkeit des Wohnens unter dem Eindruck einer neoliberalen Transformation der Wohnraumversorgung und verweist dabei auf die unzureichende Versorgung von Menschen mit dem lebensnotwendigen Gut Wohnraum. Prekarität rückt den Gebrauchswert des Wohnens in den Vordergrund und zeigt auf, inwiefern die Strukturen der Wohnungsversorgung unmittelbar Auswirkungen haben auf die Frage, wer dauerhaft Zugang zu ausreichendem Wohnraum hat und diesen bezahlen kann. Damit sind auch Fragen nach gesellschaftlicher Teilhabe und Lebenschancen verbunden.

Der Begriff Prekarität problematisiert die Wohnungsfrage ●222 als soziale Frage und verweist auf die Notwendigkeit einer gemeinwohlorientierten Neuausrichtung der Wohnungs- und Sozialpolitik. Prekarisierung ist ein komplexer Prozess, der nicht etwa auf das soziale Elend Einzelner, auf ein Randproblem oder Unterschichtphänomen verweist. Vielmehr nimmt der Begriff die Gesamtheit sozialer Beziehungen in Wirtschaft und Gesellschaft in den Blick. Die Ursachen von prekären Wohnverhältnissen liegen oft in größeren gesellschaftlichen Zusammenhängen und im Widerspruch zwischen Wohnen als Grundbedürfnis und den Profitinteressen der Wohnungswirtschaft (Ware ●218). Es ist entscheidend, diese strukturellen Ursachen von prekären Wohnverhältnissen zu erkennen und zu hinterfragen.

Prekarität im Lebensbereich Wohnen zu thematisieren ermöglicht es, die komplexen Zusammenhänge zwischen gesellschaftlichen Veränderungen, materiellen Strukturen und sozialen Prozessen des Wohnens besser zu verstehen. Dieser ganzheitliche Blick auf das Problem kann uns helfen, kritisch und konstruktiv mit den Herausforderungen im Wohnungswesen umzugehen.

Tabea Latocha,
wissenschaftliche Mitarbeiterin,
Institut für Humangeographie,
Fachbereich Geowissenschaften/
Geographie, Goethe-Universität
Frankfurt am Main

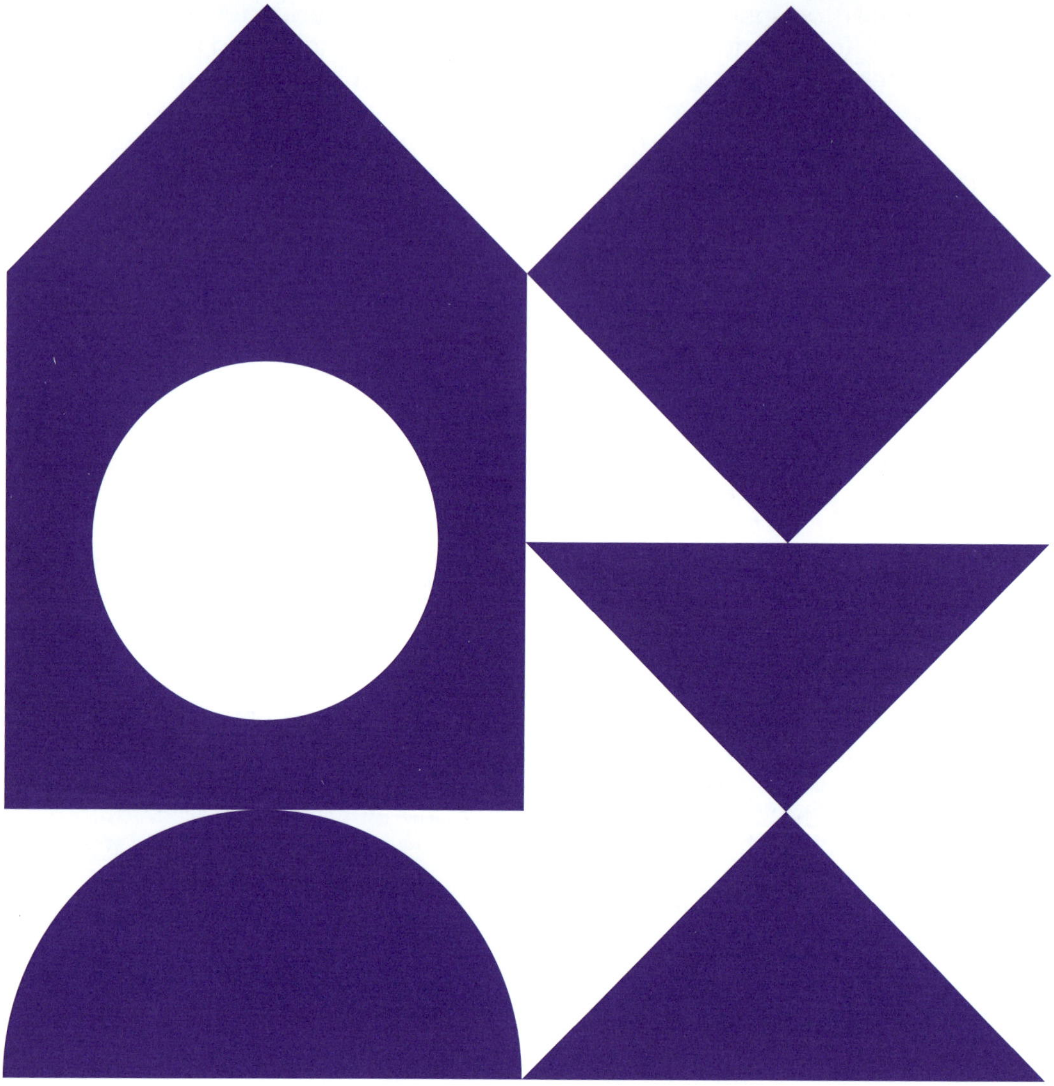

Probewohnen

Die Projektreihe *Probewohnen*, initiiert und wissenschaftlich begleitet vom Interdisziplinären Zentrum für transformativen Stadtumbau des Leibniz-Instituts für ökologische Raumentwicklung (IÖR), hat sich über viele Jahre in der Stadt Görlitz etabliert. In einzelnen Projektstaffeln (unter anderem *Probewohnen Görlitz-Altstadt* und *Stadt der Zukunft auf Probe*) bekommen interessierte Personen die Möglichkeit, den Wohn- und im weiteren Verlauf der Reihe den Arbeits- und Lebensstandort Görlitz für einen begrenzten Zeitraum auszuprobieren (Zöllter et al. 2017; Zöllter et al. 2022). Dafür werden möblierte Wohnungen von der kommunalen Wohnungsgesellschaft und Arbeitsräume bei lokalen Initiativen kostenfrei zur Verfügung gestellt. Ziel ist es, mit dem Blick von außen Erkenntnisse zu den Anforderungen an die Entwicklung einer von Schrumpfung betroffenen und peripher gelegenen Mittelstadt zu gewinnen. Daneben sollen Umzugswillige und Personen, die ortsungebunden arbeiten können, für Görlitz begeistert werden. Im Rahmen der wissenschaftlichen Begleitung werden die Teilnehmenden zu ihren Standortanforderungen sowie Bewertungen der Stadt befragt. So können detaillierte Einblicke potenziell Zuziehender gewonnen und Handlungsempfehlungen für die lokale und auch nationale Stadtentwicklungspolitik abgeleitet werden.

Hintergrund der Projektreihe ist die Revitalisierung einer stark von Bevölkerungsrückgang betroffenen Stadt. Aufgrund großer Abwanderungsbewegungen weist die Stadt Görlitz beispielsweise – wie viele andere, insbesondere ostdeutsche Städte – hohe Leerstände ●120 vor allem in innerstädtischen Gebäudebeständen auf. Weitere Folgen der Abwanderung sind nicht ausgelastete Infrastrukturen sowie der Verlust von baukulturellem Erbe und Urbanität. Im Gegensatz dazu leiden viele Menschen in Großstädten und Ballungsgebieten zunehmend unter den angespannten Immobilienmärkten (Bezahlbarkeit ●24) sowie Verkehrs-, Lärm- oder Umweltbelastungen. Die Revitalisierung des vorhandenen Gebäudebestandes, etablierter Stadtquartiere und letztlich ganzer Städte und Regionen bietet Ansatzpunkte für eine Entlastung zunehmend unter Wohnungsnot und Preisdruck leidender Großstädte. Ausgeglichene Raumstrukturen und die Weiternutzung des Bestandes leisten einen wichtigen Beitrag zu Ressourcenschutz, Flächensparen und sozialem Zusammenhalt (Zöllter 2023).

Mittlerweile hat die Projektreihe Probewohnen etliche Nachahmer*innen in anderen Städten, unter anderem in Frankfurt/Oder, Nordhalben, Karlsruhe, und ist Impulsgeber für weitere Wohnexperimente.

Dr. Constanze Zöllter,
Dr.-Ing. Stefanie Rößler,
Prof. Dr.-Ing Robert Knippschild,
Leibniz-Institut für ökologische Raumentwicklung (IÖR)/Interdisziplinäres Zentrum für transformativen Stadtumbau (IZS), Dresden und Görlitz

Literatur

Zöllter, Constanze/Rößler, Stefanie/Knippschild, Robert: *Probewohnen Görlitz-Altstadt*. IÖR-Schriften 75. Berlin 2017

Zöllter, Constanze/Rößler, Stefanie/Knippschild, Robert: „Zuzug auf Zeit. Wege zu einer nachhaltigen Stadtentwicklung durch einen experimentellen Ansatz". In: *pnd – rethinking planning*. Nr. 2/2022, S. 57–70

Zöllter, Constanze: *Attraktive Wohn- und Lebensstandorte – welche Stärken und Potenziale haben geschrumpfte Mittelstädte in peripheren Lagen? Eine Untersuchung von Standortentscheidungen anhand der Fallstudie Görlitz*. Dresden 2023

Quartier und Nachbarschaft

Quartier, *Nachbarschaft* und Wohnen – eine untrennbar aufeinander bezogene Begriffstriade. Immer wenn in wohnungspolitischen Diskursen der „Kontext" adressiert wird – etwa bei Auf- und Abwertungsprozessen, bei Fragen des öffentlichen Nahraums oder wenn Nachbar*innen gemeinsam aktiv werden –, kommt das Quartier ins Spiel. Dieses markiert dabei eine ganz besondere Ebene: eine Übergangszone zwischen Lebenswelt und Systemwelt, zwischen Alltagsdemokratie und politischer Teilhabe, zwischen Innen und Außen, zwischen persönlichen Betroffenheiten und Wertvorstellungen in einer Stadtgesellschaft als Ganzes. Das Quartier fungiert wie eine Matrix, die sich für Kommunikation ●110 und Intervention von unten und von oben gleichermaßen eignet, wie ein Gewächshaus, in dem Begegnungen, Aushandlungen und die Koproduktion ●112 von Stadt oftmals ideale Bedingungen vorfinden.

Wenn man Wohnen nicht nur als von Expert*innen geplante und bereitgestellte *Daseins*vorsorge, sondern auch als alltägliche *Seins*-Ebene versteht, die nicht durch die Schwelle der Wohnungstür begrenzt ist (Grenzen ●84), dehnt sich das Wohnen ins „Dazwischen" des Quartiers aus (Juppien/Zemp 2022: 12 ff.). Damit geraten auch nachbarschaftliche Aktivitäten in den Fokus: Wir halten uns zwar oft in unserem geschützten Kokon – unserer Wohnung – auf, gehen aber auch hinaus, zum Kiosk oder zur Bushaltestelle, wir treffen Nachbar*innen auf dem Spielplatz, wir bringen unseren Abfall zur Mülltonne, wir gehen in den Supermarkt, machen eine Schönwetter-Pause auf der Parkbank, wundern uns über eine neue Baustelle oder die Wohnraumgestaltung der neuen Bewohner*innen von nebenan und wir mögen (oder erdulden) nicht zuletzt den Klatsch und Tratsch im Treppenhaus. Dieses sozialräumliche Amalgam reagiert sensibel auf dynamische Veränderungsprozesse, die uns umgeben. Globale Kommunikationsströme, digitale Nachbarschaftstools, Zu- und Abwanderung, der demografische Wandel (Demografie ●40), soziale Polarisierung, vielfältige, sich verändernde Milieus oder auch das aktuelle Tagesgespräch machen das Quartier zum Ort eines hybriden nachbarschaftlichen Mit-, Über- und Nebeneinanders, zuweilen auch des Konflikts und der Ambivalenz, die es auszuhalten gilt (Drilling et al. 2022).

Insofern kann Quartier als subjektives und soziales Konstrukt verstanden werden, in dem sich materielle, symbolische, regulative und soziale Faktoren sowie das Private und das Öffentliche in besonderer Weise überlagern (Schnur 2021: 237). Aus dieser lokalen Gemengelage entsteht schließlich „unser" *Quartier*, unser *Kiez*, *Veedel*, *Grätzl* oder auch unser *Ortsteil*, unser *Dorf* oder unsere *Siedlung* – bestenfalls ein Ort, mit dem wir uns als Nachbar*innen identifizieren können. Wenn wir Quartier und Nachbarschaft in dieser Differenziertheit betrachten, avancieren die vielfältigen Alltagspraktiken (ebd.: 240 ff.) zu einem wesentlichen Teil eines integrierten Wohnverständnisses in der Spätmoderne (Alltag ●16).

Prof. Dr. Olaf Schnur,
Bereichsleiter vhw-Forschung,
vhw – Bundesverband für Wohnen und Stadtentwicklung e. V.

Literatur

Drilling, Matthias/Tappert, Simone/Schnur, Olaf/Käser, Nadine/Oehler, Patrick: *Nachbarschaften in der Stadtentwicklung. Idealisierungen, Alltagsräume und professionelles Handlungswissen*. Wiesbaden 2022

Juppien, Angelika/Zemp, Richard: *Atlas des Dazwischenwohnens. Wohnbedürfnisse jenseits der Türschwelle*. Zürich 2022

Schnur, Olaf: „Wohnen in (der) Nachbarschaft". In: Eckardt, Frank/Meier, Sabine (Hg.): *Handbuch Wohnsoziologie*. Wiesbaden 2021, S. 233–254

entwicklung

Quartiers

Quartiersentwicklung ist ein vielschichtiger und umfassender Prozess, der darauf abzielt, städtische oder ländliche Wohnviertel – sogenannte Quartiere ●154 – zukunftsorientiert, resilient und bewohnerfreundlich zu gestalten. Quartiersentwicklung betrachtet nicht nur einzelne Gebäude oder Baufelder, sondern das gesamte Umfeld, in dem Menschen leben. Sie umfasst sowohl die physische Aufwertung der baulichen Substanz als auch die Stärkung der sozialen Strukturen und die Förderung der lokalen Wirtschaft.

Wesentliche Ziele der Quartiersentwicklung sind die Schaffung und der Erhalt lebenswerter, resilienter und durchmischter Quartiere (Soziale Mischung ●174). Dabei spielen partizipative Ansätze eine zentrale Rolle: Bewohnende werden aktiv in den Entwicklungsprozess einbezogen, um sicherzustellen, dass die Maßnahmen ihren Bedürfnissen und Wünschen entsprechen (Beteiligung ●22). Diese Bürgerbeteiligung kann digital sowie durch Workshops, Umfragen und öffentliche Versammlungen erfolgen.

Die physische Komponente der Quartiersentwicklung konzentriert sich auf die Renovierung, energetische Sanierung ●58 und Modernisierung von Gebäuden, die Verbesserung der Energieversorgung durch innovative Energiekonzepte, die Infrastruktur sowie auf die Schaffung von öffentlichen Räumen, welche die Gemeinschaft fördern und die Umweltqualität verbessern. Energieeffizienz, der Einsatz nachhaltiger Materialien, ein hoher Begrünungsanteil und umfassende Klimaanpassungsmaßnahmen sind dabei Schlüsselelemente.

Auf sozialer Ebene zielt die Quartiersentwicklung darauf ab, die soziale Kohäsion zu stärken und die Vernetzung der Bewohnenden zu fördern. Soziale Einrichtungen wie Kindergärten, Schulen, Gesundheitszentren und Begegnungsstätten werden bedarfsgerecht entwickelt oder verbessert. Programme zur sozialen Unterstützung und Bildungsangebote sollen allen Bevölkerungsgruppen zugutekommen und die Integration fördern.

Ökonomische Aspekte beinhalten die Schaffung von Arbeitsplätzen durch lokale Geschäfte und Dienstleistende, die Förderung des lokalen Unternehmertums und ein umfassendes nachhaltiges Mobilitätskonzept, um den motorisierten Individualverkehr zu verringern und trotzdem alle Orte des täglichen Bedarfs bequem erreichbar zu machen.

Die Quartiersentwicklung ist ein fortlaufender, dynamischer Prozess, der auf die Anpassung an sich wandelnde Umstände und die langfristige Verbesserung der Lebensbedingungen abzielt. Dabei müssen stets die Prinzipien der Nachhaltigkeit ●140 und Resilienz beachtet werden, um den Herausforderungen des Klima- und sozialen Wandels gerecht zu werden. So entstehen zukunfts- und widerstandsfähige Lebensräume.

Monika Fontaine-Kretschmer,
Geschäftsführerin,
Unternehmensgruppe Nassauische
Heimstätte | Wohnstadt

Raumteiler

Der bundesweit angespannte Wohnungsmarkt – mit zu wenigen Wohnungen und zu hohen Mieten bei gleichzeitig hohen Leerstandsquoten – trifft viele Bevölkerungsgruppen in städtischen Ballungszentren, so auch in Schwäbisch Gmünd. Besonders prekär ist die Situation für sozial benachteiligte Bevölkerungsgruppen wie Alleinerziehende, Geringverdienende, Geflüchtete, Wohnungslose und von Obdachlosigkeit ●146 bedrohte Haushalte. Um diesen Mitmenschen den Zugang zum privaten Wohnungsmarkt zu erleichtern, hat die Stadtverwaltung Schwäbisch Gmünd die *Gmünder Wohnraumoffensive – Raumteiler* entwickelt.

Betroffene wenden sich an die Wohnungsnotfallhilfe der Stadt. Um Synergieeffekte zu nutzen, finden in einer zentralen Anlaufstelle auch Vermietende ihre spezialisierten Anlaufstellen. Die enge Kooperation mit dem Amt für Stadtentwicklung und der Wohnungswirtschaft schafft kooperative Lösungsansätze. Die jährlichen Sachkosten von durchschnittlich 50.000 Euro trägt die Stadt. Durch die Wohnraumoffensive wird Obdachlosigkeit in vielen Fällen vermieden. Die Kosten, die die Stadt für die Unterbringung von Obdachlosen aufzubringen hätte, wären deutlich höher als die hier budgetierten Sachkosten. Zudem wurde seit 2021 auch eine Refinanzierung aus der Wiedervermietungsprämie des Landes Baden-Württemberg generiert. So ist die Erschließung von vorhandenem leerstehendem Wohnraum eine kostengünstige, klimafreundliche und bürgernahe Ergänzung zum Wohnungsneubau.

Als Erfolgsgarant zählen der unbürokratische Zugang zur Beratung und die Unterstützung der auf dem Wohnungsmarkt benachteiligten Mitbürgerinnen und Mitbürger bei und nach der Vermietung.

Das umfassende Angebot beinhaltet eine allgemeine Beratung zum Leerstand ●120, die Erstellung von Exposés mit relevanten Informationen zur angebotenen Wohnung, darunter Wohnungsgröße und ortsübliche Miete, sowie die Bereitstellung befristeter Mietgarantien und Sanierungszuschüsse. Darüber hinaus unterstützen wir sowohl Mietende als auch Vermietende bei den Formalitäten der Neuvermietung und bieten feste Ansprechpersonen auch nach der Vermietung.

Durch die „Gmünder Wohnraumoffensive – Raumteiler" kann eine bessere Integration und soziale Mischung ●174 in der Stadtgesellschaft erreicht werden, indem die dezentrale Vermietung in regulären privaten Wohnraum gefördert wird, um somit einer möglichen Segregation ●168 entgegenzuwirken. Dies kann auch den sozialen Frieden in der Stadt stärken. Von 2018 bis 2022 konnte die „Gmünder Wohnraumoffensive – Raumteiler" mit Netzwerkarbeit, Bürgerengagement und zielgerichteten attraktiven Angeboten für Vermieterinnen und Vermieter rund 820 auf dem Wohnungsmarkt benachteiligte Personen in ein neues Zuhause ●240 vermitteln.

Christian Baron,
Erster Bürgermeister, Stadtverwaltung,
Schwäbisch Gmünd, Gmünder
Wohnraumoffensive – Raumteiler

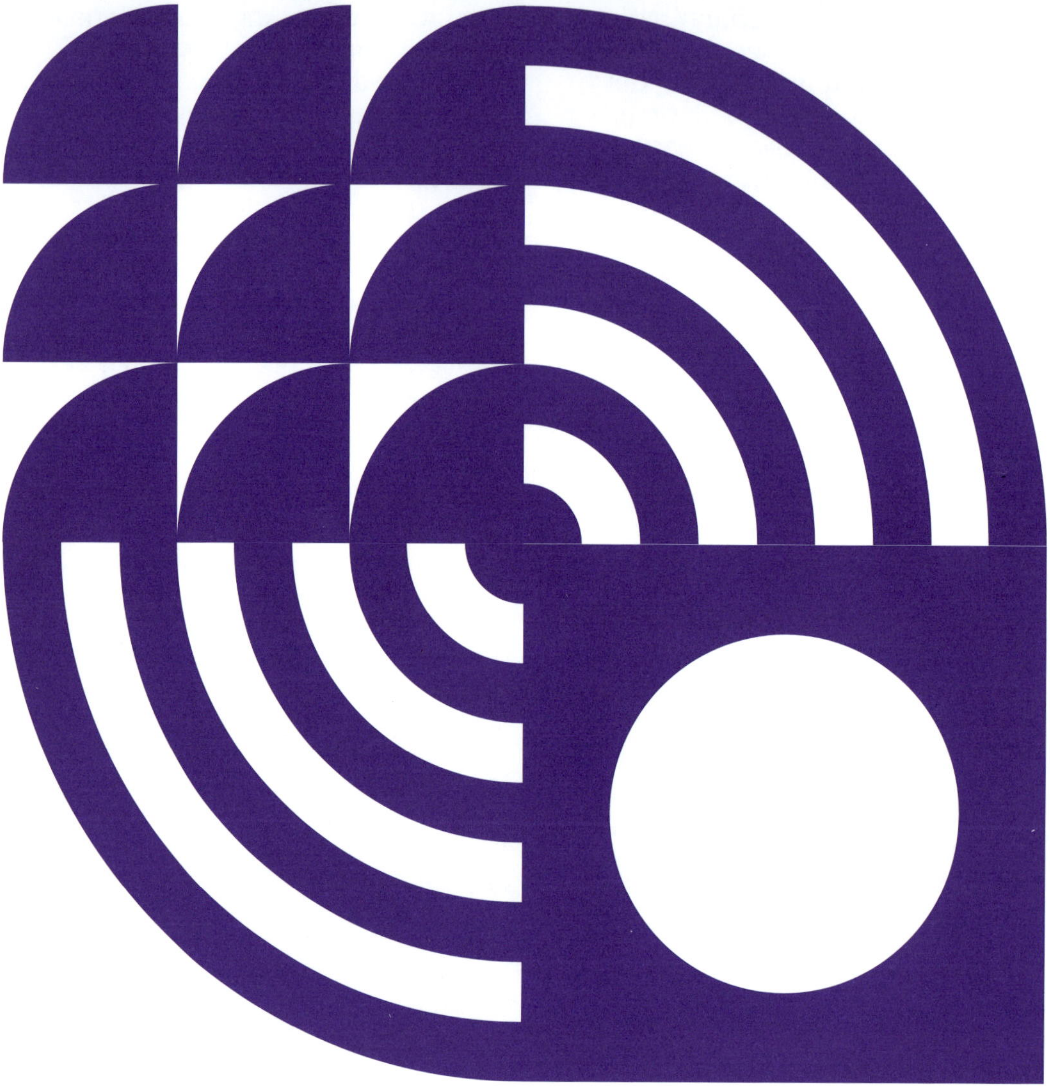

(Re-)Kommunalisierung

Die *(Re-)Kommunalisierung* von Wohnraum wird als Antwort auf die umfangreichen Privatisierungen im Bereich der kommunalen Wohnungsbestände, die voranschreitende Finanzialisierung ●64 und die daraus resultierende Zuspitzung am Wohnungsmarkt diskutiert. Aktuell werden im bundesweiten Durchschnitt lediglich 10 Prozent der Mietwohnungen von kommunalen Wohnungsbauunternehmen ●108 gehalten, während rund 80 Prozent in privater Hand und weitere rund 10 Prozent bei anderen Rechtsformen wie Genossenschaften ●72 oder Stiftungen liegen.

Hinter dem Begriff der (Re-)Kommunalisierung stehen zwei zentrale Thesen: einerseits, dass ein großer Bestand öffentlichen und kommunalen Wohnraums dazu beiträgt, leistbare Mieten ●132 zu sichern und breite Bevölkerungsschichten mit Wohnraum zu versorgen; andererseits, dass Wohnraum, ebenso wie technische und netzgebundene Infrastrukturen (etwa Energie oder Wasser), ein Grundbedürfnis darstellt, dessen Befriedigung aufgrund der Profitorientierung kapitalistischer Marktwirtschaften durch private Unternehmen nicht hinreichend gewährleistet wird (Soziale Wohnraumversorgung ●176). Demensprechend wird die Frage gestellt, wie Wohnraum nach den großen Privatisierungen der vergangenen Jahrzehnte in kommunales oder öffentliches Eigentum (rück)überführt werden kann.

Anders als sonstige Infrastrukturen wird Wohnraum sehr individuell genutzt und gestaltet, während es gleichzeitig kein Monopol auf die Bereitstellung desselben gibt. Der Markt ist fragmentiert und von einer Vielzahl privater und gemeinwohlorientierter Akteur*innen gekennzeichnet. Daher ist es sinnvoll, die (Re-)Kommunalisierung des Wohnens sowohl theoretisch als auch praktisch breiter zu denken als die der (Rück-)Übertragungen netzgebundener Infrastrukturen.

Die (Re-)Kommunalisierung von Wohnraum ist in eine ausgedehnte theoretische Debatte eingebettet, in der das Konzept unterschiedlich definiert wird. Die Schnittmengen der unterschiedlichen Definitionen lassen jedoch die Kernmerkmale einer (Re-)Kommunalisierung von Wohnraum erkennen: eine Abgrenzung zur Privatisierung, die Diskussion um die Rolle des Staates in der Bereitstellung von Wohnraum, die Aushandlung von Eigentums-, Verwaltungs- und Entscheidungsstrukturen öffentlicher Güter und Dienstleistungen sowie die marktferne Organisation selbiger im Sinne der Versorgung breiter Bevölkerungsschichten. Angesichts dieses breiten Definitionsspektrums können auch eine Vielzahl von Praxen und Instrumenten als (Re-)Kommunalisierung von Wohnraum verstanden werden: vom Ankauf von Wohnraum über die Ausübung des kommunalen Vorkaufsrechts und durch Mieter*innen selbstverwaltete Häuser in öffentlicher Eigentümerschaft bis hin zur Vergesellschaftung ●212 großer Wohnungsbestände, um Wohnraum langfristig in öffentliches Eigentum zu überführen und leistbare Mieten sicherzustellen.

Dr. Inga Felicitas Jensen,
Referatsleiterin für Wohnungs- und Verbraucher*innenpolitik des Deutschen Gewerkschaftsbundes

Remanenzeffekt

Im Kontext der wohnungspolitischen Debatte beschreibt der *Remanenzeffekt* eine Situation, in der (vor allem ältere) Menschen nach der Verkleinerung ihres Haushaltes, zum Beispiel, wenn Kinder ausziehen oder ein*e Partner*in verstirbt, in ihren Wohnungen oder Häusern verbleiben, obwohl sich das Bedürfnis nach Wohnfläche reduziert hat. Damit rückt die Diskussion über den Remanenzeffekt die Auswirkungen des demografischen Wandels – also der Alterung unserer Bevölkerung – auf den Wohnungsmarkt und die Wohnraumpolitik in den Mittelpunkt (Demografie ●40).

Wenn Menschen infolge des Remanenzeffekts mehr Wohnfläche beanspruchen, als sie eigentlich benötigen, kann dies Auswirkungen auf den Wohnungsmarkt und unseren Umgang mit Ressourcen haben: Größere Haushalte (zum Beispiel mehrköpfige Familien) benötigen auch größere Wohnungen. Sind diese im Wohnungsbestand nicht verfügbar, müssen sie neu gebaut werden. Das ist allerdings flächen- und ressourcenintensiv. Zugleich verändern sich im Alter oft die Wohnbedürfnisse, eine Veränderung der Wohnsituation allerdings erfolgt in späten Lebensphasen nur selten. Der Remanenzeffekt verweist also auf eine ineffiziente Nutzung von Wohnraum und eine daraus folgende Diskrepanz zwischen tatsächlichen Wohnbedarfen und genutzter Fläche. Werden bestehende Wohnflächen hingegen effizienter genutzt, können Ressourcen geschont, Bedürfnisse befriedigt und sogar der Wohnraummangel gemildert werden. Versuche, dem Remanenzeffekt entgegenzuwirken, beinhalten unter anderem Konzepte wie Wohnungstausch ●226, aber auch Überlegungen, wie ältere Menschen unterstützt werden können, wenn sie in ihren größeren Häusern oder Wohnungen bleiben möchten, ohne dabei die Wohnungsfrage ●222 für jüngere Generationen zu verschärfen.

Die Ausführungen verdeutlichen, dass es nicht nur darum geht, neuen Wohnraum zu schaffen, sondern auch den bestehenden effizient zu nutzen. Das Konzept des Remanenzeffekts lenkt die Aufmerksamkeit auf Wohnbedürfnisse älterer Menschen und die Herausforderungen, die sich aus dem Älterwerden und dem Verlust von Partner*innen ergeben können. Darüber hinaus macht es deutlich, dass wohnungspolitische Ansätze eine Balance zwischen der Unterstützung älterer Menschen bei der Aufrechterhaltung einer bedarfsgerechten Wohnsituation und der Bereitstellung von bezahlbarem Wohnraum für jüngere Generationen finden sollten.

Pekka Sagner,
Economist für Wohnungspolitik und Immobilienökonomik, Institut der Deutschen Wirtschaft, Köln

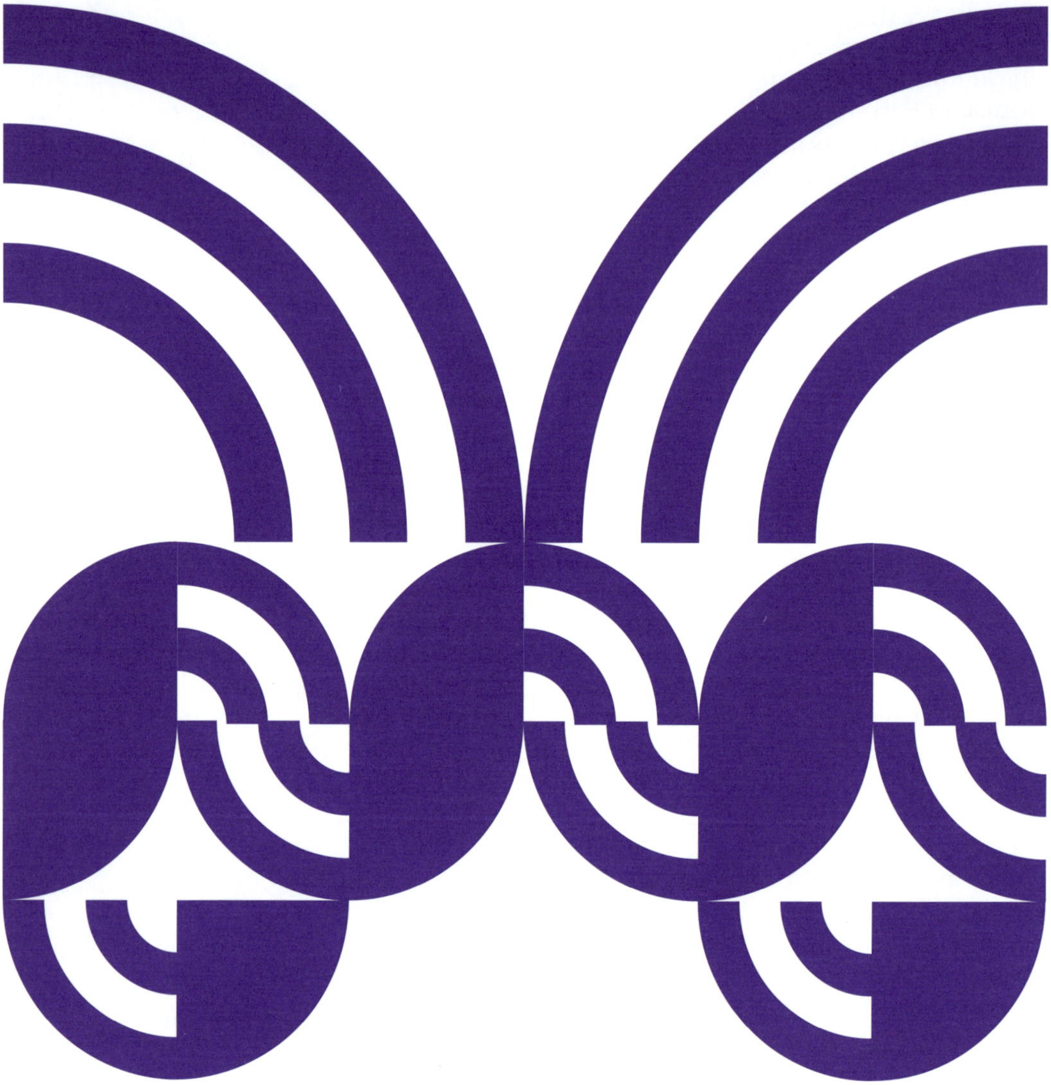

Vor zehn Jahren wurde der Begriff der *Schwammstadt* in die deutschsprachige Klimaanpassungsdebatte eingebracht (BBSR 2015: 38). Seit der Flutkatastrophe im Ahrtal ist dieser Begriff auch in der Medienwelt weit verbreitet. Das Schwammstadtprinzip wird zum Leitbild und Konzept der Stadtentwicklung (Nachhaltigkeit ●140). In einer Schwammstadt wird das Regenwasser wie in einem Schwamm zwischengespeichert, um es in Hitze- und Dürreperioden für die Bewässerung von Pflanzen sowie zur Steigerung der Verdunstung und Kühlung der Städte zu nutzen. Das Innovative am Schwammstadtkonzept ist, dass Regenwasserbewirtschaftung mit Hitze- und Dürrevorsorge zusammengebracht wird (Becker et al. 2024: 4 ff.).

Regenwasser ist, anders als im Wasserhaushaltsgesetz definiert, kein „Abwasser", sondern eine inzwischen knappe Ressource. Das wirft die Frage auf: Wer bekommt dieses rare Gut und wofür wird es verwendet – zum Zwecke der Verdunstung, Bewässerung, Versickerung oder Stärkung des Wasserhaushalts der Fließ- und Kleingewässer? Eine Änderung des Wasserhaushaltsgesetzes wird notwendig, damit Regenwasser als die wertvolle Ressource verstanden und behandelt wird, die es ist. Mit diesem neuen Denkansatz gewinnt die Regenwasserbewirtschaftung in Form der Schwammstadt an Bedeutung. Anstatt das Regenwasser in die Kanalisation zu leiten, wird es gesammelt und rückgehalten, gespeichert und für die Bewässerung oder Kühlung durch Verdunstung genutzt. Erst dann wird es versickert. Das Ableiten des Regenwassers über das Kanalnetz sollte die Ausnahme sein. In der Konsequenz ist die Schwammstadt abflussarm bis abflusslos.

Um eine solche Regenwasserbewirtschaftung zu ermöglichen, muss die Oberfläche der Stadt verändert werden. Damit entstehen neue Flächenbedarfe und Kooperationserfordernisse in Stadt- und Freiraumentwicklung, Straßen- und Infrastrukturplanung und nicht zuletzt im Wohnungsbau für eine ökologische und soziale Wohnraumversorgung ●176. Das Schwammstadtkonzept führt dazu, dass Flächen teilweise mehrere Funktionen gleichzeitig erfüllen müssen. Auch die Erfordernisse der Starkregenvorsorge werden in das Schwammstadtkonzept integriert. Nach der Ahrtalkatastrophe wurde allerdings deutlich: Überflutungen können nicht allein durch das Schwammstadtkonzept gelöst werden. Die zentrale Stellschraube ist, das Wasser in der Landschaft zu halten. Anstelle der lang praktizierten Entwässerung der Landschaft durch Drainagen, Abflussgräben und begradigte Bäche wird das Wasser wieder in der Landschaft zurückgehalten. Das fördert auch die biologische Vielfalt (Becker 2023: 23).

Die Umsetzung der Prinzipien von Schwammstädten und Schwammlandschaften erfordert kreative und innovative Planungsprozesse, um diese langfristige Zukunftsaufgabe auch kurzfristig in die Fläche zu bringen.

Dr. Carlo W. Becker,
Geschäftsführer, bgmr Landschaftsarchitekten Berlin

Literatur

Bundesinstitut für Bau-, Stadt- und Raumforschung (BBSR) im Bundesamt für Bauwesen und Raumordnung (BBR) (Hg.): *Überflutungs- und Hitzevorsorge durch die Stadtentwicklung. Strategien und Maßnahmen zum Regenwassermanagement gegen urbane Sturzfluten und überhitzte Städte.* Bonn 2015

Becker, Carlo W.: „Deep Time – Grundlagen unserer Zukunft: Die Landschaft als eine Ressource für die Stadtentwicklung und Umbaukultur". In: *Planerin*. Nr. 5/2023, S. 21–23

Becker, Carlo W./Langenbrinck, Gregor/Wazinski, Constantin (2024): „Das Schwammprinzip als Zukunftsaufgabe der grün-blauen Infrastruktur in Stadt und Landschaft". In: *Grün in der Stadt*. https://gruen-in-der-stadt.de/uploads/files/Kurzexpertise-Schwammlandschaft.pdf (letzter Zugriff: 07.02.2024)

Schweinezyklus

Der Begriff kommt aus der Landwirtschaft. Er beschreibt einen zyklischen Prozess, bei dem die Produktion – in diesem Fall von Schweinen – auf Veränderungen der Marktpreise reagiert. Sind die Preise für Schweine hoch, weiten Landwirt*innen ihre Produktion aus. Hier kommt eine Besonderheit ins Spiel: Es dauert, bis die neuen Schweine schlachtreif sind. Bis dahin kann die Knappheit schon vorüber sein. Die Preise fallen. Fallen sie zu weit, drosseln die Bauern und Bäuerinnen wieder die Produktion.

Übertragen auf den Wohnungsmarkt bedeutet *Schweinezyklus*: Wenn die Nachfrage nach Wohnraum steigt und die Mieten ●132 klettern, investieren Entwickler*innen in den Bau neuer Einheiten. Allerdings benötigt der Prozess von Planung bis Fertigstellung einige Jahre und kennen die Entwickler*innen meist nicht genau den Umfang parallellaufender Projekte von Konkurrenzunternehmen. Während der Entwicklungszeit kann sich die Nachfrage wieder abschwächen oder die Konkurrenz schon ausreichend viel gebaut haben. Das Resultat: Leerstand ●120 und fallende Neubaumieten. Dies wiederum bremst den Neubau, bis ein erneuter Mangel entsteht und die Preise wieder steigen.

Zeitverzögerungen und unzureichende Markttransparenz haben erhebliche Auswirkungen auf die Stabilität des Wohnungsmarkts (Marktmechanismen ●128). Zyklischer Wohnraummangel führt zu Forderungen nach politischen Maßnahmen, die (im Idealfall) diese Zyklen abmildern oder (im schlechteren Fall) nur deren Symptome. Wenn jedoch politische Eingriffe ein schlechtes Timing haben, können sie die Zyklen auch verschärfen. Dasselbe kann passieren, wenn die falschen staatlichen Anreize gesetzt oder die richtigen Anreize durch Ereignisse und Maßnahmen in anderen Politikbereichen konterkariert werden.

Um den Schweinezyklus am Wohnungsmarkt nachhaltig zu glätten, ist es daher entscheidend, die Wirkungszusammenhänge zu verstehen. Nur dann können zur richtigen Zeit an der richtigen Stelle die richtigen Maßnahmen erfolgen. Sollen die zyklischen Ausschläge und deren Folgen möglichst geringgehalten werden, gilt es, auf stabile Rahmenbedingungen, langfristige Planung, flexible Genehmigungsprozesse und eine hohe Markttransparenz zu setzen. Ad-hoc-Maßnahmen können zwar kurzfristig die Folgen der Zyklen abschwächen, indem sie beispielsweise Mietpreissteigerungen bremsen. Sie beeinflussen jedoch in der Regel das langfristige Marktgeschehen und bergen somit die Gefahr, die Schweinezyklen und deren Wirkungen in kommenden Zyklen zu verstärken.

Dr. Reiner Braun,
Geschäftsführer empirica regio GmbH

Segregation

Im Kontext von Stadtentwicklung und Stadtsoziologie bezeichnet der Begriff *Segregation* eine überdurchschnittlich hohe Ungleichverteilung von bestimmten Bevölkerungsgruppen innerhalb eines bestimmten Teilraumes, etwa den Stadtteilen oder Wohnquartieren einer Stadt. Im Extremfall kann diese Entwicklung bis zur sozialen Polarisierung oder Ghettoisierung reichen. Insofern handelt es sich nicht um ein neues Phänomen; die Ausprägungsformen haben jedoch einen langen Wandlungsprozess durchlaufen.

Segregationstendenzen lassen sich nach dem demografischen oder sozialen Status und/oder nach ethnischer oder religiöser Zugehörigkeit sowie einer Mischung verschiedener weiterer Merkmale beobachten. Anhaltende Segregation in Teilräumen kann zur Marginalisierung der betroffenen Bevölkerung führen und deren Lebenschancen massiv beeinträchtigen.

Zu unterscheiden ist zwischen *aktiver* Segregation, also angestrebter Homogenität der Nachbarschaft, etwa im Kontext von Gentrifizierung ●74, und *passiver* beziehungsweise unfreiwilliger Segregation, bei der sozial schwächere Gruppen nach der Abwanderung besser gestellter Gruppen im Teilraum zurückbleiben. Ursächlich dafür sind Wohnungsmarktbedingungen, etwa die mangelnde Verfügbarkeit und räumliche Streuung bezahlbarer Wohnungen oder die Belegungspraxis von Vermieter*innen, zum Beispiel bei Großwohnsiedlungen ●86. Gleichwohl werden einer gewissen Segregation auch positive Wirkungen zugeschrieben, etwa wenn sie als Ankunftsquartiere bestimmter (Herkunfts-)Gruppen von Zugewanderten dienen, um deren soziale und gesellschaftliche Aufnahme zu erleichtern.

Zur Messung von Segregation werden Maßzahlen wie der Segregationsindex, also die Verteilung einer Bevölkerungsgruppe im Verhältnis zur Gesamtbevölkerung, oder der Dissimilaritätsindex, welcher die Verteilung von zwei Bevölkerungsgruppen zueinander erfasst, genutzt. Der Wert liegt zwischen 0 und 100 und ist umso höher, je stärker die räumliche Verteilung einer Gruppe von der Verteilung der Gesamtbevölkerung abweicht. Ein Wert von 40 bedeutet, dass 40 Prozent der Mitglieder der beobachteten Gruppe zwischen den Teilräumen umziehen müssten, um eine Gleichverteilung zu erreichen.

Die Ausprägung und auch die Bewertung von Segregation ist in erheblichem Maße davon abhängig, welche Teilräume und welche Merkmale zur Differenzierung von Bevölkerungsgruppen herangezogen werden. Dies verdeutlicht, dass je nach Perspektive unterschiedliche Sachverhalte problematisiert werden können. Unabhängig von der konkreten Ausprägung von Segregation wird häufig für die Lösungsstrategie der sozialen Mischung ●174 plädiert.

Bernd Hallenberg,
Seniorberater, vhw-Forschung,
vhw – Bundesverband für Wohnen und Stadtentwicklung e. V.

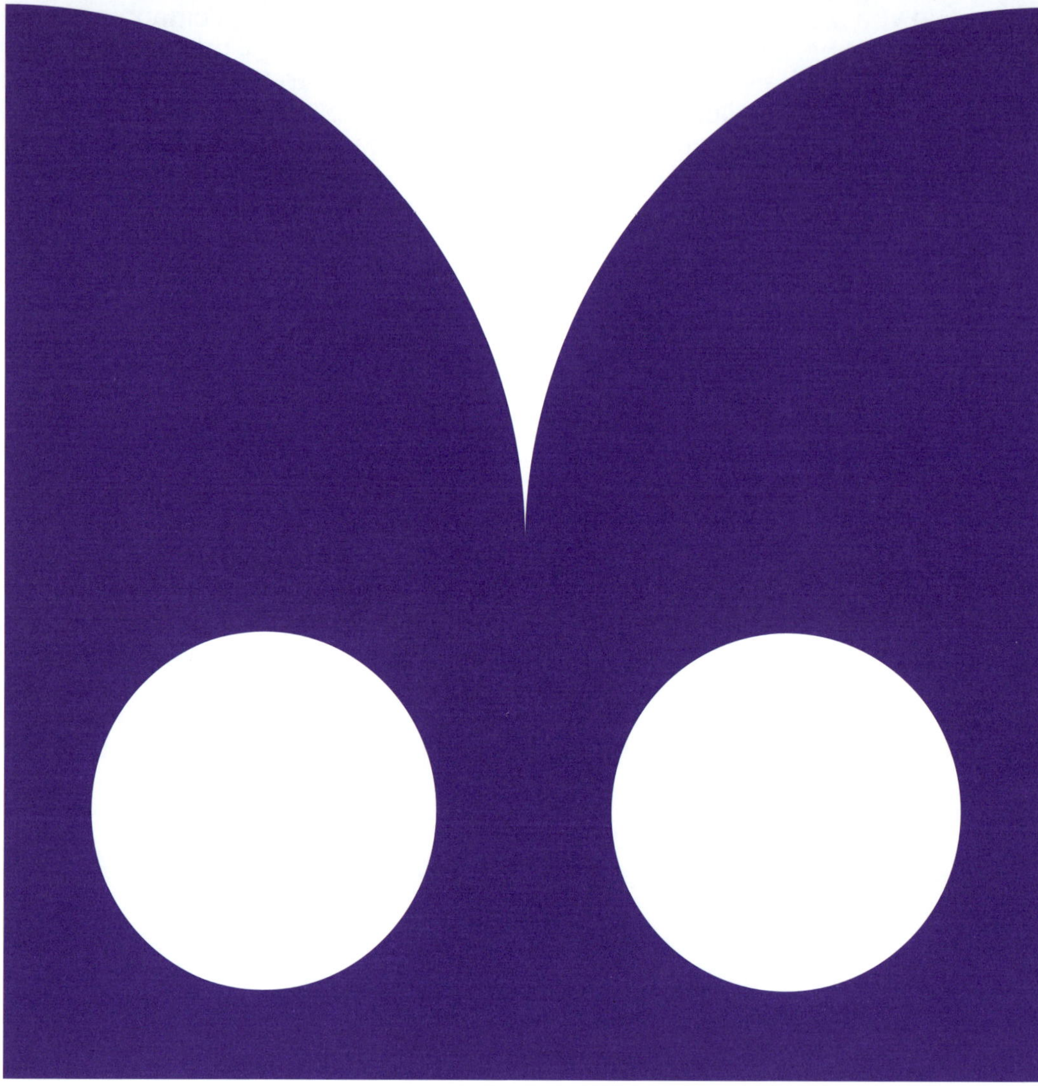

Sharing

Im Kontext von Wohnen bezeichnet *Sharing* das Teilen, Tauschen und gemeinsame Nutzen von Gebrauchsgegenständen, Dienstleistungen und Wohnraum (Sinning/Spars 2019). Sharing kann auf eine lange Tradition und Erfahrungen vor allem in Wohnungsgenossenschaften und gemeinschaftlichen Wohnprojekten zurückblicken. Durch den Trend der *Share* beziehungsweise *Collaborative Economy* sowie die gesellschaftlich Debatte über Commons ●38 finden diese Ansätze seit einigen Jahren in der Wohnungspolitik und -wirtschaft wieder verstärkt Aufmerksamkeit (GdW 2023), insbesondere in den Handlungsfeldern Wohnen (beispielsweise Multifunktionsräume, Co-Working-Spaces, Gästewohnungen, Werkstatträume), Wohnumfeld (gemeinschaftliches Gärtnern), Energie (Energy Sharing, gemeinschaftlich produzierte Energie) und Mobilität (Car-, Bike-Sharing, Lastenräder).

Initiativen zum Teilen, Tauschen und Leihen im Rahmen von Sharing spiegeln den Zeitgeist des „Nutzens statt Besitzens" einer auf Ressourcen- und Flächenschutz zielenden Postwachstumsökonomie wider (UBA 2015). Außerdem tragen Engpässe am Wohnungsmarkt und insbesondere bei bezahlbarem Wohnraum dazu bei, dass Sharing an Bedeutung gewinnt. Die Vielfalt und Kreativität bei der Weiterentwicklung von Sharing zeigen beispielsweise Tauschringe und Kleiderkreisel, der Geräteverleih über nachbarschaftliche Netzwerke oder das Teilen von Wissen und Informationen, wofür zunehmend auch digitale Plattformen zum Einsatz kommen.

Sharing kann in vielen Fällen eine Win-Win-Konstellation sowohl für die Wohnungsunternehmen als auch für die Mieter*innenschaft darstellen, zum Beispiel, wenn bei intelligenten Gebäudegrundrissen gemeinschaftlich nutzbare Räume zu insgesamt niedrigeren Wohnkosten führen. Für Wohnungsunternehmen haben Sharing-Angebote laut einer bundesweiten Umfrage vor allem soziale und ökonomische Effekte: Imageverbesserung des Wohngebiets, Kostenersparnisse für die Mieter*innenschaft, Beiträge zu einer funktionierenden Hausgemeinschaft beziehungsweise Nachbarschaft und höhere Attraktivität für die Vermietung durch Sharing-Angebote. Die Bewohnerschaft schätzt insbesondere die sozialen Kontakte, Geldersparnisse, mehr Beteiligung am öffentlichen Leben und die Verbesserung der Lebensqualität durch Sharing-Angebote. Eine aktuelle Studie des GdW zeigt: „[F]ür eine wachsende Gruppe von Menschen geht es nicht darum, immer mehr zu konsumieren" (GdW 2023: 12) (Nachhaltigkeit ●140). Sharing kann hier eine passende Strategie sein, wenn Konsumgüter oder Wohnfläche auf diese Weise gemeinschaftlich organisiert beziehungsweise reduziert werden können. Dies deutet einen Paradigmenwechsel ●148 an, der für Wohnungswirtschaft wie Stadtentwicklung Chancen und Herausforderungen birgt.

Prof. Dr.-Ing. Heidi Sinning,
Leiterin ISP – Institut für Stadtforschung, Planung und Kommunikation der Fachhochschule Erfurt

Literatur

GdW Bundesverband deutscher Wohnungs- und Immobilienunternehmen (Hg.) (2023): „Wohntrends 2040. Kurzfassung. GdW Branchenbericht 9". https://www.gdw.de/media/2023/02/gdw_branchenbericht-9_2023_kurzfassung_web.pdf (letzter Zugriff: 07.12.2023)

Sinning, Heidi/Spars, Guido (Hg.) (2019): *Sharing-Ansätze für Wohnen und Quartier. Nachhaltigkeit, Konsummodelle und die Rolle der Wohnungswirtschaft.* Stuttgart 2019

Umweltbundesamt (UBA) (Hg.) (2015): „Nutzen statt Besitzen: Neue Ansätze für eine Collaborative Economy". https://www.umweltbundesamt.de/sites/default/files/medien/378/publikationen/uib_03_2015_nutzen_statt_besitzen_0.pdf (letzter Zugriff: 07.12.2023)

Smart Home

Hinter dem Begriff *Smart Home* verbirgt sich eine Vision vom technisch unterstützten Wohnen, die angesichts des digitalen Wandels immer mehr zur Realität wird. Die Idee entstand mit der Entwicklung von Informations- und Kommunikationstechnologien und repräsentiert heute das Konzept einer Wohnumgebung, die Bewohner*innen in ihrem Alltag ●16 aktiv begleitet und sie im Hinblick auf Komfort, Sicherheit, Energiemanagement, Alltagsaktivitäten, Freizeitgestaltung bis hin zu konkreten Hilfen im Fall von Krankheit, Pflege und Behinderung unterstützt (Care ●34, Sorgetragen ●186).

Sowohl in der Wissenschaft als auch der Praxis existiert kein einheitliches Konzept eines Smart Home. Meistens wird darunter ein vernetztes und mit intelligenten Funktionen ausgestattetes Wohnen verstanden, das mit verschiedenen Vorstellungen von *Smartness* und *Home* assoziiert wird. Als ein wichtiges technisches Konzept des Smart Home gilt heute die sogenannte Umgebungsintelligenz. Sie zeichnet sich dadurch aus, dass ein Haus oder eine Wohnung in der Lage ist, auf bestimmte Situationen oder Wünsche der Bewohner*innen zu reagieren und Aufgaben zu übernehmen, ohne dass menschliche Eingriffe notwendig sind. Eine Voraussetzung dafür bilden vernetzte Systeme, die verschiedene technologische Bausteine, zum Beispiel Sensorik, Aktorik, Robotik, Sprachassistenz, Künstliche Intelligenz und smarte Geräte, miteinander verbinden. Die Vernetzung innerhalb der Wohnung sowie der Wohnung mit der Außenwelt, beispielsweise mit externen Dienstleister*innen, führt zur Generierung neuer Dienste und Assistenzfunktionen und schafft einen Mehrwert, der über den Nutzen einzelner Anwendungen hinausgeht, zum Beispiel indem die Wohnumgebung Menschen beim Verlust der Selbständigkeit aktiv unterstützt.

Mit neuen technologischen Möglichkeiten verändert sich auch der Charakter des Wohnens. Die breite Erfassung von Daten und der Ersatz menschlicher durch technische Unterstützung werfen eine Vielzahl ethisch-moralischer Fragen auf, mit denen sich heute eigenständige Forschungsbereiche befassen. Darüber hinaus entstehen für Akteur*innen aus Wohnungspolitik, Wohnungswirtschaft, Wohlfahrt, Technikentwicklung und Handwerk neue Herausforderungen, zu denen etwa die Schaffung eines geeigneten rechtlich-organisationalen Rahmens zur breiten Implementierung smarter Lösungen gehört. Auch wenn das intelligente vernetzte Wohnen als eine Wohnform der Zukunft betrachtet wird, bleibt offen, wer die Kosten der digitalen Aufrüstung tragen soll (Bezahlbarkeit ●24), insbesondere bei jenen Anwendungen, die der Versorgung bei Krankheit, Pflegebedürftigkeit oder Behinderung dienen.

Prof. Dr. Manuela Weidekamp-Maicher, Soziologie der Lebensalter, Hochschule Düsseldorf

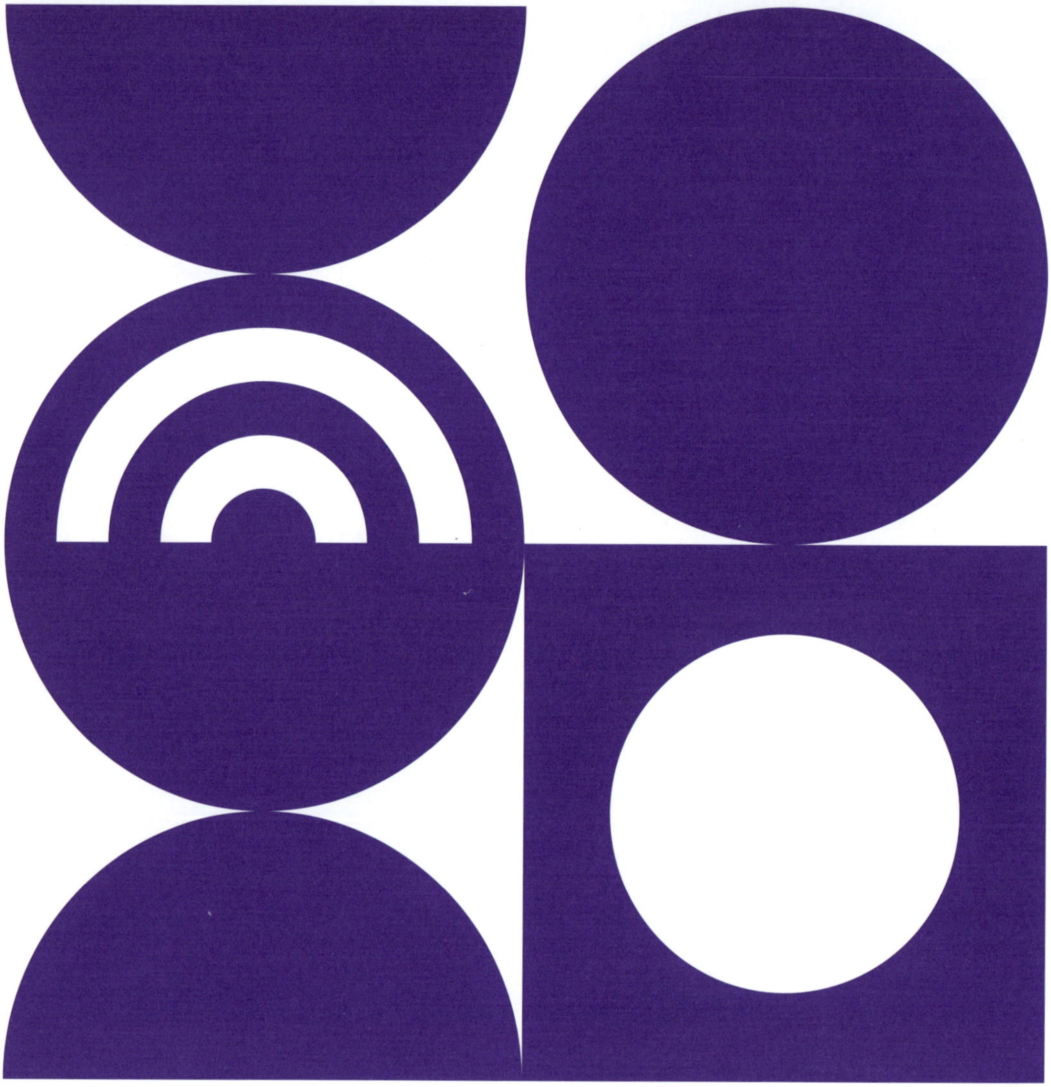

Soziale Mischung

Die Idee der *sozialen Mischung* im Wohnungssektor ist in der Wohnungspolitik und planenden Verwaltung eine feste Grundüberzeugung. Ziel ist, in größeren Wohnanlagen das soziale Spektrum möglichst breit zu gestalten. Kriterien hierfür sind vor allem das Einkommen und die Nationalität, respektive der Migrationshintergrund; gelegentlich sind auch das Alter und der Haushaltstyp relevant. In erster Linie soll dadurch das Entstehen von „Parallelgesellschaften" und „Problemquartieren" verhindert werden. Diese Überlegungen orientieren sich an der *Kontakthypothese*, die besagt, dass Personen aus unterschiedlichen Gruppen dann gut miteinander auskommen, wenn sie einander häufig begegnen, dabei Vorurteile abbauen, die Unterschiedlichkeit nicht mehr als solche wahrnehmen und letztlich gemeinsame Wertvorstellungen teilen, sodass engere soziale Kontakte entstehen.

Eine solche Entwicklung gelingt vor allem dann, wenn die sozialen Gruppen ähnliche Interessen haben und diese auch formulieren können, wenn sie sich als eher gleichwertig empfinden und ein gewisses Maß an Selbstbewusstsein haben. Konstellationen dieser Art bestehen aber eher in Mittelschichten; hier werden auch andere Lebensstile und Wertvorstellungen als bereichernd empfunden. Die soziale Mischung als Integrationsstrategie wird aber meist in solchen Wohnquartieren angewandt, in denen überwiegend sozial benachteiligte Schichten und Zugewanderte leben.

Wenn die oben genannten Voraussetzungen nicht gegeben sind, kann sich die Kontakthypothese in die *Konflikthypothese* umkehren. Dann werden die „Anderen" eher als Zumutung empfunden, die Fremdheit führt zu Verunsicherung und zur Verfestigung von Vorurteilen. Aus dieser Konstellation können dann auch „überforderte Nachbarschaften" entstehen (Quartier und Nachbarschaft ●154). Die Analysen empirischer Untersuchungen zeigen, dass das Gelingen weniger von den (städte)baulichen Qualitäten abhängig ist, sondern eher von der Kultur vor Ort, den sozialen Prozessen und deren Unterstützung.

Auch wenn Belegungspolitik und unterschiedliche Förderwege für verschiedene Eigentumsformen genutzt werden, um eine soziale Mischung zu erzielen, bleibt offen, was ein „idealer Mix" ist: Wie viele von welcher Gruppe? Mix auf der Ebene eines Hauseingangs, Blocks oder Quartiers? Und wie werden die jeweiligen Maßnahmen begründet (Diskriminierung ●48)? Vor dem Hintergrund zunehmend diverser Lebenslagen reichen isolierte Einzelkategorien wie niedriges Einkommen oder Nationalität nicht aus, um die sozialräumliche Situation vor Ort angemessen beurteilen zu können. Sicher ist aber, dass – insbesondere in „schwierigen" Konstellationen – die soziale Mischung nur mit einer stützenden Prozessbegleitung durch ein Quartiersmanagement gelingen kann. Gemeinsamkeiten können beispielsweise durch die partizipative Gestaltung (Beteiligung ●22) der sozialen Infrastruktur, des lokalen Mobilitätsangebotes oder des öffentlichen Raumes unterstützt werden.

Prof. em. Dr. Jens S. Dangschat,
Institut für Raumplanung,
Technische Universität Wien

Soziale Wohnraumversorgung

Der Begriff Wohnungsversorgung bezeichnet die Ausstattung privater Haushalte mit Wohnraum unter quantitativen und qualitativen Gesichtspunkten. In diesem Sinne umfasst er die Infrastruktur des Wohnens in ihrer Gesamtheit, unabhängig davon, in welcher Form diese bereitgestellt wird und durch wen, also Markt, Staat oder Zivilgesellschaft. Entsprechend wird etwa die sogenannte Wohnungsversorgungsquote genutzt, um gebietsbezogen Auskunft über das Verhältnis von Haushalten zu Wohnungen zu geben. Unter kapitalistischen Bedingungen ist die Wohnungsversorgung wesentlich geprägt vom Spannungsverhältnis zwischen dem Grundbedürfnis Wohnen, also dem Wohnen als Zuhause ●240 und als unentbehrliches Gut, und der Wohnung als Ware ●218, das heißt als renditeträchtige Immobilie, die in den Verwertungsprozess des Kapitals eingebunden ist (Finanzialisierung ●64). Aushandlungsprozesse um die Wohnungsversorgung verlaufen daher notwendigerweise konflikthaft (Mietenproteste ●134). Vor diesem Hintergrund wird mit dem Begriff der *sozialen Wohnungsversorgung* (im bundesdeutschen Kontext meist *soziale Wohnraumversorgung*) daher der Anspruch verbunden, angemessenen Wohnraum für alle bereitzustellen und damit dem im Kapitalismus ungelösten Widerspruch zwischen Wohnraum als Ware und als Grundbedürfnis zu begegnen (Wohnungsfrage ●222). Häufig wird die soziale Wohnraumversorgung als Ziel sozialstaatlicher Wohnungspolitik auf die Versorgung bestimmter, am Wohnungsmarkt benachteiligter Bevölkerungsgruppen begrenzt.

De facto ist eine Vielzahl unterschiedlicher Politiken und Faktoren für die spezifische Organisation und Reichweite der sozialen Wohnraumversorgung wesentlich. Staatliche Instrumente ●96 der sozialen Wohnraumversorgung zielen entweder darauf, durch subjektbezogene Leistungen (beispielsweise das Wohngeld) Wohnungssuchenden die Teilnahme am Markt zu Marktpreisen zu ermöglichen oder aber durch direkte Intervention in den Wohnungsmarkt den Bestand an preiswertem Wohnraum zu sichern oder auszuweiten. Die Instrumente reichen hierbei vom Mietrecht (zum Beispiel Mietpreiskontrolle, Zweckentfremdungsverbote) über das Städtebaurecht (Vorkaufsrecht, Milieuschutzgebiete, Vorgaben in der Bauleitplanung) bis zur Förderung belegungs- und preisgebundener Wohnungsbestände (sozialer Wohnungsbau). Das kann auch die Ausweitung öffentlicher Wohnungsbestände (über Ankauf, Bau oder Vergesellschaftung ●212 nach Art. 15 GG) ebenso wie die Förderung nicht profitorientierter Träger oder Wohnungsbestände umfassen.

Zwar werden mit der sozialen Wohnraumversorgung in der Regel öffentliche Programme und Strategien adressiert, gleichwohl lässt sich ebenso die nicht gewinnorientierte Bereitstellung über zivilgesellschaftliche oder private Akteur*innen (zum Beispiel Genossenschaften ●72) als Teil sozialer Wohnraumversorgung verstehen, die in anderen Wohlfahrtsregimen, etwa den USA, eine große Bedeutung bei der Sicherstellung der sozialen Wohnraumversorgung einnehmen.

Prof. Dr. Sebastian Schipper,
Professor für Geografische Stadtforschung, Goethe-Universität Frankfurt am Main

Prof. Dr.-Ing. Barbara Schönig,
Staatssekretärin im Thüringer Ministerium für Infrastruktur und Landwirtschaft, Professorin für Stadtplanung,
Bauhaus Universität Weimar

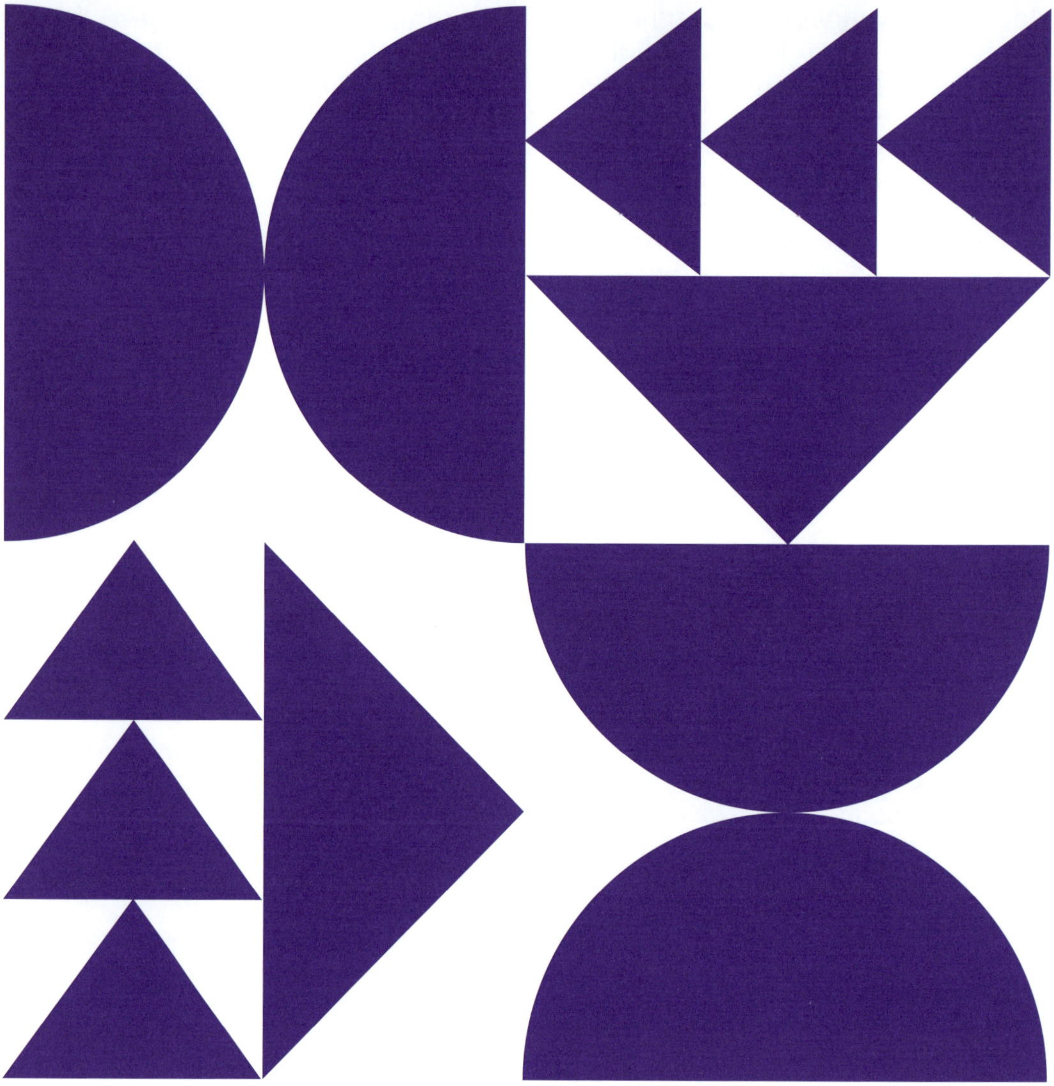

Spekulation

Als *Spekulation* wird jeder Handel mit auf die Zukunft gerichteten Gewinnerwartungen beschrieben. Aus ökonomischer Perspektive ist Spekulation eine Investition mit hohem Renditeversprechen bei gleichzeitig hohem Risiko, weil auf die Zukunft gerichtete Erwartungen auch scheitern können (Fields 2023: 512 f.). Für die Wohnversorgung von Bedeutung ist insbesondere der Handel mit Boden und Immobilien, der auf der Annahme fußt, zu einem späteren Zeitpunkt einen höheren Verkaufspreis zu erzielen oder durch Mieteinnahmen einen Gewinn aus der Verzinsung des investierten (und dann in Grundstücken und Gebäuden fixierten) Kapitals ●102 zu ziehen. Als Spekulation zählen insbesondere die Gewinn- und Ertragssteigerungen, die auf (stark) steigende Mieten ohne zusätzliche Investitionen in den Bau oder die Modernisierung von Gebäuden zurückzuführen sind (Ware ●218).

In angespannten Mietwohnungsmärkten ist fast jede Immobilientransaktion eine Ertragserwartungsspekulation, da sich die Kaufpreise unter Marktbedingungen an den potenziell höchsten (Miet-)Erträgen orientieren. Immer wenn die Ertragspotenziale (Angebotsmieten) deutlich über den aktuellen Nutzungskonditionen (Bestandsmieten) liegen, wächst der ökonomische Druck auf die Mietpreise: Richtet sich der Kaufpreis nach den potenziellen Maximalerträgen, müssen die Mieten also steigen, allein um den Kauf zu refinanzieren. In den ökonomischen Erklärungen für das Phänomen der Gentrifizierung ●74 wird diese Lücke zwischen aktuellen und potenziell möglichen Mieterträgen als *rent gap* beschrieben und gilt als Anreiz für die Verdrängung von Mieter*innen, denn die neuen Eigentümer*innen wollen die ertragreichste Nutzung ihrer Grundstücke und Immobilien durchsetzen. Die zunehmende Finanzialisierung ●64 des Wohnens verstärkt das Spekulationsgeschehen auf den Wohnungsmärkten zusätzlich.

Die immobilienwirtschaftliche Logik der Ertragserwartung stellt bereits beim Kauf einer Immobilie die Weichen für die künftige Bewirtschaftung der Wohnungen. Nachgeordnete Versuche zur Begrenzung von Mietpreisen und Mietsteigerungen (zum Beispiel die Mietpreisbremse oder der Mietendeckel) werden regelmäßig in Frage gestellt, indem auf die ökonomischen Zwänge der Eigentümer*innen verwiesen wird, die ihre Immobilien zu Marktpreisen erworben haben und durch die vorgeschlagenen Regulierungen ihre kalkulierten Ertragserwartungen nicht realisieren können (Instrumente ●96).

Aus einer wohnungspolitischen Perspektive erzeugt die Spekulation mit Immobilien das Dilemma, soziale Zielstellungen in mühevollen Auseinandersetzungen gegen machtvolle wirtschaftliche Interessen durchsetzen zu müssen oder eine Stabilität der Wohnversorgung durch die Sicherung von privaten Gewinnen zu gewährleisten. Alternativen hierzu können Strategien sein, die von vornherein auf eine Regulierung von Grundstücks- und Immobilienpreisen setzen.

Dr. Andrej Holm,
wissenschaftlicher Mitarbeiter,
Institut für Soziologie,
Humboldt-Universität zu Berlin

Literatur

Fields, Desiree: „Speculative urbanism". In: *Environment and Planning A: Economy and Space*. Nr. 2/2023, Jg. 55, S. 511–516

Weiterführende Literatur

Aalbers, Manuel/Taylor, Zac/Klinge, Tobias/Fernandez, Rodrigo: „In real estate investment we trust: State de-risking and the ownership of listed US and German residential real estate investment trusts". In: *Economic Geography*. Nr. 3/2022, Jg. 99, S. 312–335

Smith, Neil: „Toward a theory of gentrification: A back to the city movement by capital, not people". In: *Journal of the American planning association*. Nr. 4/1979, Jg. 45, S. 538–548

1
8
0

Spiegel

Spiegel

Storage

Selfstorages – flexibel anmietbare Lagerabteile zur Selbsteinlagerung, die fast rund um die Uhr zugänglich sind – waren ursprünglich eine US-amerikanische Erfindung der 1960er Jahre, die auf die wachsende Mobilität der Bevölkerung, aber auch die wachsende Zahl der Dinge pro Haushalt in der Wohlstands- und Konsumgesellschaft der Nachkriegszeit reagierte. Seit den 1980er Jahren erobert die Dienstleistung in Form von mehrgeschossigen „Hotels für Dinge" (Beck 2019: 25), Container- und Garagenanlagen sowie kleinen innerstädtischen Anlagen in leerstehenden Geschäftslokalen auch verstärkt Europa.

Die Wachstumsraten der *Storage*-Branche und die verstärkte Nachfrage nach Stauraum außer Haus zeugen jedoch nicht nur von einer erhöhten beruflichen und Beziehungsmobilität und dem Bedarf nach Zwischenlösungen etwa bei Umzügen, Trennungen, Todesfällen oder temporären Auslandsaufenthalten, sondern auch von Veränderungen in der Wohnungspolitik und am Wohnungsmarkt (Nußbaumer/Stuiber 2019: 13 f.). Stauraum innerhalb der eigenen Wohnung wird vor allem in den Städten, wo Raum knapp und teuer ist, zunehmend zur raren Ressource. Klassische Einlagerungsräume wie Dachböden werden zu Wohnungen ausgebaut, Keller bei Neubauten aus Kostengründen oft gar nicht mehr eingeplant, und die effizient geschnittene „Smart"-Wohnung hat in der Regel keinen Abstellraum mehr (Beck 2019: 25). Manche Städte, etwa Wien, haben in ihren Bauordnungen die Verpflichtung zur Schaffung von Einlagerungsräumen im Wohnungsneubau abgeschafft (Kadi 2019: 37 f.). Das soll eine Senkung der Baukosten befördern und zur Bereitstellung von bezahlbarem Wohnraum beitragen, der spätestens seit der Finanzkrise 2007/08 und dem verstärkten Investment in Immobilien knapper wird (Finanzialisierung ●64, Spekulation ●178).

Die Wohnungskrise treibt die Stauraumknappheit zusätzlich voran: In Zeiten steigender Wohnungspreise müssen viele Stadtbewohner*innen in kleinere Wohnungen wechseln (Kadi 2019: 38); andere können bei zusätzlichem Platzbedarf – etwa durch Familienzuwachs – nicht mehr so leicht in eine größere und teurere Wohnung wechseln wie früher (Lock-in-Effekt ●124). Die Auslagerung von nicht akut oder nur saisonal benötigten Dingen ins Selfstorage kann Entlastung bei Platzmangel schaffen, hat aber mit jährlichen Durchschnittspreisen von rund 290,00 Euro pro Quadratmeter Lagerfläche auch ihren Preis (FEDESSA 2023: 16). Das „banale Bedürfnis" nach Stauraum (Keckeis 2012: 23) wird damit vor allem für Menschen, die nur über ein geringes Wohnbudget verfügen, eine immer größere Herausforderung.

Dr. Martina Nußbaumer,
Kuratorin Wien Museum

Literatur

Beck, Petra: „Capitalisme sentimental. Selfstorages als Räume des Selbst". In: Nußbaumer, Martina/Stuiber, Peter (Hg.): *Wo Dinge wohnen. Das Phänomen Selfstorage.* Zürich 2019, S. 24–31

Federation of European Self Storage Associations (FEDESSA): *European Selfstorage Industry Report 2023.*

Keckeis, Carmen: *Selfstorage: eine soziologische Untersuchung des Bedarfs nach zusätzlichem Lagerraum im Kontext der Pluralisierung der Lebensstile.* Dipl.-Arb., Universität Wien 2012

Kadi, Justin: „Wenn der Platz knapp wird: Stauraum in Zeiten der Wohnungskrise". In: Nußbaumer, Martina/Stuiber, Peter (Hg.): *Wo Dinge wohnen. Das Phänomen Selfstorage.* Zürich 2019, S. 36–39

Nußbaumer, Martina/Stuiber, Peter: „Wiener Perspektiven auf das Phänomen Selfstorage. Zum Buch und zur Ausstellung Wo Dinge wohnen". In: Nußbaumer, Martina/Stuiber, Peter (Hg.): *Wo Dinge wohnen. Das Phänomen Selfstorage.* Zürich 2019, S. 12–16

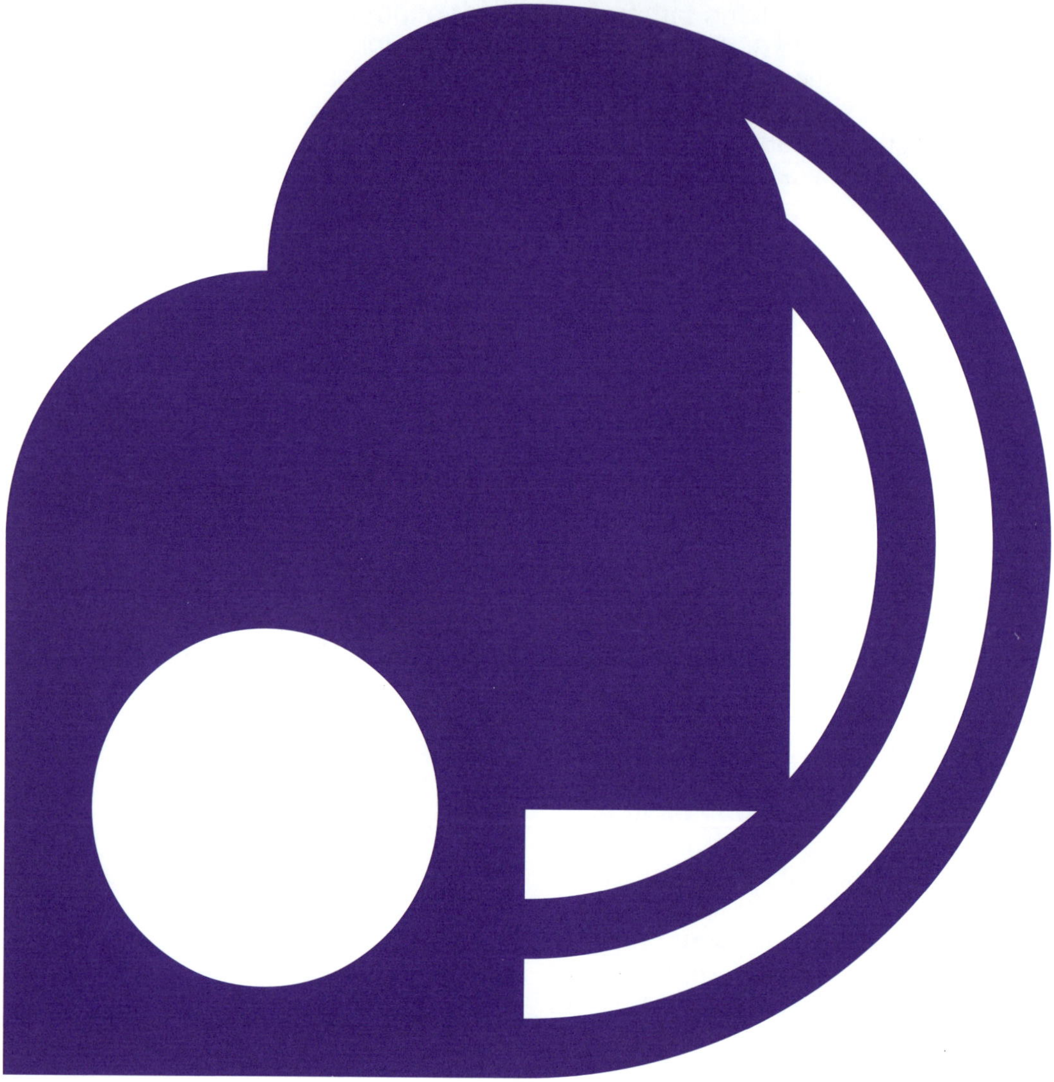

Solidarität

In *Solidarität* steckt das Wort „solide". Der Begriff stammt vom Lateinischen *solidus*, was „fest" oder „echt" bedeutet. Wenn wir umgangssprachlich sagen, jemand ist solide, meinen wir eher eine Haltung – die Haltung des Füreinander-Eintretens, des Füreinander-da-Seins, des Förderns der Zusammengehörigkeit in einer Gemeinschaft. Im Gegensatz zum Altruismus, der sich durch Selbstlosigkeit auszeichnet, setzt Solidarität auf ein Geben und Nehmen. Von Solidarität spricht man auch in der altbekannten Nachbarschaftshilfe, wenn man die Person von nebenan um ein Ei oder eine Tasse Zucker bittet, ohne dafür zu zahlen, jedoch mit dem unausgesprochenen Versprechen, in einer ähnlichen Situation gleichermaßen zu helfen (Quartier und Nachbarschaft ●154).

Das Modell des genossenschaftlichen Wohnens basiert auf einem solchen Solidarprinzip. Mitglieder einer Genossenschaft ●72 übernehmen gemeinsam Verantwortung für das Wohl und die Weiterentwicklung gemeinschaftlichen Wohnens. Es geht darum, sich gegenseitig zu unterstützen, Ressourcen fair zu teilen und zusammen Entscheidungen zu treffen, die das Wohl aller Mitglieder im Blick haben. Solidarität bedeutet auch, dass die Genossenschaftsmitglieder sich solidarisch mit anderen Genossenschaften und der genossenschaftlichen Bewegung insgesamt zeigen, gemeinsame Interessen vertreten und den genossenschaftlichen Gedanken in der Breite stärken.

Welche Faktoren stehen einem solidarischen Miteinander entgegen? Da wäre beispielsweise der Egoismus. Wenn einzelne Mitglieder einer Genossenschaft nur ihre eigenen Interessen verfolgen und nicht bereit sind, sich für das Gemeinwohl ●70 einzusetzen, beeinträchtigt dies die Solidarität innerhalb der Gemeinschaft. Weitere Faktoren sind mangelnde Kommunikation und Zusammenarbeit. Kommunizieren die Mitglieder einer Gemeinschaft nicht aktiv und werden Entscheidungen nicht gemeinsam getroffen, kann das zu Konflikten und in der Folge zu schwindender Solidarität führen. Auch soziale Unterschiede und daraus erwachsende Vorurteile, die in Benachteiligung oder gar Ausgrenzung münden können, haben Einfluss auf die Solidarität.

Schauen wir auf die aktuelle Situation der Genossenschaften: Wie stark ist das „genossenschaftliche Wir", die Solidarität in der Genossenschaft ausgeprägt? Der Wohnungsmarkt ist in Deutschland, ganz besonders in Ballungszentren, äußerst angespannt. Es liegt daher nahe, dass die Entscheidung, Mitglied einer Genossenschaft zu werden, in der Regel nicht mehr der Motivation entspringt, Teil einer Gemeinschaft und damit des solidarischen Prinzips zu werden, sondern vielmehr dem dringenden Bedarf nach bezahlbarem Wohnraum (Bezahlbarkeit ●24).

Kerstin Kirsch,
Kaufmännische Vorständin,
bbg BERLINER
BAUGENOSSENSCHAFT eG

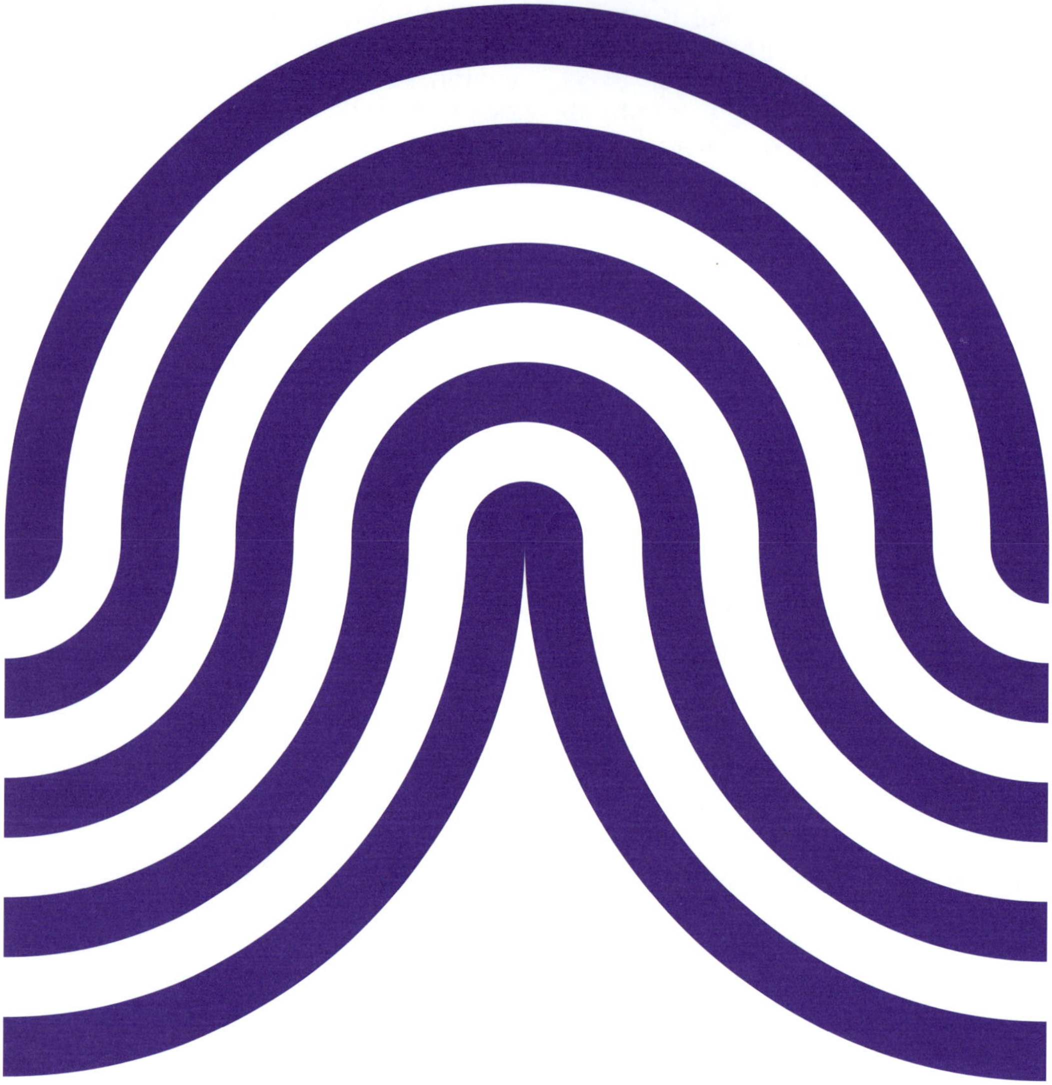

Sorgetragen

Sorgetragende Tätigkeiten, zu denen im Bereich des Wohnens sowohl hauswirtschaftliche Aktivitäten, die Betreuung von Kindern und die Pflege von Kranken und Unterstützungsbedürftigen als auch empathisches Kümmern gehören, werden im Alltag ●16 meist nur dann wahrgenommen, wenn sie fehlen, wenn niemand sie erledigt. Wie sich im historischen Rückblick zeigt, wurden und werden sie von verschiedenen Akteur*innen unter ganz unterschiedlichen Bedingungen, als bezahlte und unbezahlte Arbeit geleistet.

In der vorindustriellen Gesellschaft, im mittelalterlichen Haushalt des *„Ganzen Hauses"*, waren sorgetragende Tätigkeiten und Erwerbsarbeit miteinander verknüpft. Mit der Industrialisierung und der zunehmenden Urbanisierung wurden viele dem Sorgetragen zugeordnete Tätigkeiten von städtischen und staatlichen Institutionen übernommen. Zentral organisierte Versorgungsstrukturen und neue Gebäudetypologien wie Krankenhäuser, Schulen oder Kindergärten entstanden. Zeitgleich entwickelte sich die Idee der Fürsorge als öffentliche Aufgabe. Sie wurde nach dem Zweiten Weltkrieg als öffentliche Daseinsvorsorge verwaltungsrechtlich verankert (Häußermann/Siebel 1996).

Teil der Daseinsvorsorge waren unter anderem die Siedlungen des geförderten Wohnungsbaus, deren städtebauliche Konzeption sich an der bereits in den 1930er Jahren in der *Charta von Athen* formulierten Idee einer funktional gegliederten Stadt mit einer Trennung von Wohnen, (industrieller) Erwerbsarbeit und Freizeit orientierte. Auf der Ebene der Wohnung trugen Gesetze, Förderrichtlinien und Normen zur Standarisierung bei. Daraus resultierten häufig schematische Grundrisse, die den Wohnenden nur beschränkte Möglichkeiten der individuellen Aneignung boten. Die mit dieser Entwicklung einhergehende veränderte Organisation von sorgetragenden und hauswirtschaftlichen Tätigkeiten sowie ein sich auf die betrieblich organisierte Lohnarbeit fokussierender Arbeitsbegriff trugen dazu bei, dass die weiterhin im privaten Haushalt verbleibenden Tätigkeiten der informell und unbezahlt zu leistenden Hausarbeit zugeordnet wurden.

Die damit verbundene ungleiche Verteilung häuslicher Arbeit, die traditionelle Rollenverteilung zwischen den Geschlechtern ●76 sowie eine sich an Funktionen orientierende Planungspraxis wurden in den 1970er Jahren zum Gegenstand (feministischer) Kritik. Parallel dazu begann eine intensive Diskussion ökologischer Themen, zu welcher der 1973 vom *Club of Rome* veröffentlichte Report „Die Grenzen des Wachstums" wesentlich beitrug. In diesem Kontext entwickelte die US-amerikanische Politikwissenschaftlerin Joan C. Tronto unter dem Begriff Care ●34 ein kritisch-feministisch inspiriertes Konzept, in dem sie eine alle Lebensbereiche dominierende ökonomische, vermessende, bewertende und optimierende Sicht kritisiert (Tronto 2019).

Dr. Christiane Feuerstein,
Architektin und Lektorin, Wien

Literatur

Häußermann, Hartmut/Siebel, Walter: *Soziologie des Wohnens. Eine Einführung in Wandel und Ausdifferenzierung des Wohnens*. Weinheim, München 1996

Tronto, Joan C. (2019): „Caring Architecture". In: Fitz, Angelika/Krasny, Elke (Hg.): *Critical Care. Architecture and Urbanism for a Broken Planet*. Cambridge (Massachusetts)/London, S. 26–41

Suburbia

188

Wer an die *Europäische Stadt* denkt, hat Bilder von kompakten Strukturen und funktionaler Dichte vor Augen, sowie von Vielfalt, Migration, sozialer Mischung ●174, Urbanität und Anonymität. *Suburbia* steht für eine andere Stadtform: weitläufiger, lockerer, autoorientierter, grüner und homogener.

Die Idee aufgelockerter Siedlungen mit viel Grün entstand als Gegenentwurf zur industrialisierten Großstadt, die um die Wende vom 19. zum 20. Jahrhundert von vielen als Moloch mit katastrophalen Lebens- und Wohnbedingungen wahrgenommen wurde. „Licht und Luft!", so lautete die Forderung stadtplanerischer Modernisierungsbestrebungen. Suburbanisierung geht noch einen Schritt weiter und löst das Stadtwachstum räumlich von der Kernstadt ab. Zum gängigen Stadttypus wurde Suburbia mit der Massenautomobilisierung der Bevölkerung – in den USA bereits ab den 1920er Jahren und umfassend nach 1945; in Deutschland ab den späten 1950er Jahren. Ohne das private Auto und das Eigenheim lässt sich die suburbane Stadt nicht denken. Es sind identitäts- und strukturbildende Grundbausteine.

Für die USA gilt dies noch mehr als für Deutschland; Suburbia wurde dort wie ein Teppich über nahezu unbewohnte Gebiete ausgerollt. In (West-)Deutschland hingegen wurden alte Siedlungsräume mit einem identitätsprägenden Netz von Dörfern, Klein- und Mittelstädten überformt. Regionalplaner setzten sich für eine Siedlungsentwicklung entlang von Achsen sowie für Funktionsbündelungen, bauliche Verdichtungen und Freiraumzäsuren ein. Diese planerischen Leistungen sind vielfach sichtbar und ermöglichen trotz Autoorientierung eine Erschließung mit dem öffentlichen Verkehr. Städtebaulich ist der historische Kompromiss der Adenauer-Jahre prägend, welcher der Wohnungsnot der Nachkriegszeit sowohl mit dem Bau von Eigenheimen als auch von Großhäusern mit Mietwohnungen begegnete.

Nach Jahrzehnten der Entwicklung sind diese Räume komplexer und sozial differenzierter als gemeinhin kolportiert wird. Sie sind nicht allein aufs Wohnen angelegt, sondern bieten auch vielfältige Versorgungsmöglichkeiten; hier gibt es Geschäfte, Betriebe mit Arbeitsplätzen, Bildungsstätten, Freizeitangebote und sogar kulturelle Einrichtungen. Der Stadtplaner Tom Sieverts prägte dafür den Begriff *Zwischenstadt*.

Ihre Qualifizierung im Sinne einer weiteren funktionalen Anreicherung und Ausdifferenzierung, der Grünvernetzung und einer ästhetischen Aufwertung gilt seit den 2000ern als eine wichtige planerische Aufgabe. Eine teilweise erfolgende Transformation ●200 älterer Einfamilienhausgebiete, die ein gewaltiges Wohnflächenpotenzial bieten, ist erkennbar. Sie vollzieht sich jedoch bisher weitgehend objektbezogen und marktgesteuert im Rahmen bestehenden Baurechts. Unter den Bedingungen des Klimawandels kommen die Wärmeplanung, der Ersatz von Öl- und Gasheizungen in Einfamilienhäusern ●52 sowie neue Mobilitätskonzepte als Zukunftsaufgaben hinzu.

Suburbia ist längst zu einem eigenständigen Stadttypus geworden. Dessen weitere Transformation ist genauso eine Herausforderung wie die der dichten *Europäischen Stadt*.

Prof. Dr. Jürgen Aring,
Erster Vorstand des vhw – Bundesverband für Wohnen und Stadtentwicklung e. V.

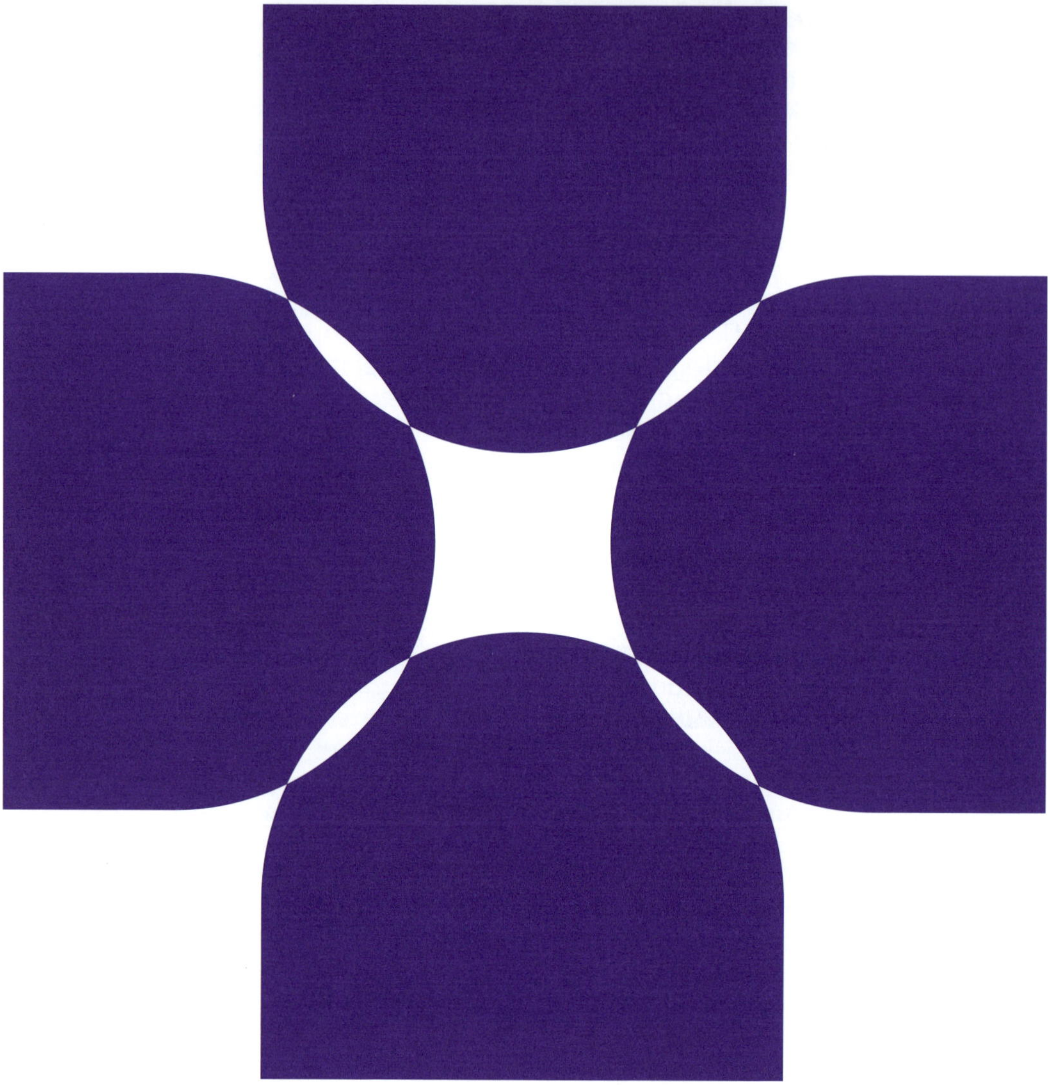

Suffizienz

Suffizienz ist neben Effizienz und Konsistenz eine von drei Strategien zur nachhaltigen Entwicklung. Während Effizienz auf die Reduktion des Energie- und Ressourceneinsatzes für Produkte oder (Energie-)Dienstleistungen zielt und Konsistenz auf den Einsatz erneuerbarer Energien sowie nachwachsender und rezyklierter Rohstoffe (Kreislaufwirtschaft ●114), hinterfragt Suffizienz deren absoluten Verbrauch (Linz 2004: 7 ff.). Beim Wohnen zeigt sich, dass seit vielen Jahren die Wohnfläche pro Person beständig zunimmt. So kommt es, dass zwar die Gebäude immer effizienter und auch zunehmend mit erneuerbaren Energien versorgt werden, der Endenergieverbrauch aber kaum sinkt (Wuppertal Institut 2023: 10). Diese Entwicklung gefährdet die Zielerreichung eines klimaneutralen Gebäudebestands bis zum Jahr 2045 in Deutschland (Nachhaltigkeit ●140).

Die Gründe für die wachsende Inanspruchnahme von Wohnfläche sind vielfältig. Ein wesentlicher Treiber ist die zunehmende Anzahl an Haushalten mit ein bis zwei Personen, die im Mittel auf deutlich mehr Fläche wohnen als größere Haushalte. Gerade ältere Personen verfügen oft über eine überdurchschnittlich große Wohnfläche, da sie häufig nach Auszug der Kinder in der familiengerechten Wohnung oder im Einfamilienhaus verbleiben (Remanenzeffekt ●162). Umfragen zeigen, dass diese Wohnsituationen mit abnehmender physischer Leistungsfähigkeit im Alter als zu groß empfunden werden können. Was ursprünglich einmal Wohlstand war, wird zur Belastung. Hinzu kommen Sorgen vor Einsamkeit ●56 und Isolation im Alter und Unterstützungsbedarfe, die die Bereitschaft beziehungsweise den Wunsch vieler älterer Menschen nach einer Veränderung der Wohnsituation erklärt: danach, in eine kleinere, barrierefreie Wohnung zu ziehen, das eigene Haus so umzubauen, dass eine Wohneinheit abgetrennt wird oder gemeinschaftlich mit anderen Menschen zu leben (Mehrgenerationenwohnen ●130).

Aus Suffizienz-Perspektive kann der Bedarf an Wohnraum und der damit verbundene, vor allem im Neubau sehr hohe Material- und Energieverbrauch durch ein bedarfsgerechtes Wohnangebot deutlich reduziert werden. Das bedeutet, dass möglichst komplementäre Wohnangebote geschaffen werden, um Personen eine angepasste Wohnsituation zu ermöglichen, ohne dass sie ihre gewohnte Umgebung verlassen müssen. Begleitende Maßnahmen, wie eine Wohnraumberatung, Umzugshilfen und entsprechend ausgerichtete Förderprogramme, können dabei unterstützen, die Veränderung der Wohnsituation in fortgeschrittenem Alter zu erleichtern (Demografie ●40).

Anja Bierwirth,
Leiterin Forschungsbereich Stadtwandel, Abteilung Energie-, Verkehrs- und Klimapolitik, Wuppertal Institut für Klima, Umwelt, Energie

Literatur

Linz, Manfred: „Weder Mangel noch Übermaß. Über Suffizienz und Suffizienzforschung". In: *Wuppertal Papers*. Nr. 145/2004. https://epub.wupperinst.org/frontdoor/deliver/index/docId/1915/file/WP145.pdf (letzter Zugriff: 16.02.2024)

Wuppertal Institut: „Suffizienzpolitik als Booster zum Erreichen der Klimaschutzziele". In: *Zukunftsimpuls*. Nr. 27/2023. https://epub.wupperinst.org/frontdoor/deliver/index/docId/8475/file/ZI27_Suffizienzpolitik.pdf (letzter Zugriff: 16.02.2024)

Taxonomie

1
9
2

Die sogenannte *EU-Taxonomie* ist ein Bewertungsschema, das dazu dient, die Nachhaltigkeit ●140 von (Wohnungs-)Unternehmen einzuschätzen und zu vergleichen. Die verwendeten Bewertungskriterien adressieren verschiedene Nachhaltigkeitsdimensionen und werden entsprechend als ESG-Kriterien (Environmental, Social, Governance) bezeichnet. Diese Kriterien verändern die Zugangsbedingungen zu Kapital ●102 grundlegend, was sich wiederum auf die Geschäftsmodelle und Handlungsstrategien von Wohnungsunternehmen auswirkt.

Um für Investor*innen am Kapitalmarkt weiterhin attraktiv zu sein, müssen Unternehmen nachweisen, dass ihre Investitionen und Geschäftsmodelle kontinuierlich strenger werdenden ökologischen und sozialen Nachhaltigkeitskriterien genügen, ohne dabei die ökonomischen Ziele aus den Augen zu verlieren. Können sie diese Kriterien auf absehbare Zeit nicht erfüllen oder den entsprechenden Offenlegungspflichten nicht nachkommen, droht ihnen der Kapitalzugang für Investitionstätigkeiten verloren zu gehen. Mittel- bis langfristig hätte das einen Wertverlust der Gebäudebestände und des Unternehmens selbst zur Folge.

Die Logik der EU-Taxonomie besteht folglich darin, die Kräfte des Kapitalmarktes zu nutzen, um Investitionen in normativ erwünschte, das heißt ESG-konforme wirtschaftliche Aktivitäten zu lenken. Vor diesem Hintergrund ist davon auszugehen, dass alle von Fremdkapital abhängigen Wohnungsanbieter*innen auf die neuen Bedingungen reagieren und ihre Geschäftsmodelle verändern. Diese Anpassung wiederum beinhaltet, dass das Anlage-, Bewirtschaftungs- und Investitionsverhalten, also die Handlungsstrategien im Umgang mit den Gebäudebeständen und Quartieren, auf eine ESG-Passung hin ausgerichtet werden.

Angestoßen durch die ESG-Zielsetzungen und weitere Regelwerke (u. a. Gebäudeenergiegesetz, EU-Gebäuderichtlinie EPBD) haben sich verschiede Strategien etabliert, die zur Erreichung der Klimaziele im Gebäudesektor beitragen sollen und unmittelbare Auswirkungen auf die Quartiere haben. Dazu zählen zum Beispiel Fassadendämmung, die Entwicklung von Mieterstrommodellen, die Diversifizierung der Technologien zur Wärme- und Energieversorgung (zum Beispiel durch Wärmepumpen, Blockheizkraftwerke, Photovoltaikanlagen) und deren Zentralisierung im Quartier ●154. In der Regel handelt es sich um investive Maßnahmen, die nicht nur zu einer verbesserten ökologischen Einstufung des Gebäudes beitragen, sondern auch den Wert der Immobilie steigern. Insofern besteht hier neben den ökologischen Motiven auch ein klarer ökonomischer Anreiz.

Eine Besonderheit ist, dass bisher nur die *ökologische,* aber nicht die Taxonomie zu *Sozialem* und Governance fertiggestellt ist. Aus wirtschaftlicher Sicht bedeutet eine unklare Regulierung ein höheres Maß an Ungewissheit, was wiederum breitere Diskussionen um mögliche zukünftige Entwicklungen zulässt.

Prof. Dr. Jan Üblacker,
Vonovia Stiftungsprofessur für Quartiersentwicklung, insbesondere Wohnen im Quartier,
EBZ Business School, Bochum

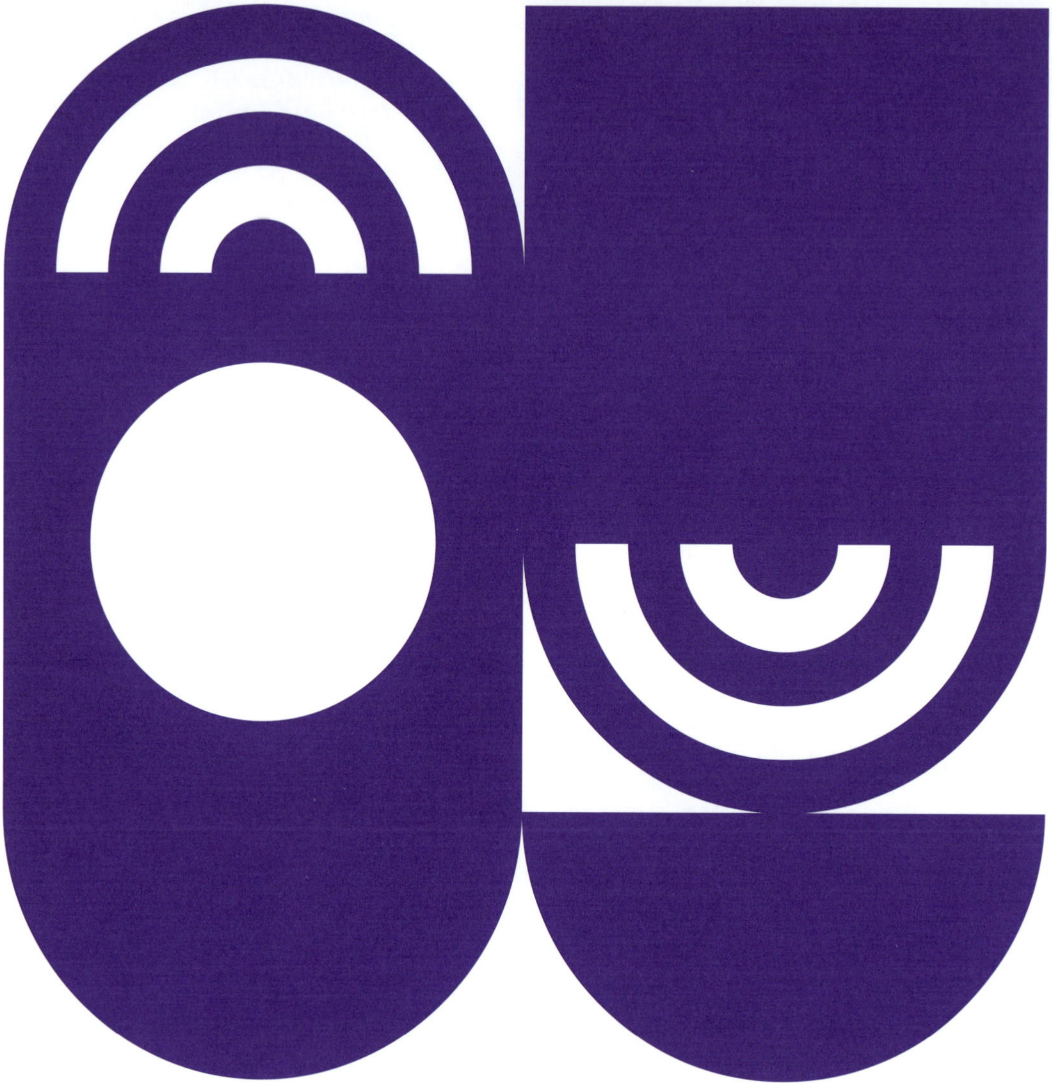

Temporalität

Wohnen unterliegt einem kontinuierlichen Wandel. *Temporalität*, also Zeitlichkeit, spielt dabei eine besondere Rolle. Der Soziologe Hartmut Rosa hat sich diese Zeitlichkeit und die „soziale Beschleunigung" der Spätmoderne genauer angeschaut (2013). Er unterscheidet die technische Beschleunigung, die des sozialen Wandels sowie die Beschleunigung des Lebenstempos in der heutigen Gesellschaft. Auch die Zunahme und Ausdifferenzierung temporärer Wohnformen ●220 gerät darüber in den Blick der Wohnungsfrage ●222.

Im Unterschied zum statistischen Wert der Wohndauer (in einer Wohnung) beschreibt der Begriff der temporären Wohnform gebaute und gelebte Formen temporären (Zusammen-)Wohnens. Multilokale Lebensweisen (beispielsweise *Living Apart Together*), digital-technologischer Wandel (wie Remote-Arbeit), die Plattformökonomie (etwa Airbnb) wie auch die Finanzialisierung ●64 des Wohnens (zum Beispiel hochpreisiges möbliertes Wohnen auf Zeit) schlagen sich im breiten Spektrum dieser temporären Wohnformen nieder (Zwischenwohnen ●244).

Insbesondere in Städten – aber auch in stark touristisch geprägten ländlichen Gegenden wie den Alpen – stellt sich die Frage, wem temporäre Wohnformen zugutekommen und inwiefern sie mit den Wohnraumbedürfnissen weniger mobiler und zahlungskräftiger Menschen konkurrieren. In Bezug auf die Qualität der Ausstattung (zum Beispiel in sogenannten Senioren*residenzen* im Vergleich zu Alten*heimen*) wird deutlich, wie sehr sich temporäre Wohnformen im Hinblick auf ihre Bezahlbarkeit unterscheiden. Außerdem sind die Auswirkungen von temporären Wohnformen auf das soziale Umfeld zu benennen. Einerseits können sie die Belebung von Innenstädten fördern, aber auch Konflikte zwischen Besucher*innen und Bewohner*innen, etwa in Quartieren ●154 mit vielen Airbnb-Apartments, verursachen. Ebenso spielen im Kontext des temporären Wohnens rechtliche Bestimmungen zur zeitlichen Begrenzung von Mietverhältnissen eine wichtige Rolle.

Um temporäres Wohnen in seiner Bedeutung für das städtische Zusammenleben genauer zu verstehen, ist es zunächst geboten, die quantitative wie räumliche Entwicklung des temporären Wohnungswesens genauer zu erfassen, um in der Folge sozialverträgliche stadtentwicklungs- und wohnungspolitische Ideen für die Gestaltung desselben zu entwickeln.

Dr. Christoph Sommer,
Wissenschaftler am Leibniz-Institut für Raumbezogene Sozialforschung (IRS), Erkner

Literatur

Rosa, Hartmut: *Beschleunigung. Die Veränderung der Zeitstrukturen in der Moderne*. Berlin 2013

Tiny **House**

Tiny Houses (TH) – Winzig-Häuser – sind optional mobile Wohnobjekte mit einer Größe von durchschnittlich zwölf Quadratmetern, die in der Regel aus Holz gefertigt werden und in ihrer ursprünglichen Form nicht über Anschlüsse an Versorgungsleitungen verfügen. Die Erbauer*innen von Tiny-Häusern können in Deutschland in der Regel einer Graswurzelbewegung zugeordnet werden, die sowohl Einzelpersonen als auch organisierte Zusammenschlüsse mit unterschiedlichen Rechtsformen (Vereine, Verbände, GbRs etc.) umfasst. Die Zielvorstellungen, welche die Anhänger*innen dieser Bewegung mit der TH-Produktion verfolgen, können dabei sehr unterschiedlich sein. Sie reichen von der Linderung der Wohnungsnot (Bezahlbarkeit ●24) über die Umsetzung von Nachhaltigkeitsidealen (Nachhaltigkeit ●140) bis hin zur Realisierung des Wunsches nach einem individuell gestalteten, flexiblen Eigenheim (Eigentum ●50).

Ein Tiny House zu produzieren oder zu kaufen und auch darin zu wohnen, setzt jedoch einiges voraus. Zum einen besteht ein Bedarf an umfangreichen Ressourcen: Geld, Baustoffe, Grundstück, Baugenehmigung, soziale Beziehungen und so weiter. Zum anderen werden mit dem Leben im TH auch Normen konstituiert, also bestimmte Regeln des Wohnens, wie das Verfolgen eines minimalistischen Lebensstils.

Dem mangelnden Angebot an Wohnraum (zum Beispiel am Ort der Erwerbsarbeit) begegnen TH-Erbauer*innen, indem sie selbstverantwortlich Wohnraum schaffen, wo dieser nicht bedarfsdeckend vorhanden ist. Allerdings ist der Standard der Wohn- und Lebensqualität im winzigen Eigenheim deutlich niedriger und eine Lösung struktureller Problemlagen lastet damit auf den Individuen (Kuhnt/Finzi 2022).

Mit Tiny-Häusern als Wohnobjekten werden milieuspezifische Vorstellungen der Gestaltung von Wohnraum und des Wohnens präsentiert und häufig in den sozialen Medien inszeniert. Das Leben im Tiny House wird dabei als umweltschonende, bedarfs- und sozialgerechte Wohnform dargestellt. Inwiefern diese Wohnobjekte den von ihren Erbauer*innen erhobenen Ansprüchen an soziales und nachhaltiges Wohnen tatsächlich gerecht werden können, ist jedoch fraglich – sind doch Produktion und Erwerb stark an das Vorhandensein und den Einsatz umfangreicher materieller wie sozialer Ressourcen gebunden (Kuhnt-Rose/Finzi 2022).

Dr. Janine Kuhnt-Rose,
Erziehungswissenschaftlerin, Jena

Literatur

Kuhnt, Janine/Finzi, Jan: „Weniger Haus, mehr Lebensqualität? Die Tiny House-Bewegung zwischen Revolte und Rendite". In: *Staats, Martin (Hrsg.): Lebensqualität. Ein Metathema*. Weinheim 2022, S. 711–726

Kuhnt-Rose, Janine/Finzi, Jan: „Selbst-Inszenierungen über das Narrativ Nachhaltigkeit: Wie Tiny House-Produzent*innen als Sozial- und Selbst-Unternehmer*innen online ‚Nachhaltigkeit' erzählen" In: Bush, Annika/Birke, Jonas (Hg.): *Nachhaltigkeit und Social Media. Bildung für eine nachhaltige Entwicklung in der digitalen Welt*. Wiesbaden 2022, S. 165–183

Touristifizierung

198

Der Begriff *Touristifizierung* umschreibt einen tiefgreifenden Veränderungsprozess, der vor allem in Stadtregionen zu beobachten ist. Ausgelöst durch stetig wachsende Besucher*innenzahlen im (Städte-) Tourismus kommt es unter anderem zu einem Rückgang von dauerhaften Wohnangeboten zugunsten von flexibilisierten Formen des Wohnens wie Kurzzeit- und Zweitwohnsitzen, *serviced apartments* oder Hotels (Temporalität ●194, Zweckentfremdung ●242). Diese Verdrängung ●210 findet zum einen direkt statt, wenn beispielsweise Mietverträge gekündigt, Mietpreise erhöht oder neue Bauprojekte errichtet werden, die auf diesen kurzfristigen, flexibilisierten Wohnbedarf ausgerichtet sind. Gleichzeitig kommt es aber auch zu indirekten Verdrängungsprozessen, denn der Ausbau touristischer Infrastruktur bedeutet oftmals, dass sich der Alltag ●16 im Wohnumfeld erheblich verändert. Nicht nur die Wohnungsangebote für Bewohner*innen verschwinden, sondern ganze Viertel werden in ihrem (urbanen) Charakter umgestaltet, da zum Beispiel die öffentlichen Räume (Parks, Plätze, Straßen) häufig einer immer stärkeren kommerziellen Nutzung unterliegen oder lokale Märkte ihr Angebot anpassen.

Gegen diese Transformationen regt sich seit geraumer Zeit Widerstand, der häufig von Bewohner*innen getragen wird (Mietenproteste ●134). Mancherorts führt das seitens der lokalen Politik und Verwaltung zu Bemühungen, bestimmte Ausprägungen des Tourismus zu regulieren oder einzuschränken. Grundsätzlich aber werden die Auswirkungen der Touristifizierung auf Wohnungsmärkte selten thematisiert, ist der Tourismus doch zu einer wichtigen, kaum kritisch betrachteten Einnahmequelle für viele Städte und Regionen geworden. Zudem ist er seit der Wirtschafts- und Finanzkrise (Krise ●116) von 2008 ein attraktives Anlagefeld für lokale, aber auch zunehmend transnationale Kapitalgeber*innen (Kapital ●102) was die Touristifizierung in vielen Orten weiter intensiviert.

Assoz. Prof. Dr. Christian Smigiel,
Fachbereich Soziologie und
Sozialgeographie, Paris Lodron
Universität Salzburg

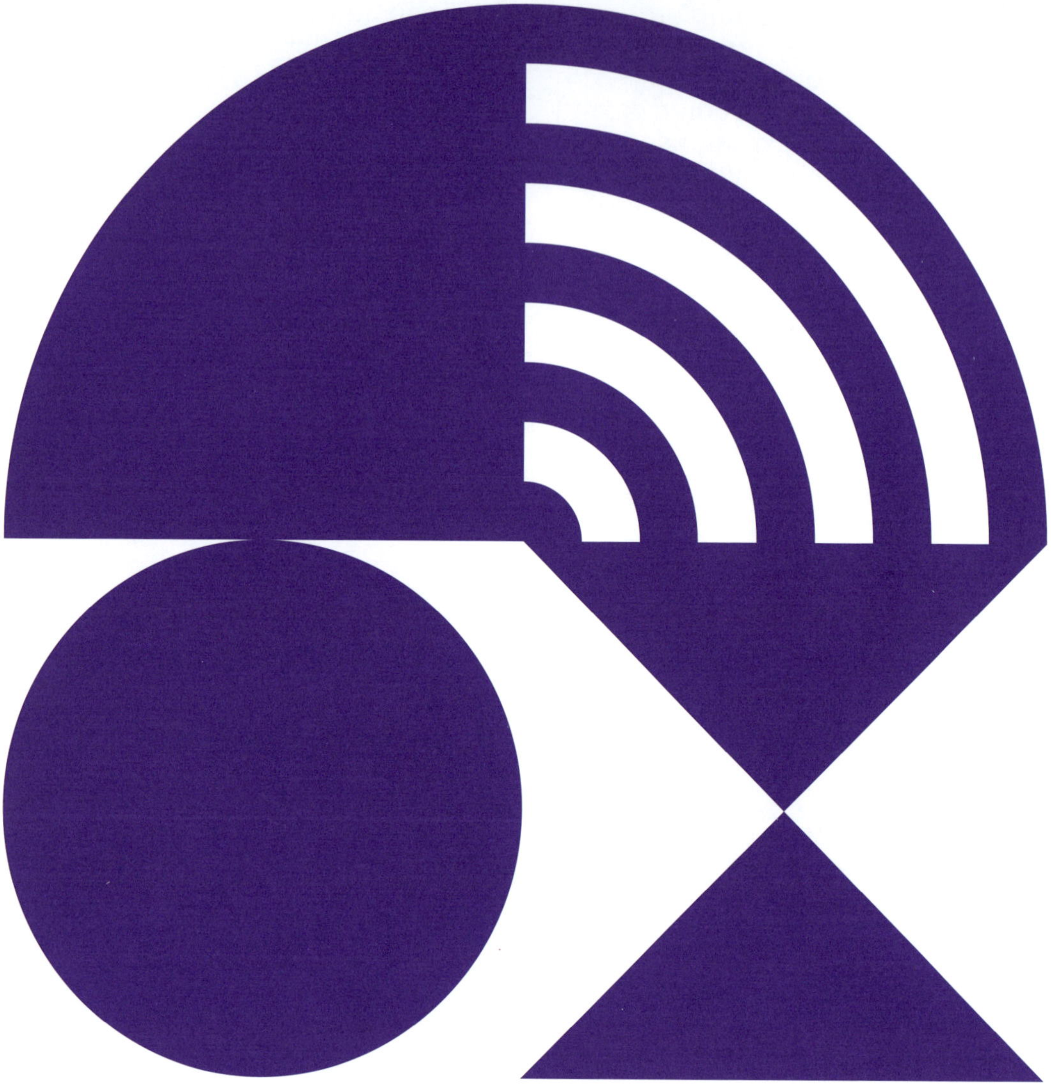

Transformation

Die „Große Transformation" zur nachhaltigen Gesellschaft bezeichnet einen Umbau unseres Wirtschafts- und Gesellschaftssystems und damit verbunden einen grundlegenden Wandel in ökonomischer, ökologischer und sozialer Hinsicht (WBGU 2016). Es geht darum, von einer ressourcenintensiven, für die Umwelt und den Menschen schädlichen Wirtschaftsform zu nachhaltigen und gerechten Verfahren zu gelangen (Nachhaltigkeit ●140). Das Wohnen ist ein inhärenter Teil unseres Lebens und auch genuiner Forschungsgegenstand, wenn es um die *Transformation* städtischer und ländlicher Räume geht. Denn wie unser Zuhause ●240 beschaffen ist, bestimmt zu einem Gutteil unseren persönlichen Alltag ●16 und ist daher ein wesentlicher Faktor gesellschaftlicher Organisation; das Wohnen ist von gesamtgesellschaftlichen Entwicklungen bestimmt und wirkt gleichermaßen auf diese zurück. Folglich muss dieser mehrdimensionale Themenkomplex im Kontext von Transformationsprozessen Beachtung finden.

Die Gestaltung von Wohninfrastrukturen und die Herausbildung neuer Wohnformen ●220 gewinnen in diesem Kontext zunehmend an Dynamik und Relevanz. Bei der „Großen Transformation" verschränken sich im Bereich von Planen, Bauen und Wohnen die sozialen, ökologischen und ökonomischen Themen geradezu paradigmatisch (Paradigmenwechsel ●148). Die Schaffung von bezahlbarem Wohnraum und die dafür weiterhin erforderliche Entwicklung von Bauland ist in vielen Städten eine der zentralen Herausforderungen für die Kommunen. Hierzu bedarf es einer *Neuen Bodenpolitik*, die auch im Hinblick etwa auf die Reduzierung der Flächeninanspruchnahme, die Fokussierung auf die Innenentwicklung sowie die Anpassung von Städten und Gemeinden an den Klimawandel zunehmend an Bedeutung gewinnt. Die Bodenpolitische Agenda ●30 vom Deutschen Institut für Urbanistik gGmbH und vom vhw – Bundesverband für Wohnen und Stadtentwicklung e. V. skizziert in diesem Zusammenhang nötige Reformen für eine Auflösung vielfältiger Blockaden in der Bodenpolitik. In den Blick genommen werden dabei vor allem all jene Instrumente ●96, die das bestehende Baurecht als Hebel nutzen, um eine sozialgerechte Bodennutzung voranzutreiben. Allerdings müssten diese und weitere Instrumente mit Blick auf eine gemeinwohlorientierte Bodenpolitik und die Herausforderungen der Zeit konsequent angewendet, weiterentwickelt und geschärft werden. Bereits heute kann jedoch der gezielte Einsatz der vorhandenen städtebaurechtlichen Instrumente einen Ansatzpunkt bieten, um die Nutzung und Verteilung des Bodens auch zugunsten der Schaffung bezahlbaren Wohnraums zu beeinflussen und Gestaltungsoptionen für ein stärker sozial-ökologisches und klimagerechtes Wohnen zu schaffen (Klimagerechtigkeit ●106).

Es ist entscheidend, neben der planerischen Gestaltung auch etablierte Wohnnormen zu hinterfragen und alternative Wohnkulturen zu entwickeln, um einen tiefgreifenden Transformationsprozess anzustoßen, der ökonomische und kulturelle Veränderungen gleichermaßen beinhaltet. Im Themenheft des Arbeitskreises „Nachhaltige Raumentwicklung für die Große Transformation – Perspektiven und Barrieren für die räumliche Planung" der ARL – Akademie für Raumentwicklung in der Leibniz-Gemeinschaft identifiziert die Ökonomin Irmi Seidl Mängel in der Diskussion um eine Wohnungssektor-Transformation und macht damit deutlich, dass eine breitere Debatte über diese komplexen Handlungsfelder dringend notwendig ist (2022). Die Förderung nachhaltiger Wohnformen mit geringerem Energieverbrauch und umweltfreundlichen Baustoffen steht im Fokus der ökologischen Wende, während Aspekte

der Bezahlbarkeit ●24 und des inklusiven Zugangs zu Wohnraum für sozial gerechte Entwicklungen zentral sind. Die Herausforderung, bezahlbaren Wohnraum sozio-ökologisch nachhaltig zu gestalten, erfordert eine kooperative, lösungsorientierte Zusammenarbeit verschiedener Expert*innen und Akteursgruppen. Die Entwicklung wohnungspolitischer Strategien muss die Komplexität dieser „Großen Transformation" im Wohnbereich berücksichtigen, indem sie interdisziplinäre Wohnforschung fördert und es somit ermöglicht, Lösungen für die vielschichtigen Herausforderungen der Wohnungsfrage ●222 zu erarbeiten.

Dr. Carolin Genz,
Seniorwissenschaftlerin und
Koordinatorin des Forschungsclusters
„Wohnen in der Stadtentwicklung",
vhw-Forschung

Fabian Rohland,
Wissenschaftler, vhw-Forschung

Duncan Barahona,
Wissenschaftler, vhw-Forschung

Dr. Diana Coulmas,
vhw-Fortbildung, Geschäftsführung
vhw Dienstleistung GmbH (Verlag)

Petra Lau,
vhw-Fortbildung, Geschäftsführung
vhw-Geschäftsstellen
Berlin/Brandenburg,
Mecklenburg-Vorpommern,
Sachsen-Anhalt

vhw – Bundesverband für Wohnen
und Stadtentwicklung e. V.

Literatur

Wissenschaftlicher Beirat der Bundesregierung Globale Umweltveränderungen (WBGU) (2016): *Der Umzug der Menschheit: Die transformative Kraft der Städte*. Berlin 2016

Seidl, Irmi: „Transformation im Bereich des Wohnens. Aufgaben, Übergänge und Folgerungen aus der Schweiz und Deutschland". In: ARL – Akademie für Raumentwicklung in der Leibniz-Gemeinschaft (Hg.): *Transformation. Nachrichten der ARL*. Nr. 1/2022, Jg. 52

Umbaukultur

Allein durch Bauen, Bauen, Bauen ●20 scheint sich weder unsere Wohnungsnachfrage zu lösen, noch wird die Bezahlbarkeit ●24 benötigter Wohnungen gewährleistet. Schnell und kostengünstig geht es viel eher im Bestand. Auch beim klimaverträglichen Bauen wird der Neubau häufig zum Irrweg, da die Entwicklung des Gebäudebestandes in aller Regel ressourcenschonender ist. Eine Antwort auf die Frage nach zukunftsfähigem (Wohnungs-)Bau liefert daher das Prinzip einer neuen *Umbaukultur*.

Stellte der Umbau in vorindustriellen Zeiten noch den Regelfall dar, kam zum 19. Jahrhundert mit der Notwendigkeit des Stadtwachstums und dem Willen zur radikalen Neuerung ein Paradigmenwechsel ●148 auf, der bis in die Gegenwart nachwirkt. Neubauorientierte Strukturen im Planungswesen und in der Bauwirtschaft stellen inzwischen ein Hindernis für den Umbau dar und lassen Abriss und Neubau ökonomischer erscheinen. Aber auch eine mangelnde Wertschätzung und Vernachlässigung des Bestands führen zu dessen Abriss und Ersatzneubau.

Wichtige Gründe, die heute für eine neue Umbaukultur sprechen, sind der Klimawandel und knappe Ressourcen. Flexibilität und eine auf den Lebenszyklus ausgerichtete umbaufähige Bauweise sollten Planungsprämissen werden. Entscheidender als die Betriebsenergie eines Gebäudes sind die Emissionen, die bei der Herstellung und auch beim Rückbau entstehen. Daher liegt der Bestand durch die im Bauwerk bereits gebundene sogenannte graue Energie in Fragen des Klimaschutzes unschlagbar vor dem Ersatzneubau. Auch die „goldene Energie“ – das sind Identität und Charakter des vorhandenen Bauwerks und seine typologischen Besonderheiten – birgt Vorteile: Sie kann für Planende und für das Handwerk individuell fordernder und dadurch inspirierender und interessanter sein als die oftmals anonyme Neubaustelle.

Neue Umbaukultur meint auch einen neuen Anlauf bei einer konsequenten Transformation ●200 unserer bestehenden Siedlungs- und Verkehrsflächen und die Vermeidung neuer Flächeninanspruchnahme. Hier setzt Umbaukultur an und hilft, mit einer klugen und kreativen Innenentwicklung ●94 den Flächenverbrauch einzudämmen. Das betrifft auch den Wandel unserer Einfamilienhausgebiete (Einfamilienhaus ●52) zu Zwei- oder Dreifamilienhaus-Siedlungen oder ansatzweise gemischten Quartieren. Umbau, der zu lebenswerteren Nachbarschaften, zu einer Aufwertung des Bestands, zu umbaufähigerem Neubau und letztlich zu einer höheren Gestaltqualität führt, kann also umfassend wirksam sein.

Reiner Nagel,
Vorstandsvorsitzender,
Bundesstiftung Baukultur

Urbane Obsoleszenz

In den europäischen Städten fallen immer wieder Gebäude aufgrund gesellschaftlicher Veränderungen aus der Nutzung. In den letzten Dekaden waren dies insbesondere gründerzeitliche Fabriken, Kasernen, Häfen und Güterbahnhöfe. Die Treiber für diese *urbanen Obsoleszenzen* wurden aber bislang nicht systematisch wissenschaftlich untersucht. Auch heute stehen viele unterschiedliche Gebäudetypen durch Megatrends wie Digitalisierung, Verkehrswende und Wandel der Religiosität unter Nutzungsdruck. Sie können eine entscheidende Ressource für die Innenentwicklung (Innenentwicklungsdilemma ●94) wachsender Großstädte bilden – für gemeinwohlorientierte Nutzungen und bezahlbares Wohnen (Bezahlbarkeit ●24), für eine resilientere Gestaltung der Quartiere ●154 und deren Anpassung an den Klimawandel sowie für neue Infrastrukturen, die für die Verkehrswende und für die Versorgung mit erneuerbaren Energien erforderlich werden. Allesamt Funktionen, die auch dem Wohnumfeld zuzurechnen sind (Team Obsolete Stadt 2023: 4).

Viele betroffene Gebäudetypen wie Bürohäuser oder Kaufhäuser eignen sich für die Transformation ●200 in Wohnraum. Aber auch erste Parkhäuser, Shoppingmalls und Kirchen wurden bereits in Wohnraum umgewandelt – oder es liegen konkrete Pläne dafür vor. Großflächige, ebenerdige Parkplätze, mit denen unsere Städte übersät sind, könnten zumindest teilweise anderen Nutzungen wie dem Wohnen zugeschlagen werden. Ebenso stellen die immensen Friedhofsüberhänge Potenziale für das Wohnumfeld dar und können beispielsweise zu Park- und Spielflächen umfunktioniert werden, wie Best-Practice-Beispiele zeigen.

Wichtig ist, die Perspektive des Einzelobjekts zu verlassen, denn dort, wo sich perspektivisch Obsoleszenzen häufen, befinden sich die Transformationsfelder von Morgen. Hier lassen sich mit Vorausschau gemeinwohlorientierte, klimagerechte und produktive Quartiere entwickeln, weitestgehend im Bestand, also ohne neue Ressourcen zu beanspruchen. Gerade in einer Zeit, in der Material- und Energiepreise stetig anwachsen und Neubauvorhaben schwer zu kalkulieren sind, wächst die Bedeutung des Gebäudebestands und seiner grauen Energie ohnehin – das gilt auch für die Bereitstellung von bezahlbarem Wohnraum. Das Obsolete der Stadt wird damit immer mehr zu einem essenziellen Fundament einer nachhaltigen, zirkulären Stadtentwicklung (Kreislaufwirtschaft ●114) und des Wohnens.

Prof. Dipl.-Ing. Stefan Rettich,
Städtebau, Universität Kassel

Literatur

Forschungsteam Obsolete Stadt (Hg.) (2023): „Obsolete Stadt. Raumpotenziale für eine gemeinwohlorientierte, klimagerechte und koproduktive Stadtentwicklungspraxis in wachsenden Großstädten". https://obsolete-stadt.net/bericht/ (letzter Zugriff: 16.02.2024)

Utopie

Die *Utopie* (griech.: „Nicht-Ort") hat seit jeher die menschliche Vorstellungskraft beflügelt. Sie repräsentiert seit der Antike die Idee von einer Welt, in der alles im Einklang existiert und die Probleme der Gegenwart überwunden sind. Utopien können politisch, sozial oder technologisch geprägt sein und spiegeln die Sehnsucht nach einem besseren Leben wider.

Im Kontext des Wohnens wird die Verbindung zwischen Utopie und der Gestaltung von Lebensräumen auf besondere Weise deutlich. Schon immer haben Menschen nach einem idealen Zuhause ●240 gestrebt, in dem Komfort, Ästhetik und Gemeinschaft harmonisch verschmelzen. In der Moderne des frühen 20. Jahrhunderts setzte man auf eine radikale Bauästhetik (Ikone ●90), lichtdurchflutet und minimalistisch, wo der Mensch mit Hilfe der Technik ein komfortables Leben führt.

Doch heutige Utopien richten ihren Fokus auf andere Aspekte: So stehen nachhaltige Architektur, ein schonender Umgang mit Ressourcen, energieeffiziente Systeme und eine sozial gerechte Verteilung von Wohnraum im Vordergrund. Utopien können inspirieren, müssen aber auch den Praxistest bestehen. Die Realisierung solcher Ideale in der breiten Masse stößt auf technische, finanzielle, politische und gesellschaftliche Grenzen und muss stets kritisch hinterfragt werden.

Dennoch haben utopische Ideen das Wohnen vorangebracht, indem sie Innovationen anregten. Wie der Architekt Le Corbusier es formulierte: „Die Utopie ist die Realität von morgen." Viele moderne Wohnkonzepte basieren auf einst utopischen Ideen: Moderne Wohngenossenschaften reduzieren beispielsweise den Flächenverbrauch des*der Einzelnen durch Gemeinschaftsräume (Suffizienz ●190), die von allen Bewohner*innen genutzt werden, und machen Wohnen auch in Großstädten für Menschen mit geringem Einkommen erschwinglich. Vieles scheint möglich: Städte auf fremden Planeten, Häuser aus dem 3D-Drucker oder Orte, an denen es keine Obdachlosigkeit gibt. Ob in der Stadt oder auf dem Land, die Utopie dient als Leitstern, der die Grenzen des Machbaren verschiebt und unser Wohnen zu einem sich ständig verändernden Experimentierfeld macht. Denn jede Utopie spiegelt auch den Zeitgeist der Gegenwart.

Insgesamt zeigt die Verbindung zwischen Utopie und Wohnen, wie stark menschliche Träume die Art und Weise beeinflussen, wie wir unsere Lebensräume gestalten. Sie erinnern daran, dass zunächst undenkbare Lösungen erforderlich sind, um den Bedürfnissen von heute und morgen gerecht zu werden (It's Spin Time! ●317). Trotz der Unmöglichkeit einer direkten Umsetzung dienen Utopien als Motor des Fortschritts. Indem sie in die Debatten der Wohnungsfrage ●222 eingebracht werden, öffnen sie den Raum für neue Perspektiven und kreative Ansätze, die zu einer Verbesserung des Wohnens weltweit führen können.

Marius Hoppe,
wissenschaftlicher Mitarbeiter
am Kulturamt Pforzheim

Zuvor war Hoppe am Bauhaus-Museum der Klassik Stiftung Weimar und dort Teil des Kurator*innenteams der Ausstellung „Wege nach Utopia. Wohnen zwischen Sehnsucht und Krise".

ä

dr ng

Ver ung

Wenn zuziehende Personen den Platz der bisherigen einnehmen, das heißt letztere ihre Wohnung und zum Teil den Stadtteil verlassen müssen, dann handelt es sich um gentrifizierungsbedingte *Verdrängung* (Gentrifizierung ●74). Unterschieden wird die *direkte Verdrängung*, etwa, weil Wohnungen saniert oder ersetzt werden, von der *indirekten* oder *symbolischen Verdrängung*, bei der zum Beispiel die veränderten Lebensstile ein (Weiter-)Leben am Ort unmöglich machen (Marcuse 1985). Akut wird Verdrängung in Zeiten und an Orten, an denen sich ein Gebiet dynamisch entwickelt, das heißt für viele Menschen als Wohnort attraktiv ist, deshalb (verdichtet) bebaut wird und daraus resultierende negative Faktoren wie steigende Wohnkosten zum Wegzug führen (Bezahlbarkeit ●24).

Um das Aufeinandertreffen (*Invasion*), die zeitliche Aufeinanderfolge (*Sukzession*) oder die räumliche Aufteilung von Bevölkerungsgruppen (Segregation ●168) zu beschreiben, nahmen die Pionier*innen der Wohnforschung begrifflich Anleihen aus der Biologie, was heute kritisch betrachtet wird. Zusätzlich zu diesem makrostrukturellen Blick auf Verdrängung wird jüngst das Erleben, also die biografische Subjektseite (Meuth/Reutlinger 2023) erforscht. Betroffene müssen dieses fremdbestimmte und krisenhafte Ereignis verarbeiten und etwa mit steigendem Druck, Unsicherheit oder Ohnmacht umgehen, mit Gefühlen der Entwurzelung, der Angst vor sozialem Abstieg oder mit brüchiger Solidarität (Forms of Brutality ●289).

Mit der Subjektseite werden Ein- und Ausschlussmechanismen sowie die Folgen von renditeorientierten Investitionspraktiken oder Effekte staatlicher Strategien (López-Morales 2019) auf die Wohnraumversorgung sicht- und damit verhandelbar. Solange Wohnen primär als Ware ●218 und nicht als soziale Daseinsvorsorge betrachtet wird, bleibt Verdrängung ein strukturelles Problem.

Dr. Miriam Meuth, Dozentin und Projektleitung Institut für soziokulturelle Entwicklung, Programmleitung MAS Gemeinde-, Stadt- und Regionalentwicklung, Hochschule Luzern

Prof. Dr. Christian Reutlinger, Professur Stadt und Gesundheit, Fachhochschule Nordwestschweiz

Literatur

Marcuse, Peter: „Gentrification, Abandonment, and Displacement: Connections, Causes, and Policy Responses in New York City". In: *Journal of Urban and Contemporary Law*. Nr. 1/1985, Jg. 28, S. 195–240

Meuth, Miriam/Reutlinger, Christian: *Entmietet und verdrängt: Wie Mieter*innen ihren Wohnungsverlust erleben*. Bielefeld 2023

López-Morales, Ernesto: „State-Led Gentrification". In: Orum, Anthony M. (Hg.): *The Wiley Blackwell Encyclopedia of Urban and Regional Studies*. 2019, S. 1–6

Vergesellschaftung

212

Artikel 15 des Grundgesetzes erlaubt die *Vergesellschaftung* von Produktionsmitteln, Naturschätzen sowie von Grund und Boden. Vergesellschaftung bedeutet, die Bewirtschaftung dieser Güter im privaten Interesse durch eine Form gemeinnütziger Bewirtschaftung abzulösen. Typischerweise wird dafür das Eigentum ●50 entzogen.

Ebenso wie Produktionsmittel wird gerade auch städtischer Grund vielfach unternehmerisch verwertet (Bodenfrage ●26). Die Grundstücke können mit Produktionsanlagen, Werkstätten, Büro- oder Wohngebäuden bebaut und in diesem Zusammenhang verkauft, vermietet oder verpachtet werden. Der dabei erzielte Gewinn der Grundeigentümer*innen verdankt sich im Wesentlichen keiner eigenen Leistung, sondern dem bloßen Innehaben des Eigentums. Eine Stellung als Großgrundeigentümer*in kann zudem eine gesellschaftliche und politische Machtposition begründen (Kapital ●102). Das kann in einer demokratischen Ordnung, die eigentlich eine gleichberechtigte politische Teilhabe aller Bürger*innen gewährleisten soll, problematisch erscheinen (Beteiligung ●22).

Nach 1945 standen diese Zusammenhänge vielen klarer vor Augen als heute. Darum haben die Autor*innen des Grundgesetzes dem einfachen Gesetzgeber mit Art. 15 GG die politische Möglichkeit zur Vergesellschaftung eröffnet. Das gilt auch für den Gesetzgeber eines Bundeslandes, auch wenn die Landesverfassung selbst keine Vergesellschaftungsbefugnis enthält.

Nach Art. 15 GG muss eine Vergesellschaftung durch ein Gesetz erfolgen, in dem auch eine Entschädigung festzulegen ist. Anders als bei einer gewöhnlichen *Enteignung*, etwa im Dienst von Städtebau, Denkmalschutz oder Ausbau von Infrastruktur, erfolgt die Entschädigung für eine Vergesellschaftung aber nicht zum Marktwert. Das wäre widersprüchlich, spiegelt doch der Marktwert die möglichen Gewinne aus privater Verwertung wider, die durch die Vergesellschaftung gerade beendet wird.

Ungeachtet ihrer Verankerung im Grundgesetz wurde in der Bundesrepublik bisher keine Vergesellschaftung unternommen. Aber auch Vorstöße zu einer Streichung von Art. 15 GG haben keine Mehrheit gefunden.

Im September 2021 jedoch hat sich im Land Berlin im Rahmen eines Volksentscheids eine große Mehrheit der Bevölkerung für eine Vergesellschaftung der Bestände großer Wohnungsunternehmen ausgesprochen. Eine Expert*innenkommission hat die rechtliche Zulässigkeit und fiskalische Machbarkeit des Vorhabens bestätigt. Auf dieser Grundlage soll nach dem Willen der Berliner Landesregierung aber kein Gesetz zur Vergesellschaftung von Wohnungsbeständen verabschiedet werden, sondern ein *Vergesellschaftungsrahmengesetz*. Darin sollen allgemeine Maßgaben für etwaige künftige Vergesellschaftungen festgelegt werden, und zwar von Wohnungen, aber auch von Infrastruktureinrichtungen, zum Beispiel für die Wasser- oder Energieversorgung ((Re)Kommunalisierung ●160).

Den Sinn dieses Vorhabens kann man bezweifeln. Die von der Regierung anvisierte Prüfung des Rahmengesetzes durch das Bundesverfassungsgericht wird keine Rechtssicherheit einbringen, weil die Maßgaben des Gesetzes zu allgemein bleiben werden. Eine vielleicht beabsichtigte Erschwerung einer nachfolgenden (Volks-)Gesetzgebung zur Vergesellschaftung großer Wohnungsunternehmen kann ein Rahmengesetz auch nicht bewirken. Denn ein entsprechendes Gesetz hätte denselben Rang wie das Rahmengesetz, und unter gleichrangigen Gesetzen geht stets das spätere vor. Trotz

des Rahmengesetzes blieben daher allein die Vorgaben aus Art. 15 GG maßgeblich.

Prof. Dr. Florian Rödl,
Professor für Bürgerliches Recht, Arbeits- und Sozialrecht, Freie Universität zu Berlin, Mitglied der Berliner Expertenkommission zum Volksentscheid „Vergesellschaftung großer Wohnungsunternehmen"

Wachstumsschmerzen

Angesichts der hohen Nachfrage nach urbanem Wohnraum und der weiterhin in etlichen Ballungsräumen verfügbaren ungenutzten Stadtumbauflächen richtet sich die städtebauliche Entwicklung vielfach auf die inneren Lagen der (nachgefragten) Städte (Innenentwicklungsdilemma ●94). Inzwischen wurden jedoch viele einfach nachnutzbare Brachen reaktiviert, sodass zunehmend auf schwieriger zu mobilisierende Potenzialflächen zurückgegriffen werden muss – wenn auf Zersiedelung und Flächenwachstum am Stadtrand so weit wie möglich verzichtet werden soll. Die damit verbundene Verdichtung der Städte geht mit zahlreichen *Wachstumsschmerzen* einher.

So ziehen die Zunahme der innerstädtischen Wohnbevölkerung und ihre vielfältigen Lebensstile kleinräumige Alltagskonflikte und Übernutzungserscheinungen nach sich. Diese äußern sich beispielsweise in nächtlichem Lärm auf öffentlichen Plätzen mit anliegender Wohnbebauung, der Verschmutzung von Grünflächen oder der Überlastung von Hauptverkehrsstraßen. Die hohe Flächenausnutzung bei Neubauvorhaben und die Ausschöpfung verfügbarer Restflächen für eine Bebauung erschweren überdies die Suche nach Grundstücken für soziale Infrastruktureinrichtungen wie Schulen und Kindergärten, an denen gleichzeitig ein erhöhter Bedarf zu verzeichnen ist. Zudem hat sich die beschriebene Situation in den letzten Jahren durch die Aufnahme Geflüchteter zusätzlich verschärft, für deren Unterbringung auch weniger geeignete Flächen und Gebäude herangezogen werden mussten (Flucht ●66).

Gleichzeitig setzen sich Bewohner*innen innerstädtischer Quartiere ●154 für eine hohe Lebensqualität und die Bewahrung unbebauter Freiflächen ein (Beteiligung ●22). Beinahe jedes Wohnungsneubauvorhaben in größeren Städten stößt auf öffentliche Kritik bis hin zu schroffer Ablehnung in Planungsverfahren. Die Auseinandersetzung mit den oft berechtigten Einwänden und eine gerechte Abwägung aller planerischen Belange wird immer aufwendiger, sodass sich die weitere Innenentwicklung verzögert oder gar an Grenzen stößt. Auch die hohen Anforderungen an die Bauausführung und steigende Grundstückspreise verschärfen die ohnehin angespannte Lage am Wohnungsmarkt weiter. Diese Wachstumsschmerzen können von kleineren Umlandgemeinden in Ballungsräumen mit sehr hohen Anteilen von Wohneigentum bisweilen stadtentwicklungspolitisch vernachlässigt werden, für florierende Kernstädte stellt sich jedoch die Frage, wie sie ihr Wachstum überhaupt noch wohnungspolitisch bewältigen sollen (Bertram/Altrock 2021).

Prof. Dr.-Ing. Uwe Altrock,
Stadterneuerung und Planungstheorie, Universität Kassel

Literatur

Bertram, Grischa/Altrock, Uwe: „Wachstumsschmerzen. Kommunale Strategien und ihre Wirkungen". In: *vhw Schriftenreihe*. Nr. 30/2021

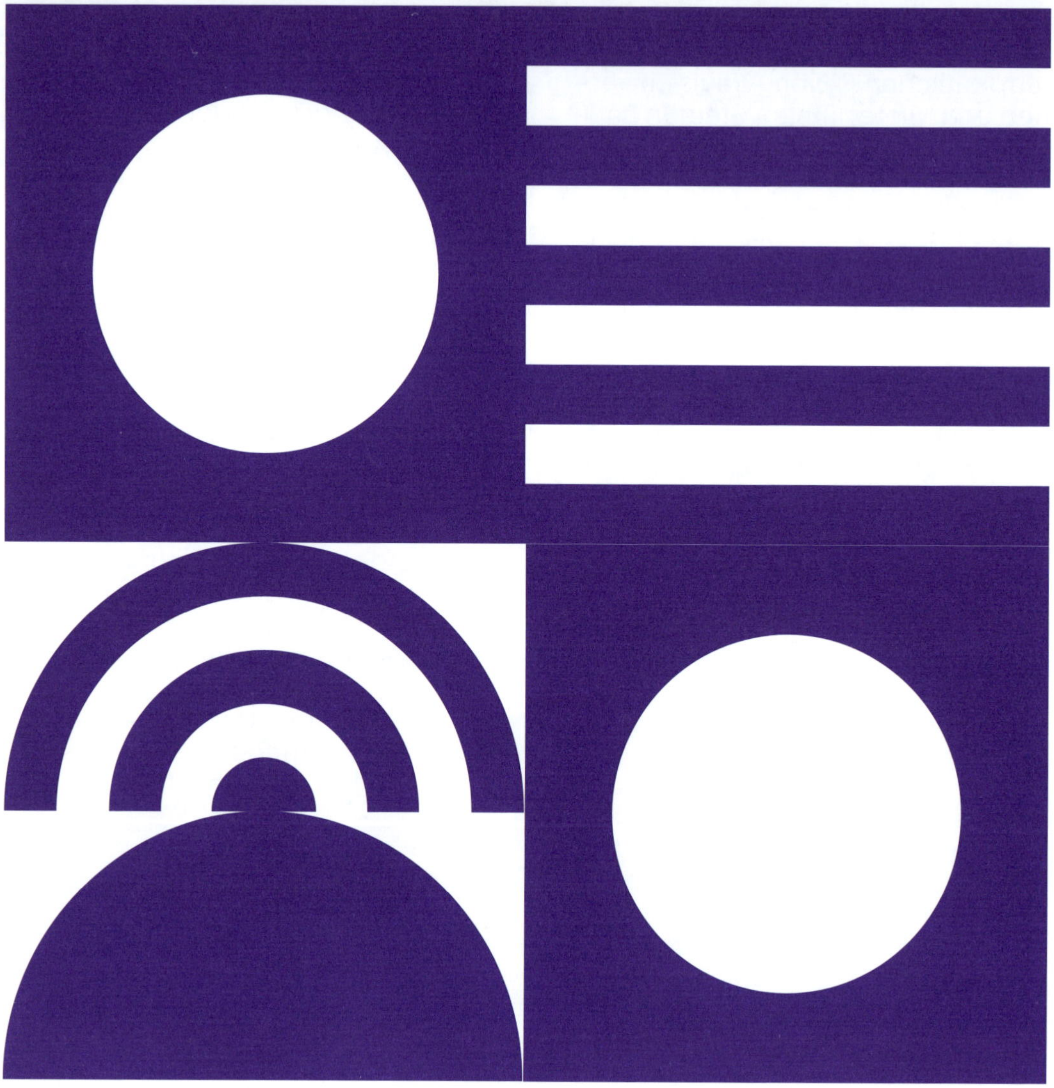

Ware

„Wohnraum darf keine Ware sein!“, lautet einer der Slogans, der bei Mietenprotesten ●134 von Aktivist*innen und Mieter*innenvereinen häufig zu hören ist. Damit beziehen sie sich implizit oder explizit auf die Analyse der Warenform, die der Ökonom und Gesellschaftstheoretiker Karl Marx vor über 150 Jahren herausgearbeitet hat. Er unterscheidet zwei Seiten der Ware: den Gebrauchswert und den Tauschwert. Mit dem Gebrauchswert bezeichnet er die Eigenschaften einer Sache, die sie nützlich machen: Brot kann man essen, Apfelsaft trinken, in Wohnraum wohnen. Der Gebrauchswert allein macht Dinge noch nicht zu Waren. Das passiert erst, wenn sie zum Zweck des Tausches gegen (möglichst viel) Geld für einen Markt produziert werden. Kommen beide Seiten in der Ware zusammen, wird der Gebrauchswert zum Mittel und der Tauschwert zum Zweck. In der Folge werden Dinge produziert, weil Dritte ihren Nutzen brauchen oder wollen und – wohl oder übel – dafür zu zahlen bereit sind; den Produzent*innen geht es aber nur darum, aus Geld mehr Geld zu machen, also Kapital ●102 zu vermehren.

Wohnraum wird überwiegend in dieser Warenlogik produziert: weil Menschen Wohnraum brauchen *und* sich damit Kapital vermehren lässt. Im Ergebnis entstehen immer mehr Luxuswohnungen ●126 bei gleichzeitigem Mangel an bezahlbarem Wohnraum vor allen in städtischen Ballungszentren, während auf dem Land kaum gebaut wird.

Zugleich existieren Eigentumsstrukturen und Rechtsformen, bei denen der Gebrauchswert im Vordergrund steht und die bezahlbar(er)en Wohnraum ermöglichen: Genossenschaften ●72, öffentliche und gemeinnützige Wohnungsbauunternehmen, Stiftungen, Projekte im Mietshäuser Syndikat ●138. Leider ist zu konstatieren, dass deren quantitative Bedeutung in Deutschland kontinuierlich abnimmt und einige von ihnen zunehmend den Tauschwert in den Vordergrund rücken. Weichenstellend war für beide Trends das Ende der Wohnungsgemeinnützigkeit 1990, mit der nicht profitorientierte Akteur*innen gefördert worden waren. Um den Warencharakter des Wohnens zurückzudrängen und „Wohnen für alle“ bezahlbar(er) zu machen, wäre eine Wiedereinführung in neuer Form ein erster Schritt (Neue Wohngemeinnützigkeit ●144), die Vergesellschaftung ●212 warenförmigen Wohnraums ein weiterer. Die starken Gegenreaktionen seitens der Immobilienbranche und ihrer Unterstützer*innen zeigen, wie viel Einfluss die Waren- und Marktlogik auf die Gestaltung der Wohnraumversorgung hat, und verweisen insofern auf die Macht der Warenform.

Prof. Dr. Bernd Belina,
Professor für Humangeographie,
Goethe-Universität Frankfurt am Main

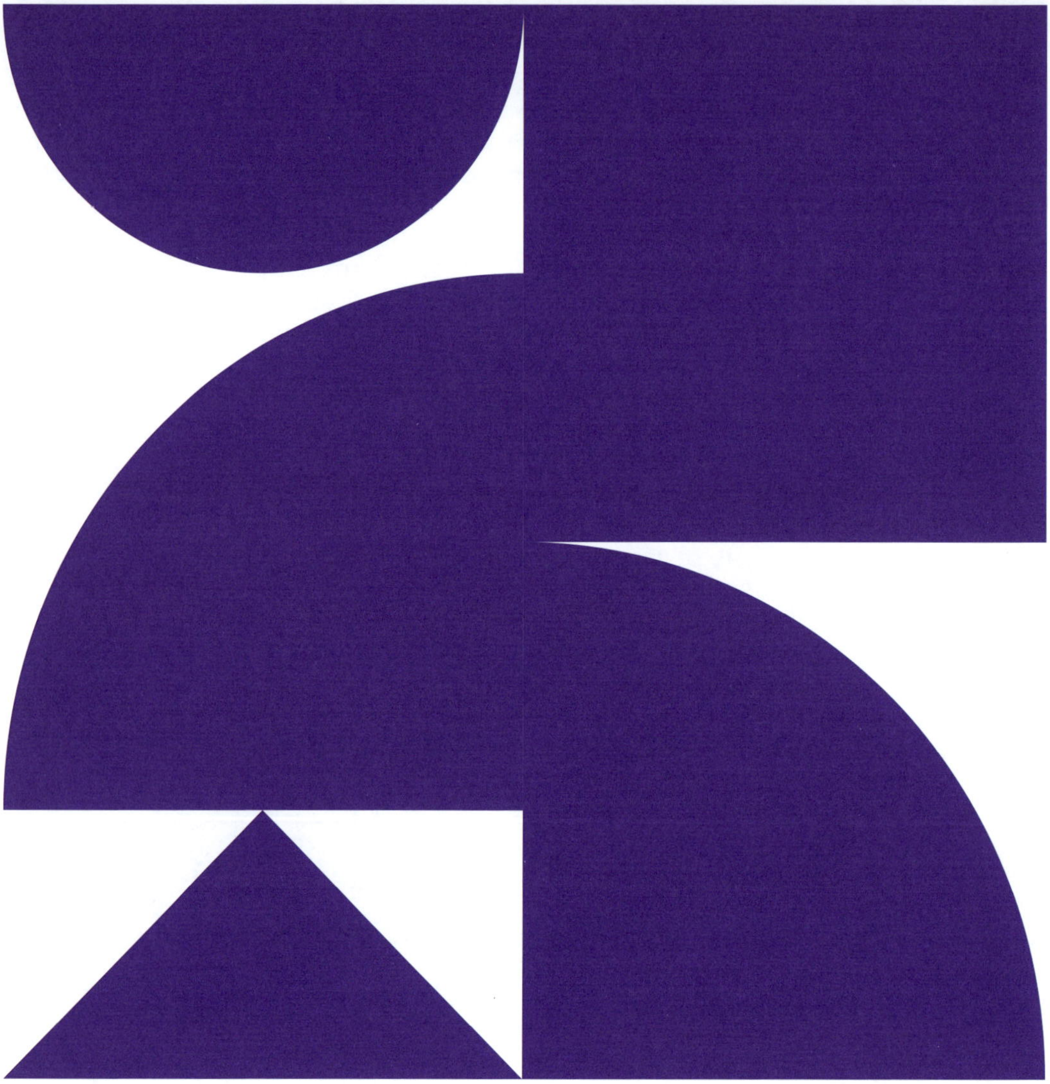

Wohnformen

Dreht sich die wohnungspolitische Debatte nicht ohne Grund häufig um die Bekämpfung des Wohnraummangels, darf man die qualitative Dimension des Wohnens nicht vergessen. Dabei sind vor allem *Wohnformen* interessant, die Impulse für eine soziale und ökologische Quartiersentwicklung ●156 setzen.

Formen des gemeinschaftlichen Wohnens für Jung und Alt, preiswertes und gutes Wohnen auf kleinem Raum, aber auch flexibles und temporäres Wohnen (Temporalität ●194) stehen für eine bemerkenswerte Formenvielfalt. Angesichts des demografischen Wandels ●40 sowie veränderter Arbeitsbedingungen und Lebensformen wächst die Bedeutung alternativer, oft auch gemeinschaftsorientierter Wohnformen – weg vom abgeschlossenen Zuhause, weg vom inselhaften Wohnen im Einfamilienhaus ●52, hin zum gemeinschaftlichen und multifunktionalen Wohnraum.

Nicht alles ist neu, manches wurde oft versucht und praktiziert. Es geht ganz wesentlich um vielfältige Wünsche nach eigenverantwortlicher Gestaltung der individuellen Wohnverhältnisse jenseits der traditionellen, in der Regel an der Kleinfamilie anknüpfenden Wohnformen. Diese „neuen" Wohnformen beziehen sich auf gemeinschaftliche Bau- und Eigentumsweisen oder auch auf die Art der Haushaltsorganisation und des gemeinschaftlichen Zusammenlebens. Dabei steht die Gruppenorientierung der Vereinzelung und Isolation als bestimmendem Trend in unserer Gesellschaft gegenüber und verweist auf das Bedürfnis nach Gemeinschaft, Unterstützung und Wahlverwandtschaften (Einsamkeit ●56).

Gemeinschaftliche Wohnformen bieten viele Vorteile: Zusammenhalt, der über normale nachbarschaftliche Beziehungen hinausgeht, Orte der Begegnung, die Kostenersparnis gegenüber dem Haus im Grünen oder Chancen, flexibilisierte, mobile Arbeitsformen mit dem Wohnen zu verknüpfen. Insgesamt geht es darum, die Wohnsituation in einer sich verändernden Welt entsprechend umzugestalten. Denn die aktuelle Wohnungspolitik scheint diese Umgestaltungen noch nicht schwerpunktmäßig zu adressieren. Doch könnte es im Sinne einer zukunftsgewandten, sozialen und ökologischen Stadt- und Quartiersentwicklung zielführend sein, diese alternativen Wohnformen und die dort erprobten Entwicklungen mit entsprechenden Förderinstrumenten stärker zu unterstützen. „Das fehlende Verbindungsglied zwischen Utopie ●208 und dem altgedienten Einfamilienhaus" – so umschrieb ein Mitorganisator die erste 1972 in der Nähe von Kopenhagen bezogene Co-Housing-Siedlung und deutete damit auf das Potenzial neuer Wohnformate, gesellschaftliche Entwicklung zu beeinflussen.

Manfred Sternberg,
Geschäftsführer der Sozialdemokratischen Gemeinschaft für Kommunalpolitik in der Bundesrepublik Deutschland e. V.

Wohnungsfrage

Bereits seit Mitte des 19. Jahrhunderts wird die *Wohnungsfrage* als Grundproblem der Wohnungsversorgung im Kapitalismus thematisiert. Ausgangspunkt der Wohnungsfrage, wie sie der Gesellschaftstheoretiker Friedrich Engels 1872 analytisch skizziert, ist die Unmöglichkeit, Wohnen als Grundbedürfnis für alle Menschen angemessen und bezahlbar zu gewährleisten, wenn Wohnraum und Boden als Wirtschaftsgut in den kapitalistischen Verwertungsprozess einbezogen werden.

Wesentlich begründet ist dies in den besonderen Merkmalen von Wohnraum als Gut: Weil Boden eine begrenzte Ressource ist, kann auch Wohnraum nicht unbegrenzt gebaut werden; zudem ist die Produktion von Wohnraum kapital-, zeit- und wissensintensiv. Steigt die Nachfrage nach Boden und Wohnraum an einem Standort, wie es etwa im Zuge der rasanten Urbanisierung im 19. Jahrhundert der Fall war, kann das Wohnungsangebot deshalb weder schnell noch unbegrenzt vermehrt werden (Bodenfrage ●26). Allein aufgrund von Knappheit wächst daher ohne Zutun der Eigentümer*innen der Wert von Boden und Wohnraum, sodass höhere Gewinne erwirtschaftet werden können, beispielsweise durch Mieterhöhungen, ertragreichere Nutzungen oder Verkauf. In der Folge müssen jene, die auf Wohnraum angewiesen sind, entweder höhere Wohnungspreise, Abstriche bei der Wohnqualität oder einen anderen Wohnstandort und damit womöglich längere Wege in ihrem Alltag ●16 in Kauf nehmen. Wo eine Steigerung von Rendite hingegen nicht zu erwarten ist, bleiben oftmals Investitionen in den Wohnungsbestand, zum Beispiel Modernisierung oder Barrierefreiheit, aus. Anstelle des in marktliberalen Konzepten erhofften Ausgleichs zwischen Angebot und Nachfrage produziert der Wohnungsmarkt also regelmäßig einen Mangel an bezahlbarem, angemessenem Wohnraum, eine soziale Ungleichverteilung von Wohnqualität und (stadt)räumliche soziale Segregation ●168.

Die Wohnungsfrage thematisiert folglich sowohl die soziale und stadtentwicklungspolitische Dysfunktionalität als auch die grundlegende strukturelle Ungerechtigkeit marktliberaler Wohnungsversorgung: Die einen müssen wohnen und können den Ort des Wohnens meist nicht frei wählen. Die anderen bieten Boden oder Wohnraum an, gestalten ohne ernsthaftes Konkurrenzgeschehen die Preise und realisieren allein aufgrund von Marktdynamiken leistungslose Gewinne. Ein gerechter Austauschvertrag im Sinne des modernen bürgerlichen Rechts aber setzt funktionsfähige Märkte und gleichberechtigte Partner*innen voraus. Beides ist aufgrund des systemischen Widerspruchs zwischen Wohnen als Grundbedürfnis und als begrenzte Ware ●218 im Wohnungsmarkt nicht gegeben.

Historisch zeigt sich, dass die Wohnungsfrage vor allem untere Einkommensgruppen dauerhaft trifft. Gesellschaftliche Aufmerksamkeit aber erhält sie stets dann, wenn der Mangel an bezahlbarem und angemessenem Wohnraum auch mittlere Einkommensgruppen erreicht, wobei sich Ausprägung ebenso wie auch konkrete Auslöser dieser regelhaft wiederkehrenden Wohnungskrisen historisch durchaus unterscheiden. Inwieweit jeweils der Mangel an bezahlbarem Wohnraum und die ungleichen Machtverhältnisse am Wohnungsmarkt durch Instrumente ●96 und Politiken der sozialen Wohnraumversorgung ●176 abgefedert werden, ist durch historische, nationale und lokale Rahmenbedingungen sowie gesellschaftliche Machtverhältnisse geprägt. Die zyklische Wiederkehr von Wohnungskrisen und sozialen Konflikten um das Wohnen (Mietenproteste ●134, Vergesellschaftung ●212) aber zeigen, dass eine dauerhafte Lösung der Wohnungsfrage als Grundproblem der

Wohnungsversorgung im Kapitalismus bislang nicht gelungen ist.

Im Zuge der jüngsten Wohnungskrise offenbarten sich insbesondere in städtischen Zentren (nicht nur) in Deutschland die sozialen und räumlichen Folgen der neoliberalen Umstrukturierung und Finanzialisierung ●64 der Wohnungsversorgung seit den 1980er Jahren. Mit der Klimakrise rückt nun zudem die Frage ins Blickfeld, wie die Kosten für Klimaschutz und die energetische Aufwertung von Wohnraum gerecht zu verteilen sind (Klimagerechtigkeit ●106). Damit erhält die Wohnungsfrage zusätzlich zur sozialen und räumlichen auch eine ökologische Dimension.

Prof. Dr.-Ing. Barbara Schönig, Staatssekretärin im Thüringer Ministerium für Infrastruktur und Landwirtschaft, Professorin für Stadtplanung, Bauhaus Universität

Wohnungstausch

Wohnungstausch setzt, anders als die klassische Wohnungssuche, keine Bewerbung bei dem*der Vermieter*in voraus. Er basiert vielmehr auf den Beziehungen zweier Haushalte, die sich dazu entscheiden, ihre jeweiligen Wohneinheiten miteinander zu tauschen.

In der Vergangenheit stellte der Wohnungstausch auf dem deutschen Wohnungsmarkt ein Instrument ●96 dar, um fehlende Marktmechanismen ●128 und Fehlentwicklungen zu korrigieren. So wurde er nach dem Ersten Weltkrieg als staatliches Lenkungsinstrument gegen den Wohnungsmangel genutzt. Zu Zeiten der DDR sollten mit diesem Instrument die fehlenden Wahlmöglichkeiten einer staatlichen Wohnraumversorgung kompensiert werden, auch Ringtausche mit mehr als zwei Haushalten waren hier keine Seltenheit (Schulz 1991).

Heutzutage werden Wohnungstauschinstrumente von kommunaler Seite wieder vermehrt eingeführt, um insbesondere vor dem Hintergrund einer alternden Bevölkerung Wohnraum bedarfsgerechter zu verteilen. Hierbei ist das Ziel vor allem, Tauschaktivitäten zwischen Haushalten, die tendenziell zu viel Wohnraum beanspruchen (beispielsweise alleinstehende Senior*innen, Remanenzeffekt ●162), und Haushalten, die in sehr beengten Verhältnissen leben (zum Beispiel Familien mit Kindern), anzuregen.

Zwei Perspektiven stehen hierbei im Vordergrund: Zum einen soll Wohnungstausch zu einer Entlastung angespannter Wohnungsmärkte beitragen und Haushalten Zugang zu bestimmten Marktsegmenten ermöglichen (soziale Dimension). Zudem kann durch eine effektivere Verteilung des vorhandenen Wohnraums die Notwendigkeit von Wohnungsneubau reduziert werden (ökologische Dimension). Vor diesem Hintergrund befördert der Wohnungstausch eine nachhaltigere und suffizientere Wohnraumnutzung (Suffizienz ●190) (Kitzmann 2023a) sowie eine generationengerechtere Verteilung des vorhandenen Wohnraums. Aktuelle Erkenntnisse zeigen jedoch, dass Wohnungstausch in der Praxis kaum zur Anwendung kommt, da zahlreiche Herausforderungen einer großflächigen Umsetzung im Wege stehen. Insbesondere älteren Haushalten bereitet der Umzug in eine kleinere Wohnung oft Schwierigkeiten, sei es aufgrund der engen Bindung an das bisherige Wohnquartier und die eigene Wohnung, des Mangels an barrierefreien Alternativen oder der aktuellen Mietpreisentwicklungen in deutschen (Groß-)Städten (Kitzmann 2023b).

Dr. Robert Kitzmann,
wissenschaftlicher Mitarbeiter,
Geographisches Institut,
Humboldt-Universität zu Berlin

Literatur

Kitzmann, Robert (10.11.2023): „Home swapping as instrument for more housing sufficiency!" In: *International Journal of Housing Policy* (online first). https://www.tandfonline.com/action/showCopyRight?scroll=top&doi=10.1080%2F19491247.2023.2269619 (letzter Zugriff: 02.05.2024)

Kitzmann, Robert: „Tauschst du schon oder suchst du noch? Kommunaler Wohnungstausch ist keine Erfolgsgeschichte". In: *Forum Wohnen und Stadtentwicklung.* Nr. 5/2023, S. 273–275

Schulz, Marlies: „Der Tauschwohnungsmarkt in der zentralistischen Planwirtschaft - das Beispiel von Ostberlin". In: Institut für Stadt- und Regionalforschung, Österreichische Akademie der Wissenschaften (Hrsg.): *ISR-Forschungsberichte.* Nr. 3/1991

WohnWissen
Übersetzen

Wissen über Wohnen ist vielfältig und gesellschaftlich verteilt: Architekt*innen wissen, wie sie die Vorstellungen und Wünsche ihrer Auftraggeber*innen in Entwürfe übersetzen können, Bauträger*innen können die Wirtschaftlichkeit von Bauprojekten einschätzen und die städtische Verwaltung weiß, welche Versprechen der Politik hinsichtlich der Schaffung leistbaren Wohnraums und gemeinschaftlicher Wohnformen realisierbar sind und welche nicht. Nicht zuletzt verfügen wir alle als Wohnende über ein reichhaltiges Wohnwissen. Weil wir unentwegt wohnen, handelt es sich dabei jedoch vorwiegend um implizites Wissen. Erst im Austausch über Wohnerfahrungen werden diese individuellen Wissensbestände verbalisiert und dadurch sichtbar.

Alle am Bauen und Wohnen beteiligten Akteur*innen handeln demnach auf Grundlage ihres individuellen Wissens, das sie aus ihren jeweiligen Praxiszusammenhängen schöpfen. Das Projekt *WohnWissen Übersetzen* bietet eine Plattform, um diese individuellen und oft nebeneinander bestehenden Wissensbestände zu verbinden. Damit knüpft es am gesteigerten Interesse von Studierenden, Fachleuten und Initiativen an, die gemeinsam Lösungen für gesellschaftliche Herausforderungen im Bereich des (kollektiven) Wohnens und Bauens entwickeln möchten. Denn die Entwicklung und Förderung gemeinschaftlicher Wohnformen ●220 ist immer noch die Ausnahme und erfolgt zumeist im Rahmen privat initiierter Projekte. Politik und Wohnungswirtschaft nehmen dieses Feld derzeit eher als Nische denn als mögliche Erweiterung des Wohnungsangebotes wahr. Der Ausgangspunkt des Projekts *WohnWissen Übersetzen* ist deshalb die Feststellung, dass wir nicht noch mehr Wissen über das Wohnen und Bauen brauchen, sondern dass das bestehende Wohnwissen identifiziert, verbalisiert und verknüpft, also übersetzt werden muss.

Um Wege zu finden, diese unterschiedlichen Wissensformate zu erkennen und miteinander unter dem Vorzeichen eines zukunftsfähigen, nachhaltigen Zusammenlebens in Austausch zu bringen, nähern wir uns diesem „Komplex von Repräsentationen und Diskursverschränkungen" (Nierhaus/Nierhaus 2014: 19) über drei Ansätze:

Der *Dispositiv-Ansatz* erlaubt es, verschiedene Wissensformate (Gesetze, institutionelle Zuständigkeiten, Verfahren, Regulierungen, Satzungen etc.) im Hinblick auf ihren historischen Entstehungsprozess und ihre Verknüpfung mit anderen Wissensbeständen zu untersuchen. So können nicht nur die besagten Regelwerke besser verstanden, sondern auch darin bestehende Freiräume sowie die subjektive Wahrnehmung und Umsetzung dieser Regeln herausgearbeitet werden. Zweitens nimmt der *Assemblage-Ansatz* Wissen in den Blick, das über Praktiken der Stabilisierung entsteht. Gemeint sind zum Beispiel Hausordnungen, die eine Eigentumsgemeinschaft gemeinsam aushandelt und dann festlegt, also stabilisiert. Zentral ist hier die Erkenntnis, dass das so festgeschriebene Wissen (zum Beispiel über ein reibungsfreies Zusammenleben in einer Hausgemeinschaft) veränderbar, also tatsächlich instabil ist. Die dritte, die *Raumproduktionsperspektive*, konzentriert sich schließlich auf die Wohnpraxis selbst und fragt, wie der vorweg konzipierte Raum (zum Beispiel ein Wohnhaus oder ein Quartier ●154 mit einer bestimmten baulichen Struktur) mit den dort ausgeübten sozialen und kulturellen Praktiken zusammenspielt. Sie zeigt also auf, wie das, was Menschen tun (und nicht tun), den Raum selbst prägen und verändern kann, und versucht, das hierbei entstehende Wissen sichtbar zu machen.

Neben diesen drei analytischen Zugängen und der Herausforderung, die verschiedenen Wissensformen zusammenzubringen und handhabbar zu machen, umfasst das Übersetzen auch den Vergleich unterschiedlicher lokaler Kontexte. Ein solcher Vergleich kann beispielsweise zwischen verschiedenen Ländern mit ihrem jeweiligen Baurecht und spezifischen Auflagen für gemeinschaftliches Bauen und Wohnen gezogen werden.

Zudem findet bei der Planung und Realisierung etwa von gemeinschaftlichen Wohnprojekten bereits ein alltäglicher Austausch zwischen verschiedenen Professionen und Expertisen statt. Hier werden Vergleiche und Übersetzungen geleistet. *WohnWissen Übersetzen* bedeutet demnach auch, gezielt und planvoll solche Situationen des Wissensaustauschs und der Verständigung zu generieren und dabei verschiedene Akteur*innen, Disziplinen und Wissensformen zu integrieren.

Prof. Dr. Alexa Färber,
Professorin für Europäische Ethnologie, Institut für Europäische Ethnologie, Universität Wien

Prof. Dipl. Ing. Bernd Kniess,
Professor für Urban Design, HafenCity Universität Hamburg

mit
Lene Benz,
Projektorganisation,
Architekturzentrum Wien

Florian Kossak,
wissenschaftlicher Mitarbeiter,
Institut für Entwerfen und Gebäudelehre – IDAS,
Technische Universität Braunschweig

Sandra Voser,
Gebietsbetreuung Stadterneuerung,
Wien

Literatur

Nierhaus, Irene/Nierhaus, Andreas (Hg.): *Wohnen Zeigen. Modelle und Akteure des Wohnens in Architektur und visueller Kunst*. Berlin 2014

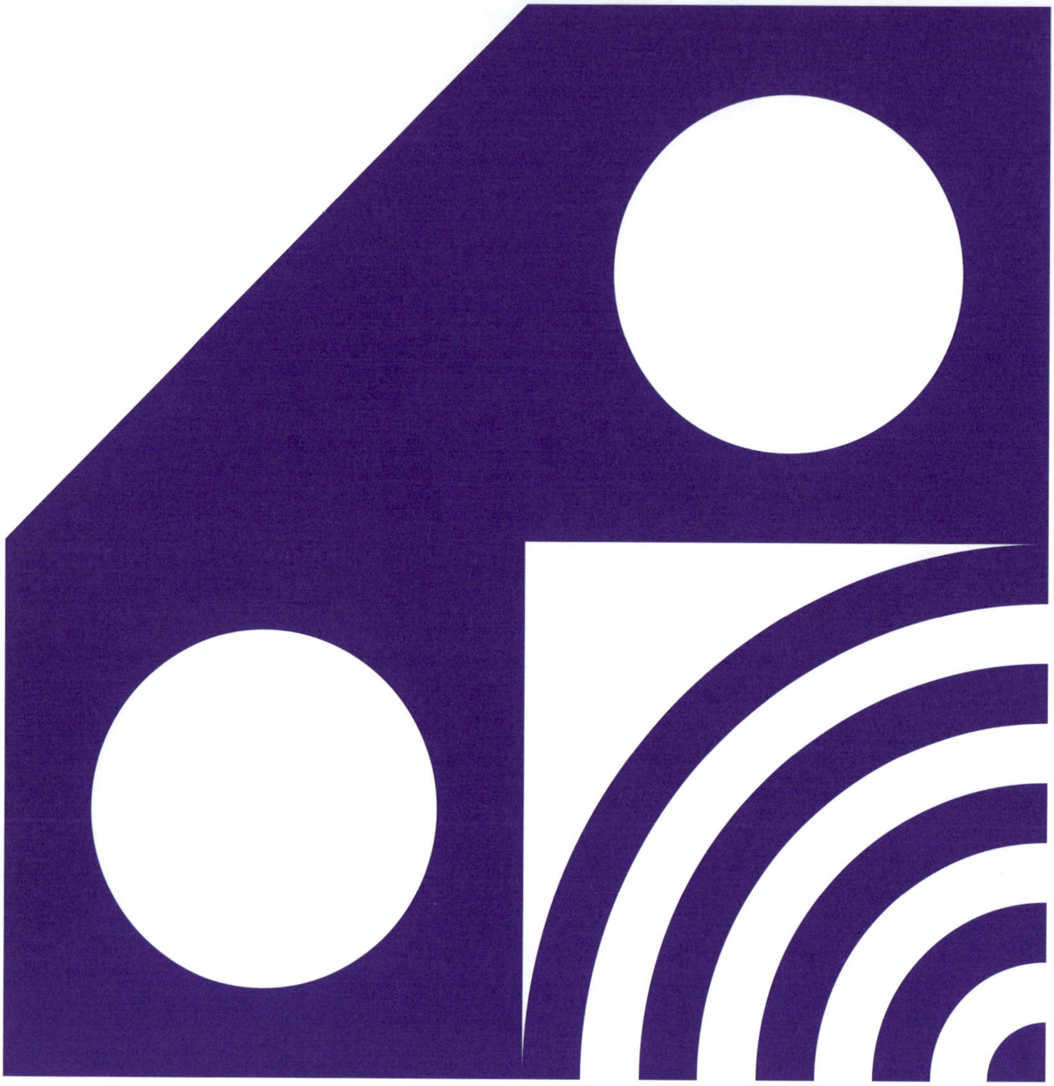

Wohnzukünfte

1. *Wohnen*: Aufgrund seiner großen Bedeutung für die menschliche Entwicklung (Nomadentum, Sesshaftigkeit, Urbanisierung) ist davon auszugehen, dass das Wohnen als Tätigkeit und essenzieller Weltbezug auch in künftigen Gesellschaften von zentraler Bedeutung sein wird. Aktuelle Entwicklungen wie Erderwärmung, Migration und demografischer Wandel [40] deuten darauf hin, dass hier weltweit von einer erhöhten Vulnerabilität auszugehen ist. Wohnen kann grundsätzlich an verschiedenen Orten und in unterschiedlichen Gesellschaften gelingen, ist aber stets von einer hohen zeiträumlichen und kulturellen Kontextualität geprägt. Universelle Prinzipien (Einwohnen, Heimischwerden oder Unbehaustsein) überlagern sich mit lokalen Gegebenheiten (Klima, Bevölkerungs- und Bebauungsdichte, regionale Ökonomien) und individuellen Prägungen (Wunsch nach Nähe vs. Distanz, Verbindlichkeit vs. Flexibilität, Raumbedarf und Lebensabschnitt).

2. *Zukünfte*: Aussagen über mögliche, wahrscheinliche oder wünschenswerte Zukünfte fallen einerseits ins Feld der Prognostik, andererseits in das der Gestaltung. Futurologische Modelle verwenden beobachtbare Trends, um Szenarien zu entwickeln. Darin beschreiben sie, wie diese Trends vorhandene soziotechnische Systeme beeinflussen und verändern könnten. Auch populäre Zukunftserzählungen, beispielsweise im Genre Science-Fiction, operieren ähnlich, gehen jedoch spekulativer mit unvorhersehbaren Ereignissen um. Ein wichtiges Gütekennzeichen solcher Zukunftsnarrative ist ihre Plausibilität. Diese kann beispielsweise über ein *Backcasting* hergestellt werden, also indem die betreffende Entwicklung rückblickend beschrieben wird. Gerade die Gegenwartsgebundenheit zukünftiger Ereignisse führt oft dazu, dass stark unter- oder überschätzt wird, wie heutige Entscheidungen und Handlungen, aber auch etwaiges Nichthandeln zukünftige Entwicklungen beeinflussen.

Folglich wird es auch in Zukunft diverse Wohnformate, also Wohnzukünfte geben, die verschiedenen Lebensentwürfen, -abschnitten und -bedingungen Rechnung tragen – und eine mehr oder minder dauerhafte Behausung bereitstellen. Wünschenswert wäre, zukünftiges Wohnen von seiner gegenwärtigen Warenförmigkeit [218] zu entkoppeln, ergo zu dekommodifizieren, damit neue Zugänge und zusätzliche Gestaltungsspielräume für inklusive, nachhaltige und solidarische Wohn- und Lebensgemeinschaften entstehen. Diese werden wie andere Kulturformen auch Ergebnis gesellschaftlicher Lern- und Aushandlungsprozesse sein – und damit ein Spiegel [180] vergangener, gegenwärtiger und künftiger Wohnvorstellungen.

Dr. Saskia Hebert,
Architektin subsolar*
architektur & stadtforschung,
Dozentin Strategisches
Nachhaltigkeitsmanagement,
Hochschule für nachhaltige
Entwicklung Eberswalde (HNEE)

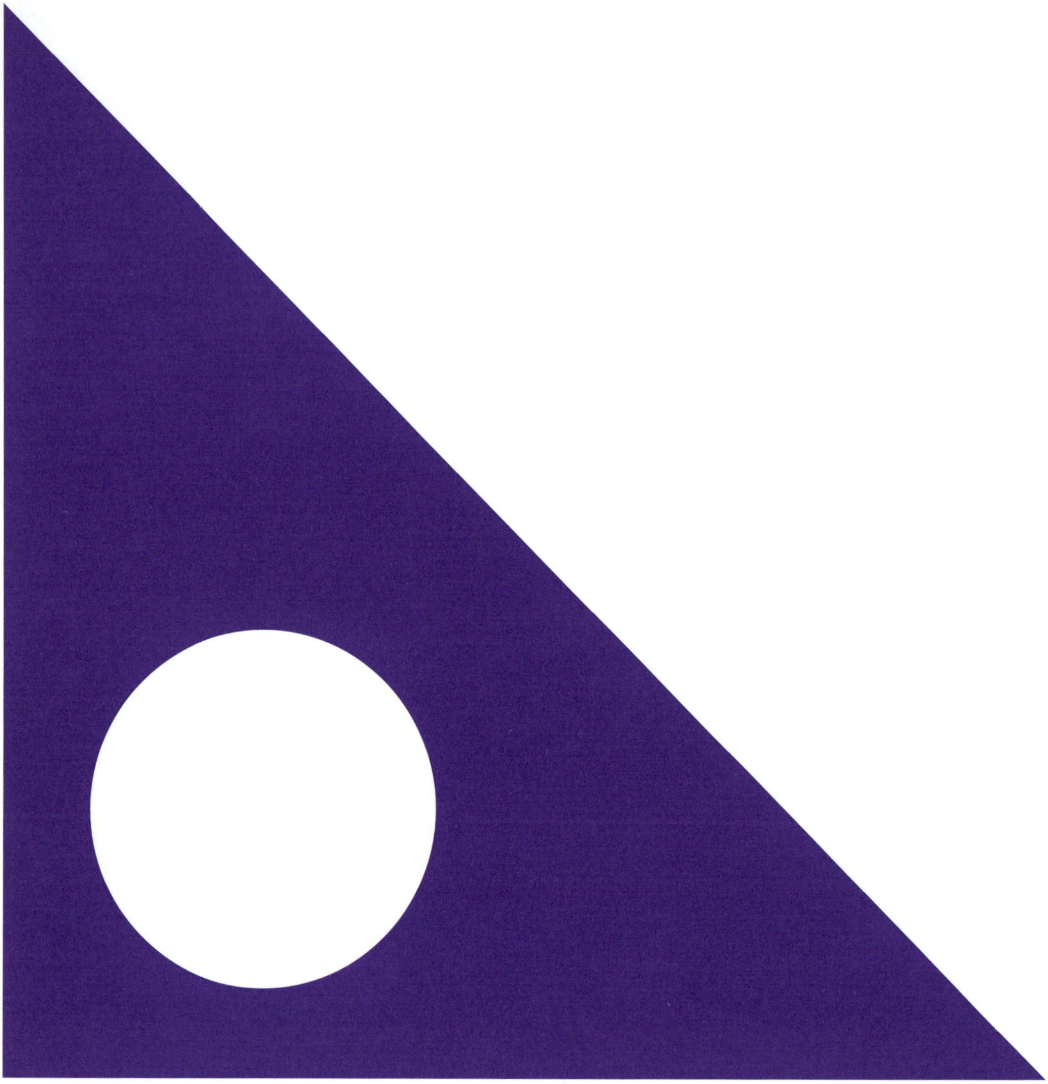

Zelt

Zelte sind mobile Wohnräume. Zusammengefaltet sind sie handlich und jederzeit umzugsbereit, aufgestellt bieten sie Schutz vor Regen und Wind und schaffen ein provisorisches Dach über dem Kopf. Als mobiler Wohnraum gibt das Zelt seit vielen Jahrtausenden nomadischen Gesellschaften ein Zuhause. Insbesondere in den letzten Jahrzehnten hat es aber auch weit darüber hinaus an globaler Bedeutung gewonnen. Im Kontext von Naturkatastrophen, Kriegen und Konflikten stellen Zelte einen zentralen Bestandteil humanitärer Nothilfe dar. Sie sollen obdach- und heimatlos gewordenen Menschen einen ersten Unterschlupf gewähren. Nicht selten setzt sich dieses Wohnen in Ungewissheit aber weit über den unmittelbaren Zeitraum nach der Katastrophe über Monate und Jahre fort. Das Zelt ist zu einem wesentlichen materiellen Element und das Zeltlager zu einer paradigmatischen räumlichen Form des politischen Umgangs mit Katastrophen und Konflikten avanciert. Zelte sind damit gewissermaßen auch zum Symbol der Prekarität ●150 des Wohnens in der Gegenwart geworden. Ihre leichten Strukturen wirken so verwundbar wie das Leben, das sie beherbergen.

Jenseits von Katastrophenereignissen bewirkt die „schleichende Krise" der Wohnungsmärkte ebenfalls eine zunehmende Verbreitung von Zelten. In den Städten des Globalen Nordens zeugen die informellen Notbehausungen wohnungsloser Menschen (Living Room ●249) von den zunehmenden Ausschlüssen aus der sozialen Wohnraumversorgung ●176 wie auch aus den unzureichenden städtischen Hilfesystemen.

Nicht zuletzt ist das Zelt in den letzten Jahren aber auch zu einem wesentlichen Element zeitgenössischer Protestarchitektur geworden. Die Besetzung des Tahrir-Platzes in Kairo, „Occupy" in New York, die Gezi-Park-Besetzung in Istanbul, das Zeltlager der „Regenschirmproteste" in Hongkong – politische Bewegungen weltweit nutzen das Zelt, um ihren Protesten Dauerhaftigkeit zu verleihen. Immer wieder sind Wohnungskrisen ein Anlass dieser Besetzungen – das Zelt fungiert dann als Wohn- und Protestform zugleich (Mietenproteste ●134). Und auch jenseits der Städte sorgen die Zeltcamps der Klimabewegung für eine erhöhte Sichtbarkeit der Proteste.

Zelte sind minimale Infrastrukturen. Dort, wo sie auftauchen, erzählen sie nicht selten von Ausschluss, Enteignung und Vertreibung, aber auch von Kämpfen und Widerstand.

Prof.in Dr. Nadine Marquardt,
Sozialgeographie, Universität Bonn

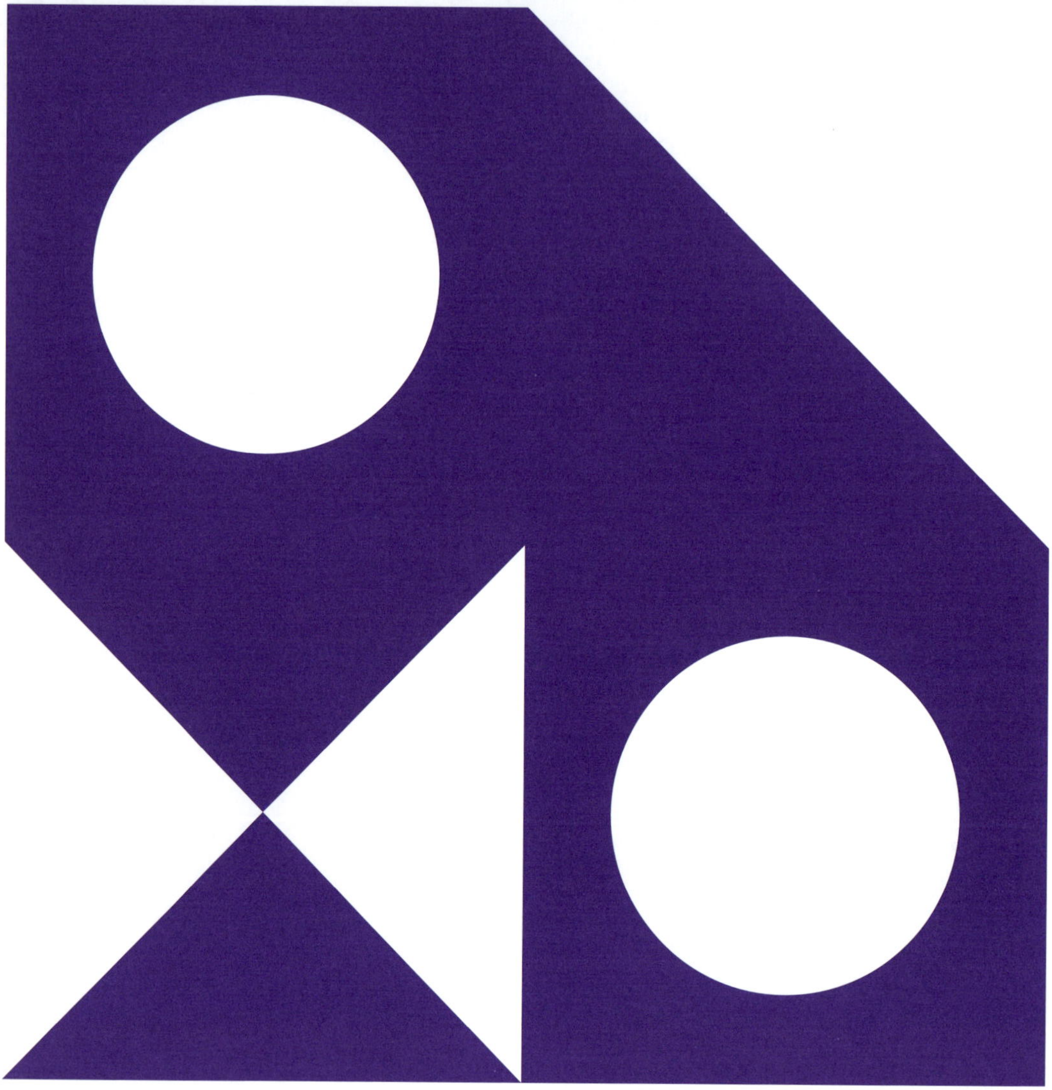

Zielkonflikte

Hinter einzelnen wohnungspolitischen Zielen stehen Sonderinteressen, hinter *Zielkonflikten* auch Interessenskonflikte. Beispielsweise sind für Investor*innen Wirtschaftlichkeit und Rendite von hoher Bedeutung, für die Mieter*innen hingegen bezahlbares Wohnen (Bezahlbarkeit ●24), und Naturschutzverbände möchten wiederum die Flächenneuinanspruchnahme begrenzen. Schon die Definition wohnungspolitischer Ziele ist das Ergebnis eines gesellschaftlichen Aushandlungsprozesses; dies gilt erst recht für deren Priorisierung und Umsetzung.

Um den Begriff Zielkonflikt für die wohnungspolitische Diskussion greifbar zu machen, bietet sich eine systemische Sichtweise an. Nach Hartmut Bossel (1998) müssen sich lebendige Systeme (hierzu zählen beispielsweise Städte und Gemeinden) an bestimmten Leitwerten orientieren, wenn sie überlebensfähig sein wollen. Derartige Leitwerte sind zum Beispiel Effizienz, Adaptivität, Handlungsfreiheit, Versorgung, Sicherheit, Koexistenz. Diese Leitwerte stehen teils in konfliktärem, teils in harmonischem oder neutralem Verhältnis zueinander. Damit ein System nachhaltig funktioniert, müssen sämtliche Leitwerte bis zu einem bestimmten Grad erfüllt sein. Eine Untererfüllung einzelner Leitwerte ist genauso problematisch wie eine Übertreibung – und eine Untererfüllung des einen kann nicht durch Übertreibung eines anderen Leitwertes kompensiert werden. Konkret bedeutet dies, dass eine solide, wenn auch nicht hundertprozentige Erreichung *aller* Leitwerte für das Gesamtsystem besser sein kann als die vermeintliche Perfektion.

In der Wohnungspolitik treten Zielkonflikte auf unterschiedlichen Ebenen auf. So kann der Bund in Regionen mit angespannten Wohnungsmärkten über die *Mietpreisbremse* die Preissteigerungen begrenzen (Leitwerte: Sicherheit und Koexistenz), muss diese aber so dosieren, dass es nicht zu Angebotszurückhaltung bei Vermieter*innen und Investor*innen kommt (Leitwerte: Effizienz und Versorgung). Das Konzept der *resilienten Stadt* bedeutet eine Aufwertung der Leitwerte Sicherheit und Versorgung (zum Beispiel Redundanzen in der Infrastruktur), aber auch Adaption (an den Klimawandel, zum Beispiel durch Frischluftschneisen) zu Lasten des Leitwertes Effizienz (zum Beispiel Begrenzung der Nachverdichtung).

Diese Beispiele illustrieren, dass sich die Gewichtung der Leitwerte im Laufe der Zeit ändern kann. Der Umgang mit Zielkonflikten bedarf also eines laufenden Abwägungsprozesses der verschiedenen Ziele und Interessen. Auf der kommunalen Ebene existiert sogar ein sogenanntes Abwägungsgebot, das in der Bauleitplanung (konkret in § 1 Abs. 7 Baugesetzbuch) gesetzlich verankert ist (Instrumente ●96).

Die öffentlichen Instanzen dürfen sich beim Abwägungsprozess nicht von Partikularinteressen mit ihrer Neigung vereinnahmen lassen, diese mit dem allgemeinen Interesse gleichzusetzen (*state capture*). Auch muss sich der Staat Zurückhaltung bei der Verfolgung eigener Interessen auferlegen. Beispielsweise dürfen Städte und Gemeinden nach dem in den in den Landeshaushaltsordnungen verankerten Subsidiaritätsprinzip nur dann wirtschaftlich tätig werden, wenn ein öffentlicher Zweck vorliegt und private Akteur*innen nicht ebenso wirtschaftlich sind. Idealerweise sind die staatlichen Instanzen Treuhänder des Gemeinwohls ●70; auf diese Rolle sind sie zu verpflichten. In der politischen Praxis ist sie freilich schwer durchzuhalten, denn natürlich hat der Staat Eigeninteressen: Beispielsweise kann bei der Abwägung, ob landwirtschaftliche Flächen in Wohnbauland umgewandelt werden, ein eigentlich sachfremder Gesichtspunkt wie die kommunale Haushaltssituation bedeutsam sein. Die staatlichen Institu-

tionen werden zudem regelmäßig von Parteipolitiker*innen geführt, die immer auch ihre eigene Wählerklientel im Auge haben. Die das Verwaltungshandeln anleitenden Institutionen sind eben unvollkommen.

Umso wichtiger ist es, die Rolle der staatlichen Institutionen als neutrale Wahrer*innen des Gesamtwohls wenigstens als Postulat aufrechtzuerhalten und diese einem permanenten Reformprozess in diesem Sinne zu unterziehen.

Prof. Dr. Dirk Löhr,
Steuerlehre und
Ökologische Ökonomik,
Hochschule Trier

Literatur

Bossel, Hartmut: *Globale Wende – Wege zu einem gesellschaftlichen und ökologischen Strukturwandel*. München 1998

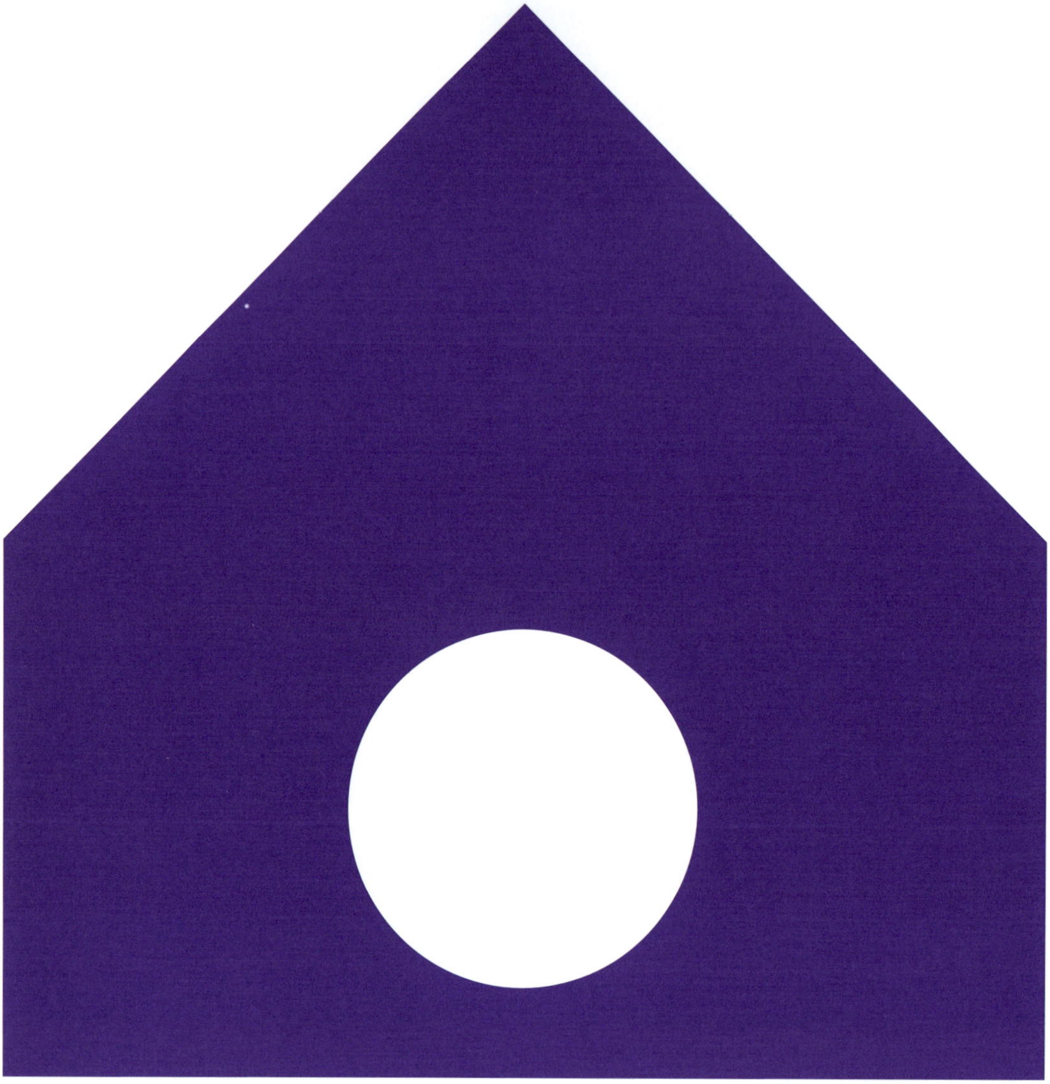

Zuhause

Zuhause ist ein so alltäglicher wie politischer und ideologisch aufgeladener Begriff. Zunächst scheint damit ein geografischer Ort, mithin eine gebaute Behausung gemeint zu sein, konkret: eine Wohnung oder ein Haus. Allerdings reicht die Verwendung und Bedeutung des Begriffs weit darüber hinaus – ganz nach dem Motto: „Home is where the heart is." Beim Zuhause geht es nicht nur um materiellen Wohnraum, sondern ebenso um ein Ensemble emotionaler, kultureller, sozialer und politischer Dimensionen des Wohnens (Atkinson/Jacobs 2016: 38 f.).

Zuhause umfasst sowohl Aspekte individueller Identität als auch kollektiver Zugehörigkeit. Das wird deutlich dadurch, dass Menschen sich sowohl in ihrem privaten Wohnraum „zuhause" fühlen und dort ihrer Persönlichkeit Ausdruck verleihen können als auch in ihrer Nachbarschaft, ihrem Quartier ●154, ihrem Kiez oder ihrer Stadt. Mehr noch: Das Konzept Zuhause ist – zumindest potenziell – inhärent multilokal. Das bedeutet einerseits, dass das eigene Zuhause zugleich die aktuell bewohnte Wohnung *und* der Kiez am anderen Ende der Stadt sein kann, an dem vielleicht Kindheitserinnerungen hängen, und andererseits, dass die aktuell bewohnte Wohnung nicht zwangsläufig als Zuhause empfunden werden muss (Easthope 2004: 135). So sehr der Wohnort ein oder geradezu *der* Ort von Geborgenheit, Schutz und Privatsphäre sein kann, so sehr birgt er auch das Potenzial von Gefahr und Unterdrückung (Gewalt ●78).

Während im öffentlichen Diskurs ebenso wie in politischen Maßnahmen, beispielsweise bei der Förderung von Bausparverträgen und anderen Immobilieninvestitionen („Wir geben Ihrer Zukunft ein Zuhause"), nach wie vor das private kleinbürgerliche Eigenheim als Zuhause begriffen und propagiert wird (Einfamilienhaus ●52), muss eine realitätsnahe und zukunftsgewandte Wohnungspolitik sich diverser Wohnrealitäten bewusst sein. Dazu gehören auch Gewaltverhältnisse im häuslichen Umfeld, die nicht allein durch das Bauen von mehr Wohnraum adressiert werden können. Um nicht nur ein Recht auf Wohnen, sondern ein Recht auf Zuhause zu verwirklichen, braucht es ebenso eine materielle und soziale Infrastruktur an (temporären) Schutzräumen für diejenigen Situationen, in denen das Zuhause keines ist.

Hannah Wolf,
akademische Mitarbeiterin,
Allgemeine Soziologie,
Universität Potsdam

Literatur

Atkinson, Roland/Jacobs, Keith: *House, Home and Society*. London 2016

Easthope, Hazel: „A place called home". In: *Housing, Theory and Society*. Nr. 3/2004, Jg. 21, S. 128–138

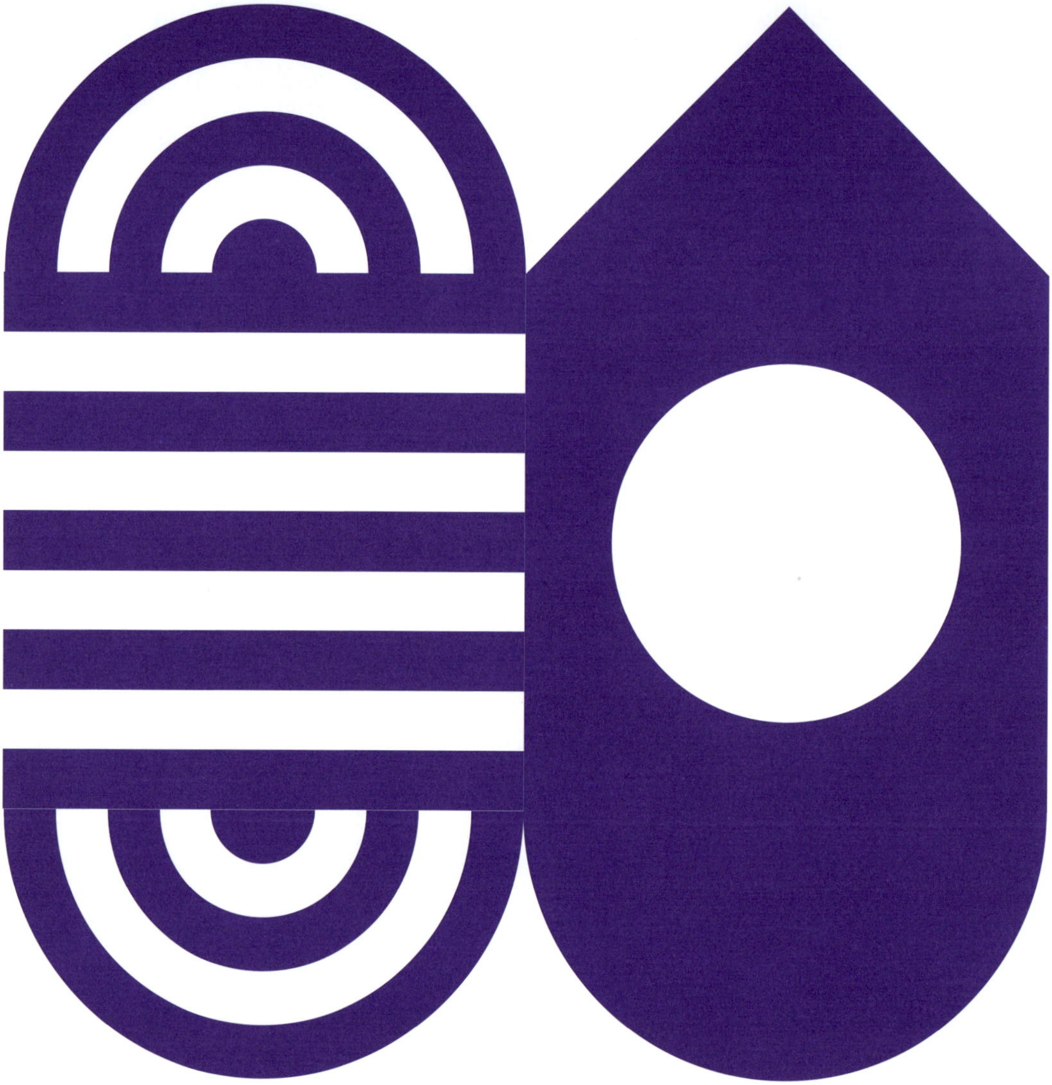

Zweckentfremdung

Wohnraumzweckentfremdung bedeutet, dass Wohnraum zu anderen Zwecken als zum Wohnen genutzt wird. Dieses Phänomen ist insbesondere in Städten und Regionen mit einem angespannten Wohnungsmarkt ein Problem. Formen der Zweckentfremdung von Wohnraum gibt es zahlreiche. Dazu gehören unter anderem die Umwandlung von Wohnungen in Büroräume oder Airbnb-Unterkünfte, das Unbewohnbarmachen durch Vernachlässigung eines Gebäudes, mangelhafte Instandhaltung oder Sanierung sowie bewusst herbeigeführter langjähriger oder gar dauerhafter Leerstand ●120.

Der Wohnungsbestand ist eine bedeutende wohnungspolitische Ressource einer Stadt. Sein Erhalt ist meist ein zentrales Anliegen kommunaler Wohnungspolitik. Dennoch wird in den Städten nach wie vor besonders in Neubau-Kategorien gedacht (Bauen, Bauen, Bauen ●20). In Zukunft wird der Neubau aufgrund der erforderlichen Zeiträume, Materialengpässe und Bodenpreise die Versorgungsprobleme der Bevölkerung immer seltener lösen können. Umso wichtiger ist es, den Bestand vor Zweckentfremdung zu schützen. Laut Deutschem Städtetag ist das Verbot der Zweckentfremdung von Wohnraum das „wichtigste Element einer gebietsbezogenen Wohnungsbestandspolitik“ (Deutscher Städtetag 2017: 18), Zweckentfremdungsverbote seien „treffsichere Instrumente ●96 für Markteingriffe“ (ebd.). Jede Wohnung, die nicht durch Zweckentfremdung vom Markt verschwindet, muss auch nicht durch Neubau ersetzt werden, erspart zusätzliche Investitionen und Ressourcenverbrauch.

Die Möglichkeit, Zweckentfremdung von Wohnraum zu untersagen, geht zurück auf das seit 1971 bundesweit geltende Mietrechtsverbesserungsgesetz. Demnach können Landesregierungen für Gemeinden, in denen die Versorgung der Bevölkerung mit Wohnraum zu angemessenen Bedingungen besonders gefährdet ist, durch Rechtsverordnung bestimmen, dass Wohnraum nur mit Genehmigung anders genutzt werden darf. Die Stadtstaaten Hamburg und Berlin oder die Flächenländer Bayern, Baden-Württemberg und Nordrhein-Westfalen haben von diesem Recht Gebrauch gemacht und Wohnraumschutzgesetze verabschiedet.

Nur mit einer solchen rechtlichen Grundlage ist es den Kommunen möglich, die Zweckentfremdung und vor allem den Leerstand von Wohnraum zu erfassen. Insbesondere Hamburg hat hier Erfolge zu vermelden: Die Bezirke legen regelmäßig Berichte über rückgewonnene Wohnungen vor. Sie ergreifen auch die Möglichkeit, Treuhänder einzusetzen, wenn Eigentümer*innen nicht bereit sind, Wohnungen wieder dem Markt zuzuführen.

Carola Scholz,
Stadtsoziologin (SRL – Vereinigung für Stadt-, Regional- und Landesplanung e. V.), Städtebaubeirat der Stadt Frankfurt am Main

Literatur

Deutscher Städtetag (Hg.): *Neuausrichtung der Wohnungs- und Baulandpolitik. Positionspapier des Deutschen Städtetages*. Berlin 2017

Zwischenwohnen

Zwischenwohnen bezeichnet die Praxis des zeitlich und oft auch rechtlich ungesicherten Wohnens, das formellen wie informellen Charakter haben kann. Dazu zählen Zwischenmieten und befristete Untermietverhältnisse ebenso wie das kommerzielle Anmieten von gewerblich betriebenen Wohnungen oder Zimmern, aber auch der nichtkommerzielle Unterschlupf bei Familienmitgliedern, im Bekanntenkreis oder bei fremden Personen.

So unterschiedlich all diese Wohnformen ●220 sein mögen, es handelt sich stets um zeitlich ungesicherte Wohnverhältnisse. Im Gegensatz zum Normalwohnverhältnis sind sie nicht auf Dauer angelegt, sondern explizit oder implizit befristet. Zwischenwohnverhältnisse sind deshalb häufig prekär, sie bieten keine Zukunftsgewissheit (Prekarität ●150). Im Hinblick auf das deutsche Mietrecht ist die Befristung von Mietverträgen juristisch problematisch und nur unter strengen Bedingungen zulässig. Wo ein Mietvertrag gegen mietrechtliche Garantien verstößt oder gänzlich fehlt, gilt das Wohnverhältnis als rechtlich ungesichert. Doch auch rechtlich gesicherte Wohnverhältnisse können prekär sein. Insbesondere Untermietverhältnisse sind oft von Hauptmieter*innen und deren Wohnstabilität abhängig.

Biografisch können Zwischenwohnverhältnisse als Interimslösungen dienen, um Phasen der Wohnungsnot – also das Fehlen eines rechtlich oder zeitlich gesicherten Wohnverhältnisses – eigeninitiativ zu überbrücken. Je nach lokaler Wohnungsmarktsituation und der individuellen Position in diesem Konkurrenzverhältnis sowie in Abhängigkeit davon, welche Ausschlüsse Menschen bei der Wohnungssuche erfahren, können Zwischenwohnphasen von begrenzter Dauer sein, beispielsweise bei Studierenden oder neu Zugezogenen, die ohne lokale Kontakte zunächst keinen Fuß in den Wohnungsmarkt bekommen. Wird das Interim jedoch über Monate oder gar Jahre zum Normalzustand, ist dies ein deutlicher Indikator für Wohnungsnot. Oft geht die Praxis des Zwischenwohnens mit anderen Bewältigungspraktiken einher, beispielweise einer Absenkung des Wohnstandards oder der Inkaufnahme einer überhöhten Mietbelastung. Immer dann, wenn ein befristetes Wohnverhältnis endet und noch kein neues in Aussicht ist, rückt zudem die Schwelle zur Obdachlosigkeit ●146 sehr nahe. Nichtsdestotrotz wird diese mit der Praxis des Zwischenwohnens zugleich aktiv und systematisch auf Distanz gehalten, was oft mit hohem psychischen Stress und einem kontinuierlichen logistischen Aufwand verbunden ist: Häufiges Umziehen erfordert schon bald die Reduzierung der persönlichen Habseligkeiten auf das Nötigste; die gefühlt endlose Suche nach dem nächsten Wohnverhältnis, das oft doch wieder nur ein Interim ist, nimmt jeden Tag aufs Neue viel Zeit in Anspruch; das Einrichten in wechselnden Wohnumgebungen mit immer neuen Mitbewohner*innen und in unterschiedlichsten Stadtteilen verlangt ein hohes Maß an Flexibilität, Kommunikation und Anpassungsfähigkeit (Gränitz 2022a).

Aufgrund dieser Herausforderungen scheint das Zwischenwohnen auch vorrangig von Menschen in bestimmten Lebenslagen praktiziert zu werden: überwiegend kinderlose Singles, eher jüngeren Alters und versiert im Umgang mit digitalen Kommunikationsformen und Plattformen, körperlich mobil und physisch wie psychisch relativ belastbar. Oft haben sie biografisch noch keine Erfahrung mit Obdachlosigkeit gemacht und sich im Regelfall auch noch nie offiziell wohnungslos gemeldet, sind also statistisch nicht erfasst. Dennoch lässt sich in den Fällen, wo das Interimswohnen mit Blick auf die eigene ökonomische Situation oder angesichts von Diskriminierung ●48 und Ausschlüssen am Wohnungsmarkt als alternativlos erfahren wird, von

Wohnungsnot sprechen – einer Form der Wohnungsnot, die eigeninitiativ und ohne institutionelle Hilfe organisiert und verwaltet wird. In diesem Sinne sind Zwischenwohnverhältnisse ein zentrales Charakteristikum der *Grauzone der Wohnungsnot* – jener Zwischenzone zwischen Wohnen und Nicht-Wohnen, die angesichts der sich zuspitzenden Wohnungskrise derzeit ganz neue Praktiken individualisierter Krisenbewältigung hervorbringt (Gränitz 2022b).

Dr. Saskia Gränitz,
Institut für Sozialforschung an der
Goethe-Universität Frankfurt am Main

Literatur

Gränitz, Saskia: „Grauzonen der Wohnungsnot. Empirische Impulse zur Typologisierung entsicherter Wohnverhältnisse". In: Sowa, Frank (Hg.): *Figurationen der Wohnungsnot. Kontinuität und Wandel sozialer Praktiken, Sinnzusammenhänge und Strukturen*. Weinheim 2022a, S. 48–72

Gränitz, Saskia: „Zwischen Wohnen und Nicht-Wohnen. Dimensionen der neuen Wohnungsnot". In: *WSI-Mitteilungen Schwerpunktheft Wohnen*. Nr. 3/2022b, Jg. 72, S. 205–212

Bildserien

Jana Sophia Nolle

In Zeiten wachsender sozialer Ungleichheit beschäftigt sich Jana Sophia Nolle mit dem existenziellen Bedürfnis aller Menschen nach Schutz und Sicherheit und verbindet grundlegende Fragen über Gerechtigkeit mit der konkreten Lebenswirklichkeit einzelner Individuen. Nolles Werkkomplex *Living Room* thematisiert die immer größer werdende Diskrepanz zwischen Arm und Reich und untersucht am Beispiel des Wohnens tiefgreifende sozialpolitische Veränderungen sowie die Dynamiken von Ausgrenzung und Gentrifizierung ●74. Das Projekt begann 2017 in San Francisco, seit 2019 arbeitet sie an der Fortführung in Berlin. Die typologische Studie zeigt temporäre Behausungen von Obdachlosen (Obdach- und Wohnungslosigkeit ●146) in den Wohnzimmern wohlhabender Menschen. Bei der Entwicklung arbeitet sie mit Wohnungslosen zusammen, um zu verstehen, wie ihr improvisierter Unterschlupf aufgebaut ist. Für die Rekonstruktion der Bauten verwendet sie Materialien, die sie auf der Straße findet oder tauscht und anschließend in einem performativen Akt in einem vermögenden Umfeld arrangiert. Losgelöst von ihrer ursprünglichen Umgebung wirken die Behausungen wie skulpturale Gefüge und lassen die Gestaltungskraft ihrer Besitzer*innen zum Vorschein kommen. Die inszenierte Fotografie dient ihr als Untersuchungsmethode, die es vermag, ökonomische Verhältnisse, die unterschiedlicher nicht sein könnten, in einem Bild zusammenzuführen. Die Serie ermöglicht so Einblicke in gesellschaftliche Sphären, die trotz ihrer Gegensätze oft gleichermaßen im Verborgenen bleiben. *Living Room* steht in Relation zu Nolles allgemeinem künstlerischem Interesse, der sozialen Konstruktion eines Zuhauses ●240 sowie der Komplexität unbehausten Wohnens Ausdruck zu verleihen und die damit verbundenen Klassenverhältnisse und Raumpolitiken zu erforschen.

Living Room

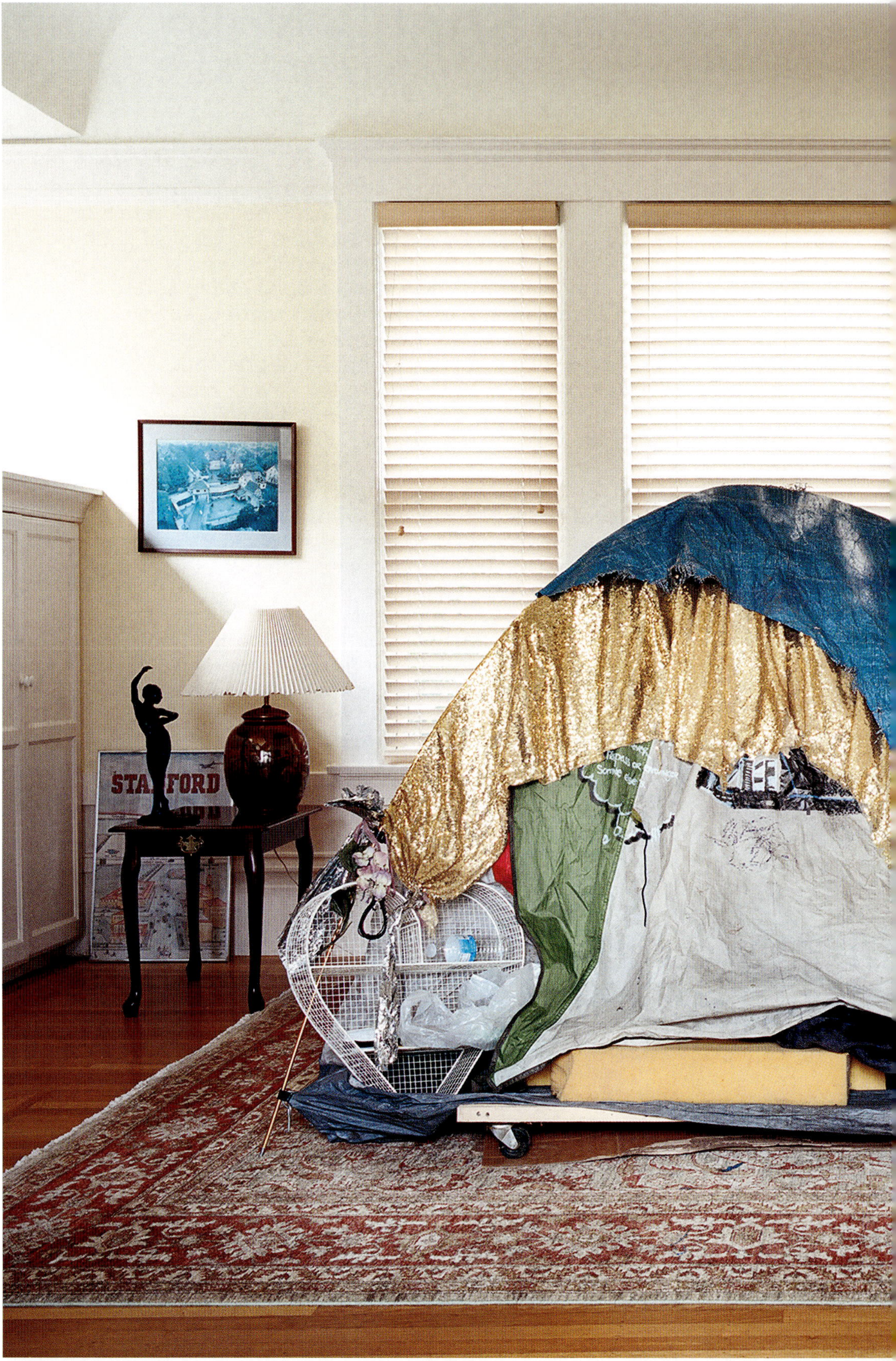
STANFORD

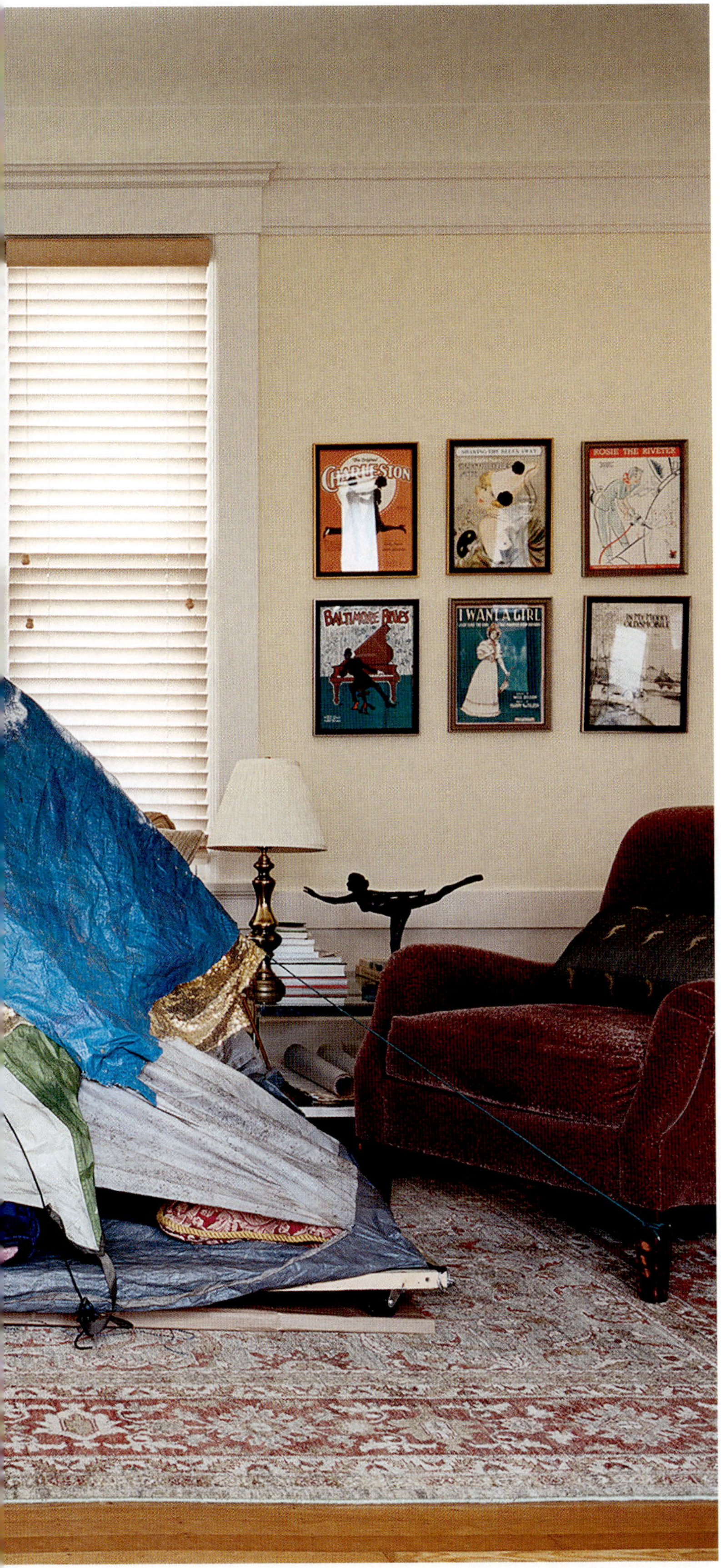

#1 Living Room, San Francisco, 2017

#3 Living Room, Berlin, 2020

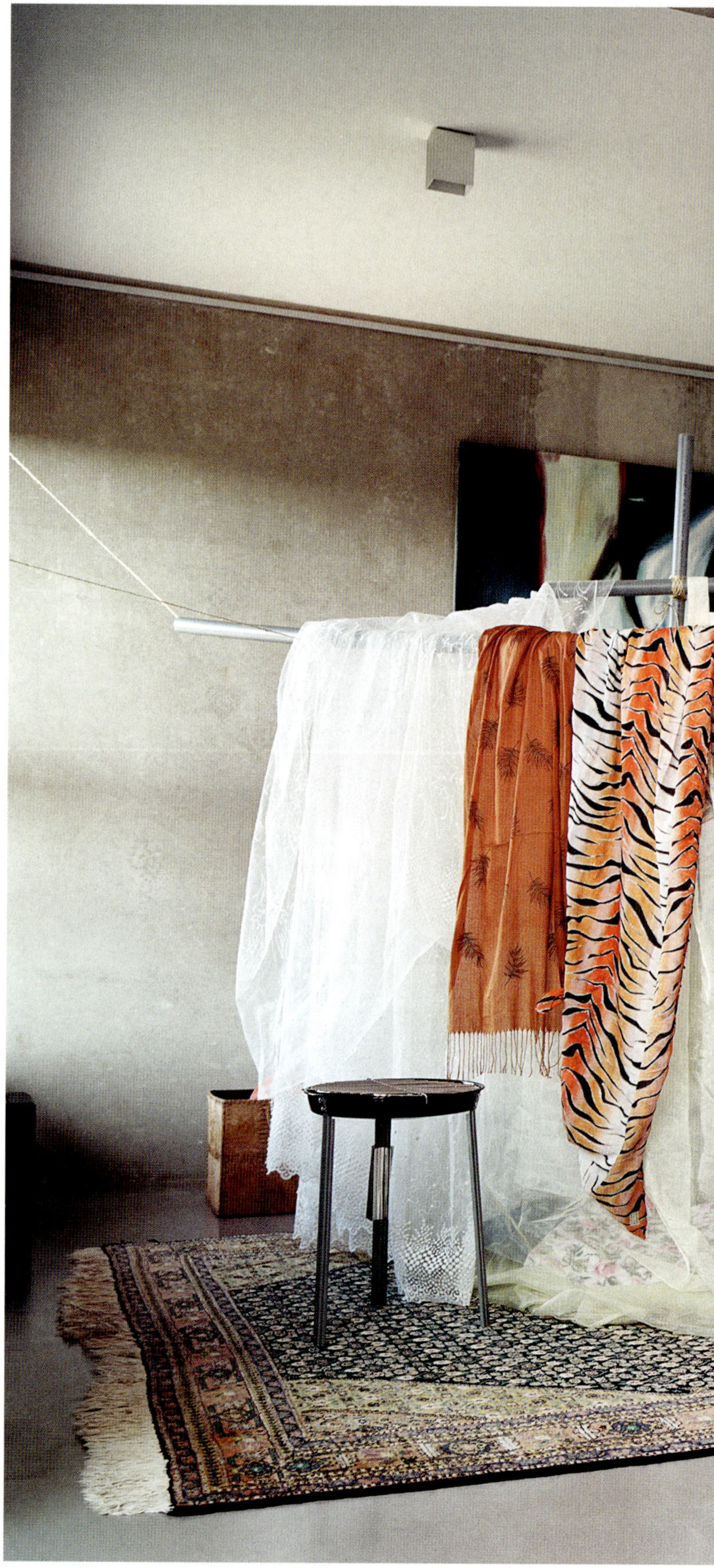

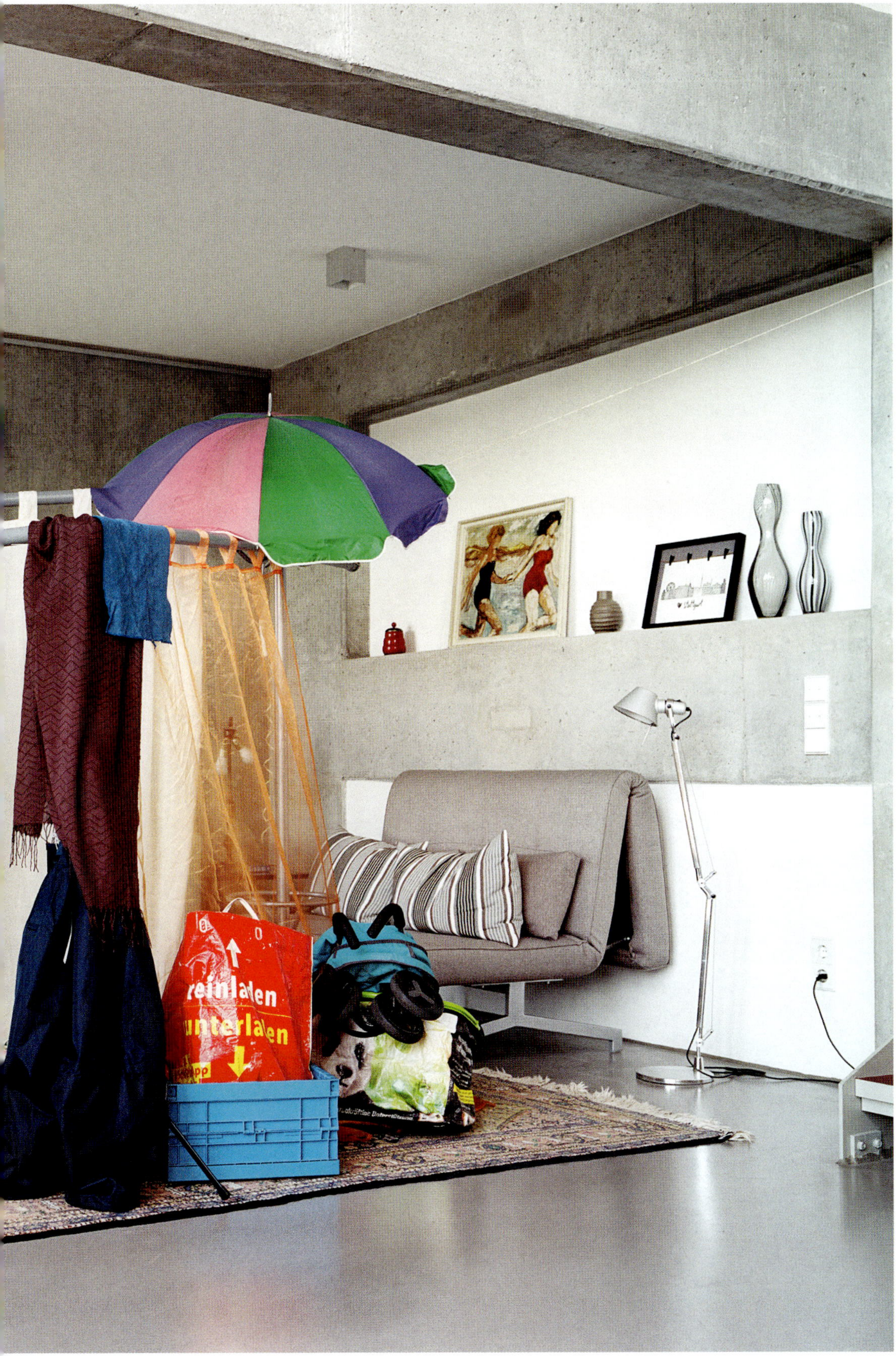

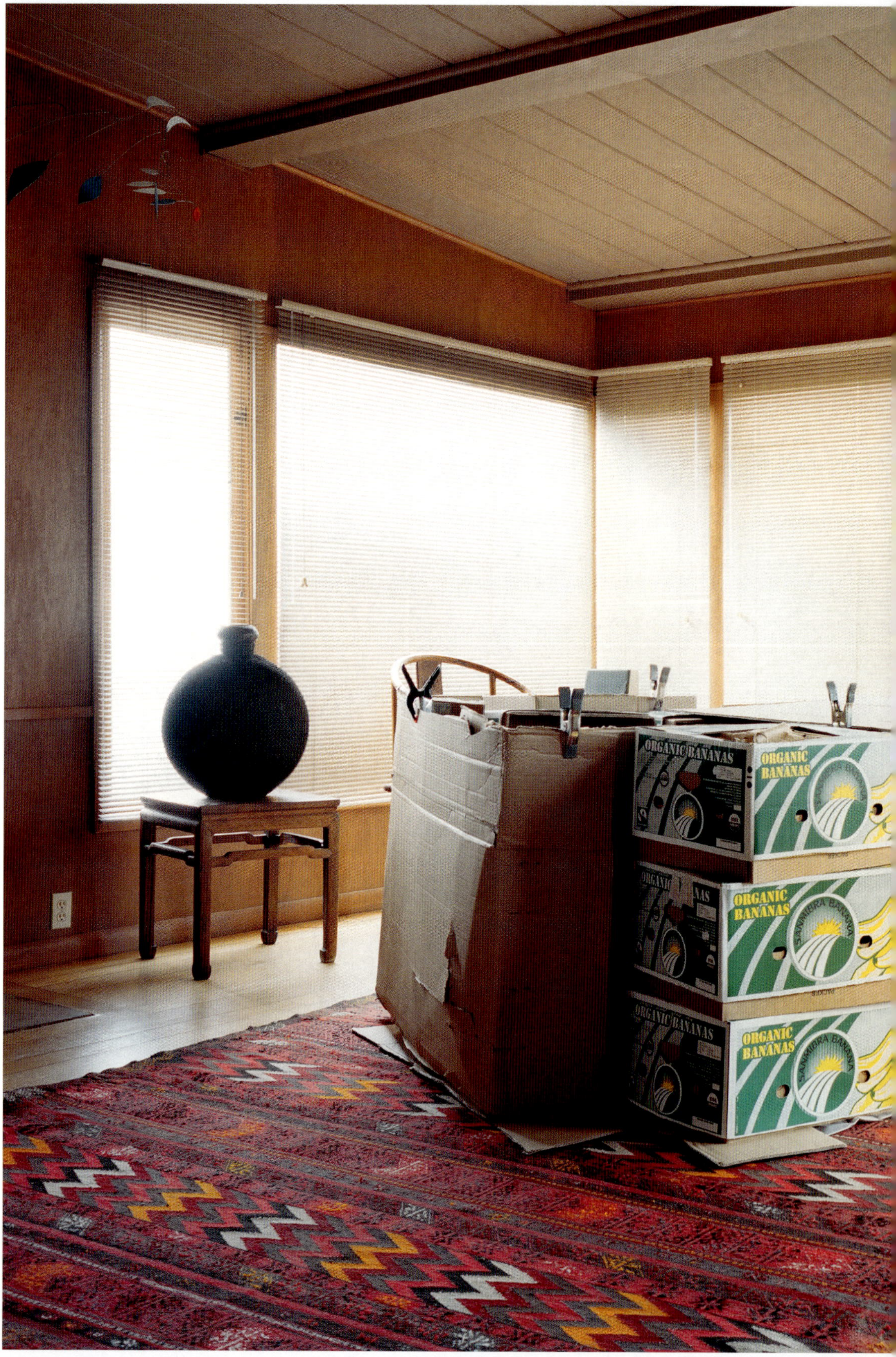
ORGANIC BANANAS
ORGANIC BANANAS
ORGANIC BANANAS
ORGANIC BANANAS
ORGANIC BANANAS

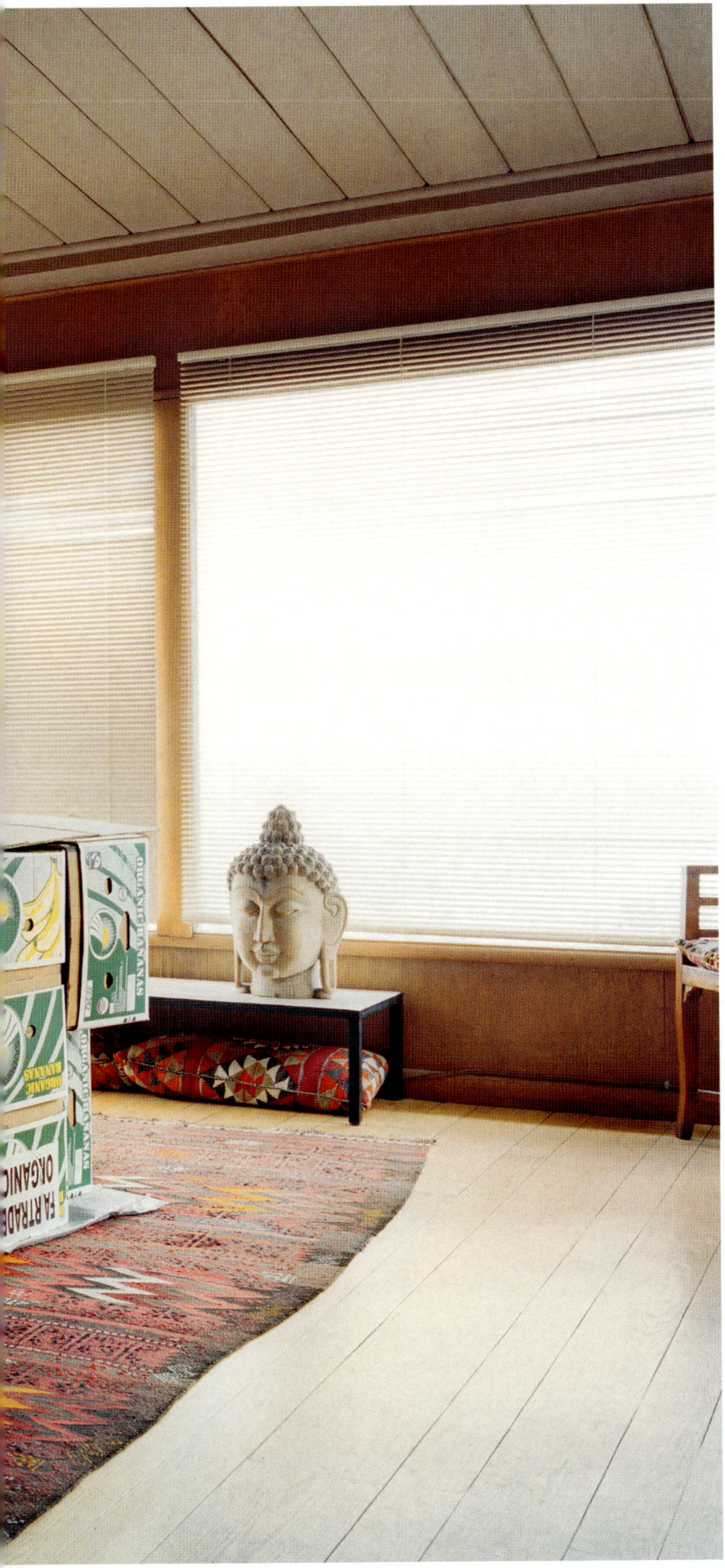

#5 Living Room, San Francisco, 2017

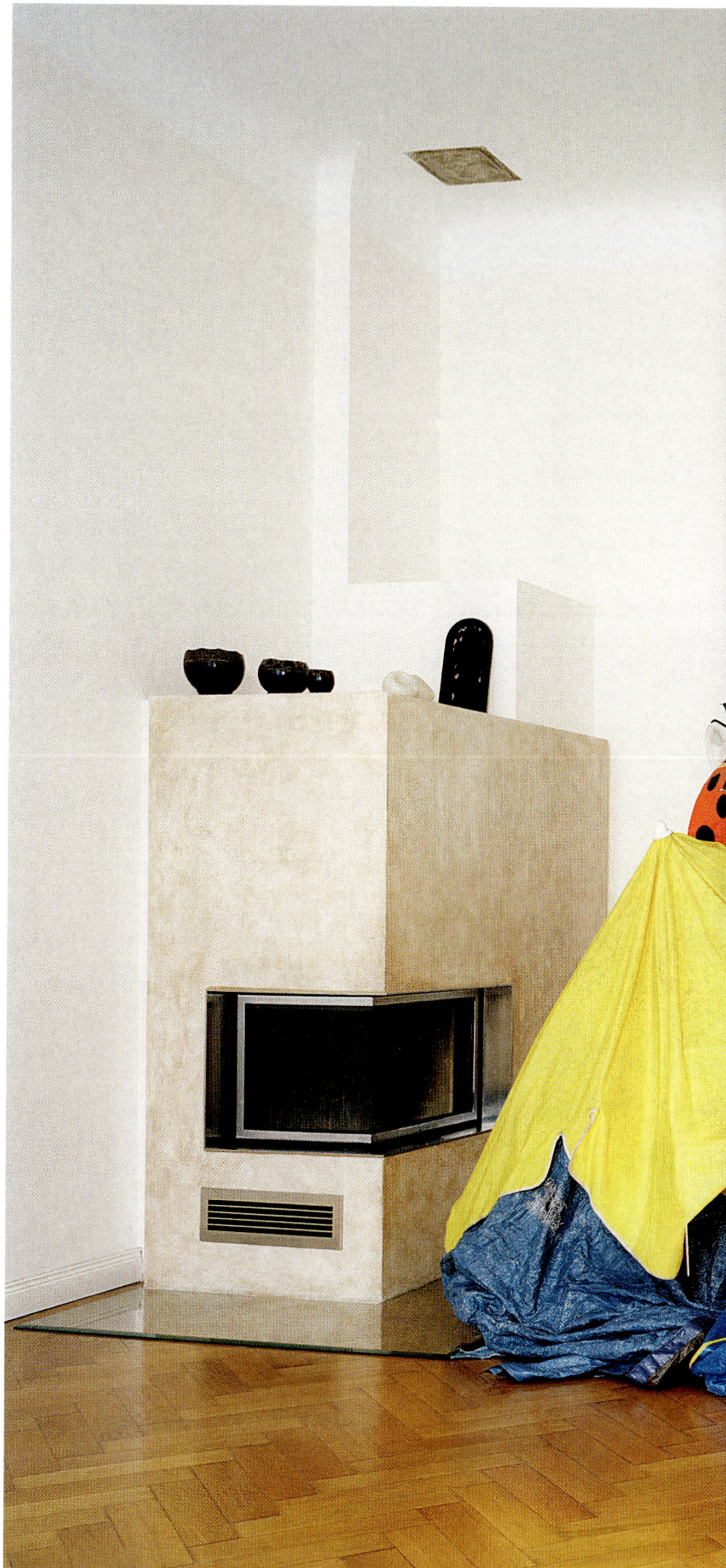

#6 Living Room, Berlin, 2020

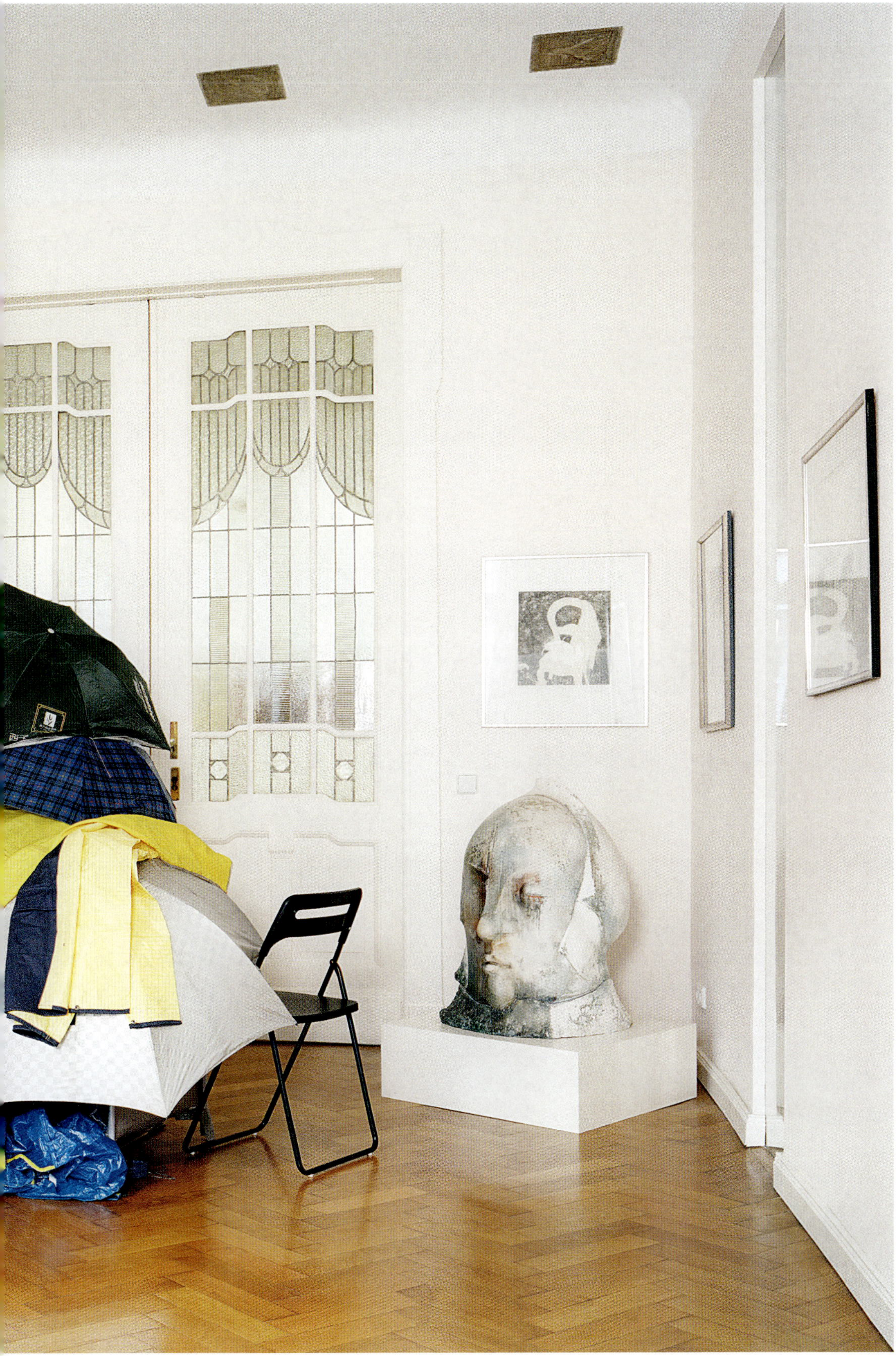

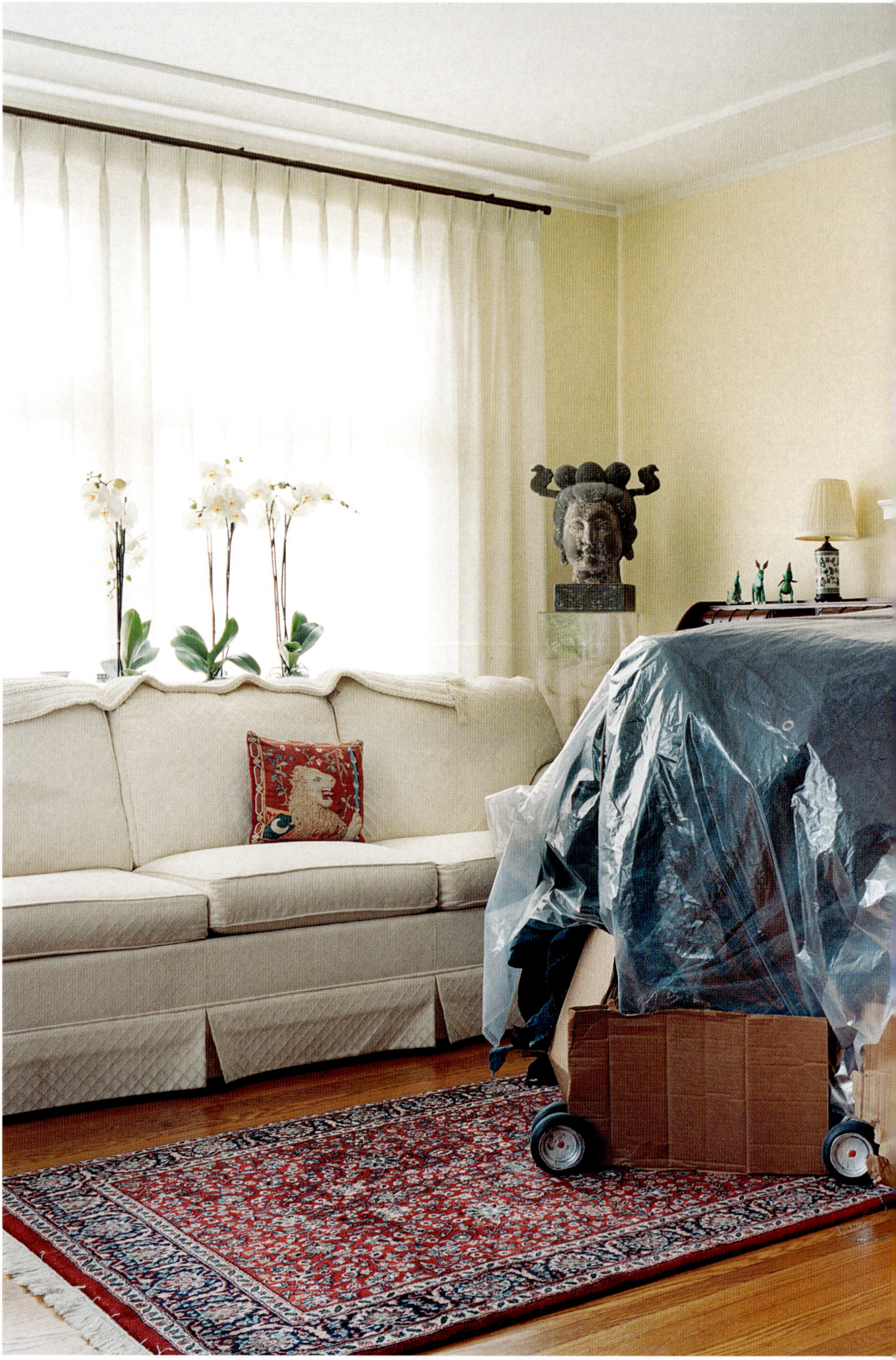

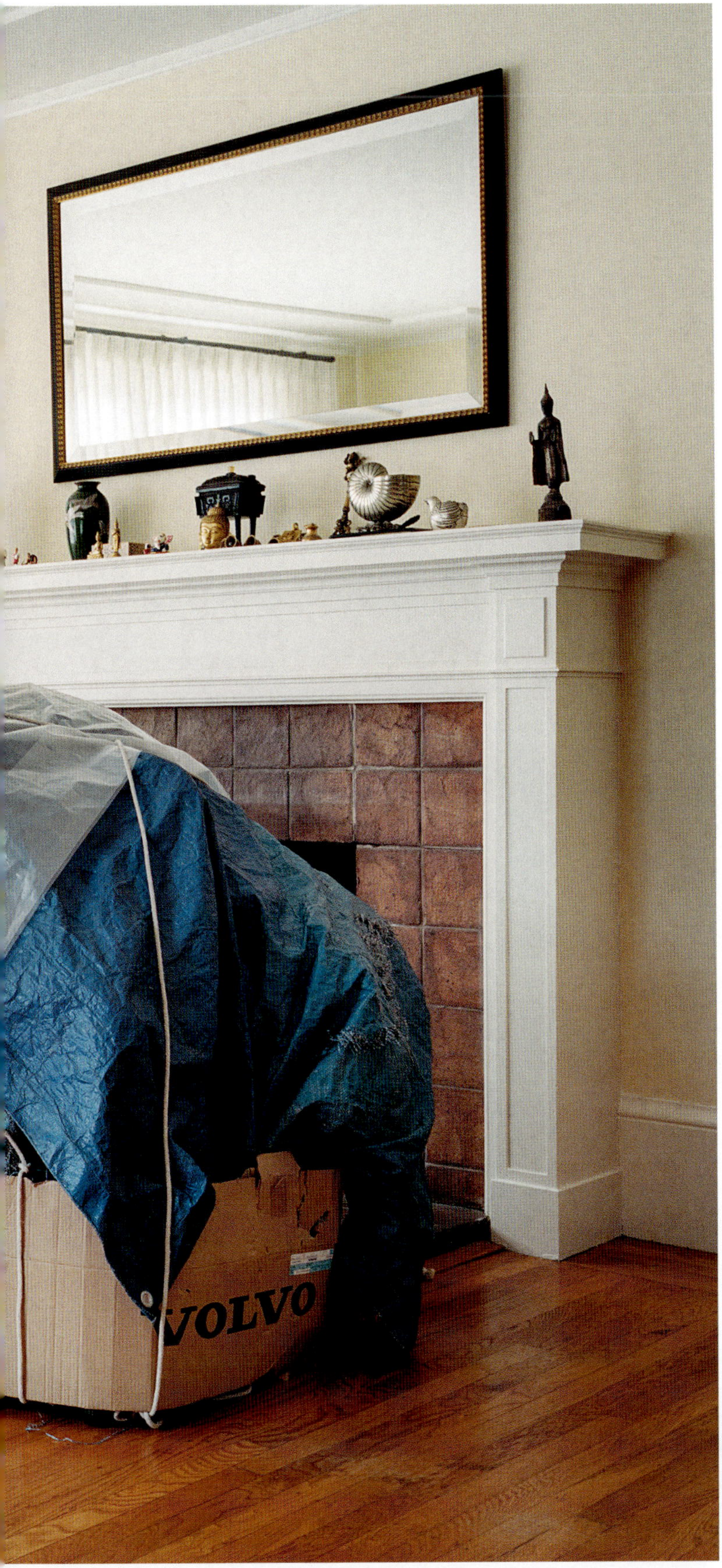

#12 Living Room, San Francisco, 2017

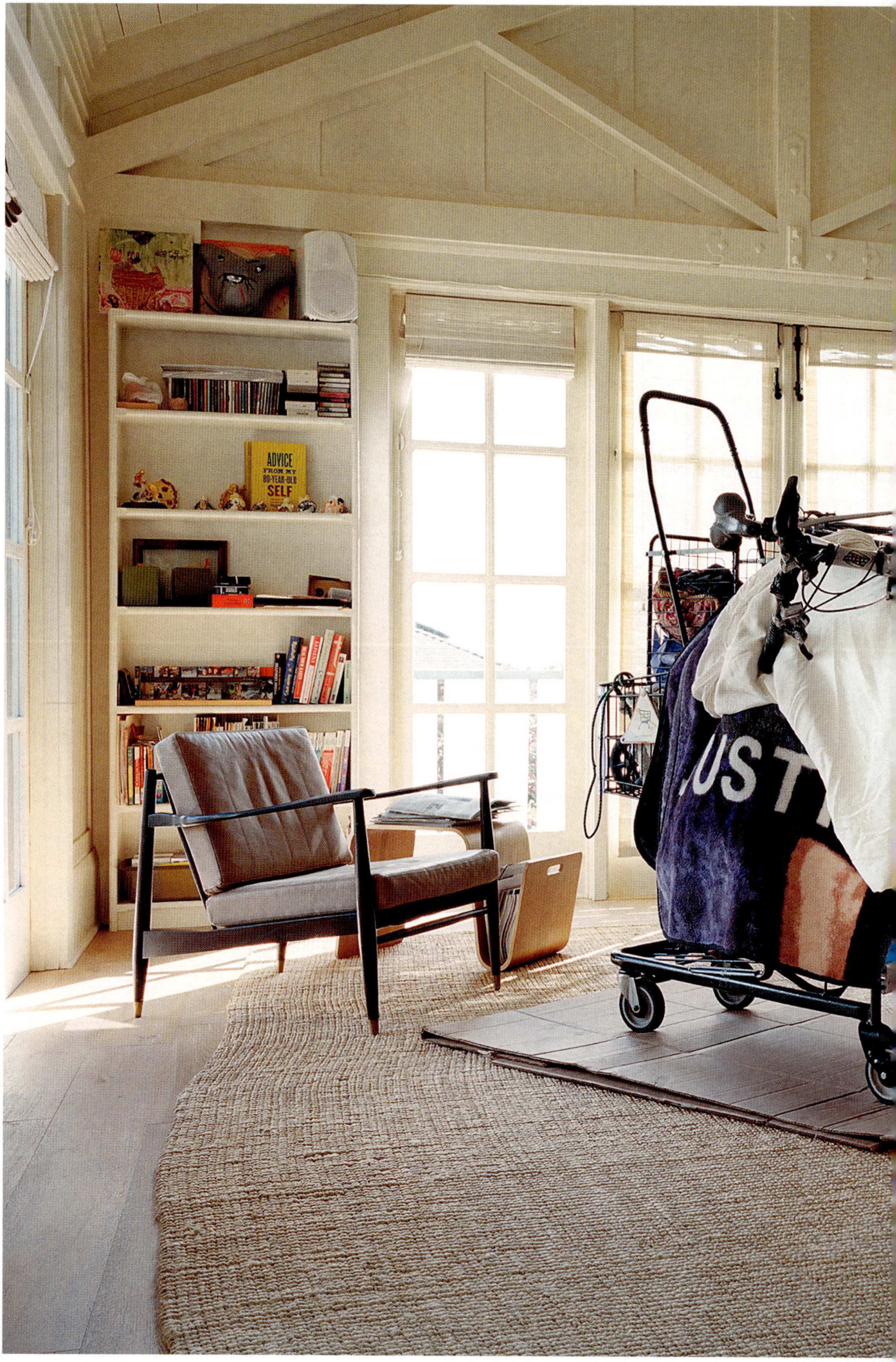
ADVICE
FROM MY
80-YEAR-OLD
SELF

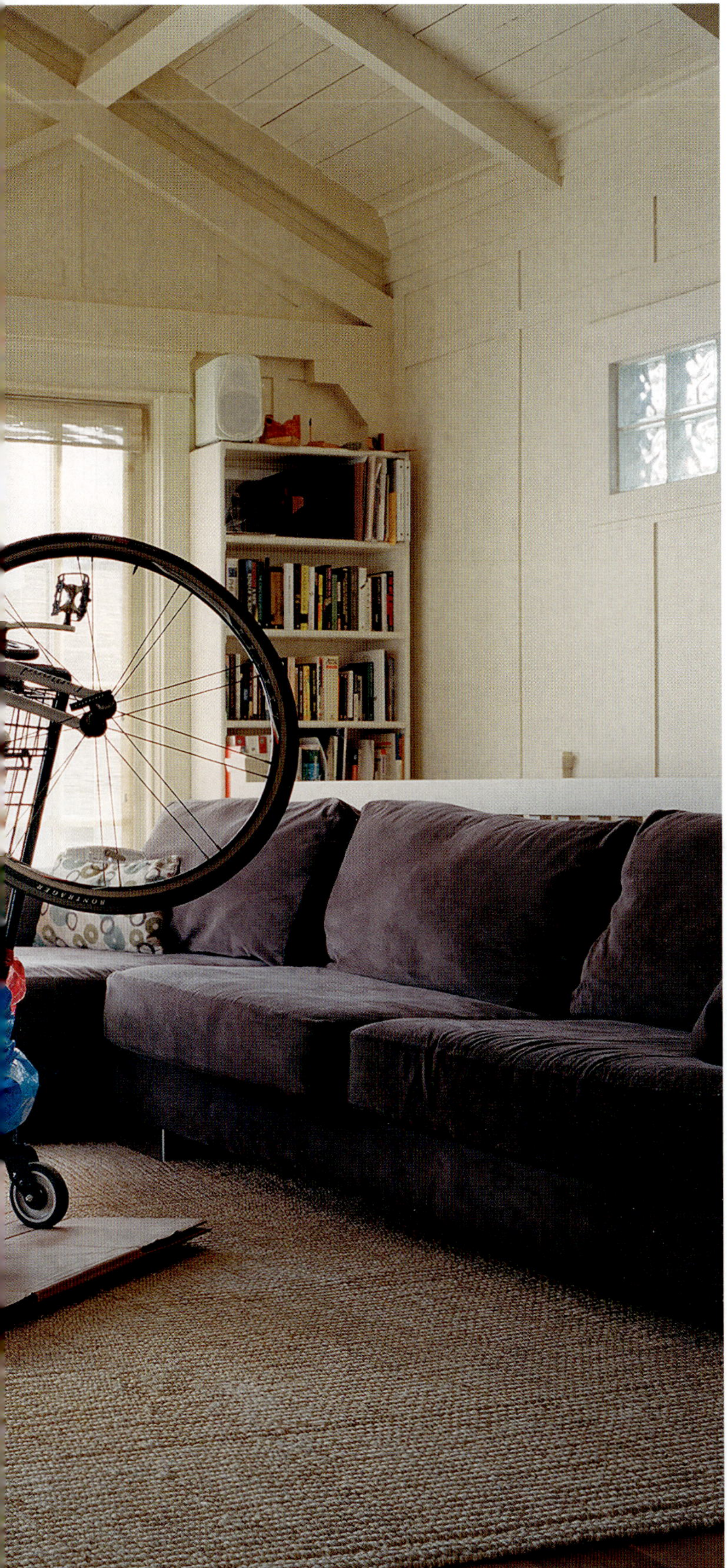

#13 Living Room, San Francisco, 2017

#7 Living Room, Berlin, 2020

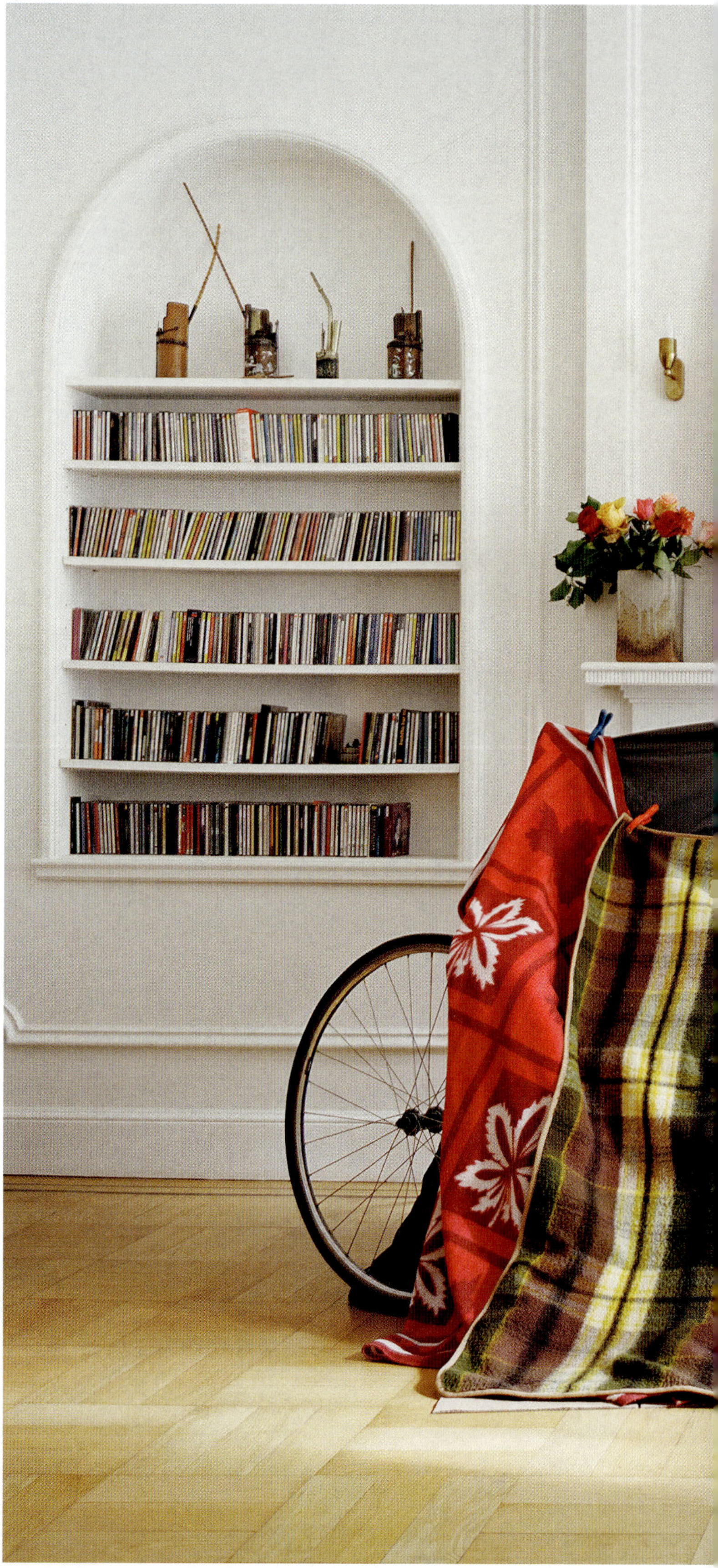

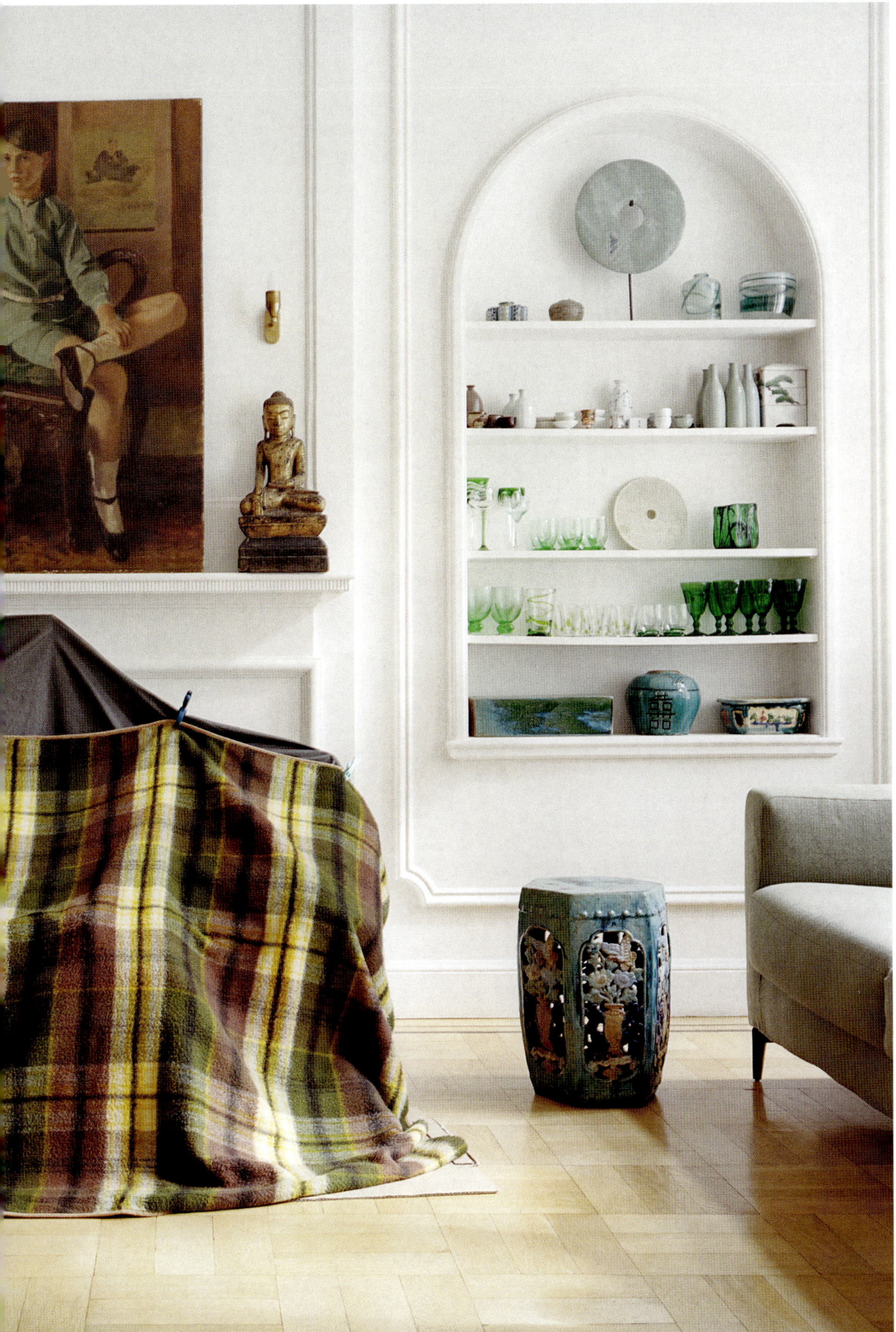

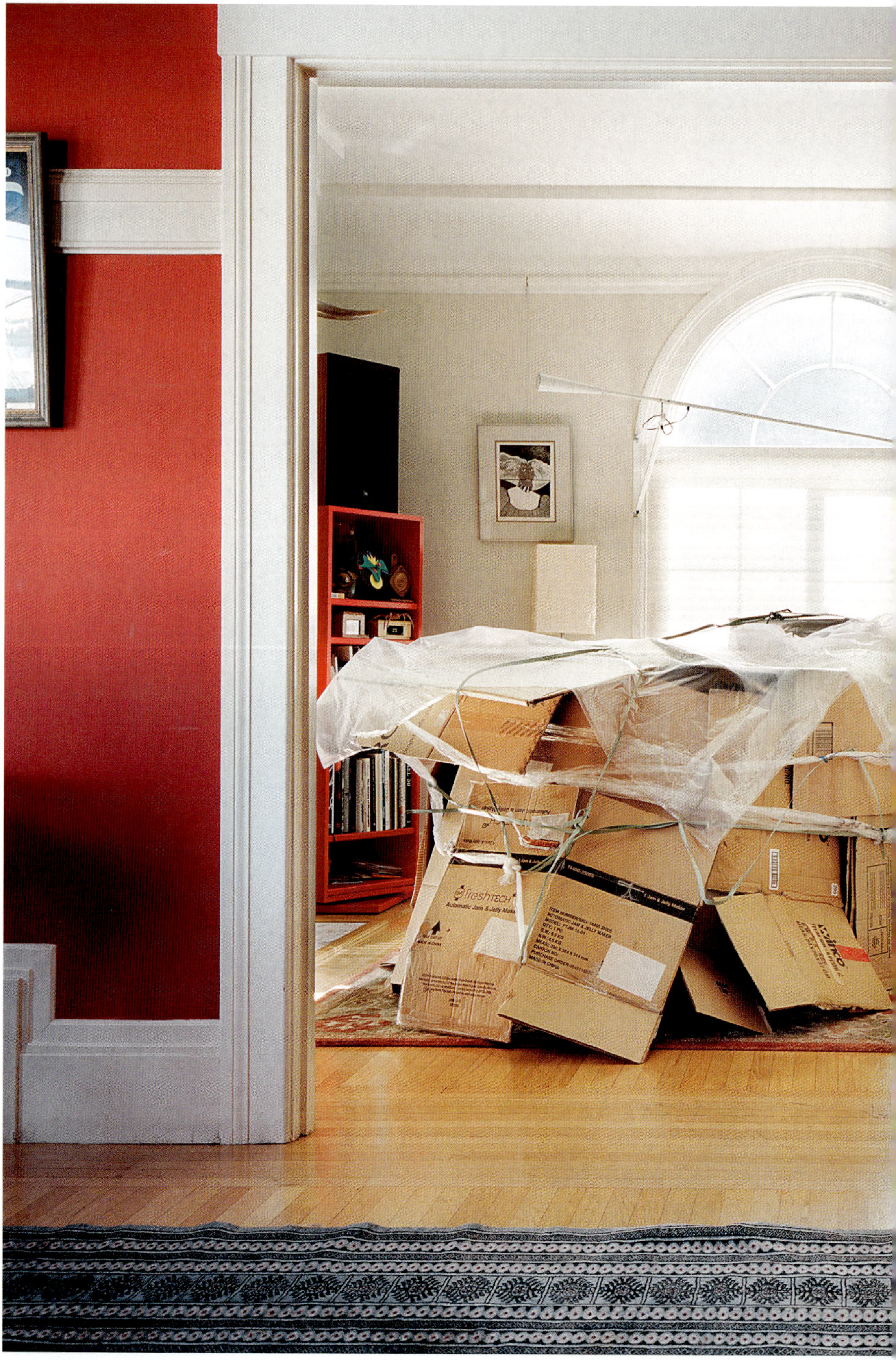
freshTECH

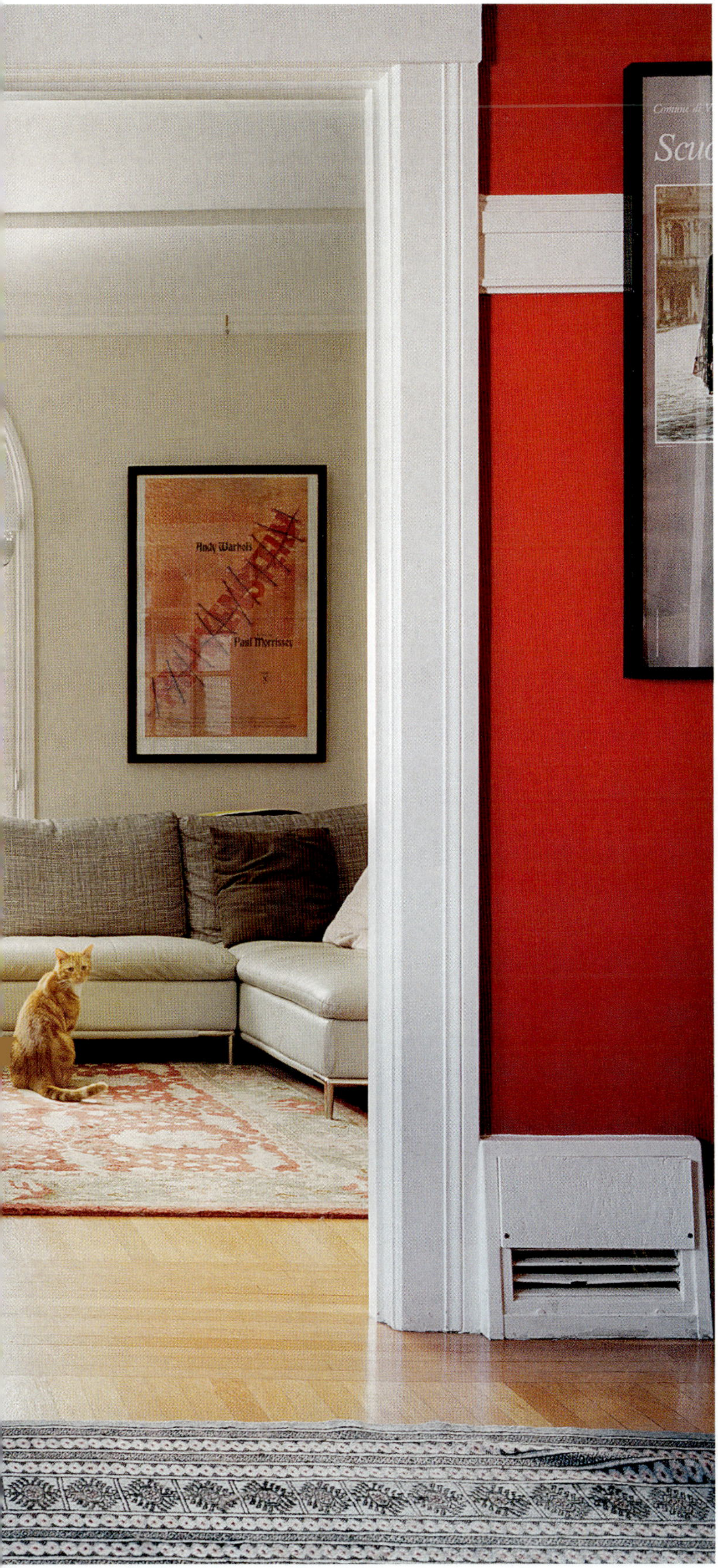

#10 Living Room, San Francisco, 2017

Ona Lia Bischoff

Der Abriss eines Gebäudes bedeutet nicht nur den Verlust materieller Ressourcen und historischer Baukultur. Verloren gehen auch die sozialen Netzwerke, die in und um ein Gebäude herum verwoben sind. Diese Thematik wird in der Arbeit Ab*bruchstellen der Erinnerung. Ein Protest gegen das stille Vergessen* von Ona Lia Bischoff aufgenommen.

In einer fotografisch-kartografischen Dokumentation porträtiert sie sieben Basler Abbruchstellen und ihre Geschichten. Individuelle Bezüge verknüpfen sich mit Nachbarschaftskulturen und gemeinschaftlich konnotierten, identitätsstiftenden Orten. Die Abbildung dieser städtischen wie auch persönlichen Wunden stellt einen Protest gegen das Verschwinden von Gebäuden dar. (Ab-) Risse und Brüche werden gezeigt und prägen sich so ins kollektive Gedächtnis ein. Die Objektfotografien sind zentraler Bestandteil der Arbeit, da sie Fragen über die Herkunft der Dinge und das Thema der Ressourcenproblematik aufgreifen (Kreislaufwirtschaft ●114). Die Objekte werden entkontextualisiert und erfragen so die Wertigkeit eines vorerst als Abfall betrachteten Abrissmaterials (Graben ●82). Sie sind Andenken an die Gebäude und Orte der Vergangenheit und dienen als Vergegenwärtigung von Abwesendem. Mit ihrem *Archiv der Erinnerung* gewann Bischoff den Förderpreis 2023 der VSI.ASAI – Vereinigung Schweizer Innenarchitekten/Architektinnen, der die Arbeit als wichtigen Beitrag in der aktuellen Debatte um das Bauen im Bestand sowie gegen das Verschwinden von Gebäuden auszeichnet (Umbaukultur ●204).

*Ab*bruchstellen der Erinnerung

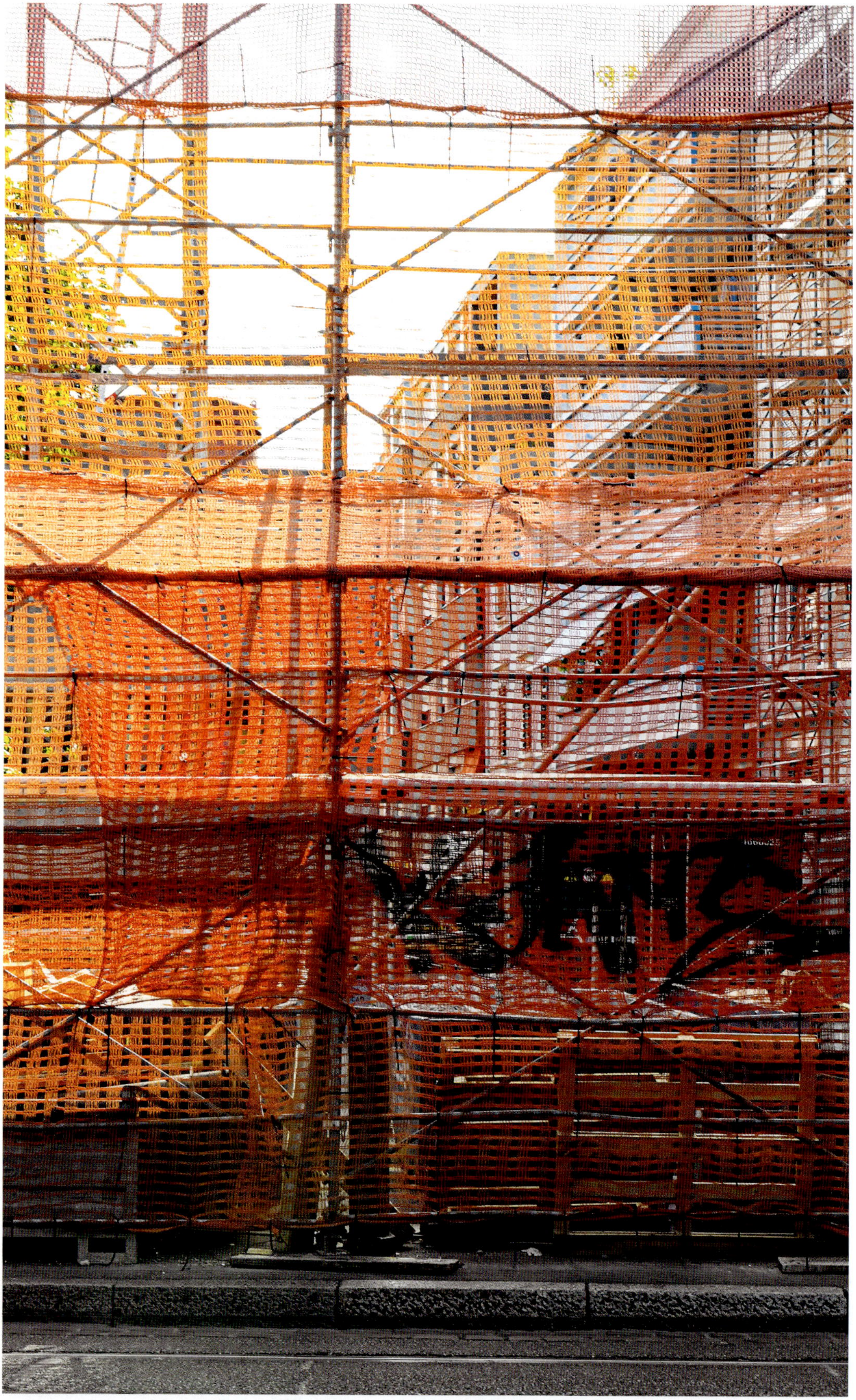

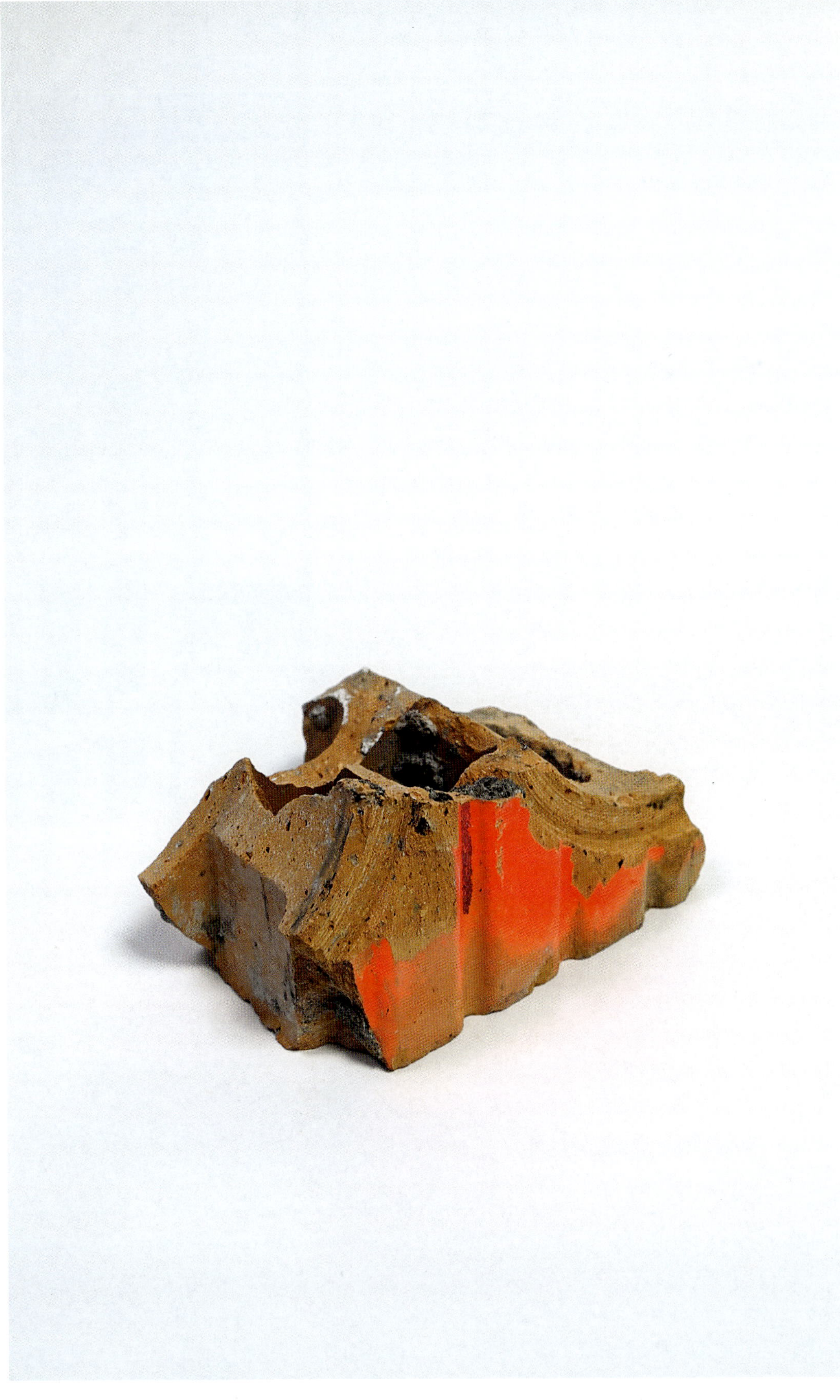

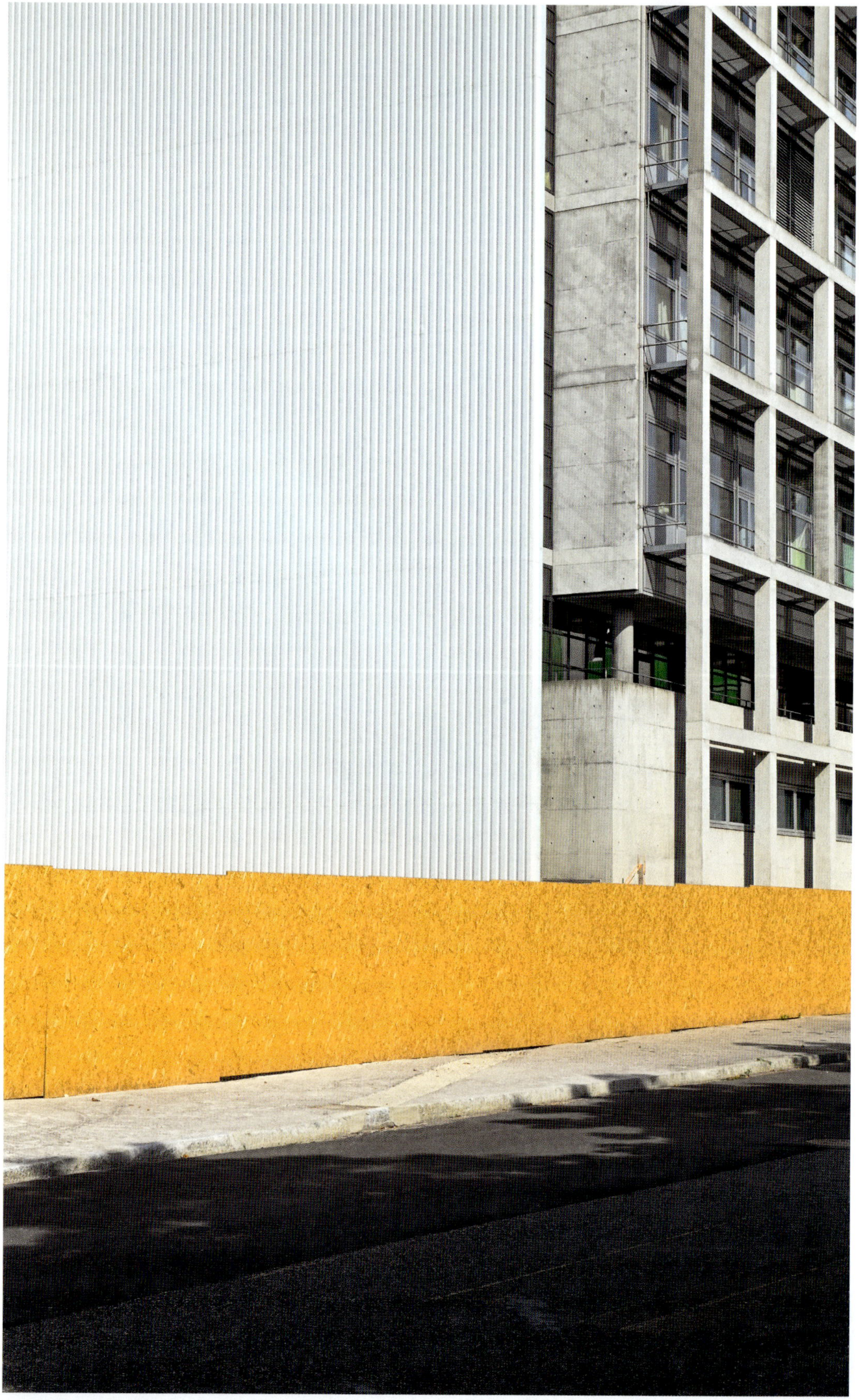

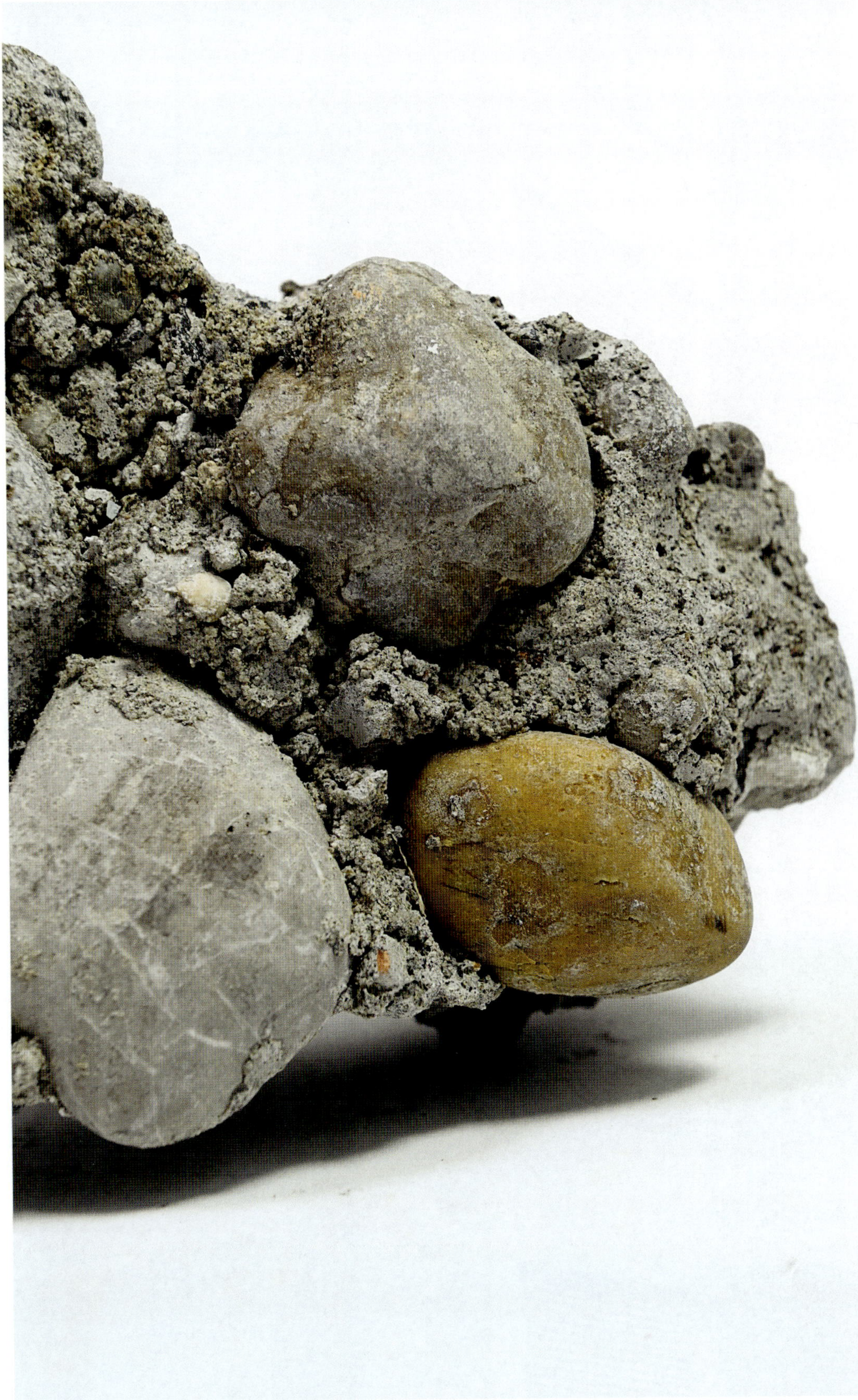

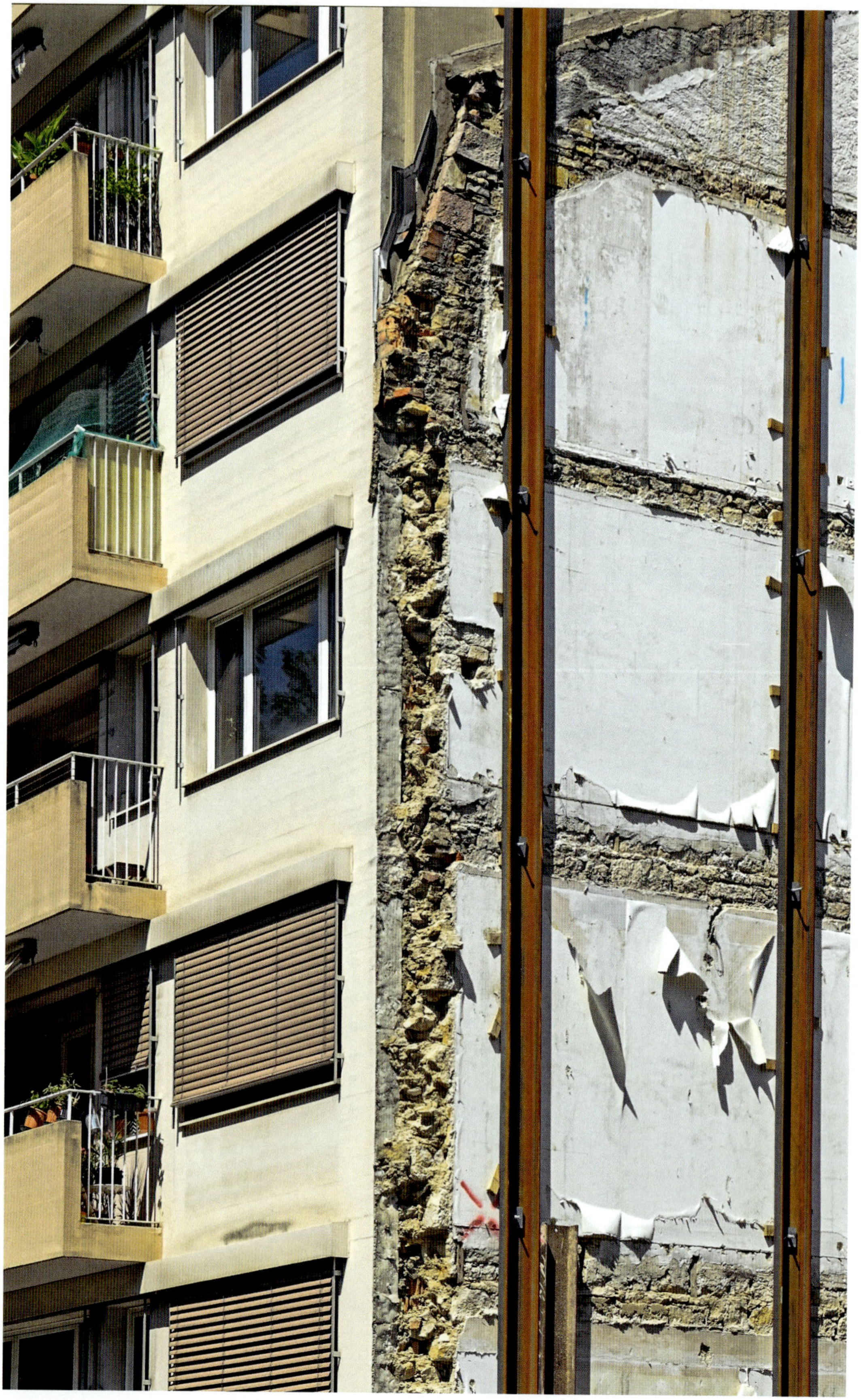

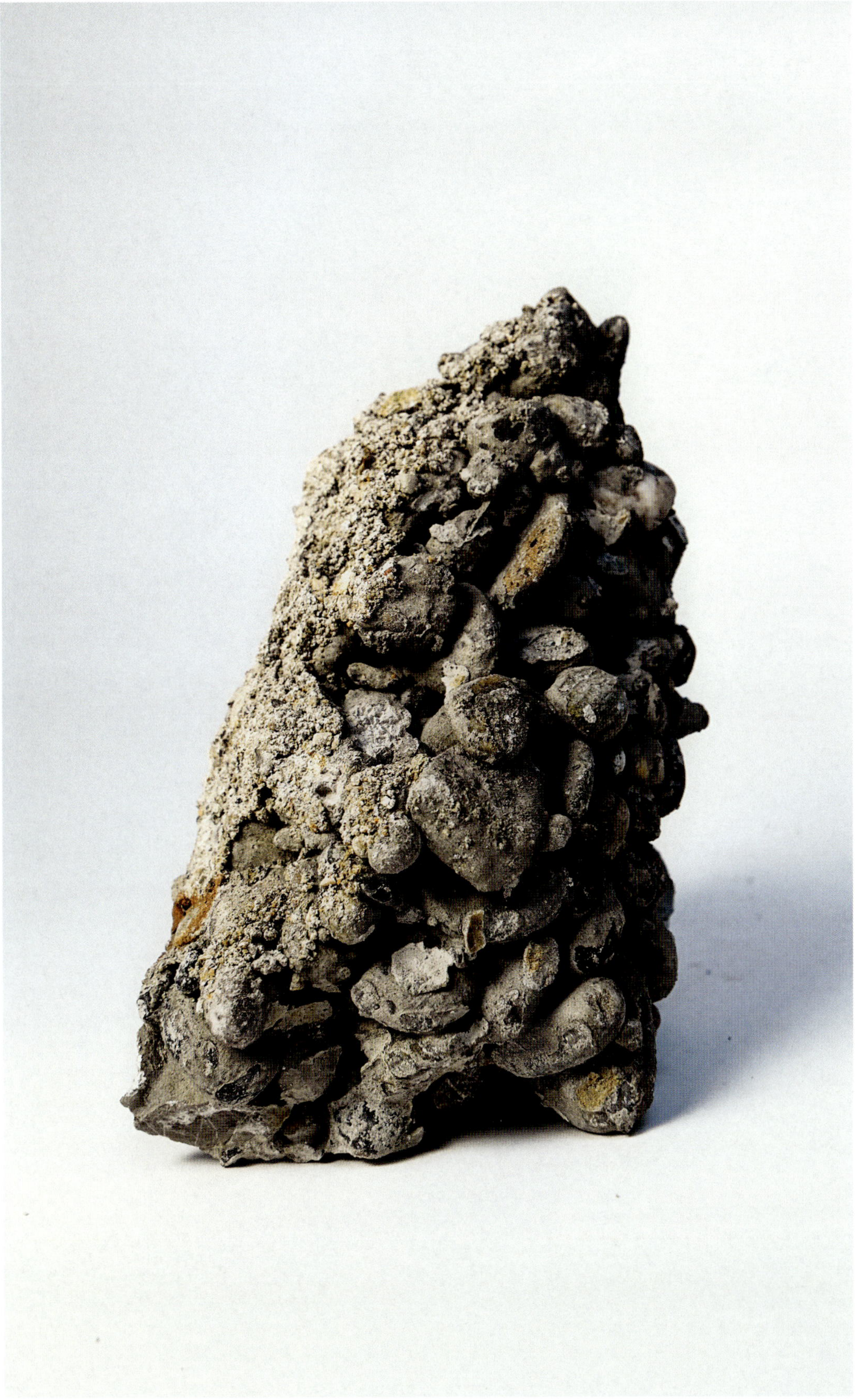

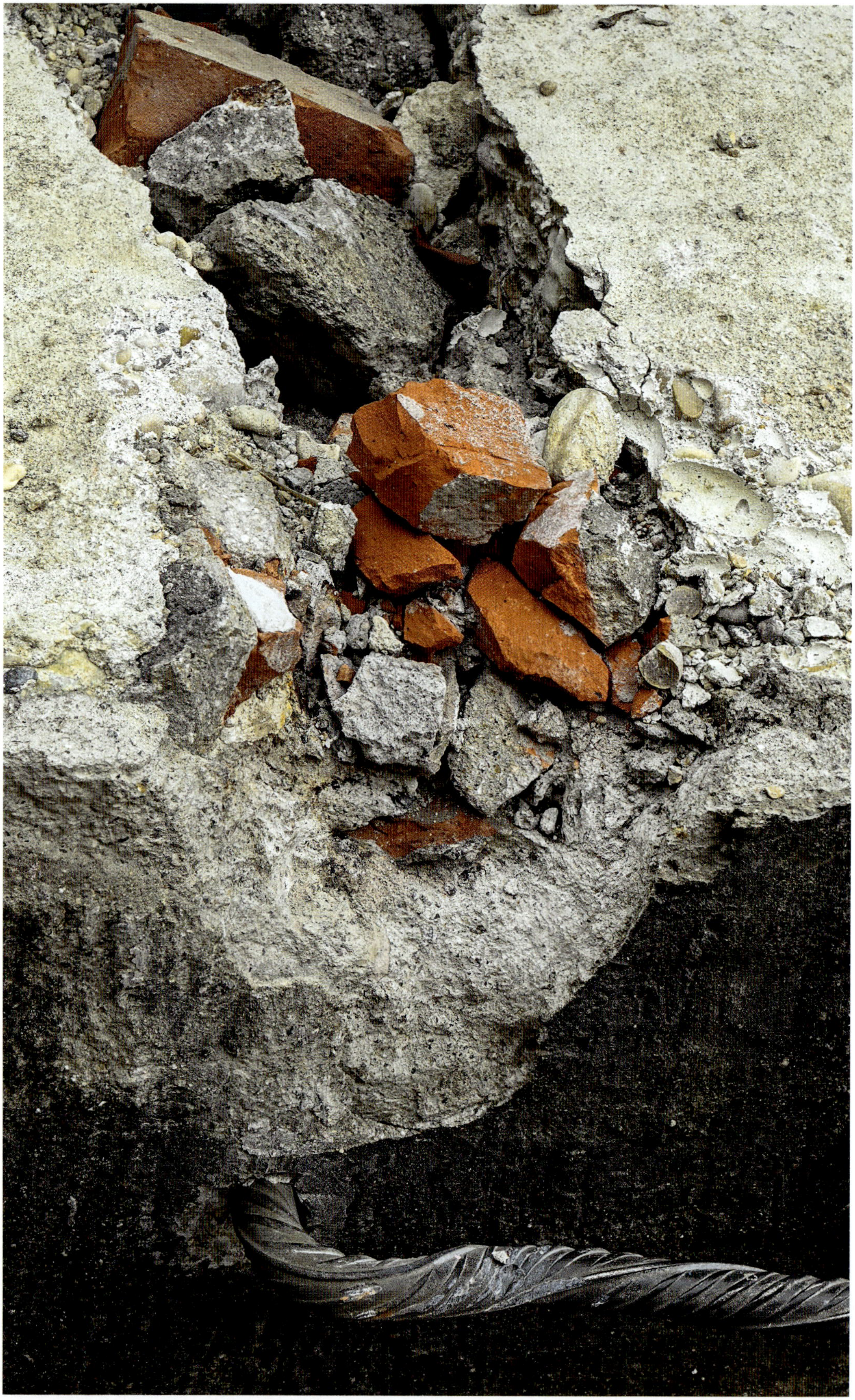

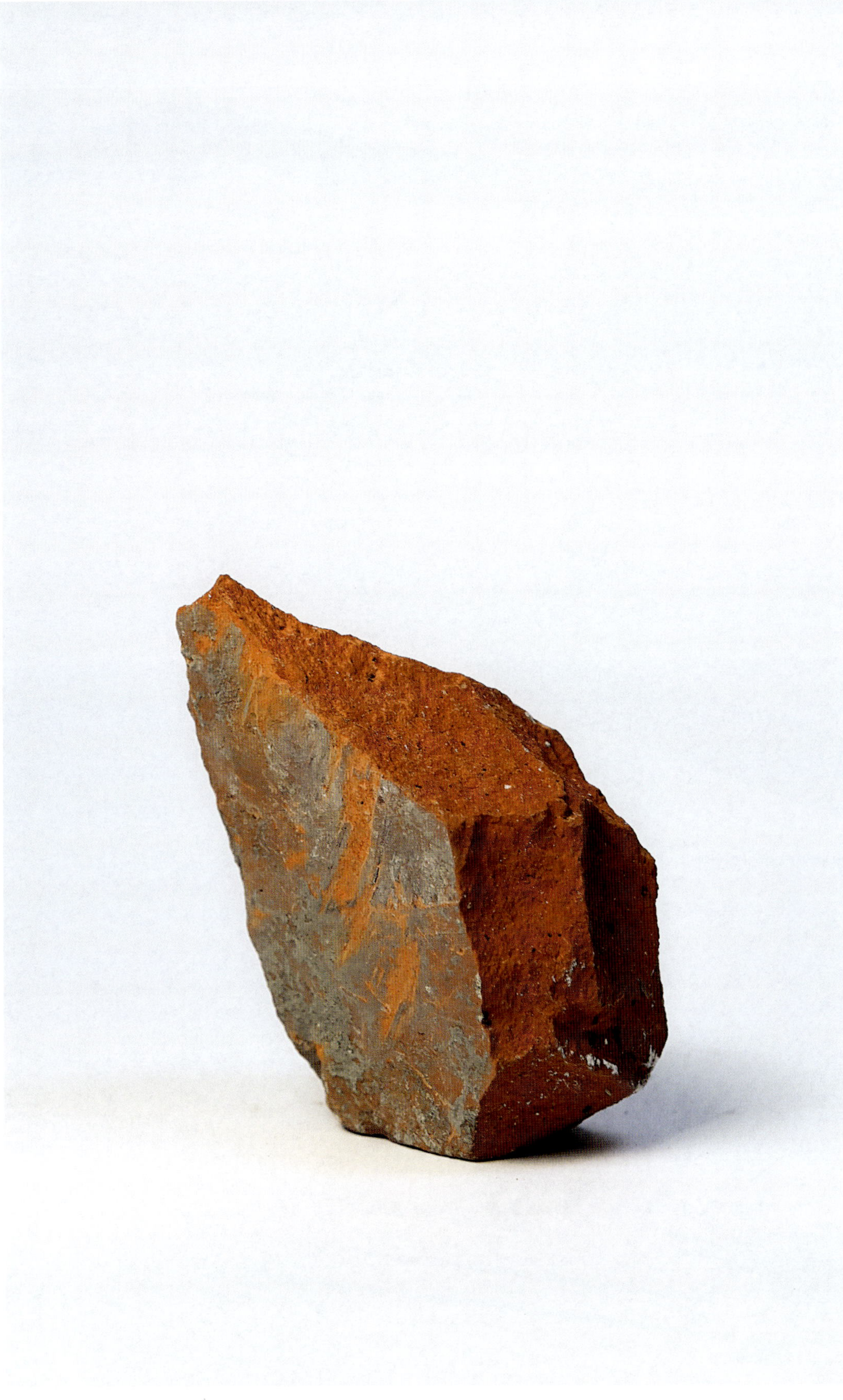

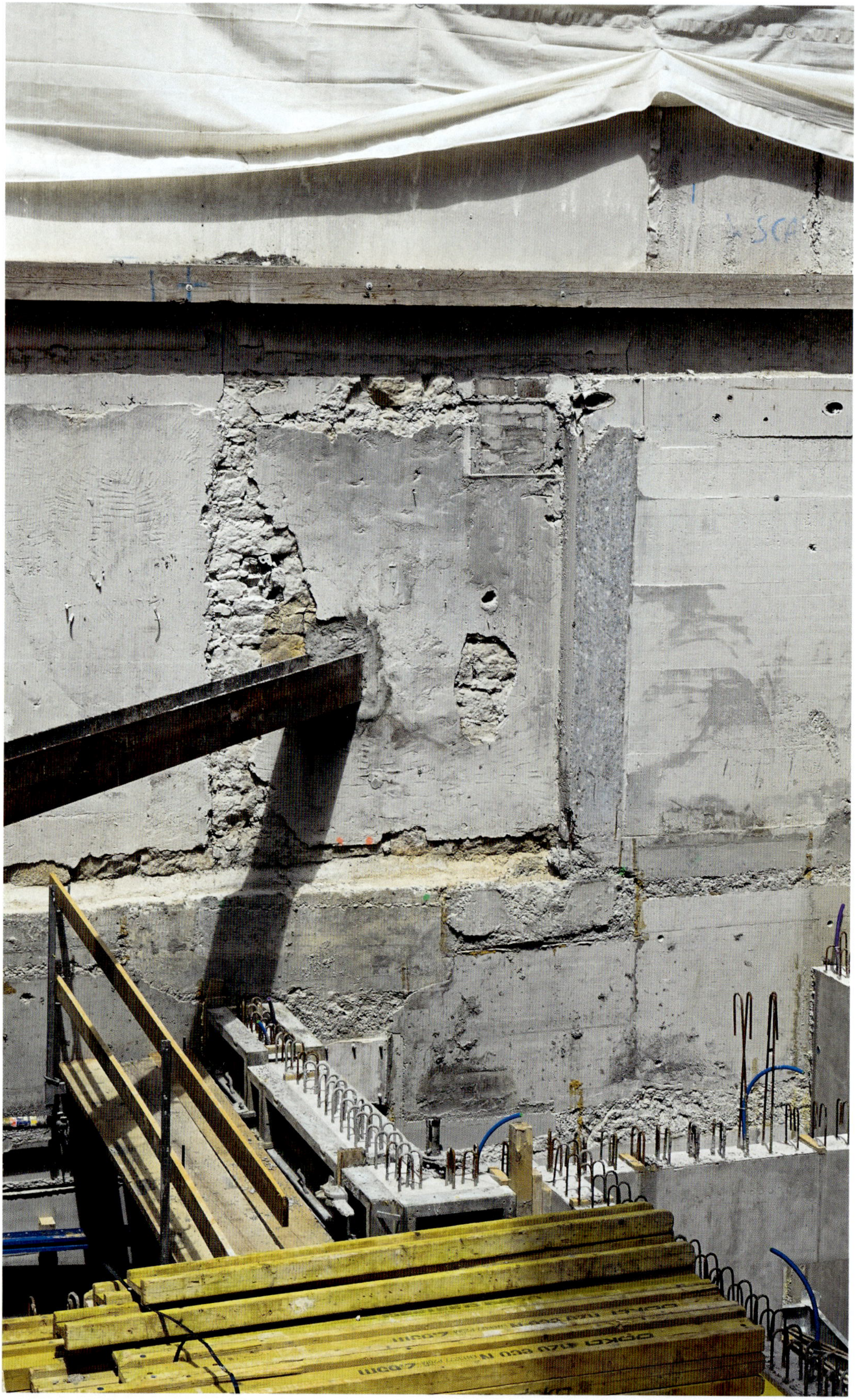

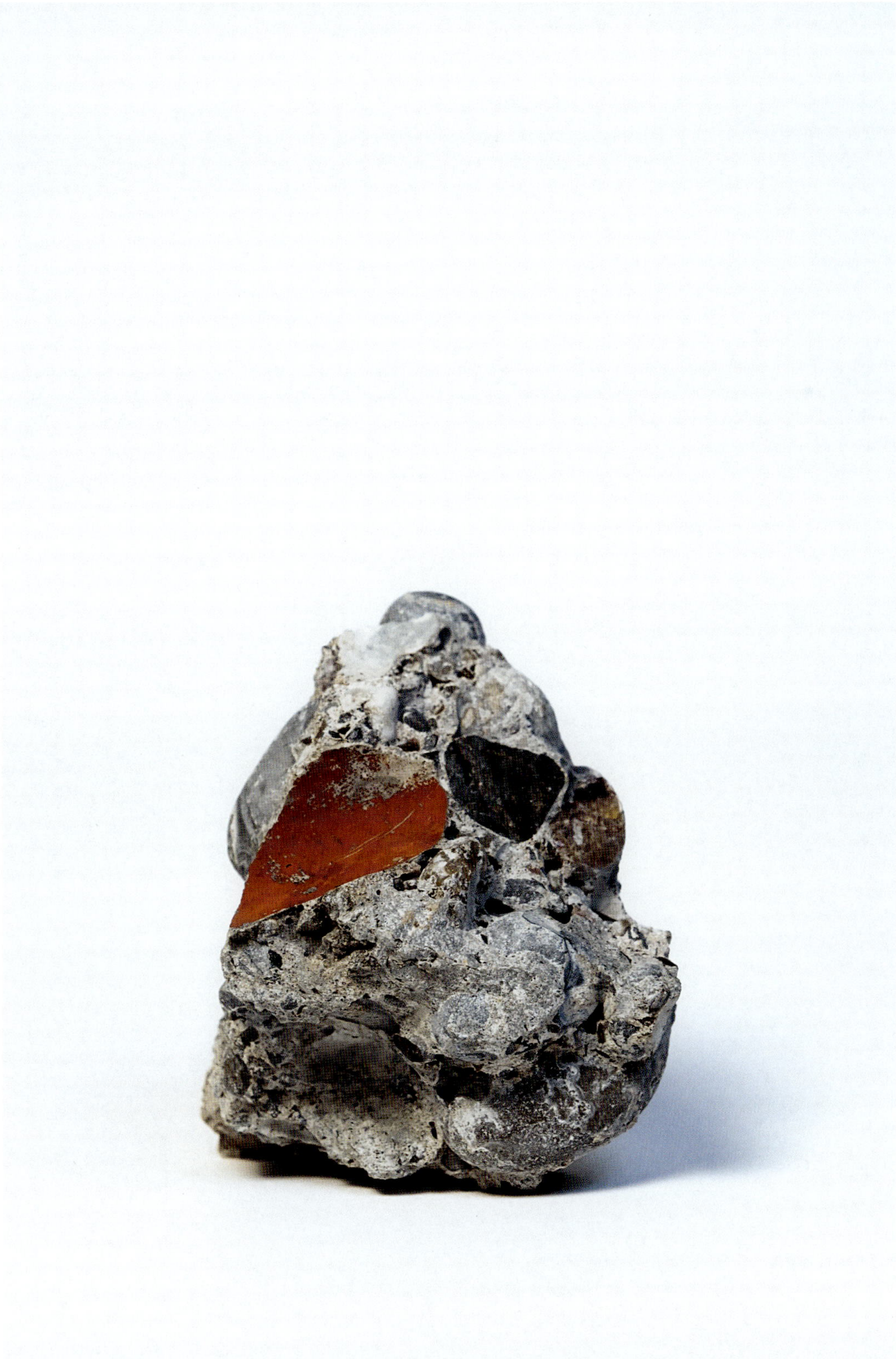

Florian Reischauer

Seit 2009 schreibt Florian Reischauer mit der Kamera Stadtgeschichte. In seinem demografischen Langzeitprojekt *Pieces of Berlin* (piecesofberlin.com) widmet er sich nicht nur dem tiefgreifenden architektonischen Wandel der deutschen Hauptstadt, sondern auch den Berliner*innen und deren Alltag ●16. Florian Reischauer fotografiert die Straßen Berlins und interviewt Menschen aus allen sozialen Schichten und den unterschiedlichsten Ecken der Stadt, denen er begegnet. Seine Bilder geben diesen Menschen eine Stimme und dokumentieren dabei ein Stück bauliche Zeitgeschichte.

Pieces of Berlin

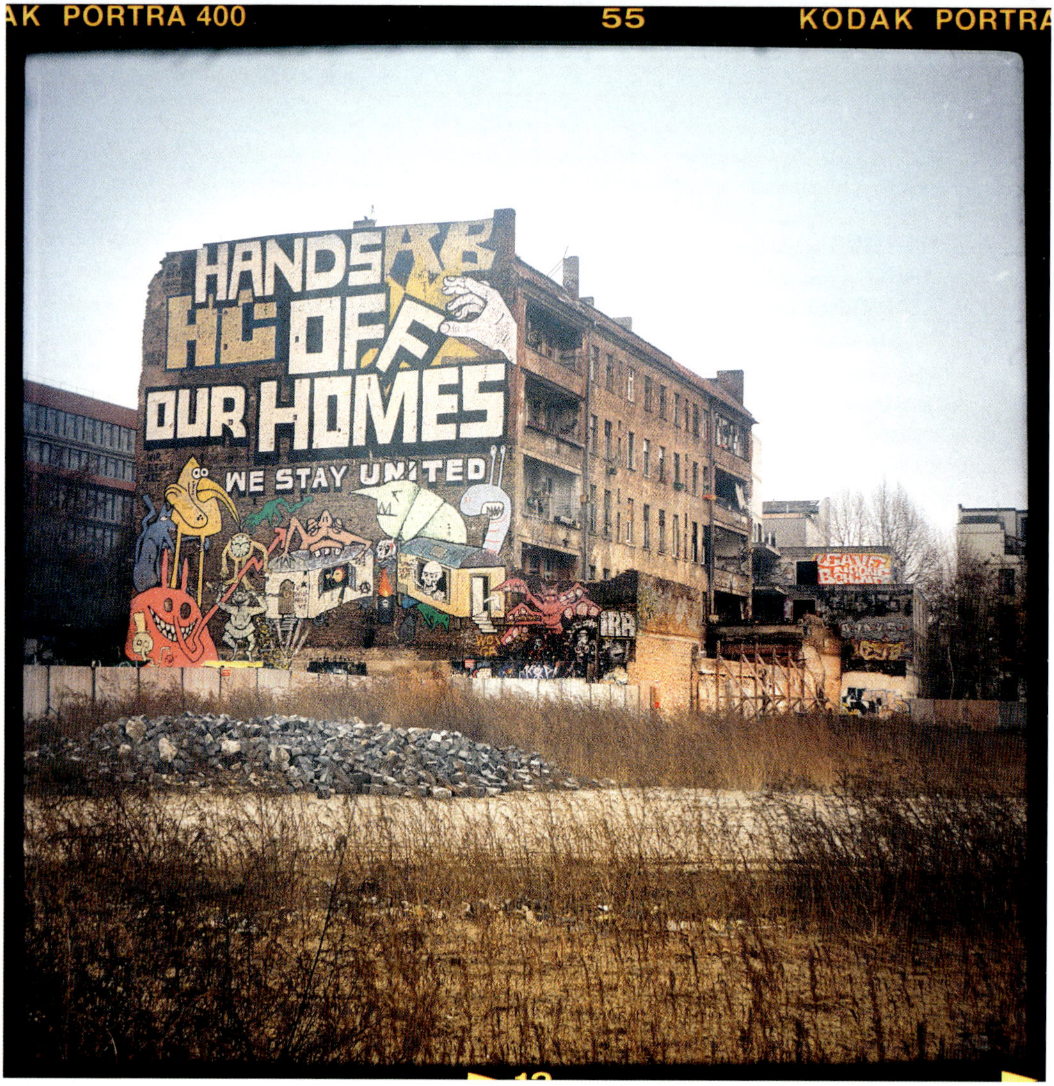
AK PORTRA 400
55
KODAK PORTRA
HANDS
OFF
OUR HOMES
WE STAY UNITED

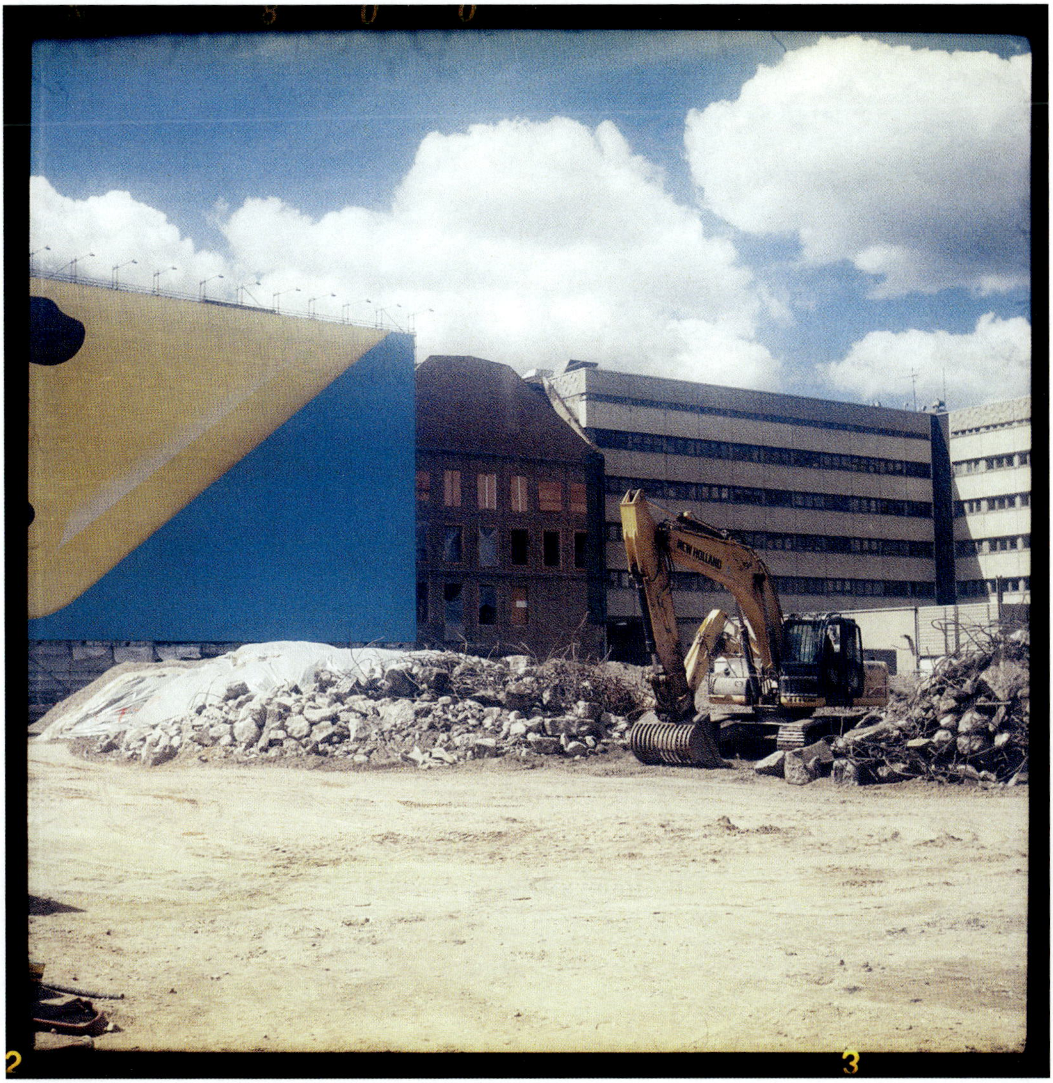
NEW HOLLAND

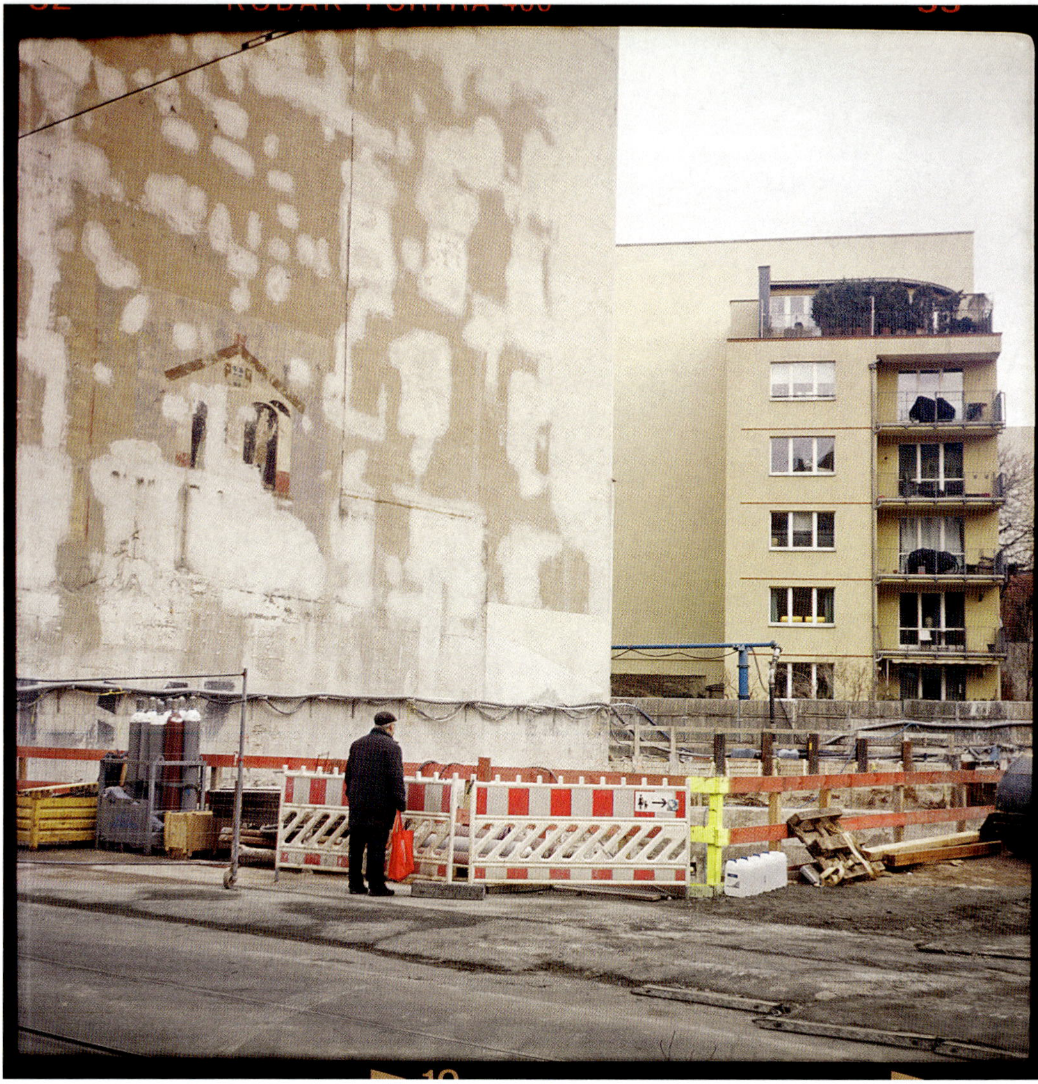

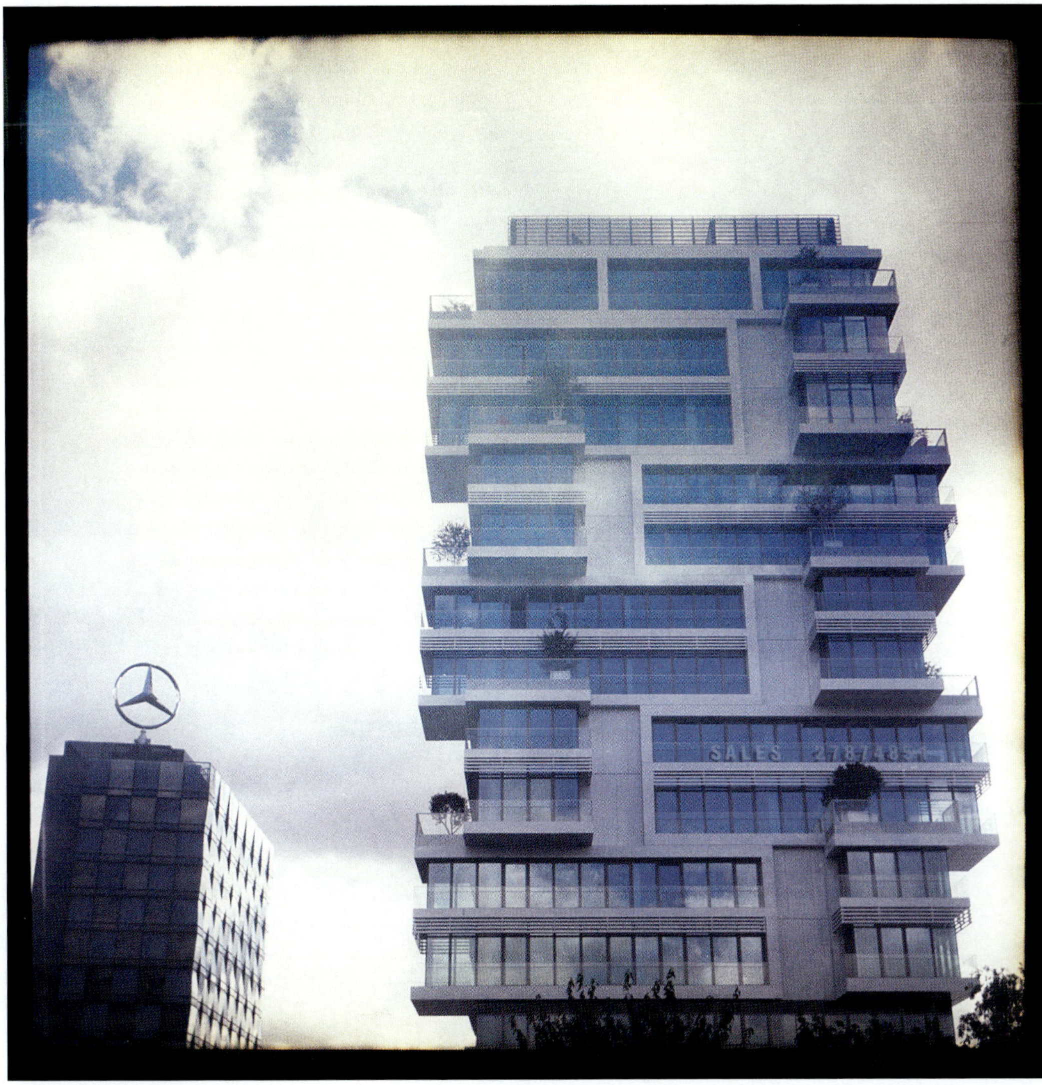
SALES

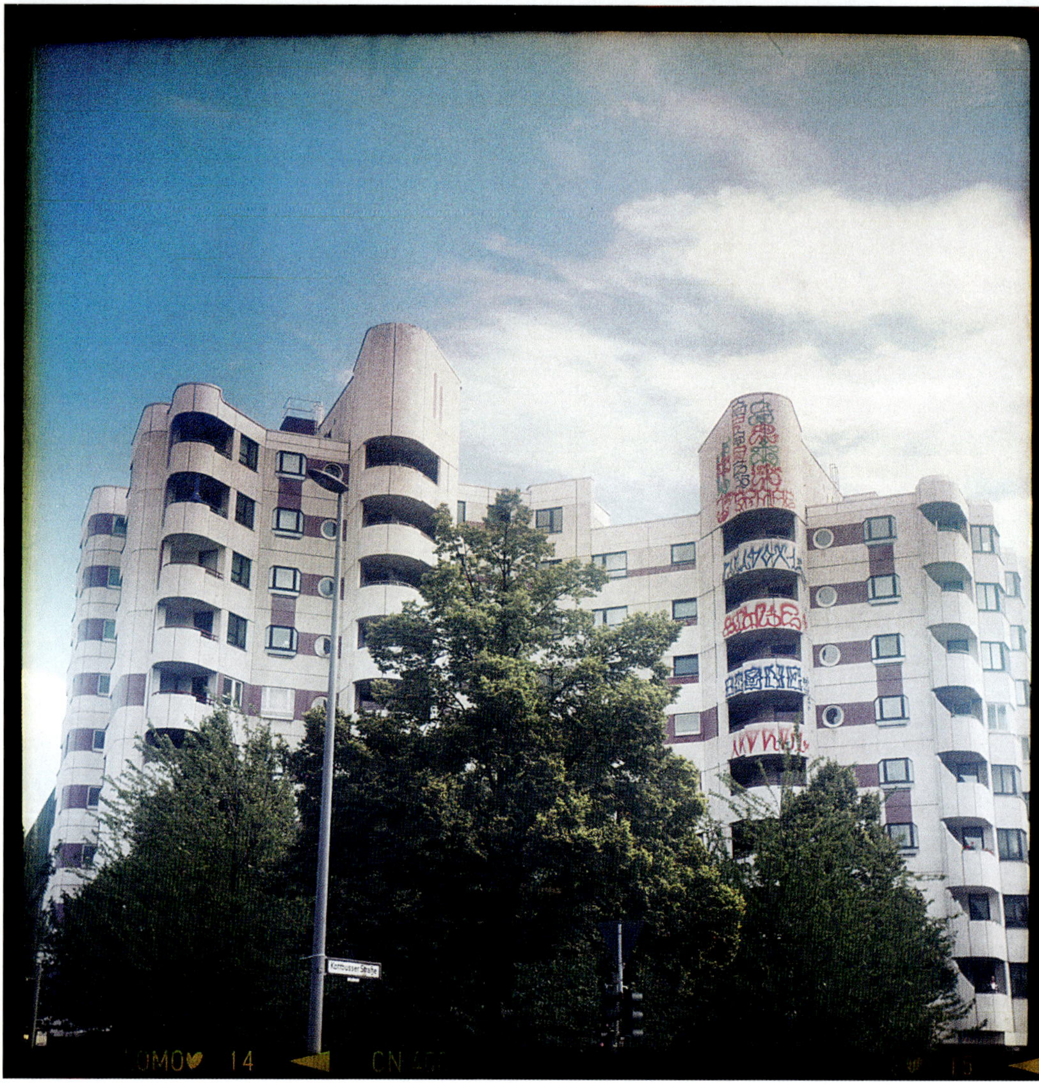
Kottbusser Straße

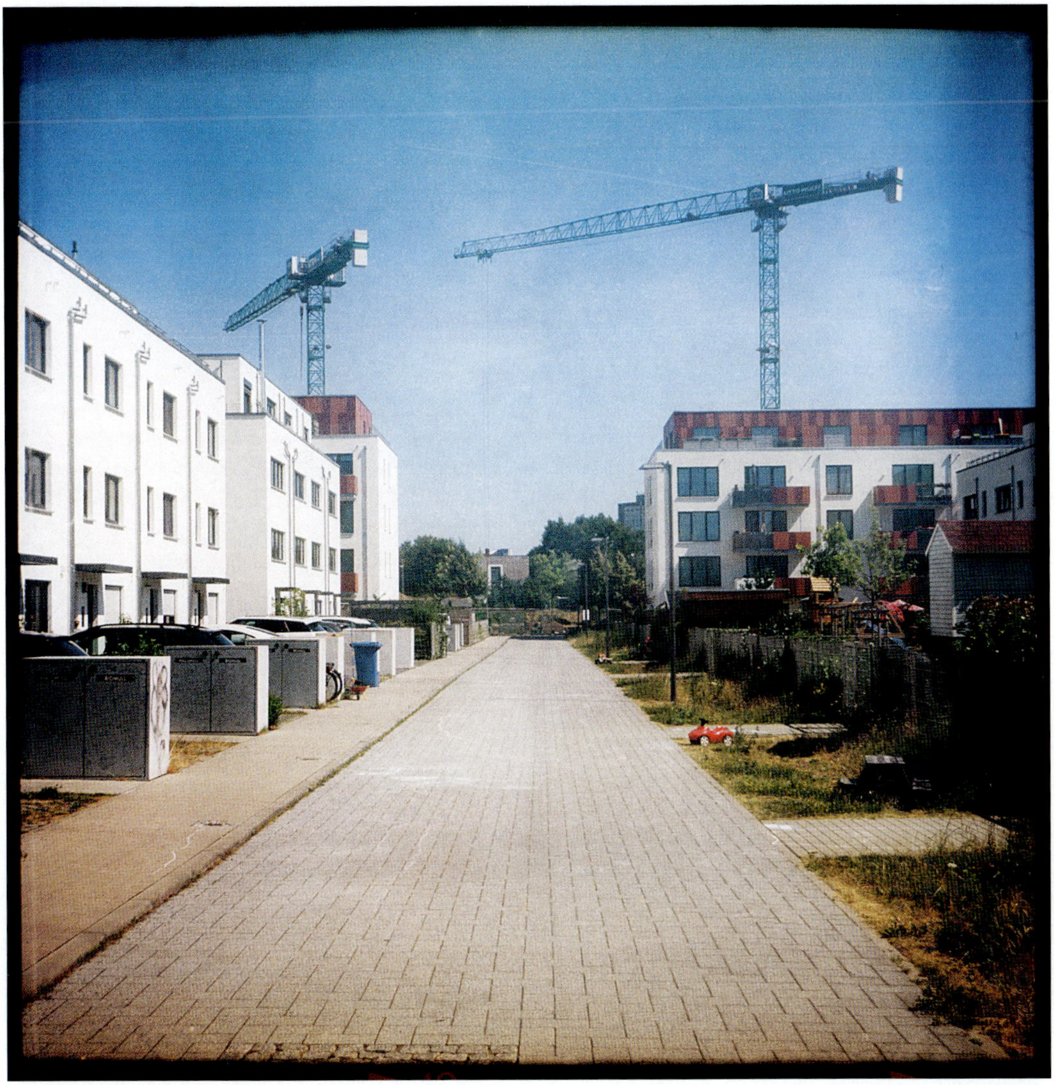

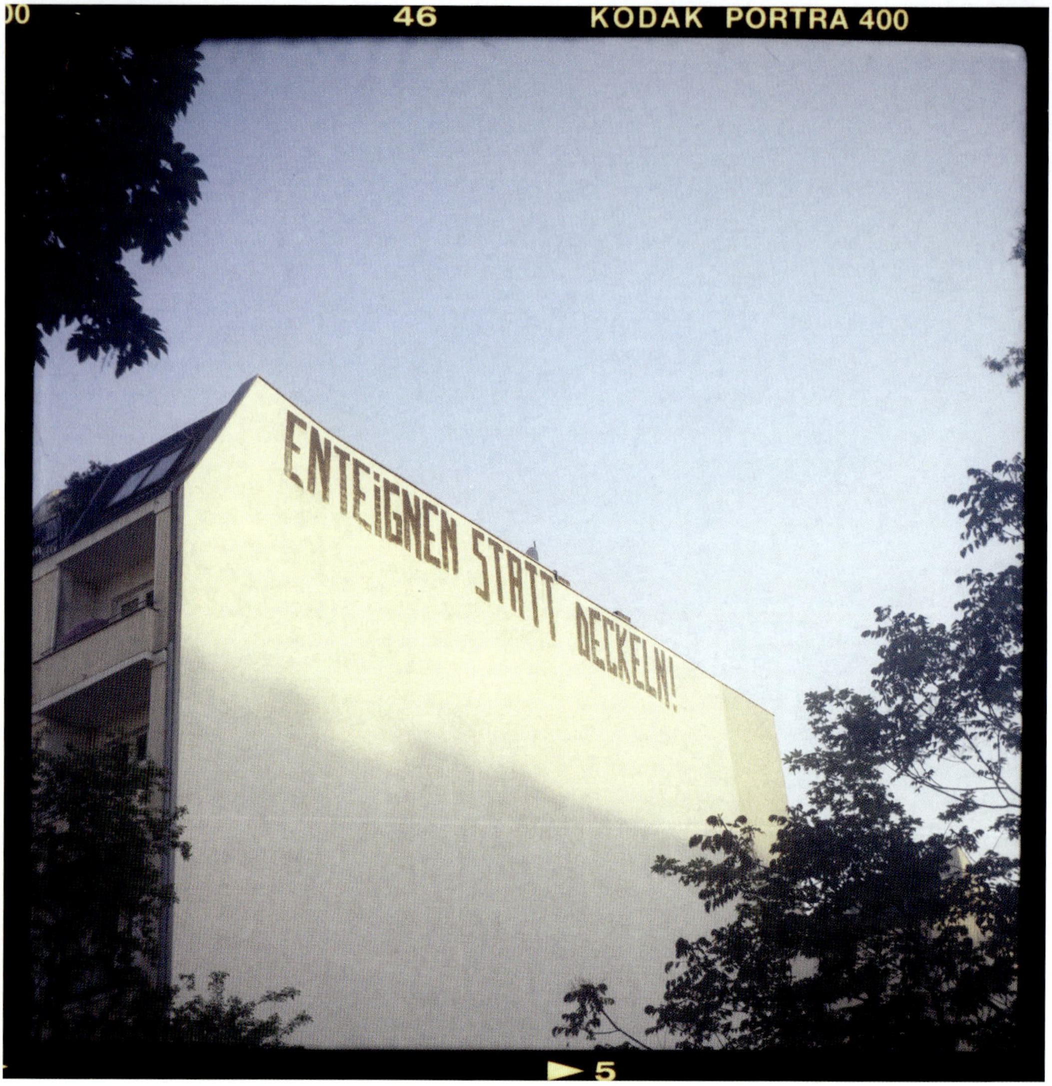
46
KODAK PORTRA 400
ENTEIGNEN STATT DECKELN!
5

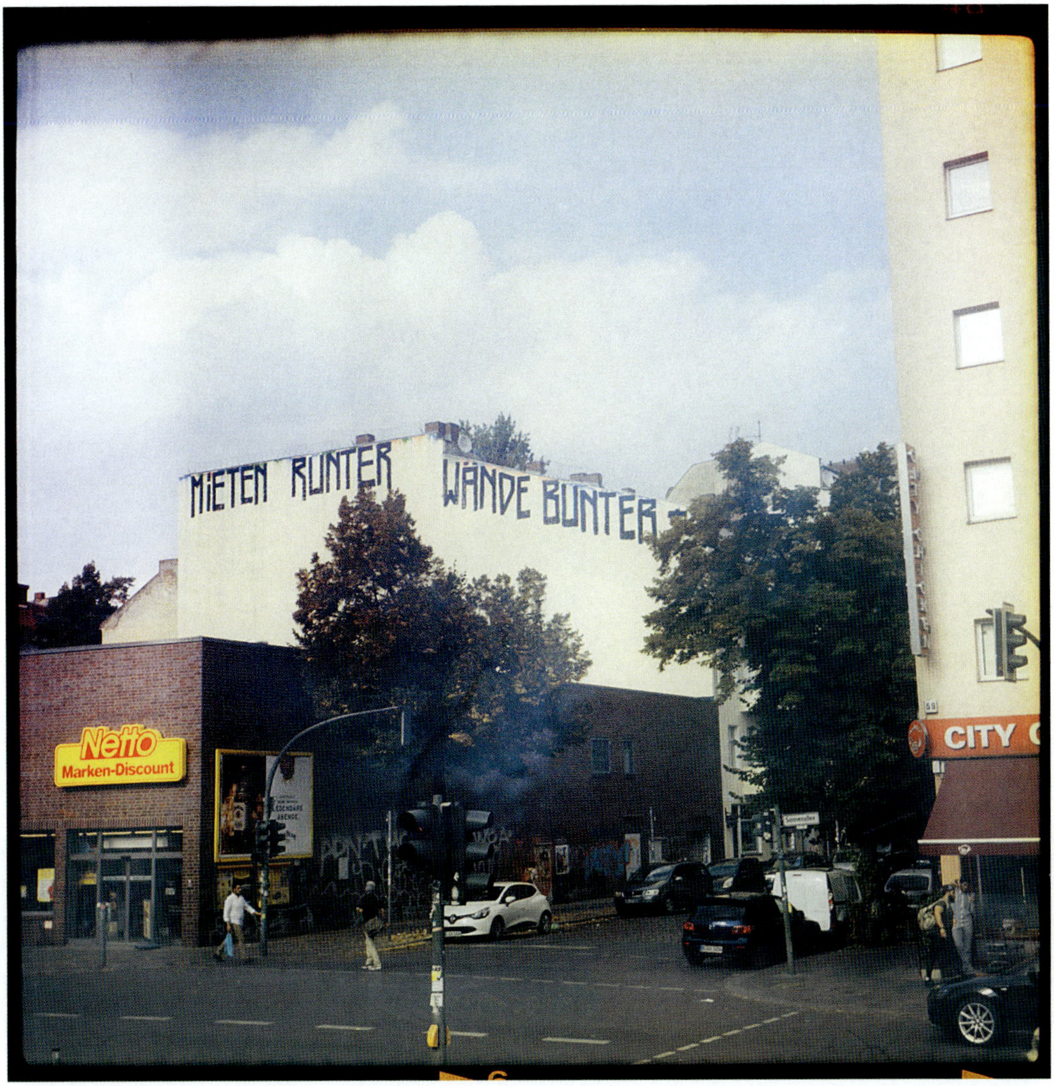
MIETEN RUNTER WÄNDE BUNTER
Netto
Marken-Discount
CITY

Larissa Fassler

Am Berliner Moritzplatz, einem Hotspot der Gentrifizierung●74, offenbart sich eine außergewöhnliche Geschichte, gezeichnet von vergangenen und aktuellen Traumata. Mit einem psychogeografischen Ansatz, gestützt auf Archiv- und Internetrecherchen, hat die Künstlerin Larissa Fassler (geb. 1975 in Vancouver, Kanada; lebt und arbeitet in Berlin) Karten und Bilder aus verschiedenen Zeitebenen zusammengetragen und analysiert. Ansichten des Stadtgefüges und der Hinterhofgestaltung Berlins um 1910 sowie die Spuren der alliierten Bombenangriffe bilden die erste Zeitschicht, markiert in verschiedenen Rottönen. Eine zweite Schicht zeigt die Grundrisse der Mauer, Wachtürme und den Todesstreifen der Nachkriegszeit. Eine dritte Ebene erfasst die aktuellen und zukünftigen Mietpreise●134 sowie die Bauträger*innen und Unternehmen, die Grundstücke für hochwertige Büros, Restaurants und Luxusgeschäfte erwerben. Die damit verbundenen Konflikte●236, Kämpfe und Proteste●134 werden ebenfalls dokumentiert. Diese multidimensionale Darstellung des Moritzplatzes wirft ein kritisches Licht auf die zunehmende Kommerzialisierung und Gentrifizierung, die die soziale Struktur und das kulturelle Erbe städtischer Räume bedrohen.

Forms of Brutality, Moritzplatz, Berlin 2019

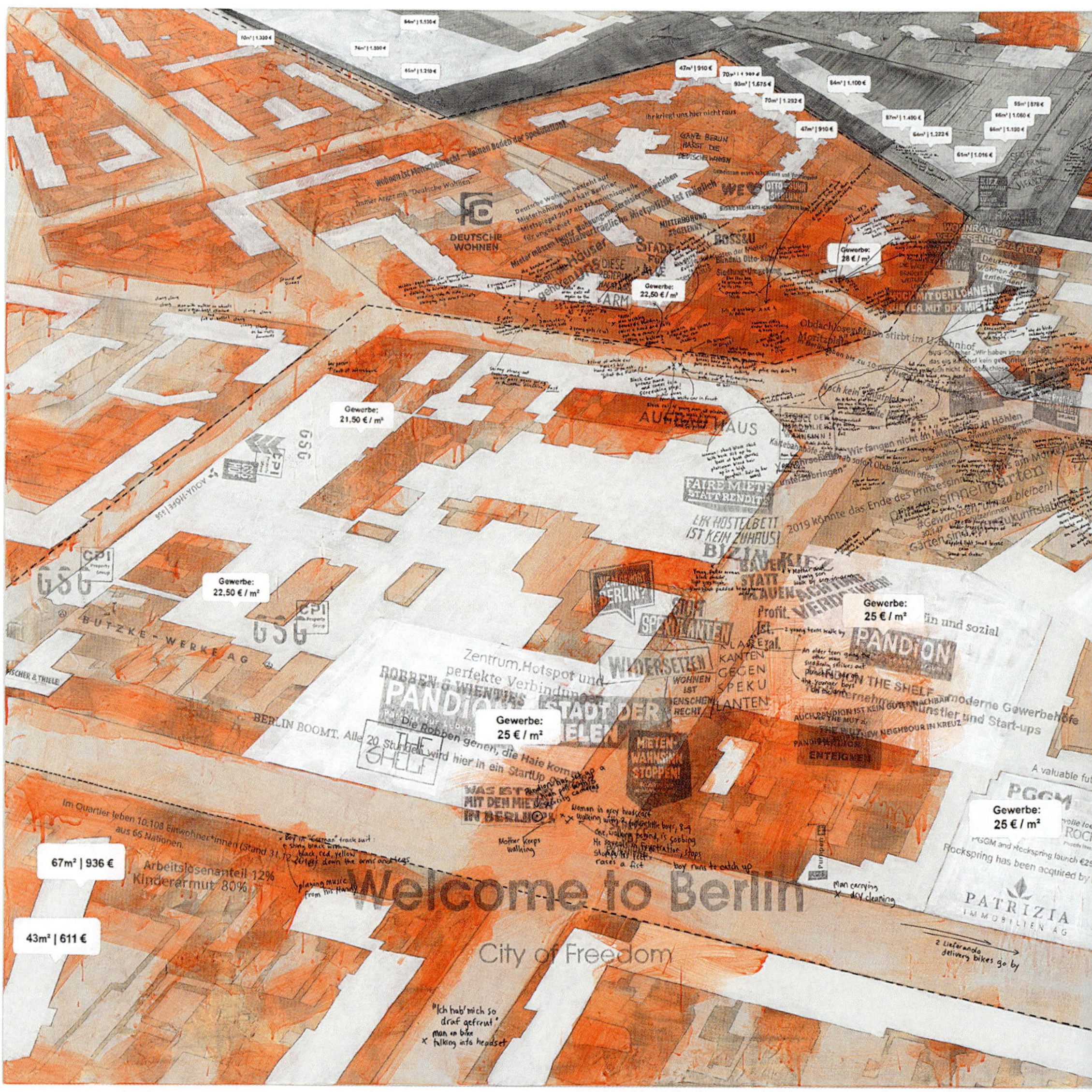
Gewerbe: 21,50 € / m²
Gewerbe: 22,50 € / m²
Gewerbe: 22,50 € / m²
Gewerbe: 28 € / m²
Gewerbe: 25 € / m²
Gewerbe: 25 € / m²
Gewerbe: 25 € / m²
67m² | 936 €
43m² | 611 €
DEUTSCHE WOHNEN
BUTZKE-WERKE AG
FAIRE MIETE STATT RENDITE
Zentrum, Hotspot und perfekte Verbindungen
BERLIN BOOMT.
Die Robben gehen, die Haie kommen
MIETENWAHNSINN STOPPEN!
PANDION
Arbeitslosenanteil 12%
Kinderarmut 80%
Welcome to Berlin
City of Freedom
Mother keeps walking
boy runs to catch up
Man carrying dry cleaning
2 Lieferando delivery bikes go by
"Ich hab' mich so drauf gefreut" man on bike talking into headset
A valuable fut
Rockspring has been acquired by
PATRIZIA IMMOBILIEN AG

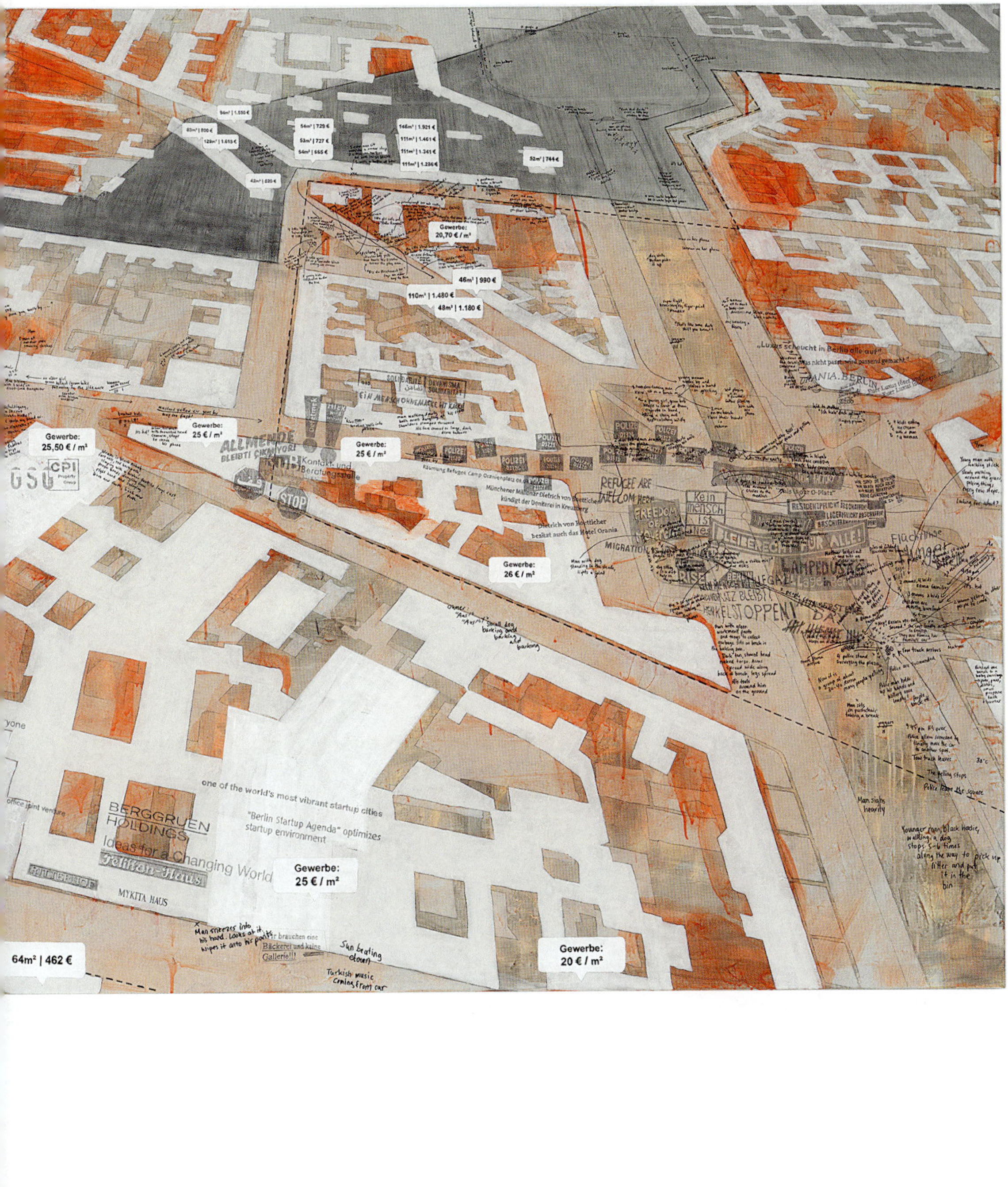
Gewerbe:
20,70 € / m²
46m² | 990 €
110m² | 1.480 €
48m² | 1.180 €
Gewerbe:
25,50 € / m²
Gewerbe:
25 € / m²
Gewerbe:
25 € / m²
ALLMENDE
BLEIBT!
Kontakt- und Beratungsstelle
STOP
Räumung Refugee Camp Oranienplatz
Münchener Millionär Dietrich von Boetticher kündigt der Denkerei in Kreuzberg
Dietrich von Boetticher besitzt auch das Hotel Orania
"Luxus scheucht in Berlin alle auf"
ORANIA.BERLIN
REFUGEE ARE WELCOME HERE
FREEDOM
Kein Mensch ist illegal
MIGRATION
BLEIBERECHT FÜR ALLE!
RESIDENZPFLICHT ABSCHAFFEN
LAGERPFLICHT ABSCHAFFEN
LAMPEDUSA
Gewerbe:
26 € / m²
one of the world's most vibrant startup cities
BERGGRUEN HOLDINGS
Ideas for a Changing World
"Berlin Startup Agenda" optimizes startup environment
Pelikan-Haus
MYKITA HAUS
GSG
CPI Property Group
Gewerbe:
25 € / m²
64m² | 462 €
Gewerbe:
20 € / m²
Sun beating down
Turkish music coming from car
Man sneezes into his hand. Looks at it, wipes it onto his pants
Younger man, black hoodie, walking a dog, stops 5-6 times along the way to pick up litter and put it in the bin
Man sighs heavily
Police leave the square

2
9
1

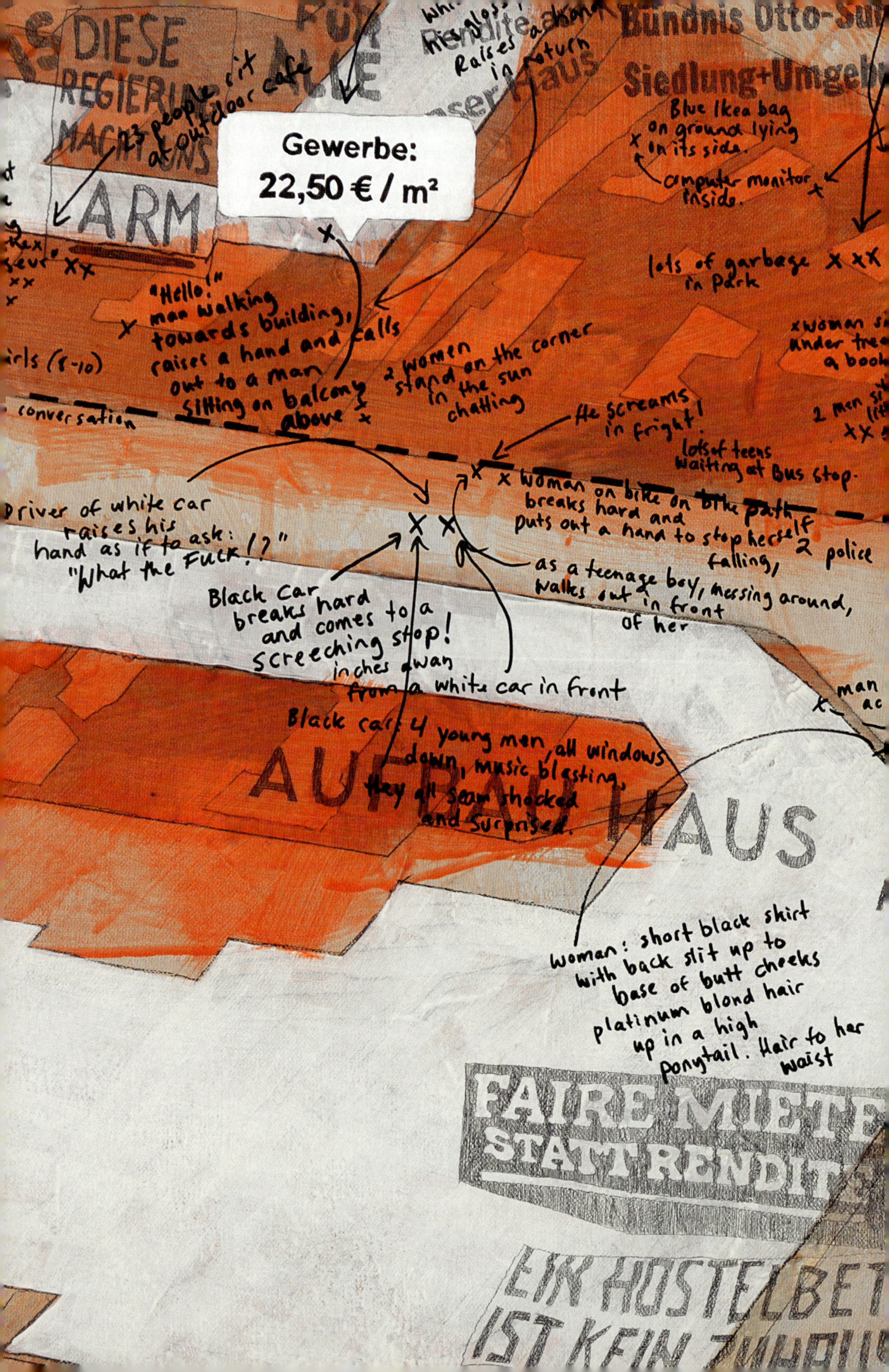

DIESE REGIERUNG MACHT UNS ARM
FÜR ALLE
Raises a hand in return
Bündnis Otto-Su
Siedlung+Umgeb
23 people sit at outdoor cafe
Gewerbe:
22,50 € / m²
Blue Ikea bag on ground lying on its side.
computer monitor inside.
lots of garbage in park
"Hello!" man walking towards building, raises a hand and calls out to a man sitting on balcony above
2 women stand on the corner in the sun chatting
woman sitting under tree a book
conversation
He screams in fright!
lots of teens waiting at bus stop.
2 men
woman on bike on bike path breaks hard and puts out a hand to stop herself falling,
2 police
Driver of white car raises his hand as if to ask: "What the Fuck!?"
as a teenage boy, messing around, walks out in front of her
Black car breaks hard and comes to a screeching stop! inches away from a white car in front
Black car: 4 young men, all windows down, music blasting, they all seem shocked and surprised.
AUFBAU HAUS
woman: short black skirt with back slit up to base of butt cheeks platinum blond hair up in a high ponytail. Hair to her waist
FAIRE MIETE STATT RENDITE
EIN HOSTELBET IST KEIN ZUHAUSE

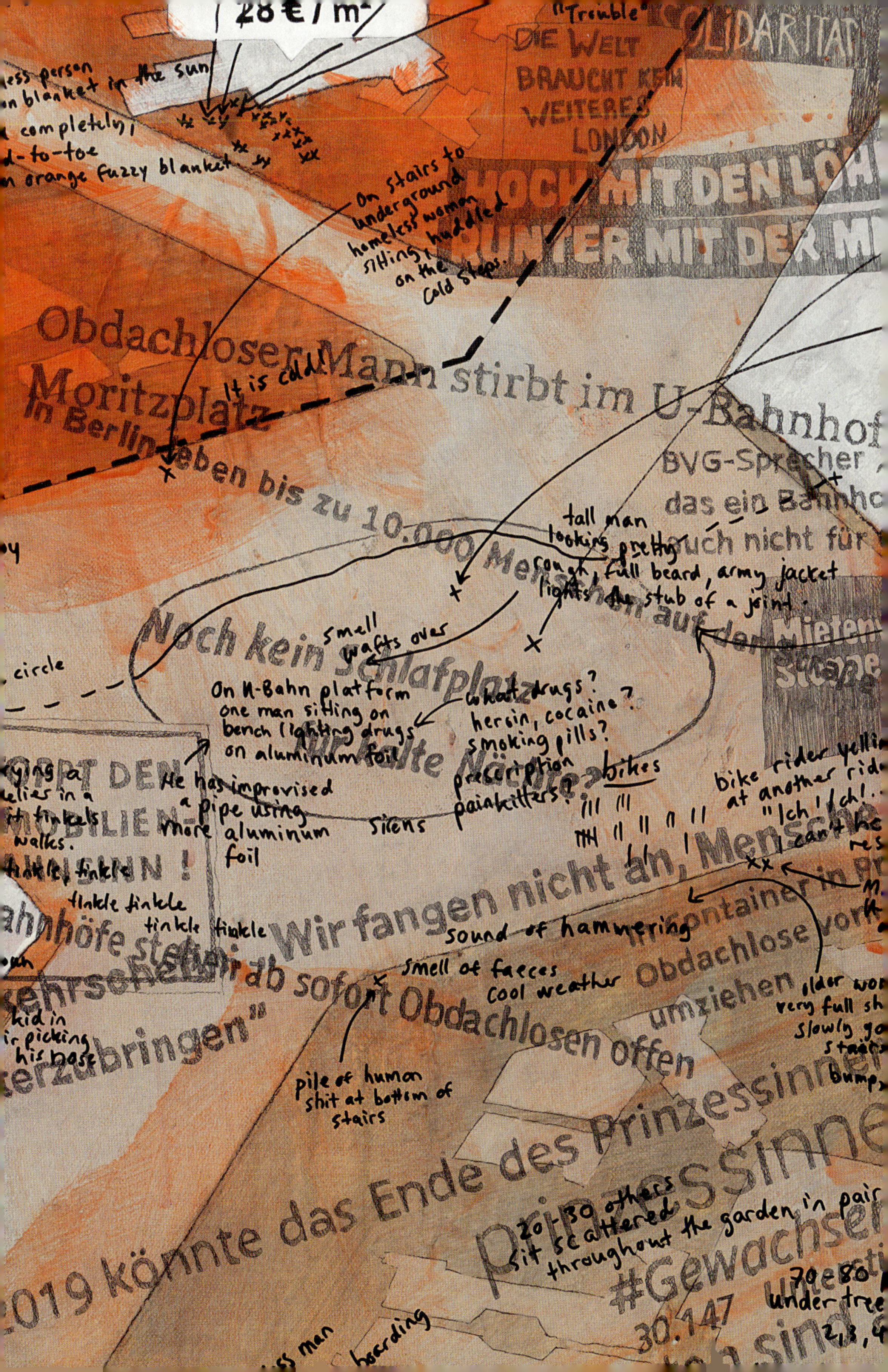
28 € / m²
"Trouble"
SOLIDARITÄT
DIE WELT BRAUCHT KEIN WEITERES LONDON
HOCH MIT DEN LÖH
RUNTER MIT DEN MI
ess person on blanket in the sun
completely, d-to-toe n orange fuzzy blanket
On stairs to underground homeless woman sitting, huddled on the cold steps.
Obdachloser Mann stirbt im U-Bahnhof Moritzplatz
In Berlin leben bis zu 10.000 Menschen auf der Straße
It is cold
BVG-Sprecher
das ein Bahnhof
auch nicht für
tall man looking pretty rough, full beard, army jacket lights the stub of a joint.
Noch kein Schlafplatz für kalte Nächte?
smell wafts over
circle
On U-Bahn platform one man sitting on bench lighting drugs on aluminum foil
What drugs? heroin, cocaine? smoking pills? prescription painkillers?
He has improvised a pipe using more aluminum foil
sirens
bikes
bike rider yelling at another rider "Ich! Ich!..."
STOPPT DEN IMMOBILIEN-WAHNSINN!
tinkle, tinkle
tinkle tinkle
tinkle tinkle
Bahnhöfe stehen ab sofort Obdachlosen offen
„Wir fangen nicht an, Menschen ... Verkehrsschema unterzubringen"
In Container in ... Obdachlose vor ... umziehen
sound of hammering
smell of faeces
cool weather
kid in ... picking his nose
pile of human shit at bottom of stairs
older wo... very full sh... slowly go... stairs
2019 könnte das Ende des Prinzessinnengarten
Prinzessinnen
20-30 others sit scattered throughout the garden in pairs
#Gewachsen
70-80 under trees
30.147
hoarding

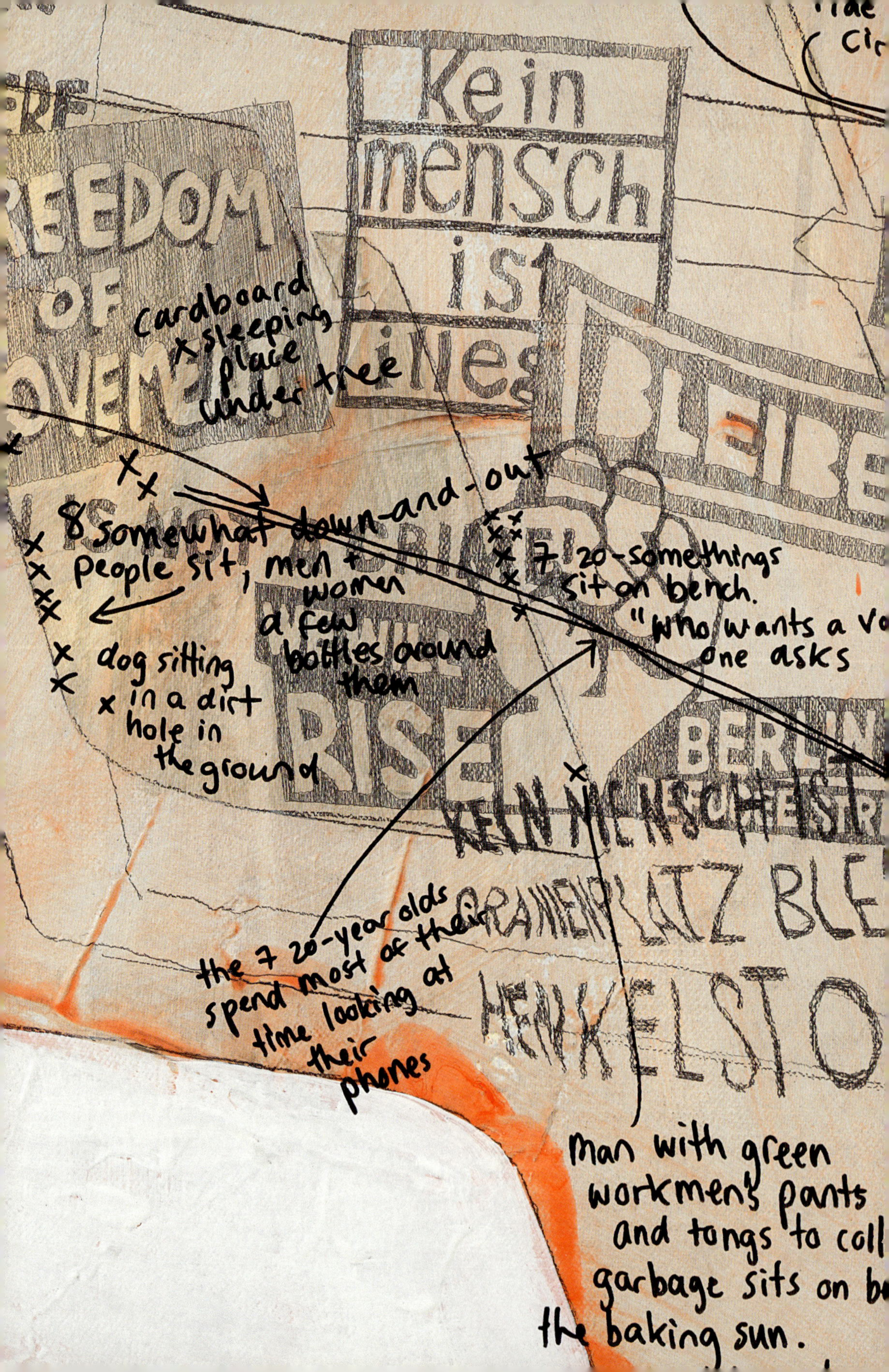
Kein
mensch
ist
REEDOM
OF
cardboard sleeping place under tree
8 somewhat down-and-out people sit, men + women
a few bottles around them
dog sitting in a dirt hole in the ground
7 20-somethings sit on bench.
"Who wants a vo
one asks
BLEIBE
RISE
BERLIN
ORANIENPLATZ BLE
the 7 20-year olds spend most of their time looking at their phones
man with green workmen's pants and tongs to coll
garbage sits on be
the baking sun.

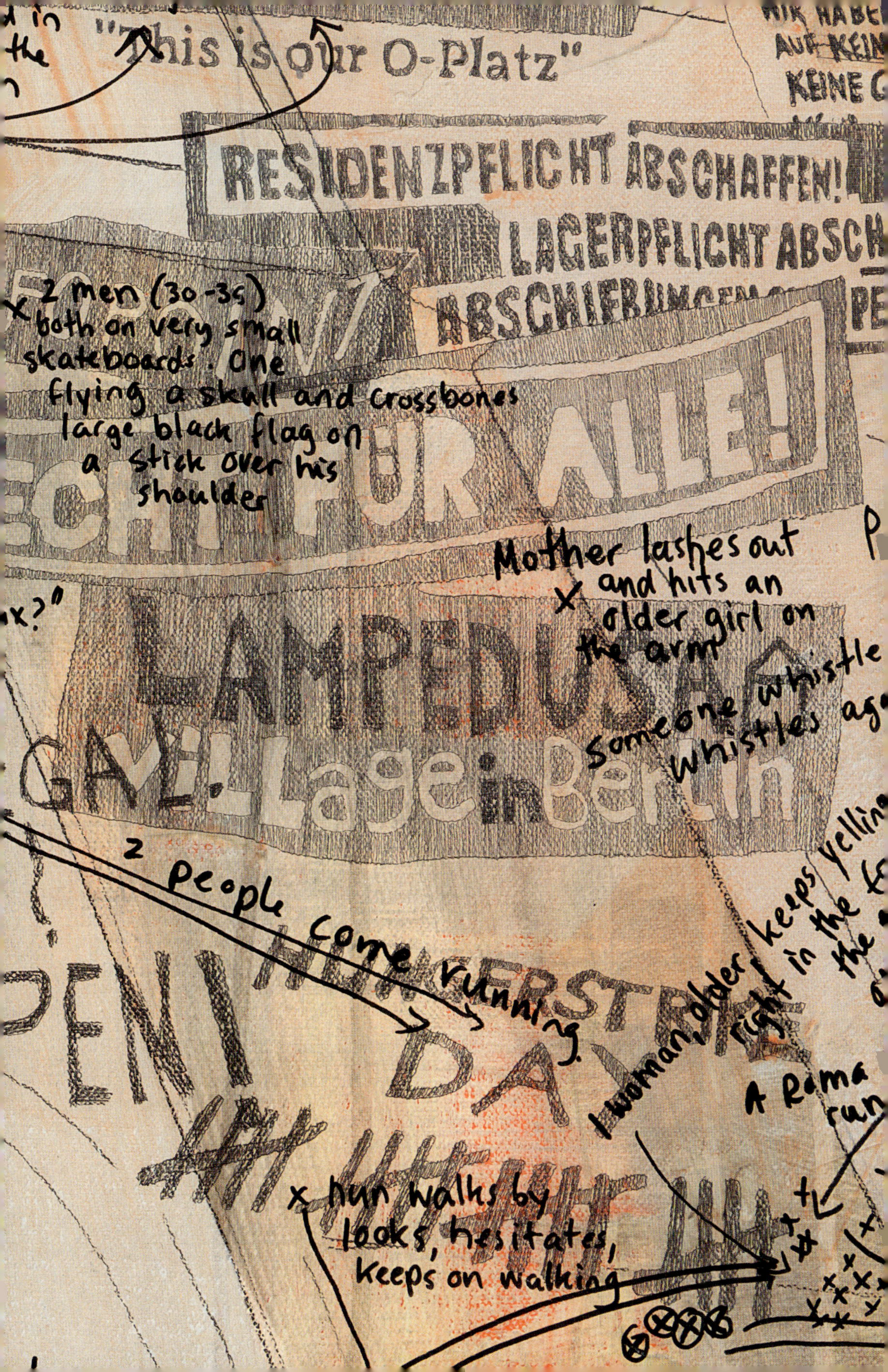

"This is our O-Platz"
WIR HABEN
AUF KEIN
KEINE
RESIDENZPFLICHT ABSCHAFFEN!
LAGERPFLICHT ABSCH
2 men (30-35) both on very small skateboards. One flying a skull and crossbones large black flag on a stick over his shoulder
FÜR ALLE!
Mother lashes out and hits an older girl on the arm
LAMPEDUSA
Lage in Berlin
Someone whistles
whistles
2 people come running
DAY
1 woman older keeps yelling right in the
A Roma
nun walks by looks, hesitates, keeps on walking

Bettina Cohnen

Das schöne und gute Wohnen: Das war eines der zentralen Themen der Planer*innen und Architekt*innen des Hansaviertels für die Interbau 1957 und des ersten und zweiten Bauabschnitts der Karl-Marx-Allee. Die Fotoserie *Leben im Denkmal* nimmt das als Basis für die Frage „Wie lebt und arbeitet es sich heute in den Denkmälern?".

Die Berliner Fotokünstlerin Bettina Cohnen schaute dafür in sechs unterschiedliche Mikrouniversen innerhalb dieser Wohnviertel. In ihren fotografischen Arbeiten inszeniert sie Personen in ihrem Umfeld und sucht in der Inszenierung nach Lebenswirklichkeiten, die sich hinter dem reinen Abbild verbergen. So sind die entstandenen Fotoserien eine erzählerische Annäherung an Alltagssituationen und spüren gleichzeitig den jeweiligen Architekturen nach.

Leben im Denkmal wurde 2022 in Zusammenarbeit mit den Kuratoren Jan Dimog und Hendrik Bohle von der Architekturplattform THE LINK konzipiert (Ikone ●90).

Leben im Denkmal

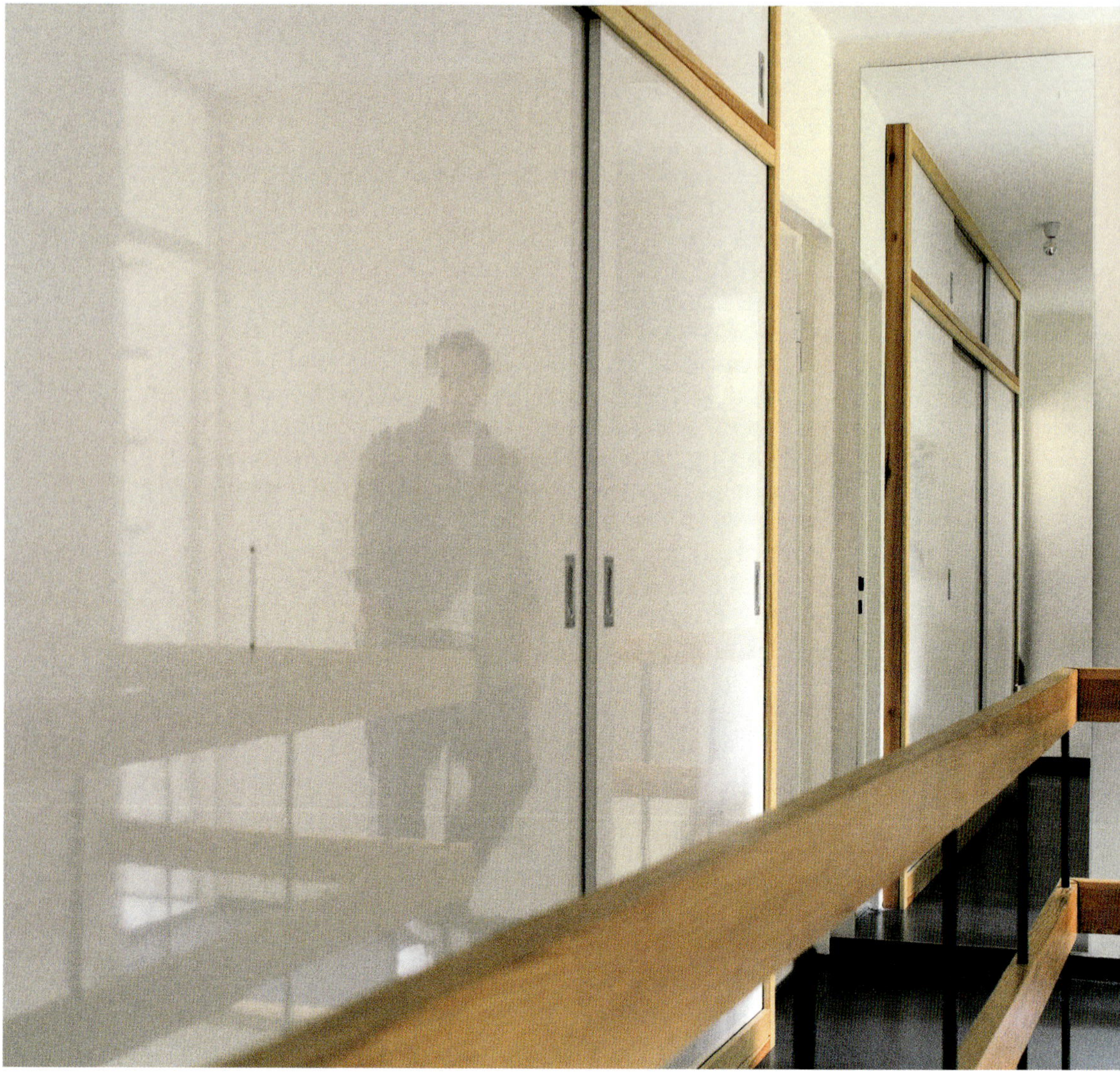

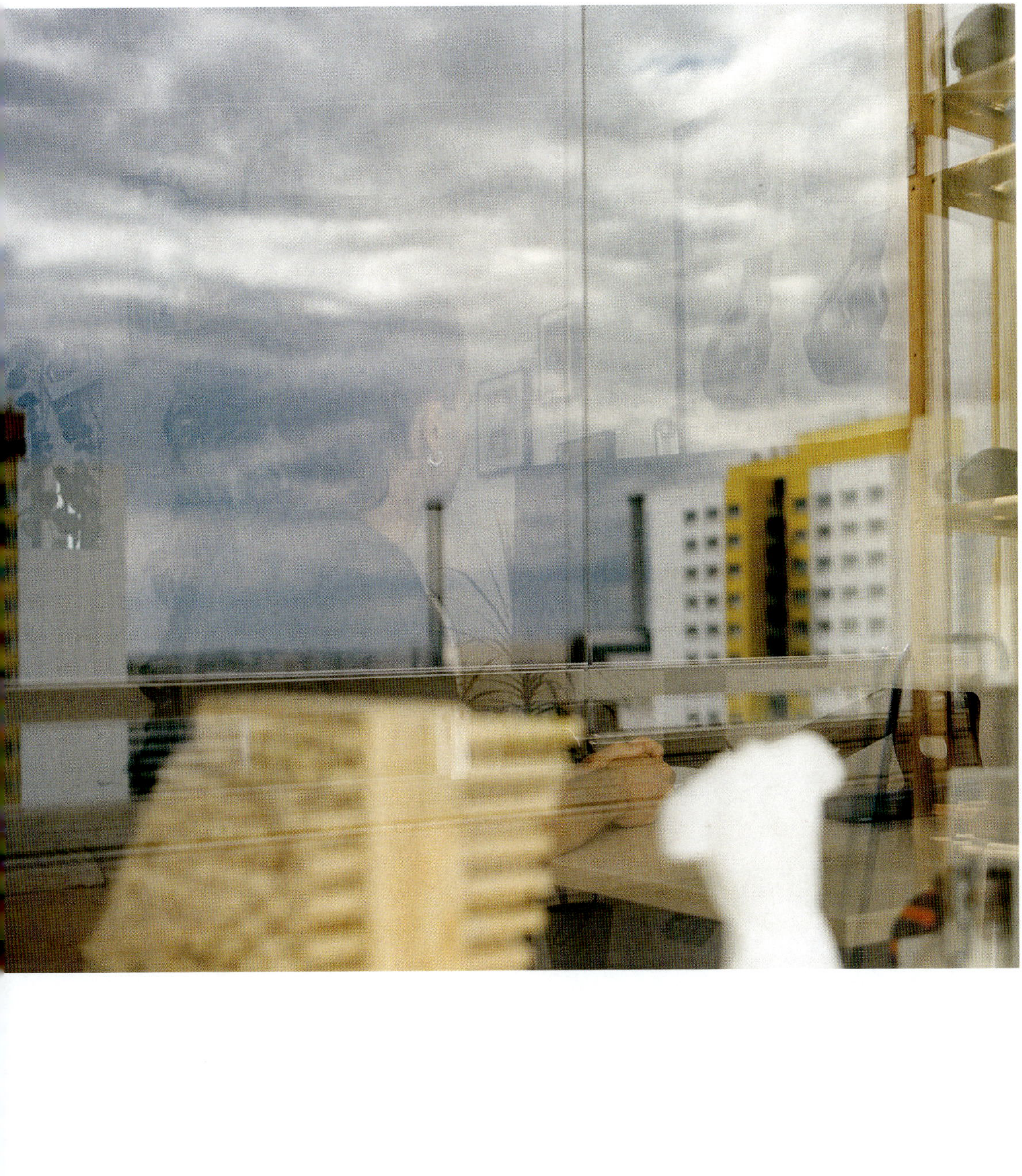

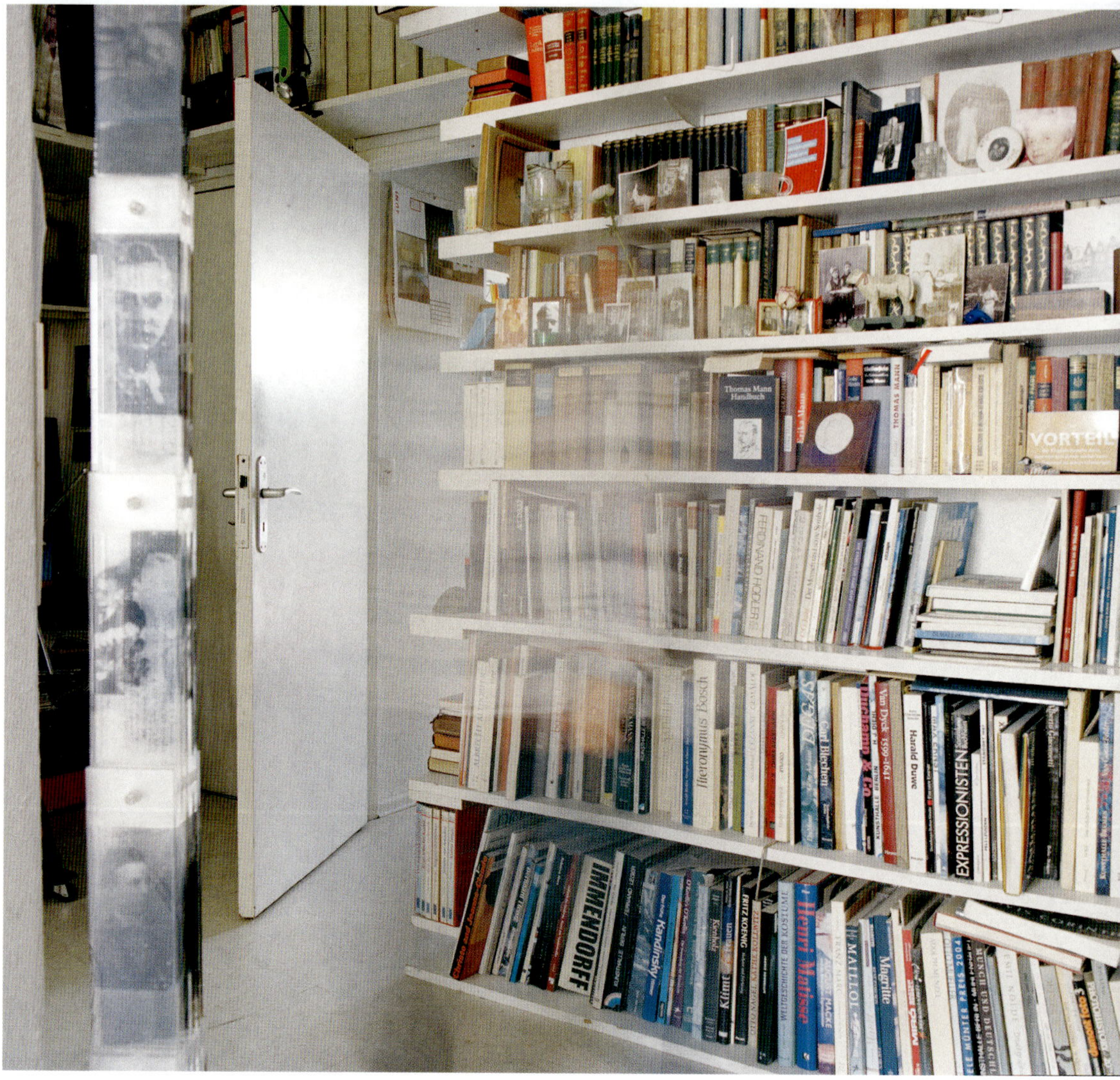
Thomas Mann Handbuch
THOMAS MANN
VORTEIL
FERDINAND HODLER
Hieronymus Bosch
Carl Blechen
Van Dyck 1599-1641
Duchamp & Co
Harald Duwe
EXPRESSIONISTEN
IMMENDORFF
Kandinsky
FRITZ KOENIG
Klimt
WELTGESCHICHTE DER KOSTÜME
Henri Matisse
MAILLOL
Magritte

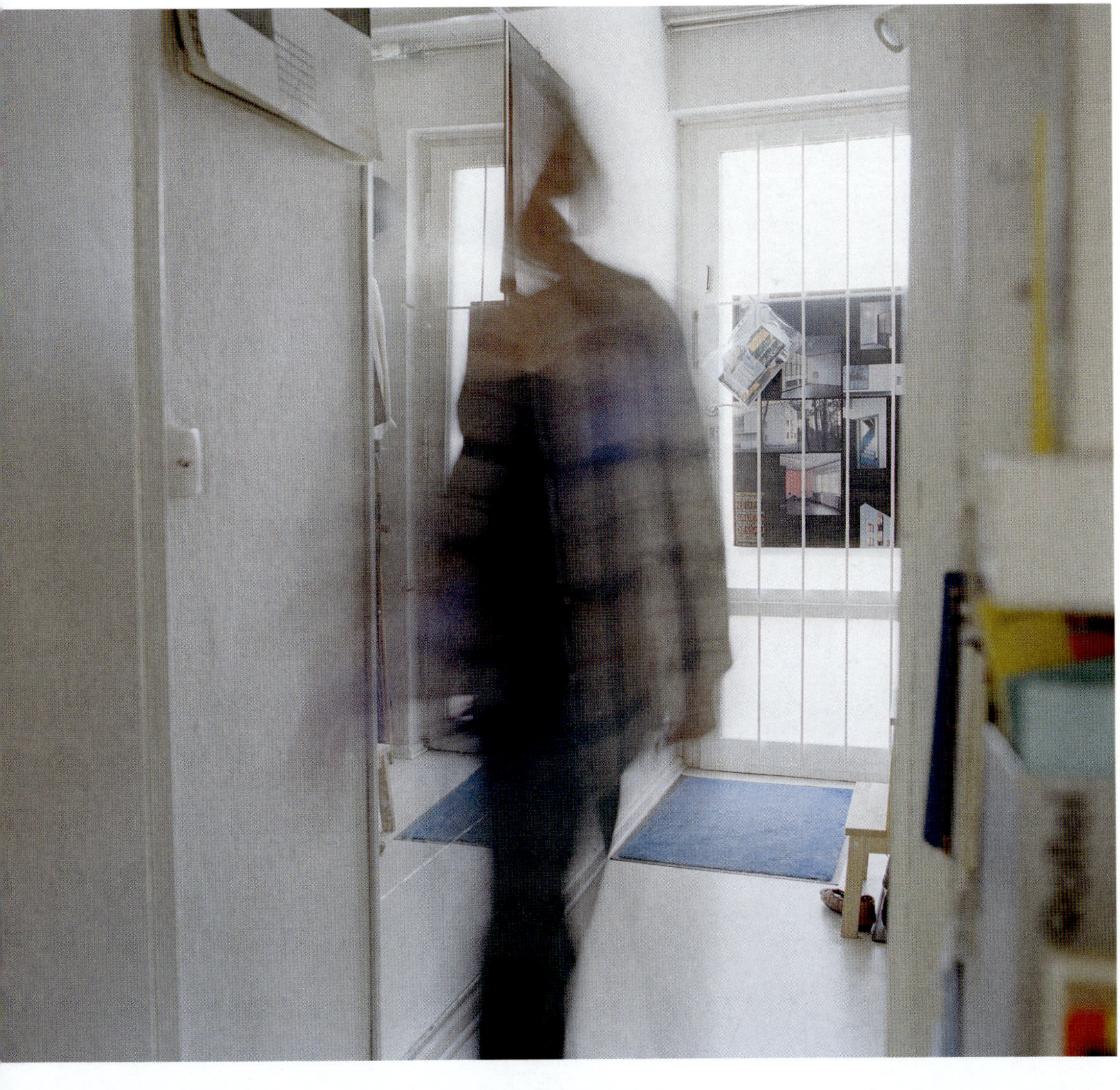

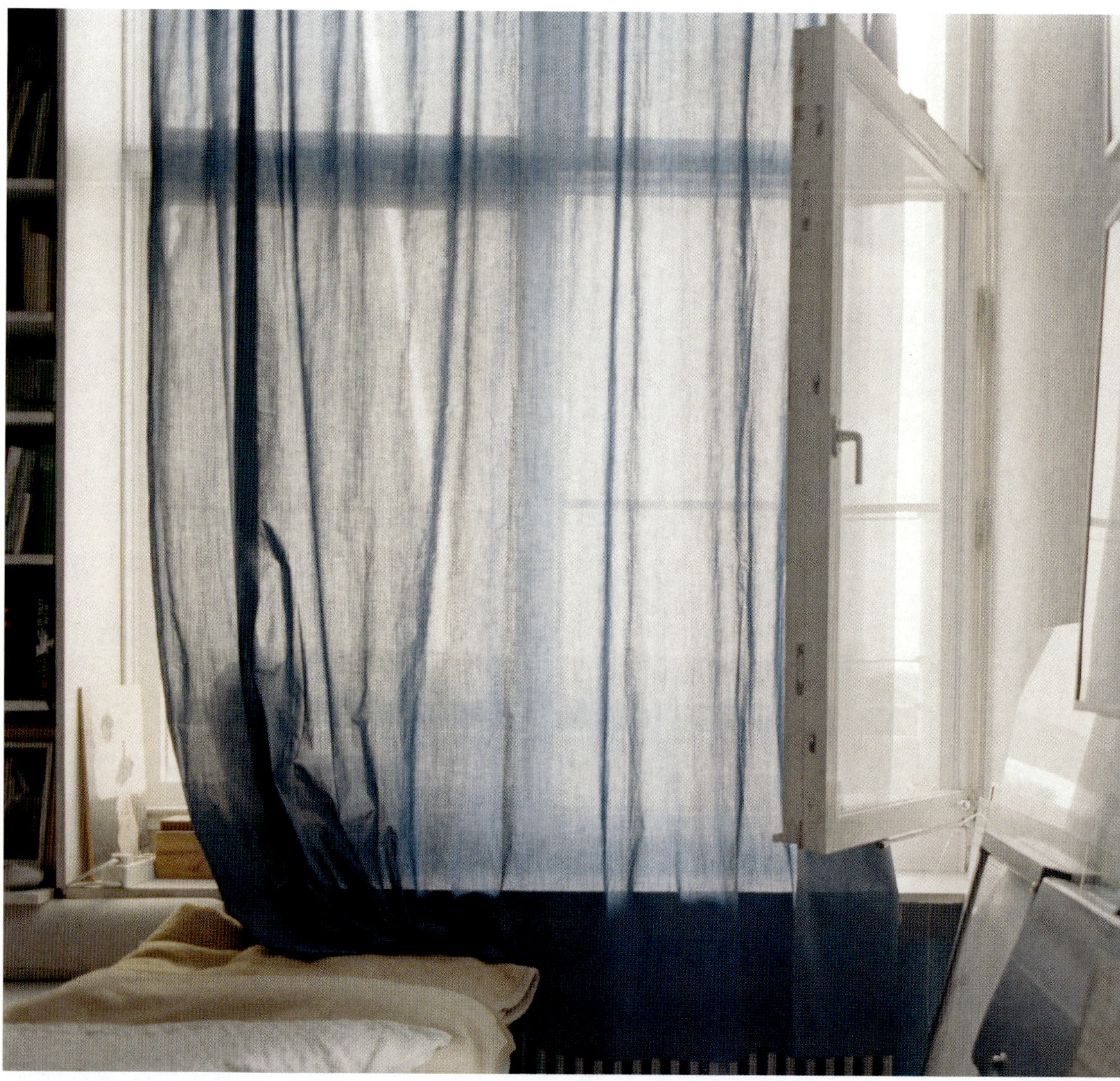

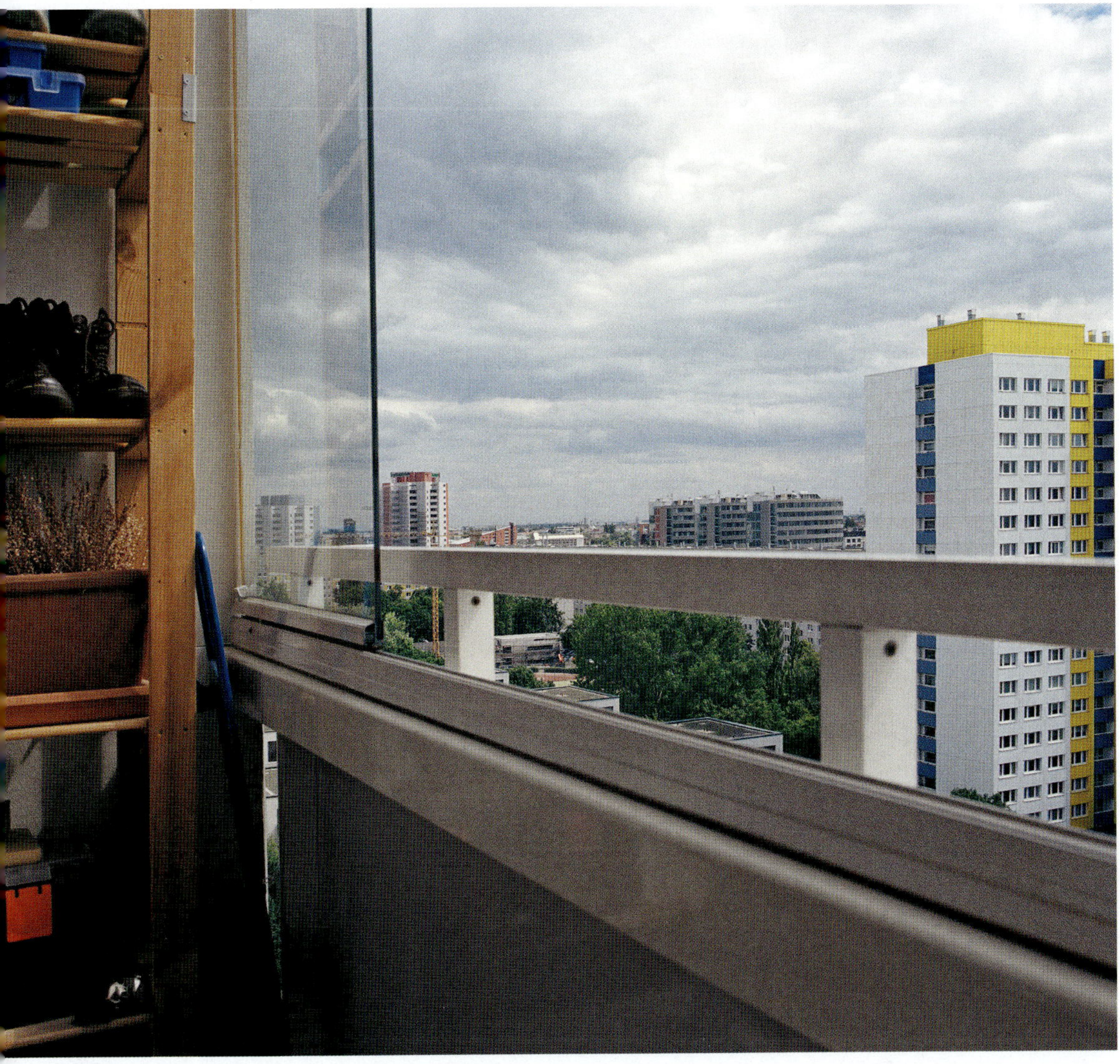

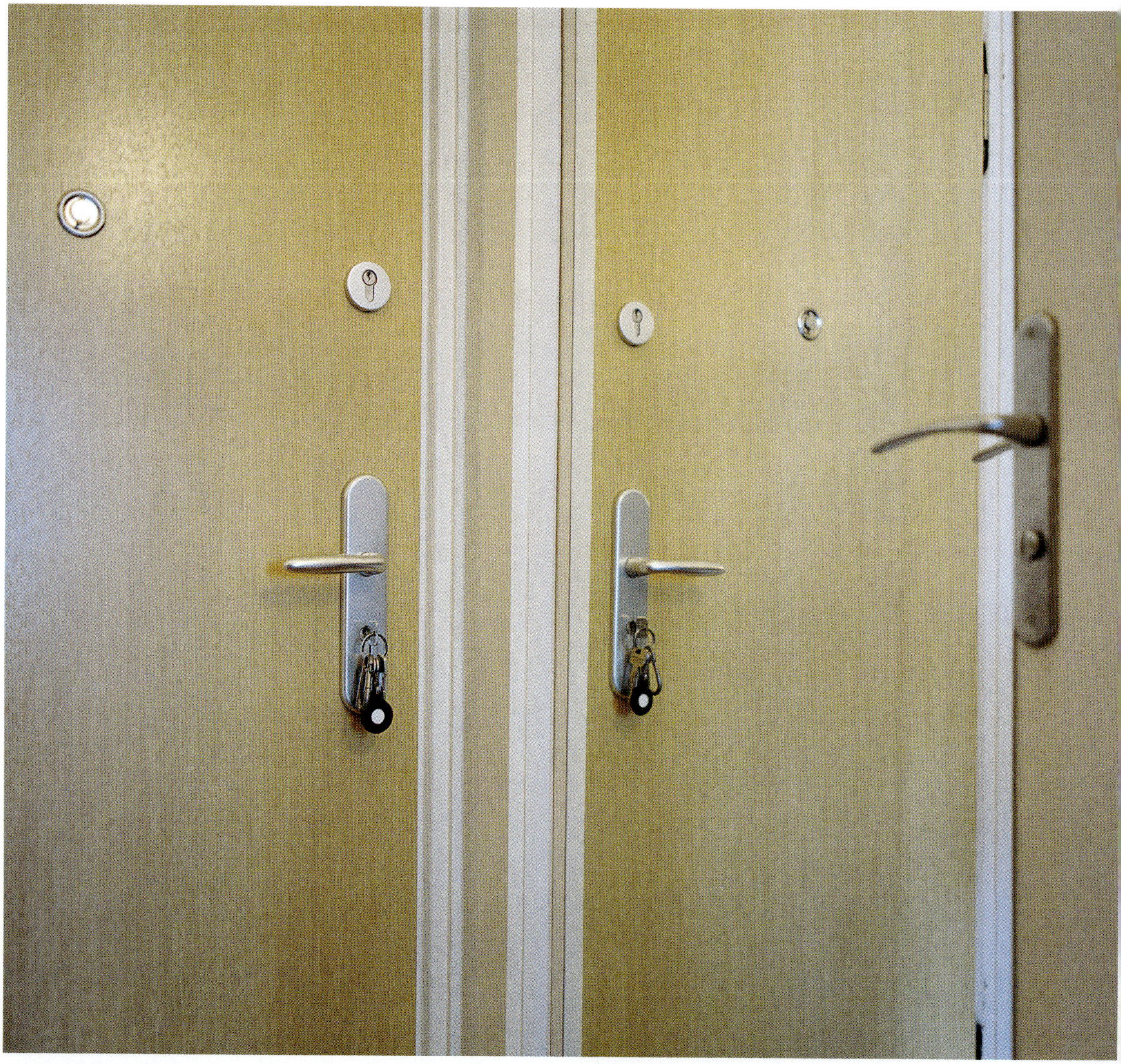

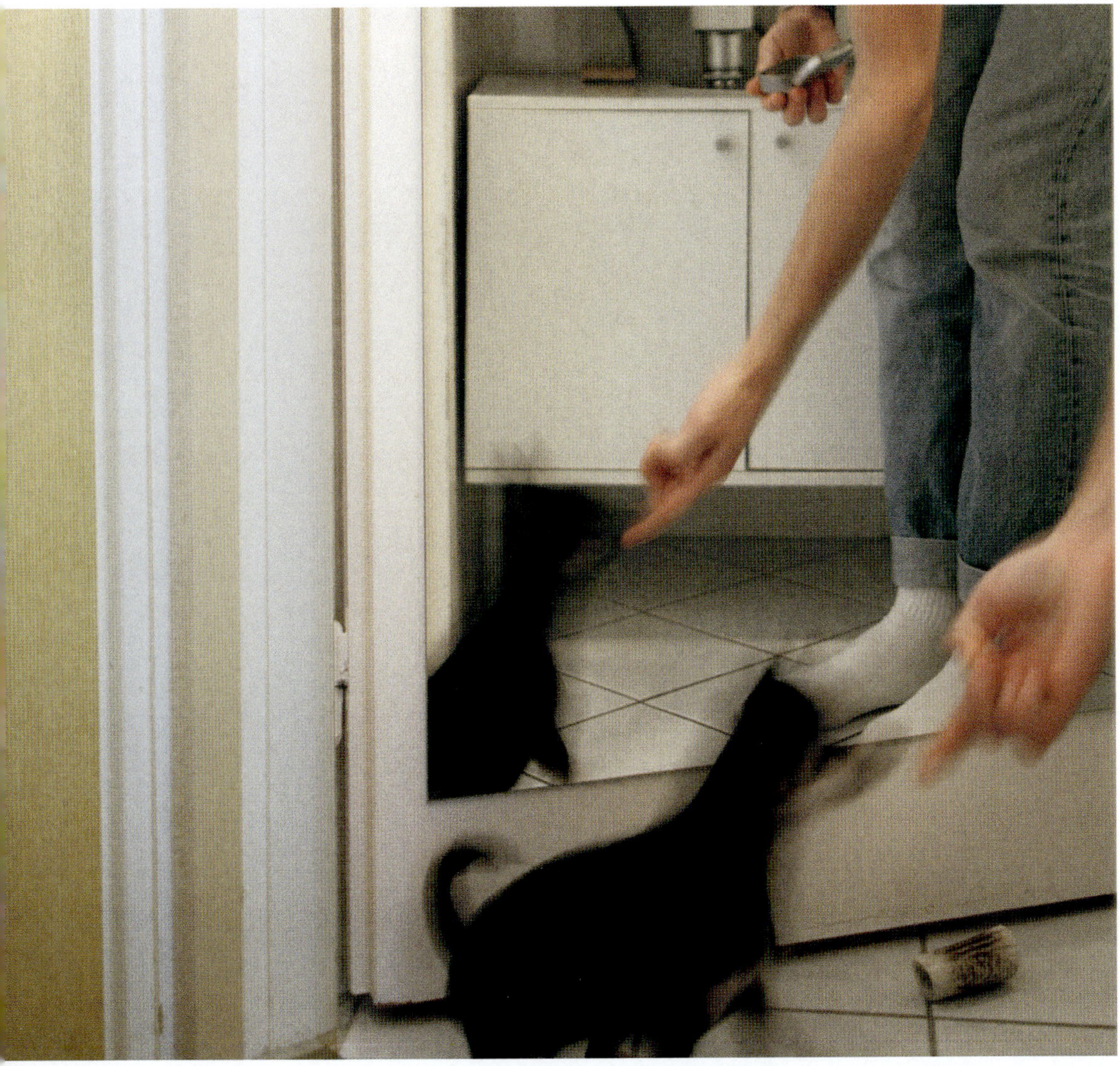

Robert Herrmann

Die Bildserie *EFH* ist eine vergleichende Studie über Einfamilienhäuser, die sich formal an den Typologien von Bernd und Hilla Becher orientiert. Die Häuser wurden unter mehr oder weniger gleichen Bedingungen fotografiert. Obwohl sie alle eine ähnliche Größe und eine vergleichbare Form haben, zeigt die direkte Gegenüberstellung doch bemerkenswerte Unterschiede. Der prosaische Titel dieser Serie, *EFH*, steht für die Abkürzung des Wortes Einfamilienhaus ●52. Er ist inspiriert von der gängigen Praxis in Planungsbüros, die Namen von Projekten auf ein Akronym mit drei Buchstaben abzukürzen.

Der Architekturfotograf und ausgebildete Architekt Robert Herrmann befasst sich mit Themen wie dem urbanen Raum, der Entwicklung seiner Heimatstadt Berlin und dem Prozess des Bauens im Allgemeinen. Dabei untersucht er, wie wir die gebaute Umwelt gestalten, um die Ideen, Prozesse und Gedanken hinter dem Bauen zu begreifen und zu visualisieren.

EFH

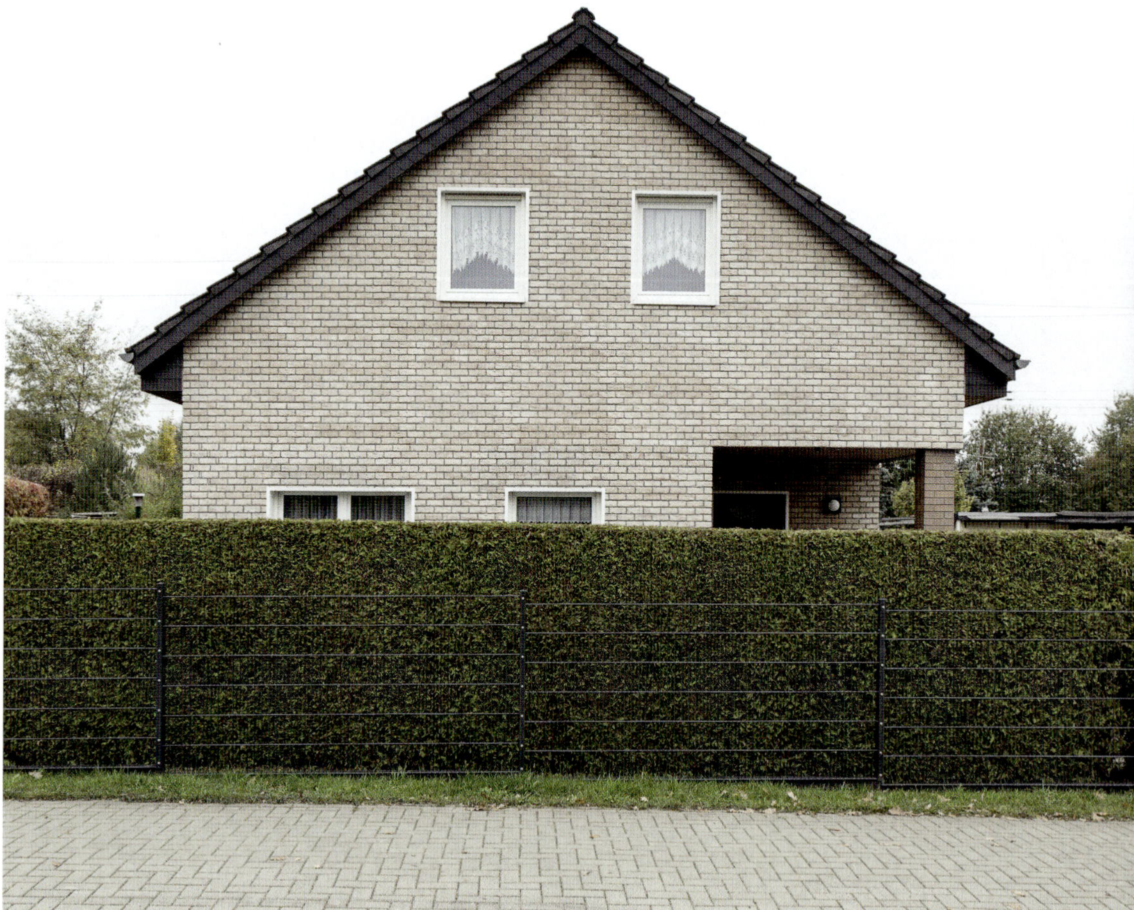

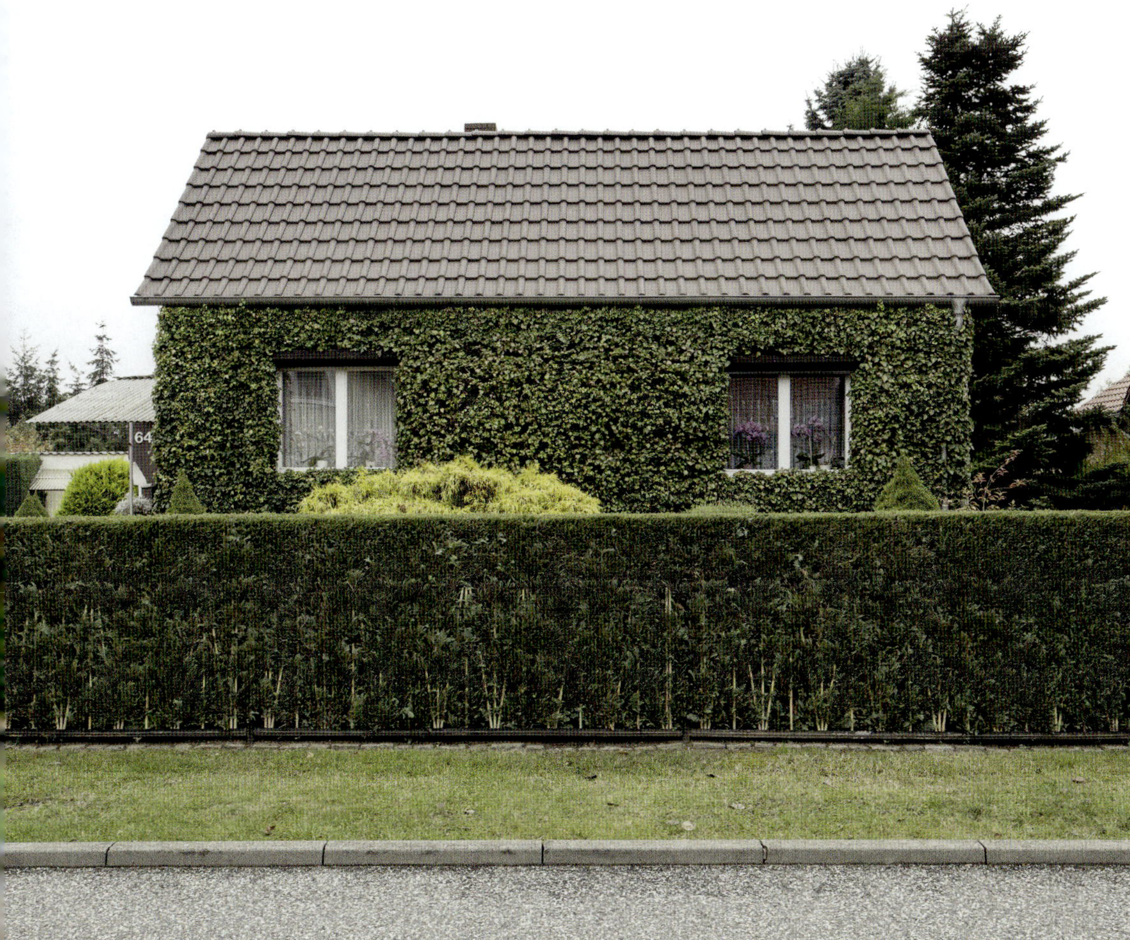
64

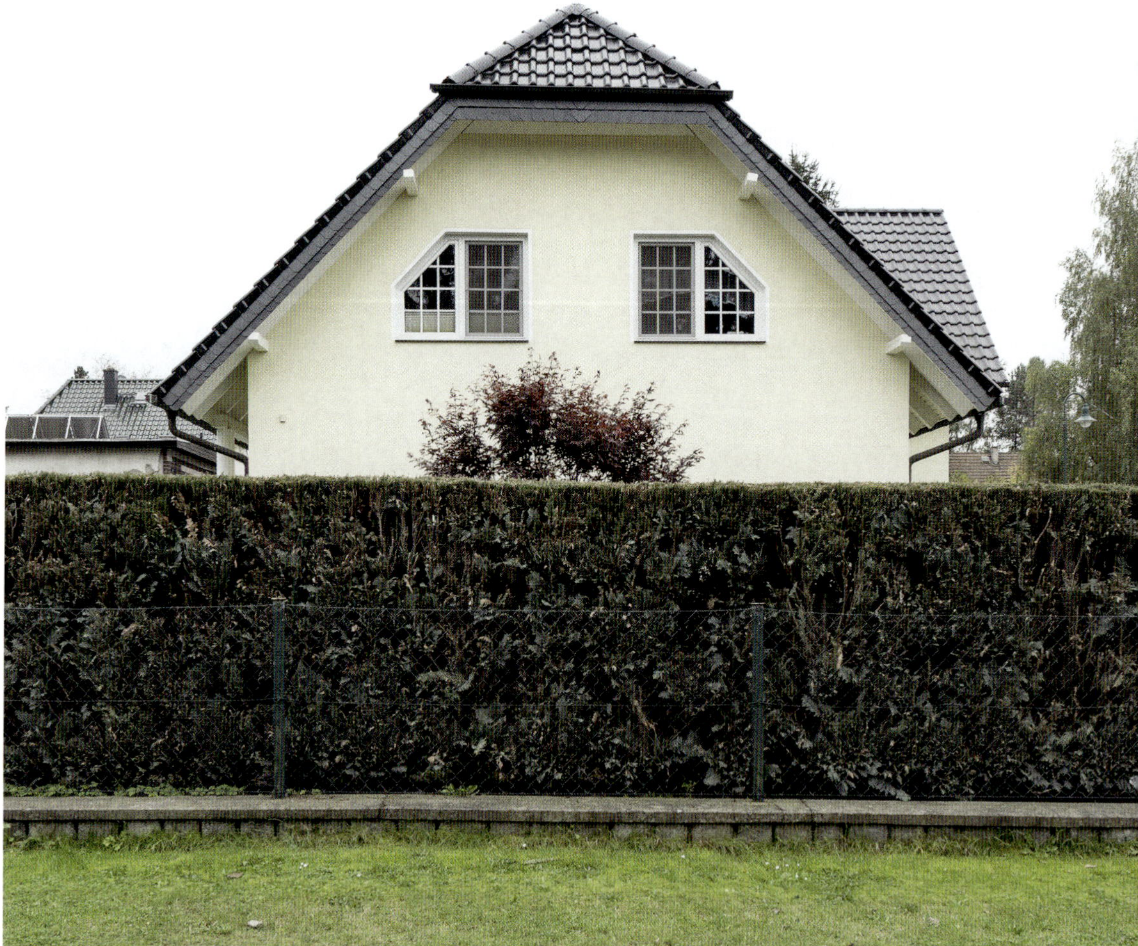

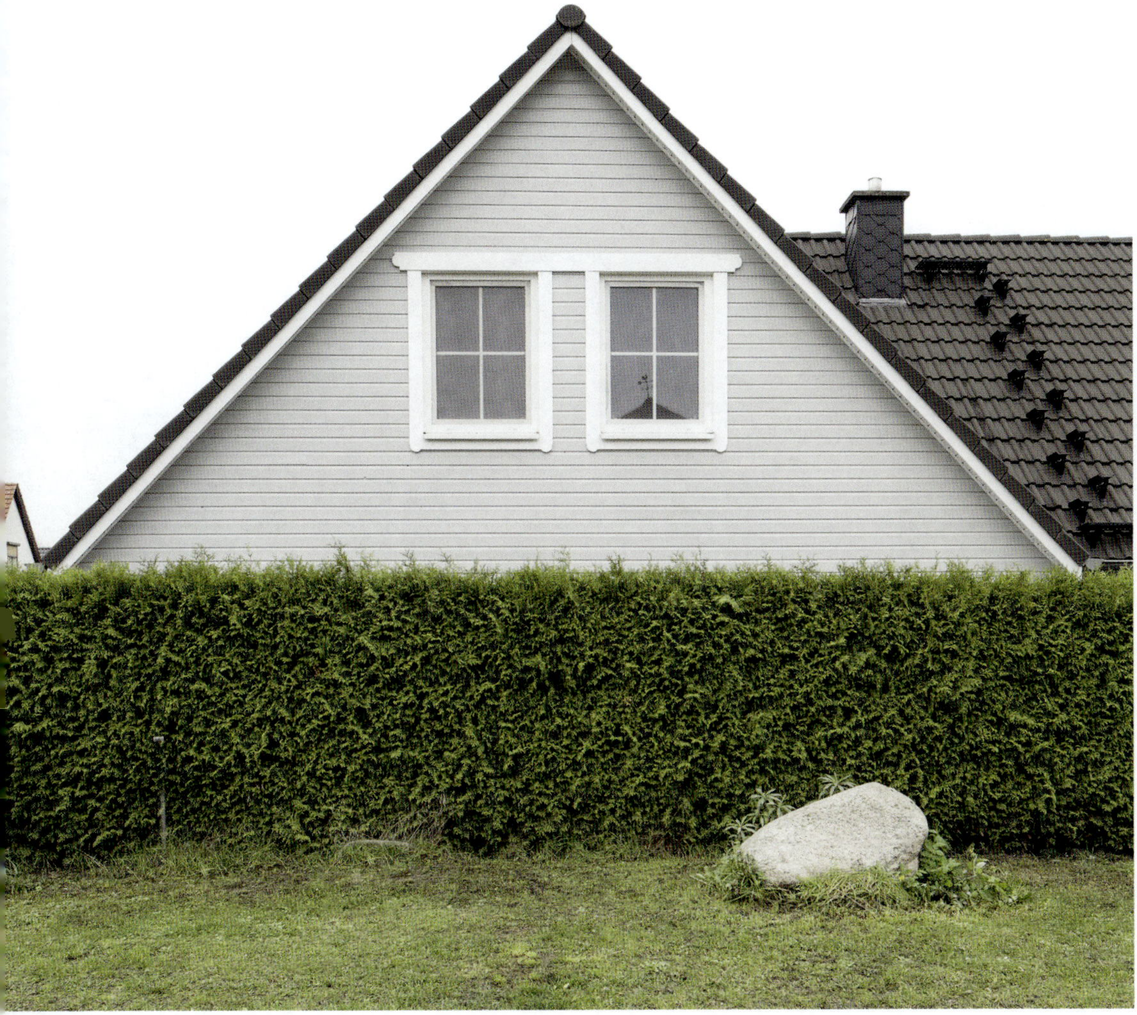

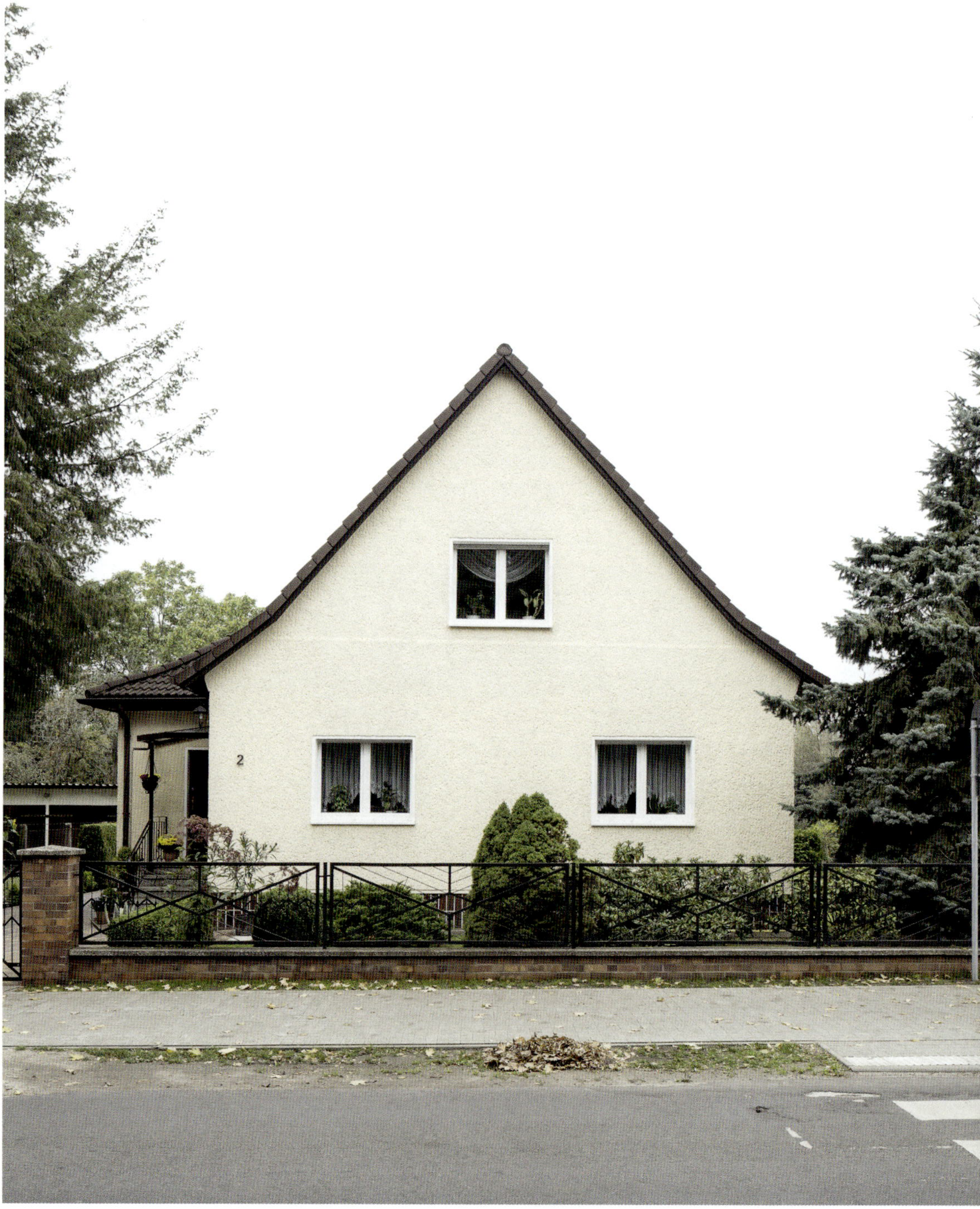
2

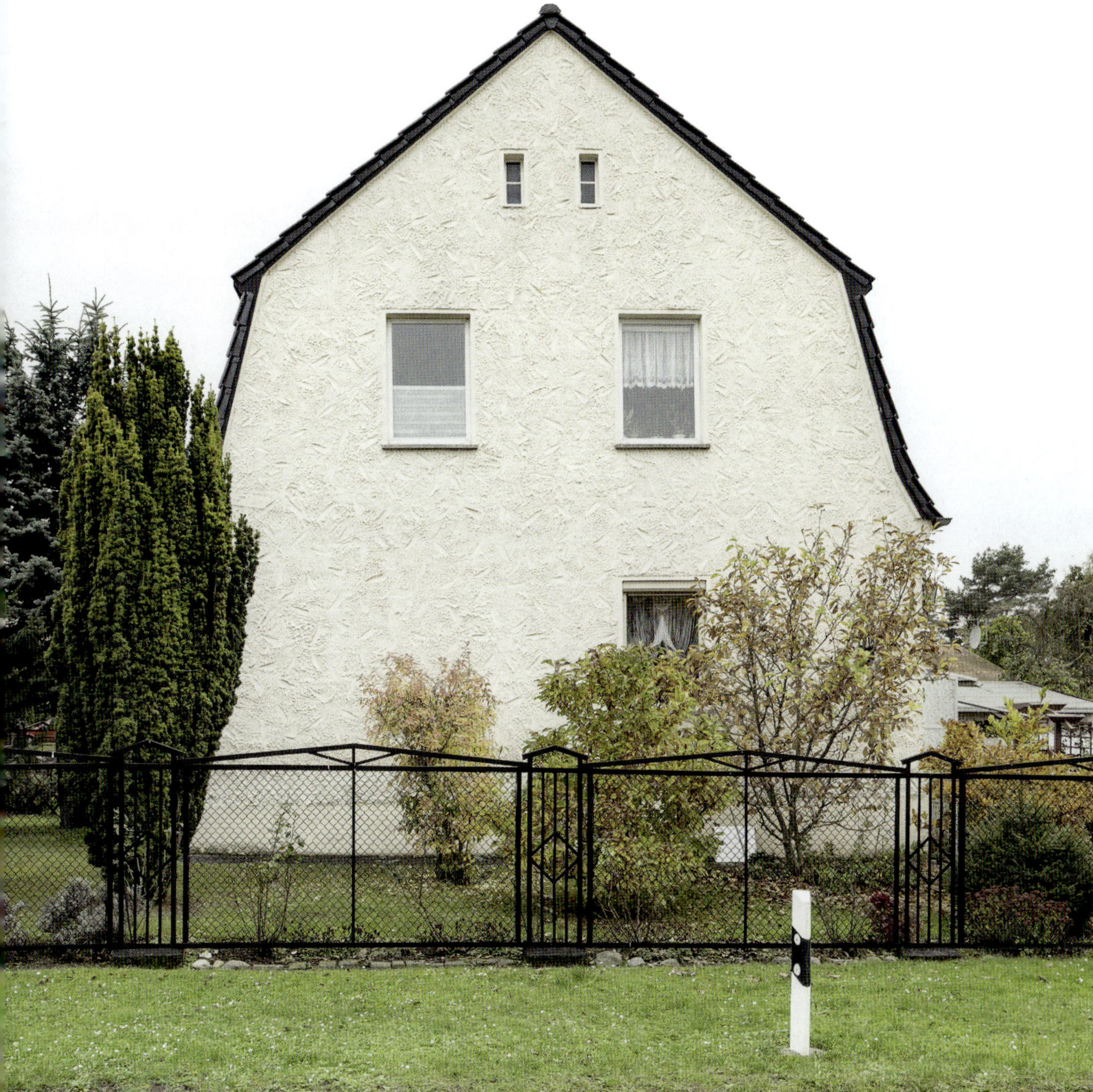

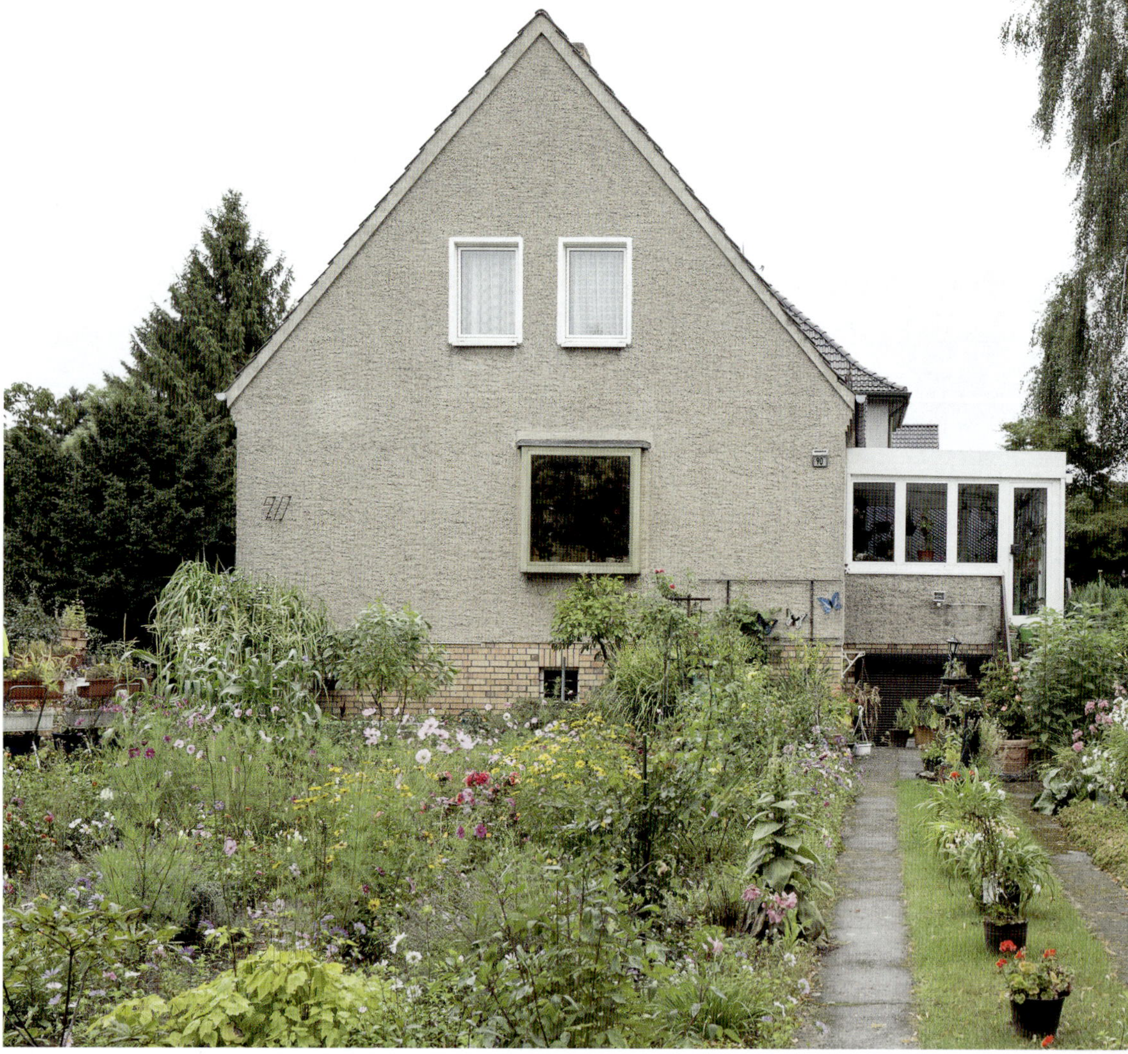

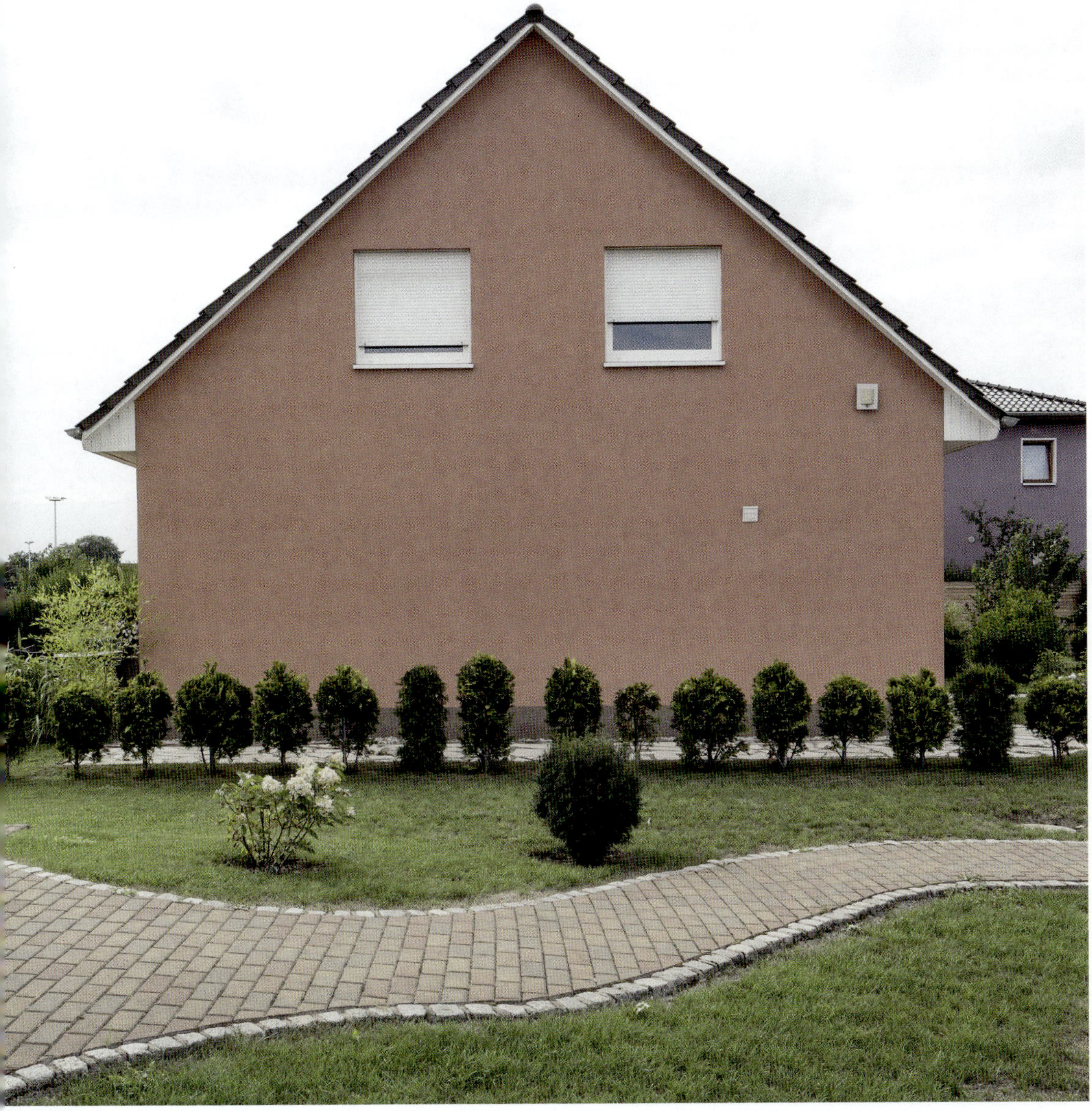

Zara Pfeifer

Rom ist eine Stadt, die alles schon gesehen hat, und – wie Michel Serres in *Rome: The First Book of Foundations* beschreibt – sich dabei selbst paradoxerweise unbegreiflich blieb. In der Geschichte der Ewigen Stadt finden wir fast alles: Tabula Rasa, rapides Wachstum, Umnutzungen, Weiterstricken, radikale Brüche, Hybride von Architektur und Landschaft, Schrumpfung, Expansion zur Metropolregion. Jede Neugründung findet auf den Ruinen einer vergangenen Zeit statt. Heute gilt Rom als „unregierbare" Stadt mit beständigen infrastrukturellen Problemen, in der Wohnraum immer mehr zur Ware ●218 und zum Spielball verschiedenster Mächte wird. Globaler Tourismus und neue Migration schaffen und fordern ihre Räume, die Wohnungsfrage ●222 wird zunehmend zu einer existenziellen Frage. Aktivist*innen leisten Widerstand und haben andere Formate des ökonomisch leistbaren Zusammenlebens gefunden. Eines davon: *Spin Time* – ein Laboratorium und soziales Experiment von 400 Bewohner*innen aus 27 Nationen (mit und ohne Aufenthaltsgenehmigungen) in einem besetzten ehemaligen Bürohaus in unmittelbarer Nähe der antiken Porta Maggiore, ein „Sozialer Kondensator" mit Wohn-, Kinder- und Jugendräumen, Veranstaltungssälen, Werkstätten, Sport- und Redaktionsräumen, Gemeinschaftsküchen, Ausstellungsräumen und Kulturzentrum, der als kollektive Wunschmaschine zu einem fundamentalen informellen Quartierszentrum wurde, dessen Weiterbestehen kontinuierlich bedroht ist.

Der Kauf des Gebäudes durch die Gemeinde steht als fragile Möglichkeit der Legalisierung dieses aus Verzweiflung und gleichzeitig aus der Suche nach alternativen Lebensformen geborenen Experimentes im Raum. Im Rahmen der Publikation *The Last Grand Tour* (Park Books 2023) von Michael Obrist, Professor für Wohnbau und Entwerfen, Leiter des gleichnamigen Forschungsbereiches an der TU Wien und Partner bei feld72 architekten, und Antonietta Putzu, Architektin und Forscherin am Forschungsbereich, erarbeitete Zara Pfeifer eine fotografische Erkundung von *Spin Time*.

It's Spin Time! – Michael Obrist

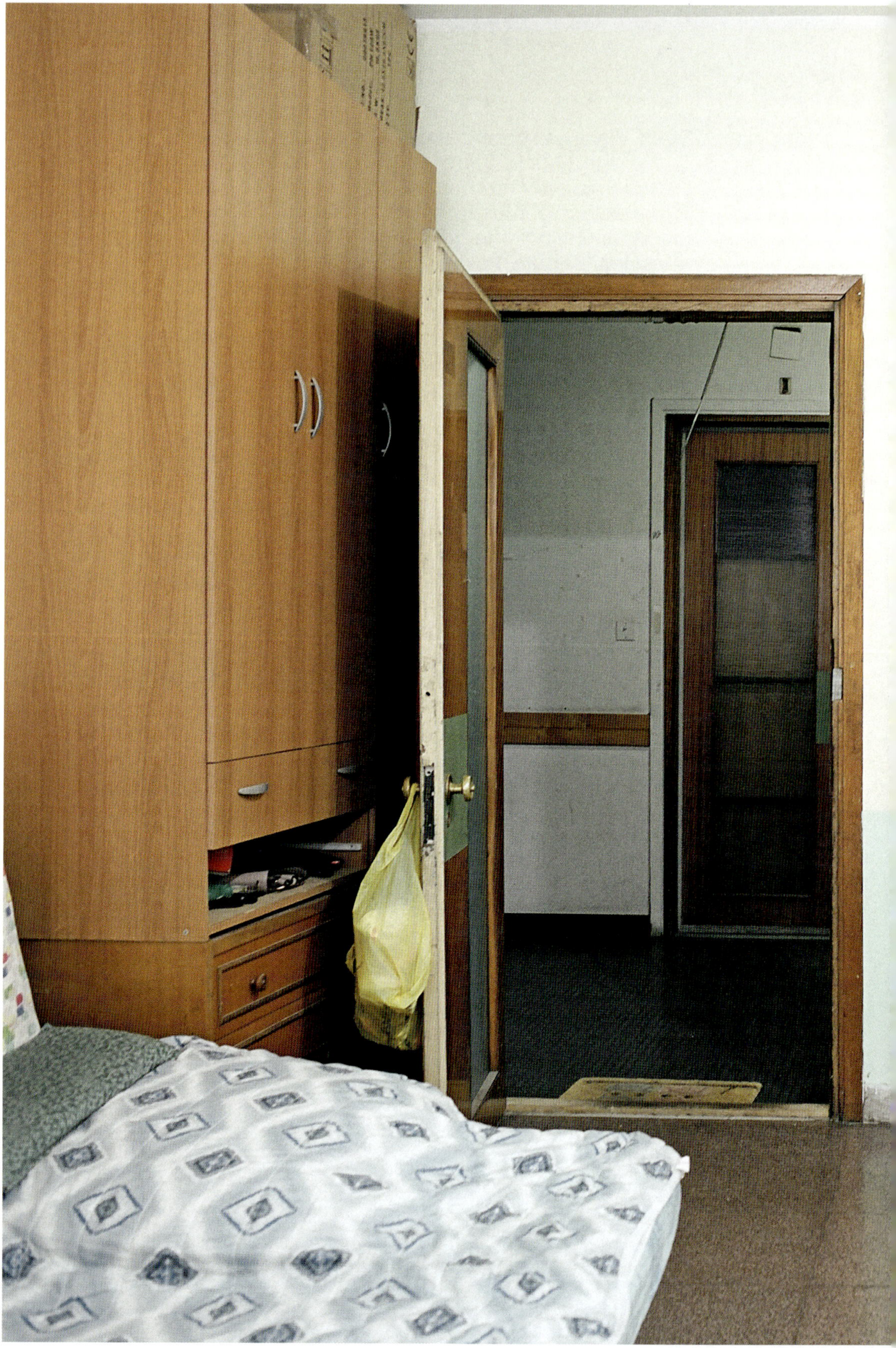

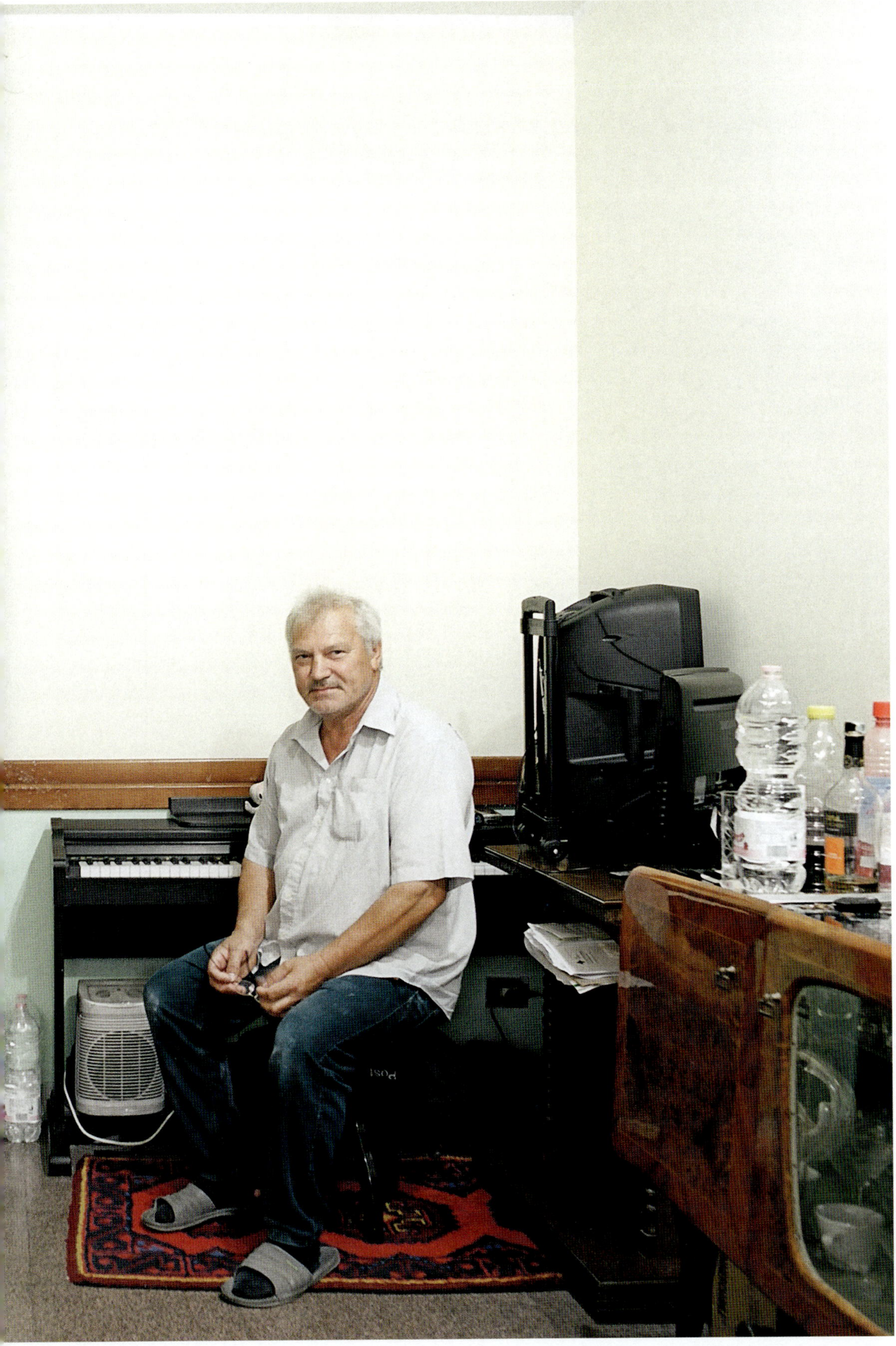

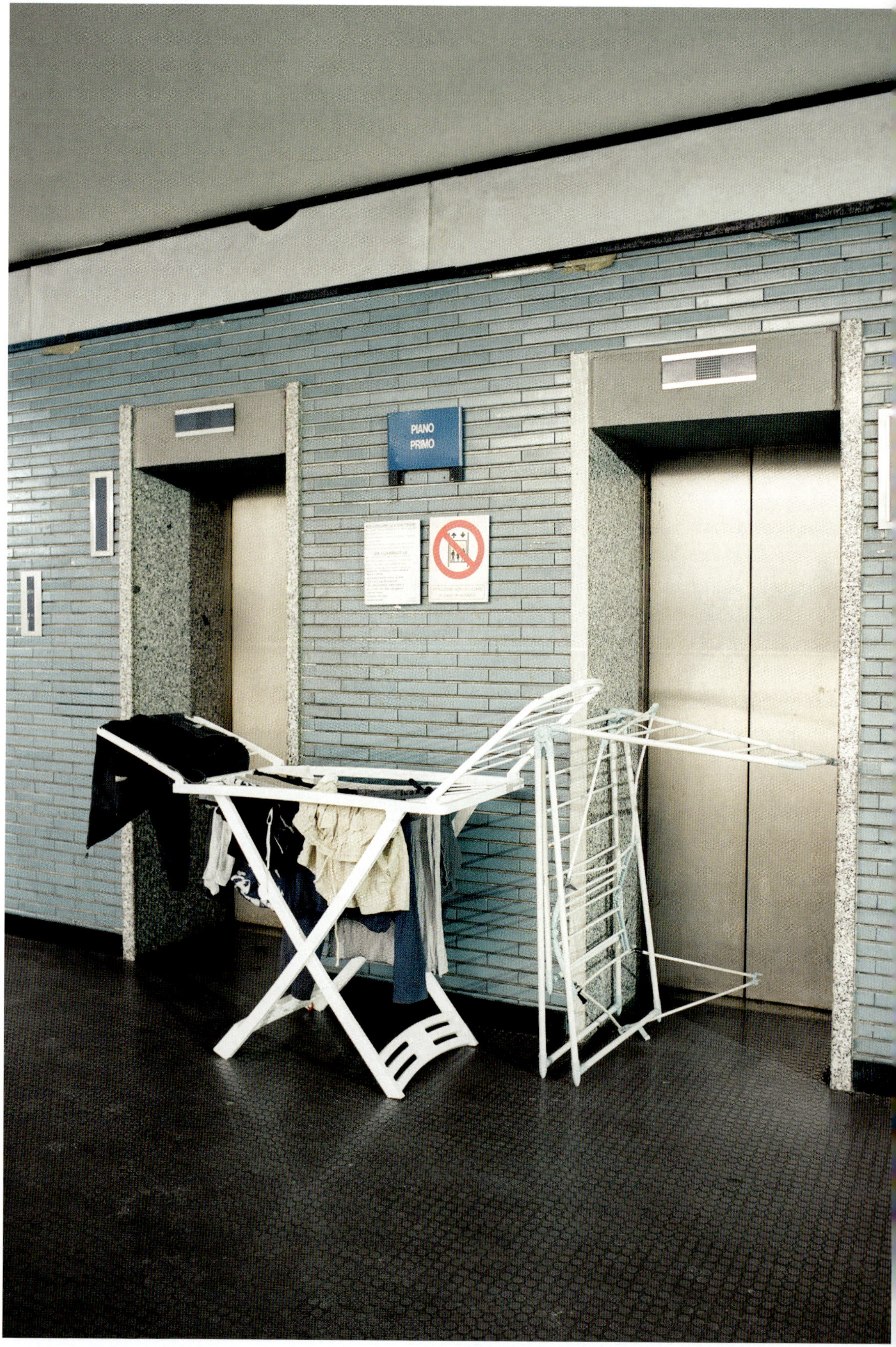
PIANO
PRIMO

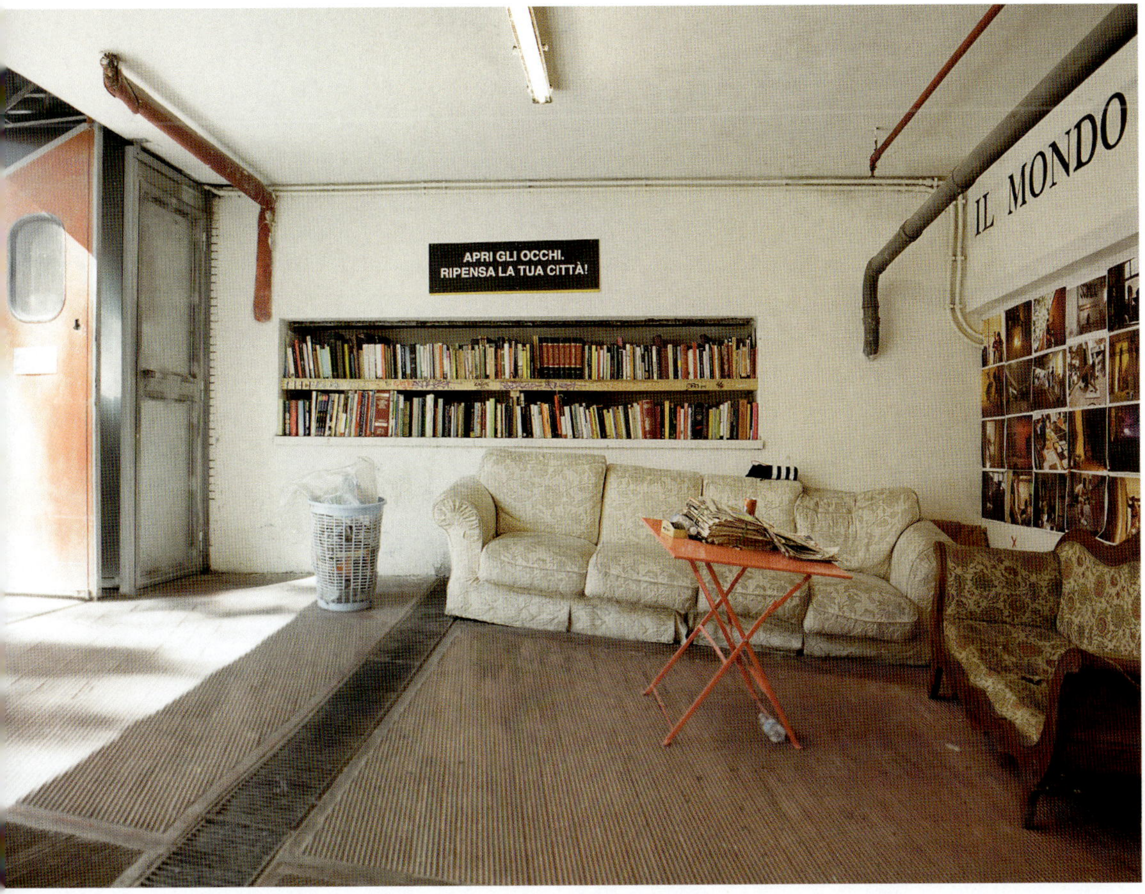
APRI GLI OCCHI.
RIPENSA LA TUA CITTÀ!
IL MONDO

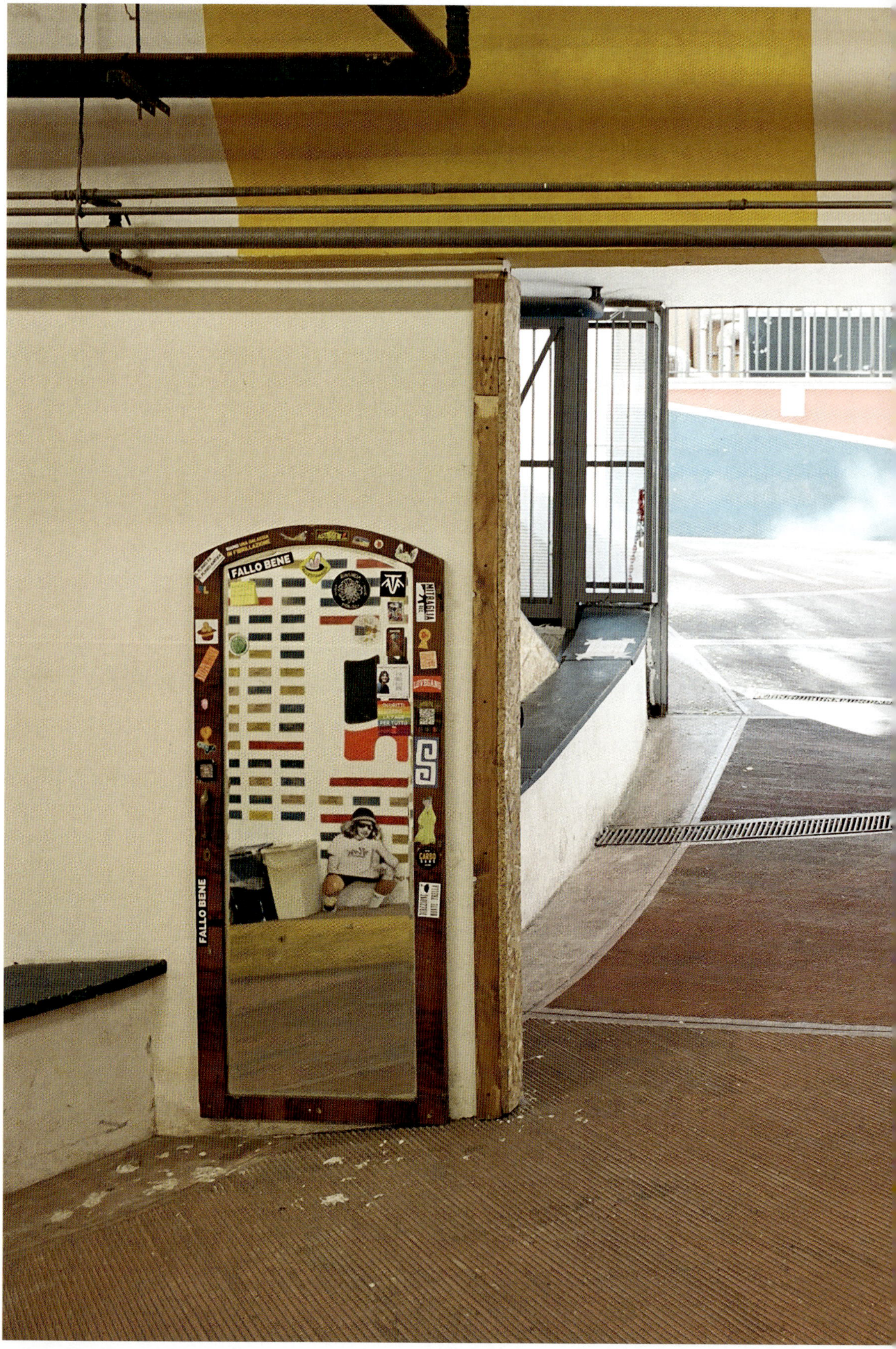
FALLO BENE
FALLO BENE

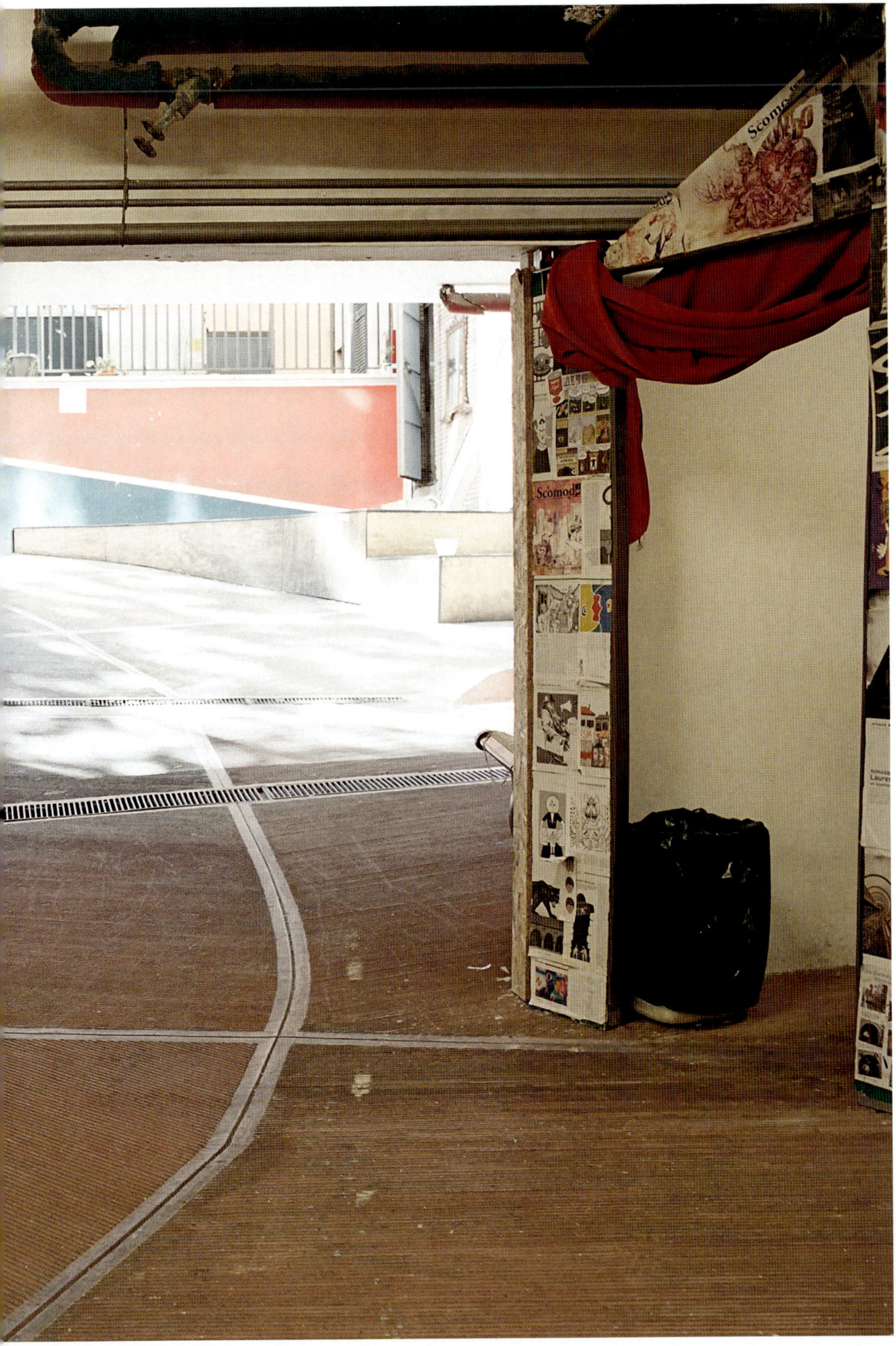

Scomod

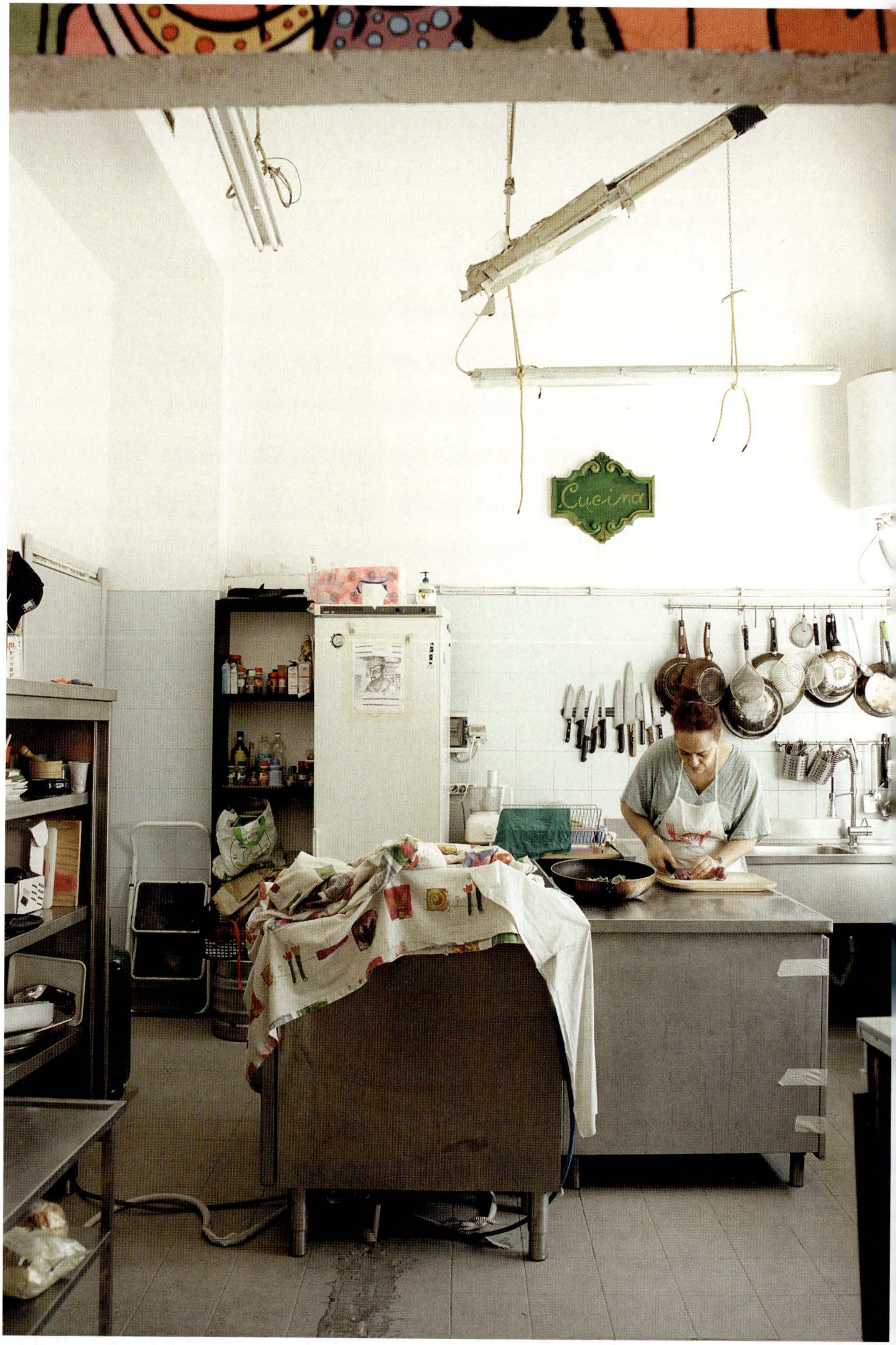
Cucina

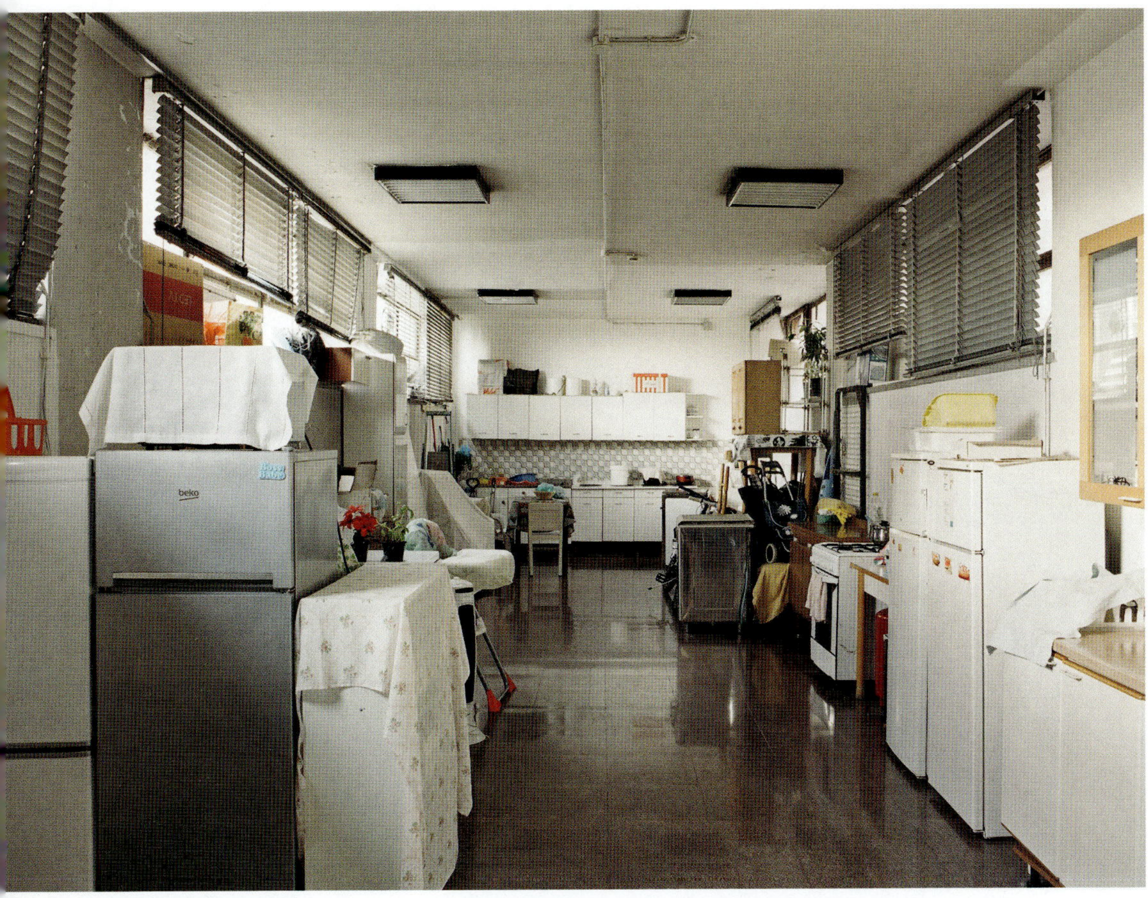
beko

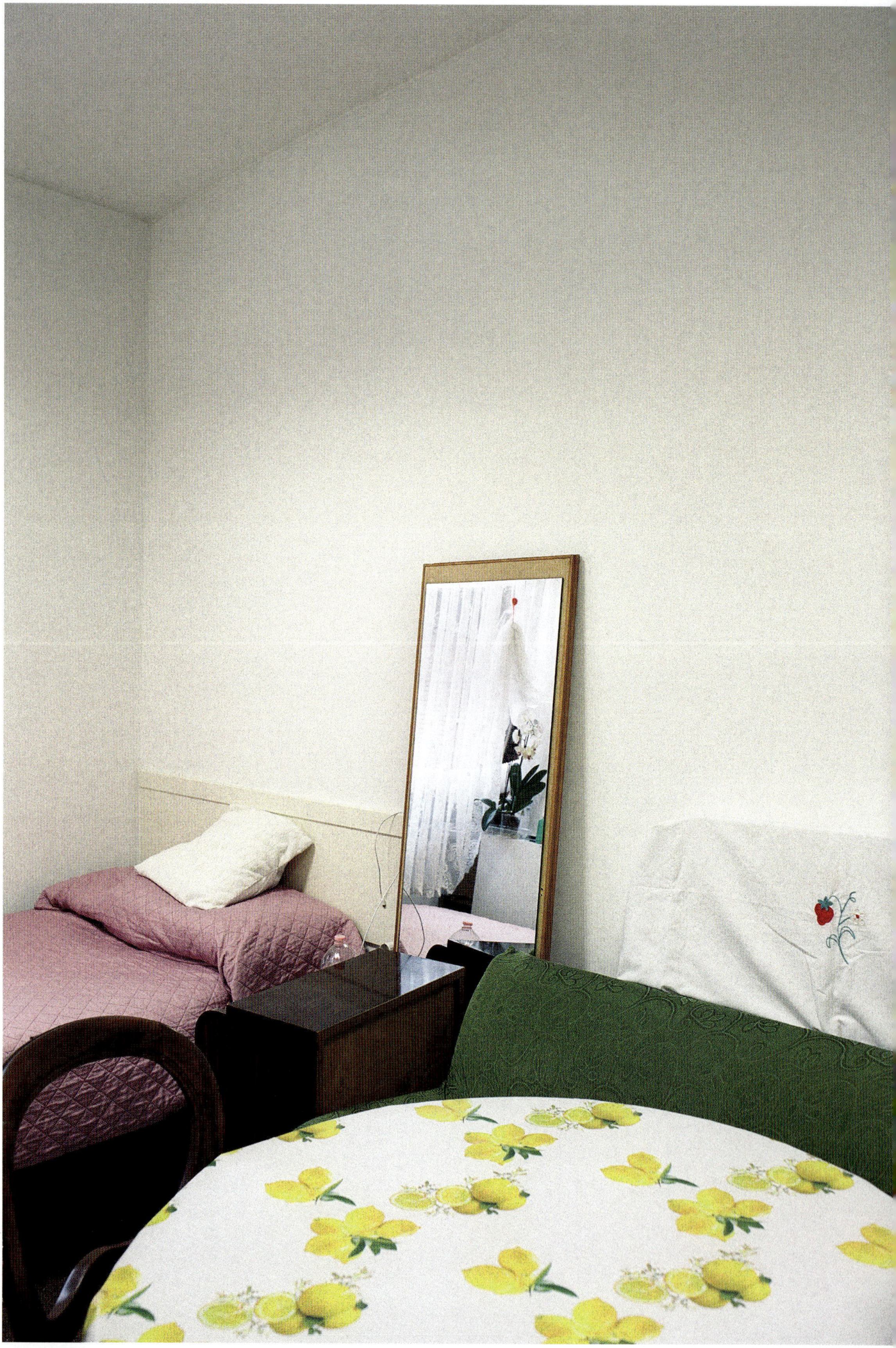

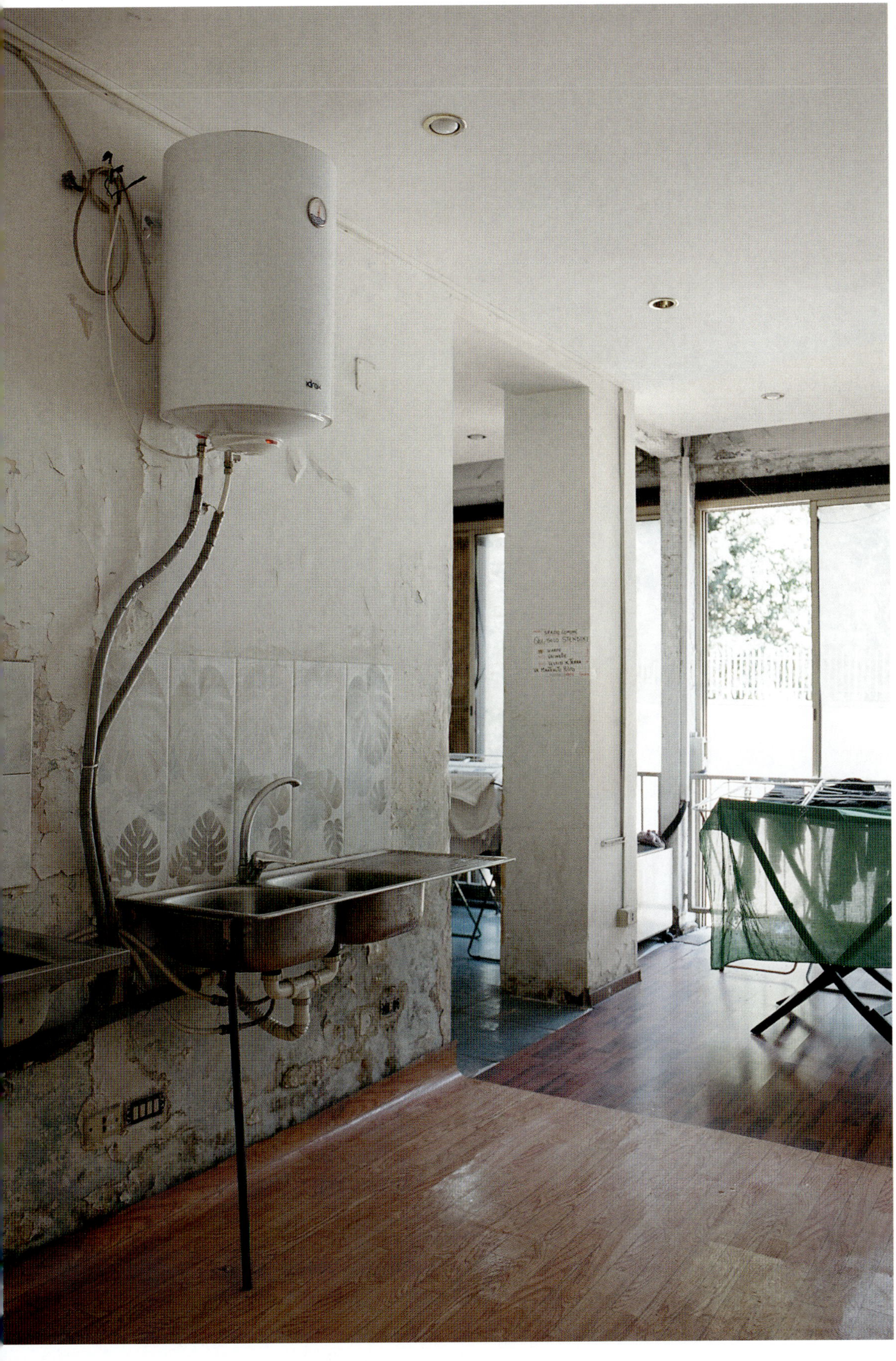

Anhang

Diana Lucas-Drogan

Worte aneinandergereiht: 300 von den Herausgeber*innen überreichte Begriffe, die im reichhaltigen Diskurs der Wohnungsforschung von Bedeutung sind. Doch die Arbeit von Diana Lucas-Drogan ist weit mehr als nur eine Liste von Worten. Durch handschriftliche Notationen und Linien macht sie die Zusammenhänge zwischen den Begriffen und Themen als geschichtete Landschaft von Praxen und Diskursen sichtbar.

Das Mapping *Kapillargeflecht des Wohnens* illustriert die dynamischen Wechselwirkungen zwischen kapitalgetriebenen Marktmechanismen und solidarischen Praxen (Kapital ●102; Solidarität ●184). Die kapitalgetriebenen Marktmechanismen ●128 sind wie Metastasen dargestellt, die sich immer weiter ausbreiten. Während der Kapitalmarkt das Bild wie eine Wunde durchzieht, weben sich die solidarischen Praxen durch das Geflecht, um eine Gegenkraft zu erzeugen. Gekennzeichnet durch schwarze Balken versuchen sie, die Auswirkungen des Kapitalismus einzudämmen, indem sie lebbare Formen eines sorgsamen Zusammenlebens aufzeigen – ähnlich wie Rettungsinseln, die versuchen, aus einem gekenterten Tanker ausgetretenes Öl aufzufangen.

Diana Lucas-Drogan ist studierte Architektin und arbeitet als Planerin an einer performativ-kritisch-räumlichen Praxis für Kommunen und Universitäten. Mit ihren von feministischen Methoden informierten Mappings und Performances macht sie gerne Schubladen auf, um Dichotomien zu unterwandern.

Kapillargeflecht des Wohnens

Mock-up-Ausstellung

Die Mock-up-Ausstellung *WohnWissen: 100 Begriffe des Wohnens* fand im September 2023 in der Open Factory des Eiermannbaus der Internationalen Bauausstellung (IBA) Thüringen in Apolda, im Rahmen der „Stadtmachen Akademie", statt. Sie bildete einen integralen Bestandteil der vertieften Auseinandersetzung mit den vielseitigen Facetten der Wohnungs ●222- und Bodenfrage ●26. Mit einer Auswahl von 100 Begriffen bot sie einen umfassenden Ausgangspunkt, um über verschiedene Aspekte des Wohnens nachzudenken und zu diskutieren.

Die Stärke der Ausstellung lag nicht allein in ihrer thematischen Breite, sondern auch in ihrem interaktiven Ansatz. Besucher*innen wurden aktiv in den Diskurs einbezogen und hatten die Möglichkeit, die Begriffsauswahl offen und kritisch zu kommentieren. Diese Interaktion erlaubte es den Teilnehmenden, ihre eigenen Ansichten und Perspektiven beizusteuern. Die Kommentare wiederum führten zu einem lebendigen Austausch und einer Fülle von Standpunkten, die die Relevanz und Dynamik der dargestellten Themen unterstrichen und bei der weiteren redaktionellen Arbeit berücksichtigt wurden. Die Ausstellung lieferte also nicht nur einen informativen Einblick in aktuelle wohnungspolitische Debatten, sondern schuf auch einen Raum für aktive Teilnahme und Mitgestaltung. Dieser partizipative Ansatz trug dazu bei, ein besseres Verständnis für die Komplexität der Wohnungs- und Bodenfrage zu fördern und einen offenen Dialog über die Vielfalt an Wohnaspekten und -perspektiven anzustoßen.

www.open-factory.de

www.stadtmacher-akademie.org

Stadtmachen Akademie in Apolda

Autor*innen

Herausgeber*innen

Dr. Carolin Genz ist Stadtanthropologin und Humangeografin. Sie forscht zu urbanen Transformationsprozessen und sozialräumlichen Praktiken in den Bereichen Wohnen, Protest, Gender und Alter(n) und arbeitete unter anderem an der Humboldt-Universität zu Berlin, der University of Toronto (Kanada) und dem Georg-Simmel-Zentrum für Metropolenforschung. Zuletzt war sie assoziiert am Sonderforschungsbereich (SFB) 1265 „Re-figurationen von Räumen" an der Technischen Universität Berlin. Seit Oktober 2022 ist sie als Seniorwissenschaftlerin und Koordinatorin des Forschungsclusters „Wohnen in der Stadtentwicklung" beim vhw – Bundesverband für Wohnen und Stadtentwicklung e. V. tätig.

Prof. Dr. Olaf Schnur leitet den Forschungsbereich im vhw – Bundesverband für Wohnen und Stadtentwicklung e. V. in Berlin. Er arbeitete im Forschungsbüro empirica, vertrat Professuren für Human- und Stadtgeografie in Berlin, Potsdam und Tübingen, war Gastwissenschaftler an der FHNW in Basel und engagiert sich als Privatdozent an der Berliner Humboldt-Universität sowie als Sprecher des Arbeitskreises Quartiersforschung der Deutschen Gesellschaft für Geographie (DGfG). Seine Arbeitsschwerpunkte sind Quartier, Nachbarschaft und soziale Stadtentwicklung.

Prof. Dr. Jürgen Aring ist Erster Vorstand des vhw – Bundesverband für Wohnen und Stadtentwicklung e. V. Nach langjähriger Mitarbeit im Forschungsbüro empirica machte er sich mit dem Büro für angewandte Geographie (BfAG) selbstständig. 2005 wurde Aring zum ordentlichen Professor für Stadt- und Regionalplanung an der Universität Kassel berufen, hinzu kamen ein Gastsemester an der ETH Zürich und eine Vertretungsprofessur an der TU Dortmund. Seine wissenschaftlichen Arbeitsschwerpunkte waren Wohnungs- und Büromärkte sowie Stadt-Umland-Entwicklung und Raumordnung, bevor er 2014 zum vhw wechselte.

Der vhw – Bundesverband für Wohnen und Stadtentwicklung e. V. mit Sitz in Berlin arbeitet als gemeinnütziger Wissensakteur zu zentralen Zukunftsthemen von Städten und Gemeinden. In seiner Funktion als Fortbildungs- und Forschungsinstitution versteht sich der vhw als Impulsgeber, der ein Forum für aktuelle Debatten bietet, Fachthemen kuratiert und Diskursräume schafft. Ziel des vhw-Forschungsbereichs ist es, durch anwendungsnahe Forschung, Praxisprojekte, Grundlagenforschung und Wissenstransfer die Handlungsfähigkeit kommunaler, wohnungswirtschaftlicher und zivilgesellschaftlicher Akteur*innen zu stärken und damit einen transformativen Beitrag zur nachhaltigen Stadt- und Quartiersentwicklung zu leisten.

Redaktion

Duncan Barahona studierte Geographie und Urbane Geographien an der Humboldt-Universität zu Berlin und war dort als Projektmitarbeiter im Fachbereich Angewandte Geographie tätig. Seit 2022 arbeitet er als Wissenschaftler im Forschungsbereich des vhw – Bundesverband für Wohnen und Stadtentwicklung e. V. Dort forscht er unter anderem zu lokaler Demokratie, nachhaltiger Stadt- und Quartiersentwicklung sowie schwerpunktmäßig zur Transformation des Wohnens in ökologischer, politischer und soziokultureller Dimension. Zu wohnungspolitischen Themen arbeitet er außerdem als Referent der vhw-Öffentlichkeitsarbeit.

Marlene Kommallein studierte zunächst Geographie im Bachelor mit Schwerpunkten auf Klimatologie, Klimawandelfolgen sowie Naturschutz an der Humboldt-Universität zu Berlin. Mit dem Master-Studiengang Global Change Management an der Hochschule für Nachhaltige Entwicklung Eberswalde weitete sich ihr Interessengebiet auf Gemeinwohlorientierung und die Überschneidung von Kunst und dem Diskurs zur Klimakatastrophe aus. Seit August 2023 arbeitet sie als studentische Hilfskraft im vhw – Bundesverband für Wohnen und Stadtentwicklung e. V. im Forschungscluster „Wohnen in der Stadtentwicklung".

Sabine Rietz ist ausgebildete Journalistin. Sie studierte an der FU Berlin Politikwissenschaften und absolvierte anschließend die Evangelische Journalistenschule. Beim vhw – Bundesverband für Wohnen und Stadtentwicklung e. V. ist sie in der Wissenschaftskommunikation und Öffentlichkeitsarbeit tätig. Zuvor hat sie umfangreiche Erfahrungen als Journalistin für Printmedien und Hörfunk, in der Öffentlichkeitsarbeit für Organisationen wie Ärzte ohne Grenzen e. V. sowie als Texterin gemacht. Zudem bietet sie Workshops zum Schreiben und für Interviewtrainings an.

Fabian Rohland, Dipl.-Volksw., studierte Volkswirtschaftslehre an der Universität Mannheim und Immobilienökonomie an der IREBS Immobilienakademie Berlin. Als Wissenschaftler arbeitet er seit 2011 im Forschungscluster Wohnen beim vhw – Bundesverband für Wohnen und Stadtentwicklung e. V. In seiner Arbeit für den Verband setzt er sich vertiefend mit wohnungs- und immobilienwirtschaftlichen Themen auseinander. Seine aktuellen Forschungsinteressen gelten dabei den derzeitigen wohnungs- und bodenpolitischen Herausforderungen in Zeiten sich wandelnder sozialer, ökologischer, wirtschaftlicher und institutioneller Rahmenbedingungen.

Dank

Wir möchten uns für die engagierte Teilnahme bei allen Autor*innen, Fotograf*innen und Künstler*innen dieses Buches bedanken. Ohne die Mitarbeit dieser vielen Menschen, ihre Expertisen und Ideen hätte *WohnWissen: 100 Begriffe des Wohnens* nicht entstehen können. Sie haben kollektiv dazu beigetragen, dieses Buch zu einer wertvollen Ressource für Fachleute und Interessierte aktueller wohnungspolitischer Aushandlungen und Debatten zu machen.

Danken möchten wir auch Sabine Rietz für die Expertise in der Wissenschaftskommunikation, Marlene Kommallein für ihre bildredaktionelle Arbeit und Unterstützung der Redaktion sowie Duncan Barahona und Fabian Rohland für ihre engagierte redaktionelle Mitarbeit am Glossar. Darüber hinaus möchten wir uns bei der „Stadtmachen Akademie" unter Leitung von Sebastian Beck bedanken für die inspirierende Kooperation und die Möglichkeit einer Mock-up-Ausstellung in der Open Factory des Eiermannbaus in Apolda, Thüringen.

Impressum

Herausgeben von
Carolin Genz, Olaf Schnur
und Jürgen Aring

vhw – Bundesverband für Wohnen
und Stadtentwicklung e. V.

Vorstand:
Prof. Dr. Jürgen Aring,
Henning Dettleff
Fritschestraße 27/28,
10585 Berlin
www.vhw.de
bund@vhw.de

vhw Forschung

Bibliografische Information
der Deutschen Nationalbibliothek

Die Deutsche Nationalbibliothek verzeichnet
diese Publikation in der Deutschen Nationalbibliografie;
detaillierte bibliografische Daten sind im Internet über
http://dnb.d-nb.de abrufbar.

Projekt- und Redaktionsleitung:
Dr. Carolin Genz

Redaktion:
Duncan Barahona,
Marlene Kommallein, Sabine Rietz,
Fabian Rohland

Redaktionelle Mitarbeit:
Klaus Bock

Bildredaktion:
Marlene Kommallein, Dr. Carolin Genz

Projektkoordination jovis Verlag:
Franziska Schüffler

Lektorat:
Katharina Freisinger

Gestaltung und Satz:
Floyd E. Schulze

Herstellung:
Susanne Rösler

Lithografie:
Bild1Druck

Druck und Bindung:
Graspo Cz, a.s.

jovis Verlag
Genthiner Straße 13
10785 Berlin
www.jovis.de

jovis-Bücher sind weltweit im ausgewählten Buchhandel
erhältlich. Informationen zu unserem internationalen
Vertrieb erhalten Sie in Ihrer Buchhandlung oder unter
www.jovis.de.

ISBN 978-3-98612-038-2 (Softcover)
ISBN 978-3-98612-041-2 (E-Book)